LES RUSSES
SONT ARRIVÉS

DU MÊME AUTEUR :

L'ESPIONNAGE SOVIÉTIQUE (LE CAS RUDOLF ABEL), Paris, Fayard,
   1981.
KIRILL CHENKIN : ANDROPOV, Milan, Rizzoli editore, 1983.

CYRILLE HENKINE

LES RUSSES
SONT ARRIVÉS

L'INFILTRATION SOVIÉTIQUE
EN OCCIDENT

Traduit du russe
par Louis LAURAËT

Scarabée & Compagnie
21, rue Drouot
75009 Paris

Pour tous renseignements concernant nos publications, écrivez à :
Scarabée & Compagnie
21, rue Drouot
75009 Paris
tél. 246-44-69.

ISBN 2-86722-036-X

Copyright Scarabée & Co, Paris, octobre 1984

LES RUSSES PARTIRONT-ILS ?

par Vladimir Maximov

Dans sa préface à l'*Okhotnik vverkh nogami* de Cyrille Henkine [1], Alexandre Zinoviev écrit :

« On demande par exemple souvent aux immigrés soviétiques quelle est la proportion d'agents du KGB dans l'immigration actuelle. Du point de vue de la psychologie de l'homme soviétique, c'est là une question totalement privée de sens. Combien de *guébistes* ? Peut-être 0 pour 100, et peut-être 100 pour 100. Quelle importance ? Les spécialistes occidentaux, aidés par les immigrés venus d'URSS, se sont cassé la tête pour essayer de fixer un ordre de grandeur (quelque chose comme 10 pour 100, à ce qu'il me semble), chiffre tout aussi ridicule que n'importe quel autre que l'on aurait pu choisir arbitrairement. Pour qu'un homme appartienne ou n'appartienne pas au KGB, cela dépend de deux facteurs : des objectifs assignés au système et du hasard. Cela ne dépend absolument pas des desseins que cet homme peut nourrir, non plus que de l'opinion qu'il peut avoir de lui-même. Même les critiques les plus acerbes du régime soviétique, lorsqu'ils arrivent en Occident, figurent sous une forme ou sous une autre dans la stratégie du système et sont

1. Traduit en français sous le titre *L'espionnage soviétique : Le cas Rudolf Abel*, Paris, Fayard, 1981, p. 8-9.

plus ou moins récupérés par lui, le plus souvent sans même s'en douter. On parle souvent en Occident de l'espionnite dont sont affligés les immigrés d'URSS : il ne s'agit que de la saine intuition de certains Soviétiques à l'égard de leur propre société. »

Le deuxième livre de Cyrille Henkine, *Russkiye prichli!* n'est pas seulement le résultat de cette « saine intuition » mais le témoignage de la profonde connaissance que l'auteur possède des lois et de la logique régissant un système totalitaire de type soviétique.

On pourrait penser qu'avec les « échecs » chroniques qui l'ont accablé tout au long de son histoire dans les différents domaines de son activité, qu'il s'agisse de l'économie, de la guerre ou de la diplomatie, le gouvernement soviétique aurait dû depuis longtemps faire faillite et cesser d'exister. Hélas ! Il continue pourtant de fonctionner et répand ses propres métastases dans les coins les plus éloignés du monde moderne, de Cuba et du Nicaragua à l'Éthiopie et à l'Afghanistan.

Le livre qui nous est proposé apporte une réponse convaincante à cette énigme en montrant, à l'aide de faits irréfutables, que la résistance paradoxale de la machine totalitaire est liée à l'existence d'une *finalité historique* certes mensongère, mais qui a le mérite d'avoir été intégrée dans son programme, ainsi qu'à une *conception de l'histoire,* tout aussi artificielle mais elle aussi existante, lesquelles dictent toutes deux à cette machine la conduite qu'elle doit adopter dans chaque situation concrète. Il montre aussi que la civilisation démocratique, avec son objectif à courte vue de maintien du *statu quo,* objectif qui la voue à une situation de défense permanente, n'est malheureusement pas en mesure d'opposer à cette finalité et à cette conception une quelconque alternative à long terme, ce par quoi elle se condamne d'avance à une capitulation progressive.

Le livre de Cyrille Henkine est peut-être aujourd'hui plus

actuel que jamais dans la mesure où l'époque récente a vu se former dans les milieux sociaux et politiques du monde occidental, et fréquemment au sommet, une illusion dangereuse selon laquelle le système soviétique traverserait en ce moment une crise mortelle pour son existence et ne devrait par conséquent pas être pris au sérieux en tant que menace militaire et économique.

Le livre rappelle que cela fait plus de soixante ans que la société soviétique se trouve en état de crise économique permanente mais que cela ne conduit pas, bien au contraire, à une diminution de son agressivité. On sait qu'il est aujourd'hui à la mode d'évoquer les difficultés alimentaires de l'URSS. Or ces difficultés sont parfaitement bénignes quand on les compare, par exemple, aux années de famine, pour nous mémorables, que l'Ukraine et la région de la Volga ont connues dans le passé, à une époque où on en venait à l'anthropophagie : cela calmait-il alors les appétits impérialistes du communisme ? L'histoire est là pour témoigner du contraire.

Certains lecteurs pourront bien sûr trouver ce livre trop pessimiste. Ils regretteront que les perspectives de la lutte contre le système soviétique soient envisagées avec scepticisme et craindront que ses conclusions ne soient de nature à paralyser les initiatives de l'opposition active. Il me semble néanmoins que sous-estimer les possibilités de l'adversaire est une attitude excessivement dangereuse au cours de la lutte politique et qu'il vaut bien mieux regarder la cruelle vérité en face. L'optimisme erroné ne provient en effet que d'un défaut d'information, tandis qu'un pessimisme solidement informé libère chez le combattant politique ce potentiel de résistance assoupi en lui dont dépend aujourd'hui que ne s'installent pour toujours chez vous « les Russes » (en comprenant sous ce terme le système totalitaire dans son ensemble) ou bien que, là aussi pour toujours, ils ne rentrent enfin dans leurs foyers.

V. M.

A ma femme

« ...On y trouvera des contradictions, du moins
ce qu'on nomme souvent ainsi. Mais pourquoi
serait-on choqué de voir, dans des matières incertai-
nes, le pour et le contre dits par le même homme ?
Puisqu'il faut qu'on les réunisse pour s'en appro-
prier le sentiment, pour peser, décider, choisir,
n'est-ce pas une même chose qu'ils soient dans un
seul livre ou dans des livres différents ? Au
contraire, exposés par le même homme, ils le sont
avec une force plus égale, d'une manière plus
analogue, et vous voyez mieux ce qu'il vous convient
d'adopter. »

Senancour, *Oberman.*

« *Atteint d'un délire de persécution, il se croyait
constamment suivi. Or ce n'étaient que des agents
de la Sécurité.* »

attribué à Stanislaw Jerzy Lec.

POURQUOI L'ÉMIGRATION ?

Avant la guerre, les journaux russes de Paris publiaient régulièrement des annonces de ce type :

Héraldique. Renseignements sur les lignées russes et étrangères. Recherche et exécution artistique de blasons et arbres généalogiques, etc.

« Folie douce ! ricane l'émigré soviétique de fraîche date, tandis que le spectateur occidental sourit avec condescendance. A les entendre, l'émigration russe de l'avant-guerre aurait uniquement été faite de grands-princes ! Petits rigolos ! Débris d'une époque révolue ! »

Lorsque j'étais en Israël, après mon départ d'URSS, je reçus un jour la lettre suivante :

« ... Parlons maintenant de X., que nous connaissions à Moscou, depuis l'époque de la 10e ou 11e Chronique... »

Il s'agissait naturellement de la « Chronique des événements en cours », dont mon corespondant se vantait de collecter et de répercuter les informations, alors qu'il n'avait rien à voir avec elle. Celui pour lequel il prétendait effectuer une demande se trouvait dans le même cas. Ce fait m'a été confirmé par deux des rédacteurs les plus importants de la

« Chronique » : Natalia Gorbanievskaïa, maintenant fixée à Paris, et Anatoli Jacobson, aujourd'hui décédé.

Une autre fois, alors qu'il remplissait des formulaires pour obtenir un travail, formulaires pour lesquels on lui demandait de qui il pouvait se recommander, le même émigré cita un homme de lui inconnu, mais célèbre dans les milieux dissidents.

L'appât du gain ? Certes. Mais aussi le désir de faire partie du « gratin moral », de se rattacher à ceux qui « pensent autrement », aux « hétérodoxes », comme on appelle en URSS les dissidents.

« Quelle joie ce fut d'apercevoir Andreï Dmitriévitch Sakharov à Chérémétiévo ! » déclara en atterrissant en Occident un journaliste moscovite. « D'autant plus, ajouta-t-il, que tout le monde sait qu'Andreï Dmitriévitch n'accompagne que ceux qu'il aime. »

Vérité incontestable. Malheureusement pour lui, ce n'était pas le journaliste moscovite que Sakharov était venu accompagner ce jour-là à l'aéroport...

O désir incoercible de rejoindre les rangs de la moderne aristocratie intellectuelle russe, celle qui « ne pense pas comme les autres », et d'inscrire son nom dans son livre d'or !

Chaque émigration apporte sa propre échelle de valeurs. Essayez aujourd'hui de publier l'annonce suivante : *Fournissons sur demande pièces attestant condamnations infligées en URSS, ainsi que preuves matérielles de relations amicales avec Sakharov, Orlov, Chtcharanski et autres. Envoyons sur simple demande renseignements sur séjours en prison et cliniques psychiatriques avec Guinzbourg, Boukovski, Grigorenko, Kouznetsov. Paiement d'après tarif.*

Essayez donc ! Vous ferez fortune.

En feuilletant la revue *Club,* publiée à Tel-Aviv et aujourd'hui disparue, je suis tombé un jour sur ces lignes vibrantes :

« ... Ah, quelle vie c'était ! La nuit, personne d'entre nous ne dormait. Nous attendions qu'on frappe à notre porte et que les hommes de l'OBHSS [1] viennent nous embarquer ! »

Voici encore ce que j'ai lu, plus récemment, dans un journal de l'émigration :

« Qu'importe notre vie antérieure, notre vie en URSS, qu'importent nos occupations *là-bas* ! A partir du moment où nous avons fait notre demande de visa, nous avons pour ainsi dire acquis une nouvelle dimension humaine. Trêve de modestie : proclamer son désir de quitter le pays réclame, en Union soviétique, un courage exceptionnel. »

Qu'il est doux de se sentir héros...

J'aime les grosses automobiles élégantes. Je couve du regard une certaine limousine qui passe, presque tous les jours, sous mes fenêtres. J'éprouve aussi de l'envie, bien sûr, car je ne posséderai jamais une telle voiture. Je n'en nommerai pas la marque : le conducteur croirait que je l'ai fait exprès et me ferait poursuivre en justice. Récemment encore, deux grands reporters de la télévision ouest-allemande faisaient une émission sur le syndicat du crime dans ce pays. Ils prévinrent les téléspectateurs : nous connaissons, leur dirent-ils, les noms des chefs. La police aussi les connaît. Mais, tant que nous n'aurons pas la possibilité d'apporter des preuves et, surtout, tant que nous ne disposerons pas de témoins prêts à déposer sous serment (et s'il n'y en a pas, c'est bien parce que les gens craignent pour leur peau), nous n'oserons même pas vous communiquer la couleur des yeux du principal *dealer* de Hambourg. Il gagnerait son procès...

Mais les deux reporters furent formels : parmi les princi-

---

1. OBHSS : « Département pour la lutte contre les déprédations de la propriété socialiste et la spéculation », organisation ministérielle intérieure luttant contre le vol et le marché noir, maux chroniques de l'URSS mais aussi prétextes invoqués (le plus souvent à tort) contre les candidats à l'émigration (*NdT*).

paux caïds d'Allemagne fédérale, il y avait un homme récemment arrivé d'URSS. Ils montrèrent sur un mannequin l'un de ses costumes. Le grand chic ! Comme dans les meilleurs films de gangsters des années trente ! Mais à propos, ce costume ne me rappellerait-il pas quelque chose ?

... La limousine glisse sans bruit. Une beauté russe aux cheveux longs tient le volant. Elle aussi est récemment sortie d'URSS. Son mari est Allemand.

C'est un ami sincère, un vrai, de l'Union soviétique. C'est-à-dire un assez gros commerçant, qui fournit à ce pays je ne sais trop quoi, ayant fondé à cette fin en RFA une société spécialisée. Mais là n'est pas l'essentiel. Ce qui compte vraiment, c'est que sa femme (qui a naturellement conservé son passeport soviétique) et lui-même ne cessent d'effectuer des voyages en URSS, d'où ils rapportent en quantités industrielles des diamants bruts de Yakoutie.

On sait que l'URSS est un gros producteur de diamants. Mais pour s'emparer du marché du diamant et ensuite s'y maintenir, il faut être capable de tailler et de polir les pierres au niveau exigé par les normes internationales. En URSS, depuis que l'on a fusillé dans les années soixante la quasi-totalité des spécialistes de l'usine de diamants de Moscou, ce travail n'est plus effectué avec la qualité requise. C'est à Anvers et à Tel-Aviv que l'on trouve les bons lapidaires.

Parvenus à Munich, les diamants sont ensuite confiés à des courriers. Sur *six* membres du groupe chargé de ces opérations de transport dont j'ai appris par hasard les noms, *quatre* sont des immigrés de la « troisième vague ».

J'ignore dans quelle mesure tout cela contrevient à la loi. Peut-être est-ce légal, l'astuce consistant uniquement à rouler les producteurs de diamants sud-africains avec lesquels, suivant des bruits qui ont filtré dans la presse occidentale, l'Union soviétique aurait passé des accords l'obligeant à livrer ses diamants sur le marché à la De Beers et en des quantités réglementées, afin de maintenir artificiellement la demande.

DES PÈLERINS SANS FEU NI LIEU

« Cela fait un an que nous vivons dans ce pays de merde, nous avons fichu en l'air plus de 200 000 marks et ces salauds d'Allemands n'ont pas encore été fichus de nous accorder l'*asile* politique ! »

Le mari et la femme, humbles travailleurs, ont quitté l'URSS depuis peu. Lui est ingénieur, elle ancienne administratrice de variétés. Dans une ville de province d'Union soviétique, et ensuite à Moscou, ils ont réussi à économiser sur leurs maigres revenus 2 millions de roubles [1]. Ils ont investi cet argent dans des icônes et autres types d'antiquités et ne cessent, depuis leur départ d'URSS, de recevoir de ce pays des objets de leur stock.

Jusqu'à une date récente, c'était un ancien Odessite dévoué à leurs intérêts qui était « chef de gare » [2] à Berlin-Ouest, où il réceptionnait les marchandises. Nommons-le Liovka Baskine. Son rôle principal consistait à veiller à ce que les diplomates africains subalternes et les étudiants de couleur inscrits à l'université Lumumba, à Moscou, se conduisent honnêtement et livrent la marchandise suivant les instructions reçues. Afin d'observer une certaine éthique professionnelle, et aussi de rebuter ses concurrents, Liovka ne se servait presque jamais d'armes. Une fois, néanmoins, il eut à le faire. Il dut s'enfuir en Israël, où il avait déjà fait un bref

---

1. Au cours officiel, 20 millions de francs actuels. L'exportation d'objets d'art, et en particulier d'icônes, est sévèrement interdite et réprimée par la loi soviétique (*NdT*).

2. Terme d'argot soviétique.

séjour après son départ d'URSS. Heureusement pour lui, son adversaire avait survécu par miracle et il put regagner l'Europe, où il avait fort à faire.

Avant même d'atteindre l'Allemagne, il se fit pincer à la frontière italienne avec un chargement d'armes qu'il transportait pour le compte de terroristes ouest-allemands. On le mit en prison, mais pas pour très longtemps. Et bientôt, dans sa Mercedes 450 SEL à téléphone (« Ils me prennent pour un gamin qui téléphone d'une cabine ? »), on le vit débarquer à Munich, où il ne tarda pas à être cueilli dans un des hôtels les plus chics de la ville avec un lot de 8 millions de faux dollars reçus de RDA. Techniquement parfaits, ces dollars devaient servir à acheter des armes en Belgique.

D'après ses propres dires, Liovka était emprisonné en URSS, dans sa ville natale, lorsque le policier instructeur vint lui mettre le marché en mains : « Ou tu déguerpis en Israël, ou on te garde encore cinq ans ici ! »

Liovka ne vivait pas mal en URSS, où il dirigeait des tripots clandestins, mais il y a des situations où l'hésitation n'est pas de mise. Le coffre-fort du policier instructeur contenait comme par hasard une « invitation » émanant de parents imaginaires résidant en Israël.

Il n'y resta pas longtemps et émigra en Allemagne fédérale. De là, il se mit à voyager dans divers pays d'Europe. Modestement, à la sueur de son front, avec l'aide de quelques amis, il dévalisait des « boutiques » de confection féminine, avec fourrures, sacs en croco et autres babioles chères aux cœurs féminins.

Rien d'étonnant dans tout cela, semblerait-il. Sauf un petit détail. Toutes ces belles marchandises étaient écoulées en Pologne ! On aurait pu penser que le rideau de fer, avec tout ce que cela comporte, créait un obstacle, mais il n'en était rien. De Pologne, sans passer par le contrôle douanier, des marchandises très demandées en Occident lui revenaient en échange, le plus simplement du monde : objets d'antiquité, tapis, caviar. Ainsi que des icônes russes transitant par la Pologne.

Autre détail pittoresque. Si quelqu'un racontait, dans l'entourage de Liovka ou de ses amis, qu'un quelconque Moscovite possédait des tableaux de prix, des icônes ou des Fabergé, il ne se passait pas plus de quelques jours avant que ce Moscovite ne fût dévalisé. Peu de temps après, certains de ses objets faisaient leur apparition en Occident à l'occasion de ventes aux enchères.

Je suis tombé un jour sur un article de la *Gazette littéraire* intitulé « Une main sale dans un gant blanc [1] », où l'on rapporte l'histoire suivante : lors du cambriolage de l'appartement des époux Koudriavtsev, à Moscou, on avait dérobé une icône rare, à deux faces, datée de 1531 : la Vierge sur une face, saint Nicolas Thaumaturge sur l'autre. L'icône réapparut sur le catalogue d'une vente aux enchères londonienne. Les époux Koudriavtsev envoyèrent à Londres un télégramme : « Très étonnés apprendre mise en vente icône nous appartenant... »

Quoi d'étonnant, en fait, à cela ?

Autre exemple rapporté par la même *Gazette littéraire* [2] :

« En octobre 1972, deux icônes anciennes d'un intérêt exceptionnel avaient été volées dans l'appartement du collectionneur moscovite V. K. Zenkov, représentant l'Intercession de la Vierge et saint Serge de Radonèje. Il y a peu de temps, Zenkov est retombé sur la trace de son trésor disparu. Et où pensez-vous qu'il se trouvait ? Dans une galerie privée de Londres, la « Temple gallery », qui venait de publier un catalogue. »

La *Gazette littéraire*, naturellement, s'indigne, et cloue vertueusement au pilori les coupables du vol.

Futile indignation, en vérité !

1. *Literaturnaya Gazeta*, 14 janvier 1981.
2. *Literaturnaya Gazeta*, 21 janvier 1981.

Pour parvenir de Moscou à Londres les icônes ont bien dû franchir un certain nombre d'obstacles, passer un certain nombre de portes officielles ? Pas la moindre allusion à cet aspect des choses dans l'article en question.

Sous le titre « Des icônes russes dans les valises des diplomates », la *Süddeutsche Zeitung* a annoncé de son côté qu'en l'espace de quelques mois, dans le seul *land* de Rhénanie-Westphalie, il avait été saisi 887 icônes anciennes d'une valeur globale de 1 600 000 marks voyageant par la valise diplomatique [1]. Le journal ne donnait pas de détails concrets, mais rappelait que si l'entrée d'icônes en Allemagne fédérale était frappée d'une taxe, leur sortie d'URSS était, elle, purement et simplement interdite.

Qui donc, en URSS, couvre ce vaste trafic ? Il ne peut être question de deux ou trois douaniers soudoyés ou de « mafiosi » soviétiques tout-puissants.

Le courant d'objets d'art et d'antiquités, d'icônes surtout, en provenance d'Union soviétique, est beaucoup trop puissant.

Il n'y a pas un seul magasin d'antiquités, dans les grandes villes occidentales, qui ne soit aujourd'hui littéralement inondé d'icônes russes. On en trouve même chez les petits marchands de province. Comment, donc, y sont-elles parvenues ?

On pourrait bien sûr poser la question à Liovka Baskine. Mais, outre qu'il a été condamné à une assez longue peine de prison, il est réputé peu bavard.

Envisageons maintenant la question du point de vue du gouvernement soviétique. Dans l'appartement d'un collectionneur moscovite, dans la *datcha* d'un citoyen de l'Union des républiques socialistes soviétiques, sont entreposées, ou pendues au mur, un certain nombre d'icônes anciennes, rares, d'une valeur marchande exceptionnelle. Est-ce là une situa-

---

1. *Süddeutsche Zeitung*, 25 juin 1981.

tion normale ? Cela a-t-il un sens pour le gouvernement ? Alors que si l'on faisait parvenir ces icônes en Occident, cela permettrait de remplir les caisses des *résidents*[1] soviétiques de ces devises occidentales convertibles dont ils ont tant besoin.

C'est ainsi que se forme une chaîne rigoureuse, au fonctionnement parfaitement huilé : de Liovka Baskine et des vieux informateurs de l'OBHSS, par-delà la frontière, aux cambrioleurs et aux instances compétentes puis marche arrière, vers l'Occident, sans passer par la douane, grâce à divers diplomates de rang modeste qui véhiculent la marchandise pour le compte de Baskines petits ou gros, lesquels l'écoulent ensuite sur l'immensité du marché libre.

Nous sommes, ma femme et moi, de nature plutôt casanière et je vous prie de croire que nous n'avons pas effectué d'enquête particulière, mais même dans la paisible ville de Munich où nous résidons, il nous est arrivé de rencontrer certaines des personnes auxquelles je viens de faire allusion. Il est probable que mes compatriotes résidant dans les centres principaux de notre diaspora russo-juive pourraient fournir des exemples autrement savoureux.

Et alors ? me rétorquera-t-on. Cela signifie tout simplement qu'écrasée par les conditions d'existence que lui impose le système soviétique, l'entreprise privée a enfin trouvé le moyen de s'exprimer !

Qu'elle l'ait trouvé, nul ne le conteste. Mais permettez-moi en toute honnêteté de poser la question suivante : croyez-vous que quiconque puisse exercer longtemps en URSS, sans se faire prendre, une activité clandestine d'aucune sorte, ou faire du marché noir, sans un accord en profondeur passé avec l'OBHSS ? Or, lorsque cette spéculation prend des dimensions industrielles et qu'il s'agit d'écouler le produit de vols systématiques sur le marché occidental, même l'OBHSS

---

1. Rappelons que c'est sous ce terme que les Soviétiques désignent les représentants à l'étranger de leurs services d'espionnage (*NdT*).

constitue un organisme de rang trop modeste : c'est plus haut qu'il faut chercher les responsables.

Petite parenthèse concernant les agents non politiques à l'étranger. Un ancien membre du KGB, homme d'une grande expérience, m'a assuré un jour que les agents issus de milieux intellectuels, qui travaillaient dans le domaine idéologique, étaient des gens peu sûrs et à l'efficacité douteuse. Ils sont capricieux, certains tiennent à ne pas « donner » leurs compatriotes, mais seulement les étrangers, d'autres limitent leurs activités policières à leurs séjours de service à l'étranger, d'autres encore ne livrent pas leurs amis, etc. Sans compter tous ceux qui, une fois la frontière franchie, s'efforcent tout bonnement de rompre les liens avec leurs employeurs. De tels états d'âme sont étrangers aux informateurs travaillant pour les services de police, qu'elle soit judiciaire ou économique (l'OBHSS). Pour ceux-là, tout est simple, un seul critère prévaut : ce qui est avantageux pour eux et ce qui ne l'est pas. S'il y a un avantage matériel, ils vendront leur propre mère. Sinon vous n'obtiendrez rien d'eux. A ce système de valeurs il convient aussi, naturellement, d'ajouter la peur. Pourquoi donc, une fois accordé le précieux visa de départ à l'étranger, ne donneraient-ils pas la préférence à ceux avec qui ils entretiennent depuis longtemps des relations, comme on dit, « mutuellement avantageuses » ?

Admettons qu'une fois sortis d'URSS, ces hommes voient le facteur crainte diminuer. Reste l'appât du gain. Or les hommes dont je parle, une fois sortis d'URSS, dépendent pour une grande part, lorsque ce n'est pas totalement, de la faveur des autorités soviétiques et ne peuvent guère sans elles continuer à prospérer ou à s'enrichir.

Un homme qui gagne de grosses sommes d'argent dans les opérations de contrebande entre l'Occident et les pays du bloc est-européen et soviétique ne peut pas ne pas tenir à la poursuite d'une telle activité. Quant aux autorités soviéti-

ques, qui connaissent dans les moindres détails la personnalité des caïds du milieu soviétique et disposent, d'autre part,
d'un système de contrôle douanier et frontalier sans la
moindre faille, il est clair qu'elles les tiennent entièrement en
leur pouvoir.

Le fait que le pourcentage des truands soit élevé parmi les
représentants de la troisième émigration est admis de tous :
seules les interprétations diffèrent.

Certains vieux émigrés expliquent cette abondance par le
fait que la nouvelle émigration est, en majorité, juive. Cette
explication, à leurs yeux, se suffit à elle-même. D'autres
estiment que des criminels ont été disséminés au sein de l'émigration pour discréditer aux yeux du monde occidental l'ensemble des émigrés, anciens, présents ou à venir. Selon les tenants
d'une troisième thèse, si quelqu'un sort discrédité de cet état de
choses, ce ne peut être que le régime soviétique, coupable
d'avoir traité en criminels des hommes énergiques et ingénieux.

On dit encore qu'il y a moins de criminels qu'il peut le
sembler, qu'ils sont atypiques, qu'on ne juge pas une
collectivité d'après quelques individus tarés, que dans son
ensemble l'émigration représente la fine fleur de la pensée
libre, la conscience de la nation, un échantillon représentatif
de la couche pensante de la société soviétique, une preuve
aussi de la victoire des meilleurs éléments du peuple juif sur
ceux qui ont renié leurs origines et ont préféré s'assimiler,
sans oublier qu'il s'agit d'une source d'information sans
pareille pour le monde occidental !

Il y a aussi les partisans de la théorie des grands nombres,
mais il ne vaut même pas la peine d'en parler.

Il me semble pourtant, que la tâche assignée à cette
fraction, numériquement peu importante, de la troisième
immigration va beaucoup plus loin, qu'il ne s'agit pas
seulement de jeter le discrédit sur l'ensemble de l'émigration,
parfaitement digne et honnête dans son ensemble.

Discrédit ? parlons-en !.

Un homme roulant en Mercedes 450 SEL avec téléphone (ou *a fortiori* en Rolls) ne saurait discréditer personne. Devant lui toutes les portes s'ouvrent largement et les autres émigrés n'ont plus qu'à baigner dans les rayons de sa gloire. Après quelques années de vie en Occident, un spécialiste de cette trempe parvient à une situation sociale dont la plupart des honnêtes tâcherons venus d'URSS ne sauraient rêver.

Or, un homme riche est aussi un homme écouté et qui inspire confiance. Possédant des millions, il sera reçu avec les honneurs dans des milieux où les obscurs émigrés sans grade n'auront jamais accès pour des raisons de simple sécurité.

Pendant que les services de police occidentaux contrôlent pour la énième fois de pauvres quidams et cherchent à savoir s'il est bien exact qu'ils ont, à une certaine époque, suivi des cours de marxisme-léninisme à l'université X... Liovka Baskine, une fois quittée la prison, sirotera un Chivas Regal, sur son yacht personnel ancré en Méditerranée, en compagnie d'autres gros manitous dont tous ne seront pas nécessairement, eux, des maffiosi.

C'est peut-être grâce à des relations de cet ordre que se réalisera un jour un des vœux les plus chers du Kremlin : pénétrer la couche supérieure de l'internationale du crime du monde occidental. Le but est clair : à un certain niveau de réussite, il n'y a plus de séparation nette entre le milieu et les couches les plus honorables de la société.

Prenons un exemple : le commerce des armes. Notre modeste ami Liovka s'est fait pincer avec un lot relativement peu important. Mais supposons un instant qu'il ait réussit à mener à bien une opération de vaste envergure. Il peut après cela diriger les opérations de loin, sans toucher ni aux faux dollars ni aux armes qui sont l'objet d'un trafic international. Il deviendra donc alors un négociant respecté.

Le Roy-Finville, ancien collaborateur des services spéciaux français, était affecté au secteur des trafiquants d'armes. Il raconte dans ses Mémoires [1] qu'il reçut un jour d'un prince polonais, un important négociant marié à une star de cinéma, une invitation à une réception dans un château des environs de Paris.

Le pauvre colonel Finville ne se sentait guère à l'aise. Des automobiles luxueuses stationnaient à l'entrée, des domestiques en livrées et gants blancs servaient le champagne, les robes et les smokings étaient plus éblouissants les uns que les autres. La crème du monde des affaires s'était donné rendez-vous là, en compagnie de hauts fonctionnaires, de ministres. Le prince polonais était pourtant un simple marchand d'armes. Mais à un très haut niveau.

J'ai déjà dit, et je tiens à le rappeler, que les droit commun soviétiques, qu'ils aient ou non été en URSS collaborateurs de la police judiciaire ou économique, ne travaillent pas pour des motifs de fidélité idéologique mais uniquement par intéressement matériel. Cesser de collaborer avec les Soviets les priverait des fabuleuses possibilités que ceux-ci leur offrent.

L'ancien roi de la Moldavanka [2] qui partage ses gains avec Moscou ne connaît pas le souci du lendemain. Tandis que ses concurrents font péniblement venir, avec de grands risques et des dépenses considérables pour eux, leur haschich de Turquie *via* la moitié des pays européens, notre caïd national n'a qu'à réceptionner bien tranquillement à Berlin-Ouest la marchandise qu'on lui envoie d'Afghanistan ou de Tachkent *via* Moscou et Berlin-Est.

Le risque, je le répète, est à peu près nul. Tout d'abord parce que la poursuite du voyage, de Berlin-Ouest en

1. Voir le chapitre intitulé « Le seigneur de la Malmaison » dans le livre de Philippe Bernert : *SDECE service 7. L'extraordinaire histoire du colonel Le Roy-Finville et de ses clandestins*, Presses de la Cité 1980, p. 169 et suivantes (*NdA*).

2. Quartier de la pègre, à Odessa (*NdT*).

Allemagne fédérale, n'est pratiquement pas contrôlée. Mais aussi pour une autre raison, concernant le passage d'une Allemagne à l'autre.

On pourrait, bien sûr, faire un bel esclandre au sujet de cette drogue issue du Moyen-Orient soviétique ou soviétisé et que l'on fait entrer en Allemagne fédérale par la RDA. Mais personne, à Bonn, ne se risquerait à dénoncer pareille pratique. Cela pourrait porter atteinte aux bonnes relations régnant entre les deux États allemands, relations qui possèdent dans les milieux gouvernementaux de nombreux partisans. En outre, le gouvernement ouest-allemand ne cesse de penser aux citoyens d'Allemagne de l'Est qu'il se voit obligé de « racheter ». Qui sait si trop de chicanerie de sa part ne risquerait pas d'indisposer les autorités de la RDA, qui pourraient alors refuser de laisser sortir, moyennant une forte rançon, tous ces citoyens dont elles n'ont pourtant pas le moindre besoin ? Il importe aussi de souligner que, si à ces trafics criminels se mêlent des considérations d'ordre politique ou liées au travail des services secrets, le coefficient d'impunité des trafiquants s'en trouve d'autant accru.

Aussi ne trouvera-t-on pratiquement pas une seule allusion à la drogue venue d'Allemagne de l'Est dans la presse ouest-allemande. Et pourtant tout le monde est au courant. Mais, pour le· confort moral des citoyens, il est généralement considéré que cette drogue est destinée aux militaires américains servant en Allemagne, ce qui rejette la responsabilité des recherches sur les Américains eux-mêmes. Les autorités allemandes, elles, se préoccuperont de protéger leur jeunesse du haschich venu de Turquie.

Les services de renseignements occidentaux peuvent-ils ne pas être au courant ? C'est bien peu probable. Que coûte-t-il à notre Liovka Baskine, qui travaille déjà pour son propre compte et pour celui de Moscou, d'accepter en plus des missions des Allemands ou des Américains ?

... On sait qu'en février 1981, une explosion criminelle a

détruit les locaux de *Radio Liberty* et *Radio Free Europe,* à Munich[1]. L'enquête de la police fut longue; tous les employés de la station furent successivement interrogés. On vint me trouver à mon tour. Sur l'explosion elle-même, je ne pus formuler que des conjectures, mais je remarquai entre autres choses qu'il ne serait peut-être pas inutile de poser des questions aux marchands de drogue qui opèrent à la station. L'inspecteur de police allemand fit un vague geste de protestation : à quoi pensais-je donc? Voilà qui eût été contraire à la loi! La police n'était autorisée à mener ses investigations que dans le strict domaine de l'explosion qui avait eu lieu. Avais-je vu déposer l'explosif? Non? Excusez-nous du dérangement! Incontestablement, si j'avais vu ce soir-là dans les couloirs de la station un homme en débiter un autre à la hache, cela n'aurait intéressé personne.

Cela dit, plusieurs mois après, le procureur fit savoir au comité syndical de la station qu'une de ses collaboratrices avait été arrêtée pour espionnage et, semble-t-il, complicité dans l'explosion. Elle avait travaillé vingt-neuf ans à *Radio Liberty.*

UN CRÉTOIS A DIT...

Ce que j'avance peut paraître incroyable à certains : est-il pensable que la troisième émigration ait réellement introduit en Occident un grand nombre de criminels et d'agents soviétiques? Ou que les truands fraîchement arrivés du froid, tout en poursuivant avec la plus parfaite honnê-

1. Stations de radio à personnel généralement issu des pays d'Europe de l'Est diffusant à l'intention de ces pays des émissions à caractère politique ou culturel. Elles sont très écoutées (*NdT*).

teté leurs activités propres, travaillent en fait pour Moscou ?

Ma deuxième conclusion irrite particulièrement. Nombreux sont ceux qui, sans être nécessairement des demi-portions d'intellectuels, considèrent volontiers que l'activité des criminels, en URSS, constituait elle aussi une forme de protestation et de non-conformisme.

Il est d'ailleurs un argument sans réplique pour ce genre de choses : interdit de jeter le moindre discrédit sur la troisième émigration !

J'ai eu l'audace d'émettre une idée absolument élémentaire, et surtout de l'imprimer noir sur blanc : la société soviétique, écrivais-je, a de tout temps été quadrillée par les informateurs. Or l'émigration actuelle ne constitue rien d'autre qu'une émanation, qu'une fraction de cette société. Par conséquent... Eh bien ! Cela a suffi pour qu'on me couvre longtemps d'opprobre, avec un détail curieux : nombreux étaient ceux qui avaient pris cette remarque à leur compte.

On trouvait également offensant le point de vue avancé par moi, selon lequel toute la troisième émigration constituait une arme, inconsciente certes, mais puissante entre les mains des autorités soviétiques. Une arme de désinformation et de pression sur les esprits.

Un professeur d'université d'Allemagne fédérale m'a adressé dans une lettre privée le reproche suivant :

« Si vous affirmez, m'écrivait-il, que la troisième émigration représente une arme involontaire de désinformation entre les mains de Moscou, vous êtes vous-même, puisque vous y appartenez avec la conception que vous avancez, une arme de désinformation, de sorte que votre conception se trouve être elle aussi fausse. Si en revanche il se trouve que vous avez raison, alors, en tenant compte de ce que vous dites de la troisième émigration comme désinformateur collectif, nous revenons à la proposition antérieure. »

Comme il est dit dans l'exemple scolastique : « Un Crétois a dit que tous les habitants de la Crète étaient des menteurs.

De deux choses l'une : ou bien il ment et cette affirmation est fausse, ou bien il dit la vérité et alors il est lui aussi un menteur. »

Le professeur en question a peut-être raison. Essayons néanmoins de tirer au clair cette question qui me hante depuis longtemps, et bien d'autres avec moi : *pourquoi sommes-nous ici ?*

On propose habituellement un certain nombre d'explications.

Tout d'abord, c'est parce que les autorités soviétiques ont préféré se débarrasser des éléments les plus actifs de leur opposition intérieure et ont fait de la sorte diminuer une pression qui devenait pour eux dangereuse.

A écouter ou à lire certains ex-dissidents des grades les plus divers, ils sont passés tel un ouragan, ravageant l'ensemble du système soviétique, semant la confusion dans les organes de direction et de répression. On comprend que les autorités prises de panique aient préféré les bouter dehors. Leur départ n'a laissé en URSS que des procureurs ridiculisés, des policiers instructeurs à l'échine définitivement brisée (au sens figuré, il est vrai, de ce terme), ainsi qu'un Youri Vladimirovitch Andropov, ou son successeur, occupé, à se ronger les ongles en des crises de fureur impuissante.

Une telle explication ne tient cependant pas compte de la diversité des « non-conformistes » sortis d'URSS. Un homme comme Siniavski n'avait de son propre aveu que des « désaccords stylistiques » avec le pouvoir soviétique ; Soljénitsyne a donné en son temps des conseils sensés aux dirigeants soviétiques. Les critiques qu'ils formulaient contre le système soviétique, tout comme celles du marxiste lucide qu'était Léonide Pliouchtch, ou encore de Jaurès Medviédiev, étaient extrêmement diverses. Si l'on analyse les déclarations politiques de ces représentants éminents de l'émigration, et de bien d'autres avec eux, on se demande en quoi leur présence en URSS menaçait la stabilité du régime.

Autre explication : la puissance dévastatrice du courant national du peuple juif, devenu conscient de son identité. Les autorités soviétiques n'auraient plus eu qu'à laisser sortir massivement ces militants déchaînés. Faute de quoi...

Qu'on me pardonne, mais il reste bien des points obscurs.

INDISPENSABLE ÉMIGRATION

A un certain niveau de maturité politico-bureaucratique, l'apparence extérieure du dirigeant soviétique entre en conformité avec des normes non-écrites et acquiert un certain nombre de traits achevés et uniques en leur genre.

Un regard terne, une expression solennelle et indéchiffrable sur un visage soigné et empâté, le sceau indélébile d'une inculture autosatisfaite...

Et les discours! Des générations entières d'adjoints et de spécialistes ont écrit et réécrit pour eux ces phrases usées, éculées, d'une banalité écœurante, que les leaders soviétiques ânonnent péniblement au micro.

Frappant est le contraste avec les hommes d'État occidentaux : corps sveltes et bien entraînés, visages fins, souvent marqués du sceau d'une spiritualité intérieure, discours composés par des assistants érudits...

Et pourtant, que voit-on dans le jeu politique international? Ce sont les créatures porcines qui ne cessent de l'emporter, les Moscovites qui bernent leurs partenaires occidentaux.

Vous avez probablement remarqué que Zamiatine, Huxley, Orwell et autres auteurs d' « utopies antisocialistes » ont envisagé une société à venir déshumanisée, mais dirigée par des hommes d'un intellect puissant. Or les témoins du « socialisme réel », dit encore « socialisme mûr », savent d'expérience qu'en URSS le brio intellectuel et les connaissances encyclopédiques ne contribuent pas à l'avancement, bien au contraire. Comment expliquer ce paradoxe ?

Je ne suis guère convaincu par la théorie largement répandue selon laquelle la structure de la société soviétique serait pernicieuse pour le talent et que seules les nullités y triompheraient et feraient systématiquement carrière. Je me rends bien compte de l'attrait d'une telle théorie pour les ex-citoyens soviétiques : lequel d'entre nous n'a pas eu, en URSS, de supérieur stupide ?

Séduisante, cette théorie l'est aussi pour les Occidentaux dont elle flatte la vanité en leur faisant croire encore davantage que la société soviétique est entièrement dépendante de leur potentiel intellectuel.

Qu'on me permette cette simple question : comment l'État soviétique ne se serait-il pas effondré depuis longtemps s'il était véritablement dirigé par des hommes affectés aux différents postes de responsabilité sur le seul critère de la stupidité ?

Il y a « quelque chose » derrière, qui entraîne les succès de ces dirigeants soviétiques, apparemment bornés. Quel est donc leur secret ?

La plus grande victoire de l'ordre soviétique me semble être la mise au point d'une sorte de formule de l'instinct pur du pouvoir, par rapport auquel l'intellect et même la technique de direction de l'État n'ont qu'un rôle subordonné.

Dans la carrière-clé que peut faire un Soviétique, la carrière des carrières, la carrière du pouvoir, donc celle du Parti, les hommes ne progressent pas dans la hiérarchie en fonction de leurs aptitudes intellectuelles, mais selon leur degré de possession de cet instinct infaillible et aiguisé du pouvoir, le sens de leurs intérêts propres. C'est là une intuition absolue, comme on peut avoir l'oreille absolue, et qui leur permet de déterminer sans jamais se tromper ce qui va et ce qui ne va pas dans le sens de leurs avantages.

Cette intuition, cet instinct sont très particuliers. Ils peuvent parfois contredire les jugements de la raison ou les déductions du pragmatisme politique apparemment le plus convaincant, mais jamais ils ne trompent. Le dirigeant qui perd un jour ce flair sort immédiatement du jeu politique. Khrouchtchov en a fourni un excellent exemple.

L'intellect, l'érudition, le savoir-faire professionnel jouent un rôle qui n'est pas négligeable, mais ils restent en seconde ligne. Une décision prise d'instinct, parfois même formulée au milieu d'un chapelet de jurons obscènes, acquiert sa forme rationnelle au niveau de la mise en application. A ce stade, on peut sans problème tirer parti des ressources intellectuelles et techniques d'un pays de 275 millions d'habitants.

Il n'est donc absolument pas indispensable au dirigeant soviétique d'être intelligent. A plus forte raison n'a-t-il aucun besoin de puiser dans les ressources d'un esprit fin ou d'avoir la répartie spirituelle. Voici ce que l'on raconte au sujet de feu Brejniev, un jour où il dînait à Vienne au sommet, en petit comité. Chaque fois qu'il désirait proférer une remarque spirituelle ou d'un intérêt particulier, il tirait de la poche de sa veste une fiche contenant une pensée profonde imprimée en grosses lettres et la lisait à voix haute, après quoi il la remettait dans son autre poche. Pour ne pas courir le risque de se répéter.

Soit. Par contre persuader Léonide Ilyitch de prendre une décision qui ne fût pas allée dans le sens de ses intérêts a toujours été impossible !

La direction politique soviétique ne prend *jamais* de décisions politiques qui puissent lui causer du tort. Je suis presque prêt à affirmer qu'elle en est organiquement incapable. En outre, ce serait une grave erreur que de croire que les décisions prises par cette direction et dans ces circonstances puissent être confiées pour exécution à des sots.

Les adversaires de cette théorie du pouvoir soviétique se

réfèrent fréquemment à l'exemple de la troisième émigration :

Vous voyez bien ! disent-ils. La direction soviétique est
parfaitement capable de prendre sous la contrainte une
décision qui lui est en tous points défavorable. Pensez un
peu ! Moscou à d'un seul coup renoncé au principe du
verrouillage de ses frontières, offert aux Juifs un statut en
fait privilégié, suscité le mécontentement des pays arabes et
le ronchonnement des antisémites de tout poil, dégarni les
rangs d'un certain nombre de professions dont le pays avait
besoin, elle s'est privée d'une partie importante de sa classe
ouvrière et, en laissant partir à l'étranger quelques centaines
de milliers de personnes appartenant à divers secteurs de la
vie socioprofessionnelle et venant des horizons géographiques
les plus divers, elle a consenti à une évasion de l'information
dans des proportions encore jamais vues, même si cette
dernière se trouve aujourd'hui éparpillée de par le monde.

Et pourquoi tout cela ? Parce que les Soviets auraient un
besoin vital de l'aide économique et technique de l'Occident.
Voilà le ressort sur lequel on aurait joué pour forcer Moscou à
capituler ! A la pression extérieure des combattants des droits
de l'homme, des sénateurs et membres du Congrès américains, ainsi que du gouvernement israélien, est venue
s'ajouter la force, potentiellement énorme, de la vague
sioniste, qui a complètement révolutionné la société soviétique. « Let my people go ! » ont clamé en chœur les Juifs du
monde entier et le gouvernement soviétique, à sa plus grande
honte, a bien été forcé de les laisser partir.

Et pourtant... Regardez, en font remarquer d'autres que
ces arguments, si solides soient-ils, n'abusent pas, regardez
comme les Soviets ont su progressivement tourner à leur
avantage cette concession que leur ont arrachée l'opinion
publique occidentale et les militants juifs les plus tenaces !
Qui plus est, ils se sont ingéniés à résoudre, au moyen de
cette émigration si peu souhaitable pour eux, toute une série

de problèmes qui se posaient auparavant à eux. Il est vrai qu'ils ont dû pour cela étudier et comprendre la nature d'un processus totalement nouveau et obscur pour eux.

Posons maintenant la question : Moscou avait-elle vraiment besoin d'*étudier et de comprendre* le phénomène de l'émigration ?

Je ne le pense pas. Ce n'est pas à la fin des années soixante, lorsque le flot des Juifs s'est mis en marche, mais au début des années vingt, sinon plus tôt, que les autorités soviétiques ont eu l'occasion d'étudier la question. L'émigration, le travail à effectuer *contre* l'émigration, *avec* l'émigration et *à travers* elle, voilà un domaine dans lequel les autorités soviétiques ont une expérience considérable, sans équivalent dans l'histoire du monde.

Ajoutons que le flot actuel, à la différence des précédents, né s'est pas mis en marche spontanément. Il a démarré à point nommé, au moment précis ou cela avait été décidé d'en haut, et est toujours demeuré sous le contrôle le plus strict.

A la différence des deux vagues précédentes, la troisième a fait l'objet d'une sélection préalable. On a laissé sortir ceux que l'on a bien voulu laisser sortir, au terme d'une étude exhaustive des dossiers. Mais le plus important est qu'en les laissant sortir, on n'a pas seulement tenu compte du passé des candidats à l'émigration : on a dressé des plans d'avenir. La vie d'émigré ou, d'une façon générale, la vie en Occident, présente des aspects qui ont dérouté les émigrés venus d'URSS. Or ces aspects, les autorités soviétiques les connaissaient parfaitement. Et non seulement ils en ont tenu compte, mais il les ont intégrés à leur stratégie d'ensemble, ils les ont *exploités* dans le sens de leurs intérêts.

Il était temps de fournir une relève à la première émigration, largement dissoute dans son milieu d'adoption lorsqu'elle n'est pas tout simplement morte au cours de toutes les années qui nous séparent aujourd'hui de l'époque de la révolution, tout comme il était nécessaire de renouveler le personnel de cette seconde émigration d'après-guerre qui fut peu favorable à Moscou.

Par contre, se passer totalement de l'émigration russe, voilà qui était exclu !

PREMIÈRE PARTIE

LA PÉNÉTRATION SOVIÉTIQUE

1

PRÉCURSEURS
(Azef)

L'un des dirigeants de l'armée des Volontaires [1], le général Maï-Maïevski, était connu pour son amour de la bouteille, passion que son aide de camp, l'habile capitaine Makarov, prenait bien soin de ne pas laisser s'éteindre : le gosier de son chef ne restait jamais sec et c'était lui qui dirigeait toutes les affaires de l'état-major.

En 1919, après une série de défaites difficilement explicables aux environs d'Oriol et de Kharkov, les collègues du général commencèrent à se douter de quelque chose. Mais c'est précisément le moment que le capitaine Makarov choisit pour disparaître sans laisser de traces.

Tous les espions ne furent certes pas démasqués, de même que tous ne furent pas obligés de s'enfuir. Je donnerai l'exemple d'un homme que je connaissais bien, dans le Paris d'avant la guerre. Très lié aux affaires de la *résidence* soviétique, il avait pour obligation de s'enivrer au moins deux fois par jour avec l'ordonnance d'un général blanc bien connu. Excellente thérapeutique psychologique ! Le gros rouge permettait au vaillant chevalier de saint Georges de

---

1. Formée à partir de novembre 1917 par le général Alexeïev, dernier chef d'état-major de l'armée tsariste : voir M. Heller et A. Nekrich, *L'Utopie au pouvoir (Histoire de l'URSS de 1917 à nos jours)*, Paris, Calmann-Lévy, 1982, p. 65 et passim (*NdT*).

faire taire ses remords de conscience. Le général, avec qui il avait servi dès la Première Guerre mondiale, puis fait toute la guerre civile, lui faisait une confiance absolue, tout comme faisaient confiance à ce soldat dévoué tous les amis du général. S'ils avaient appris que le moindre de leurs soupirs parvenait aux oreilles du *résident,* un grand nombre d'entre eux en auraient eu un coup de sang ! Y compris ceux qui travaillaient pour les bolcheviks, car il semble qu'il y en avait aussi, parmi ceux qui se faisaient ainsi espionner. Passons maintenant un degré au-dessus. On connaît l'exemple de Nadiejda Vassilievna Plévitskaïa, fameuse interprète de chansons traditionnelles du début du siècle, ancienne soliste de Sa Majesté Impériale et qui, en 1919, accompagnait l'Armée blanche en qualité d'épouse du général Skobline, commandant du régiment Kornilov. Une vingtaine d'années plus tard, en 1938, convaincue d'avoir participé avec son mari à l'enlèvement du général Miller, président de l'Association des Anciens combattants russes (ROVS), elle sera condamnée par une cour d'assises française à vingt ans de travaux forcés pour espionnage au profit de l'Union soviétique.

Mais tout cela, ce sont des affaires concernant l'émigration post-révolutionnaire, des affaires de surcroît essentiellement parisiennes. Revenons au début du siècle. Lorsque furent créées la Section étrangère de la Tchéka, en 1921, avec à sa tête le vieux bolchevik Meïr Trilisser, puis la Section de contre-espionnage, dirigée par Artur Khristianovitch Artou-zov [1], trois sources furent utilisées pour « travailler » l'émi-

---

1. Si l'on en croit Edward Van der Rhoer (voir note p. 86 ; un chercheur américain, le véritable nom d'Artouzov était Renucci. Il se serait agi d'un Gênois, venu en Russie à la veille de la chute du tsarisme pour y enseigner le français dans un lycée de filles, qui aurait pris fait et cause pour la révolution et serait devenu tchékiste. En revanche, selon des sources soviétiques, son véritable nom aurait été Artur Khristianovitch Fraucci, né en Russie en 1881, fils d'un fromager suisse russifié. En 1917 le vieux bolchevik Kedrov, qui avait connu son père en Suisse (ce grand humaniste qui imagina le premier de fusiller en masse les otages), fit venir de l'Oural le jeune ingénieur métallurgiste et lui offrit un poste à la Tchéka.

gration blanche. Nous connaissons les deux premières : l'enseignement de la guerre civile et les agents infiltrés chez les Blancs. La troisième, ce furent les archives de l'Okhrana tsariste. Riche était l'expérience de leurs brillants prédécesseurs, même si les résultats concrets atteints par eux avaient souvent été décevants.

Il faut en effet reconnaître que, si les « organes » de sécurité de l'Empire russe n'avaient pas toujours été en mesure de réaliser leurs ambitions, leur travail, lui, avait été d'excellente qualité.

« J'ai l'honneur de porter à la connaissance de Votre Excellence que s'est formé ici, il y a deux mois, un cercle de révolutionnaires dont l'objectif consiste à... »

Datée du 4 avril 1893, la lettre anonyme qui commence en ces termes avait été postée en Allemagne, à Karlsruhe. Son auteur proposait ses services au département de la police impériale russe pour la somme de cinquante roubles par mois.

L'Okhrana n'eut guère de difficultés à établir l'identité du candidat au poste d'informateur rémunéré. Originaire du bourg de Lyskovo, dans le gouvernement de Grodno, il s'appelait Evno Azef et était le fils d'un tailleur peu fortuné, Fichel Azef. Il était encore lycéen qu'il fournissait déjà des informations aux services de l'Okhrana, à Rostov sur le Don.

La fiche à son nom que l'Okhrana possédait précisait qu'Azef était « un homme intelligent, très rusé et qui avait des relations extrêmement étendues » au sein de la jeunesse russe émigrée. Engagé par la police russe en juin 1893 au salaire mensuel de cinquante roubles, prime de Nouvel An

---

Il fit alors une carrière jalonnée de succès. Toutes les opérations de provocation majeures montées par les services secrets soviétiques dans les années vingt et trente furent conçues et réalisées par lui. Artouzov fut fusillé en 1937 et réhabilité en 1965. (*NdA*).

non comprise, il se mit à fournir une information d'une
abondance et d'une qualité telles qu'on dut doubler son
salaire en 1899, tandis qu'il recevait une seconde prime à
Pâques.

Sur tous les plans, le destin récompensait le zèle d'Evno
Azef. Au cours de cette même année 1899, il obtint à
Darmstadt son diplôme d'ingénieur électricien, après qu'il
eut quitté Karlsruhe pour mieux étudier sa spécialité. Azef
était un homme qui avait de la suite dans les idées.

Muni de recommandations pour les révolutionnaires russes, Azef partit alors pour Moscou où l'attendait un excellent
poste d'ingénieur à la Société d'électricité russe, poste qu'il
avait obtenu avec l'aide de la police. Il se trouvait désormais
sous l'aile de la section moscovite de l'Okhrana et de son
illustre chef, le « conseiller de cour [1] » Sergueï Vassiliévitch
Zoubatov...

Le rapport avec l'émigration ? Tout simplement que, sous
l'ancien régime, les partis antigouvernementaux travaillaient
pour une très grande part hors du pays. Il y avait donc aussi
un département de l'Okhrana spécialement chargé de couvrir
cette activité à l'étranger.

Étudiant issu des couches pauvres, sans coloration politique, c'est grâce à la police que Evno Azef put avoir une
activité politique, progresser dans la hiérarchie du parti et,
rapidement, influer sur l'activité de ce dernier hors de
Russie. Et lorsqu'il arriva à Moscou, les poches pleines de
lettres de recommandation que lui avaient données ses
camarades socialistes révolutionnaires, il était en mesure
d'influer sur place sur l'évolution des choses. C'est donc bien
l'Okhrana qui, dans les faits, créa Evno Azef, personnage
politique de premier plan.

Sous la direction de Zoubatov, grand formateur d'agents

---

1. Grade civil (le 7ᵉ), correspondant sous l'ancien régime à celui de lieutenant-
colonel (*NdT*).

secrets qu'assistait le dénommé Miednikov, responsable pour
Moscou de toutes les filatures, Azef apprit dans les moindres
détails toutes les finesses des rendez-vous secrets, des lettres
codées, des petites annonces de journaux ; il apprit à échapper
à une filature et, par conséquent, à en monter lui-même. En
un mot, il devint sous leur baguette un conspirateur
professionnel de tout premier ordre.

Parallèlement, il était devenu aux yeux de ses camarades de
parti un spécialiste irremplaçable, une autorité absolue,
l'homme qui savait comme personne choisir un « appartement conspiratif », fournir à la demande une typographie
illégale ou une fabrique de dynamite, organiser la surveillance de la victime choisie par les terroristes, faire fonctionner les transports de littérature subversive.

Qu'on me permette quelques détails non dénués d'intérêt
sur ces transports de littérature. Conseiller technique du
Comité central du parti social-démocrate, l'ancien instituteur
Matvieï Ivanovitch Brandinski, devenu agent de l'Okhrana
sous les pseudonymes de « Viatkine » et de « Kropotkine »,
remplissait de nombreuses fonctions de responsabilité chez
les révolutionnaires : il gérait le bureau du parti, faisait le
tour des membres du Comité central pour les convoquer aux
réunions plénières et, surtout, s'occupait d'introduire en
Russie la littérature clandestine imprimée à l'étranger et de la
faire distribuer aux divers échelons locaux. Mais les 150 roubles mensuels que Brandinski touchait de l'Okhrana lui
servaient surtout à laisser pourrir cette littérature dans les
bureaux des douanes, ou encore à lui faire prendre le chemin
des sections moscovite ou pétersbourgeoise de l'Okhrana. Et
ce n'était plus qu'en doses infimes qu'elle parvenait à
destination : d'abord comme point de repère pour découvrir
les réseaux d'organisations locales, ensuite pour couvrir sa
propre activité de bon camarade dévoué et infatigable.

Le rapport avec l'émigration, le voici. Brandinski dépendait du département Étranger de l'Okhrana, pour le compte

duquel il faisait effectuer, depuis l'étranger, un savant travail de provocation. Un de ses hommes de confiance, Piotr Emmanouilovitch Pankratiev, vivait dans le voisinage immédiat d'un célèbre chef S-R résidant à l'étranger, Vladimir Lvovitch Bourtsev. Ce Pankratiev organisait depuis l'étranger l'envoi en Russie de littérature interdite et, en outre, guidait ses camarades plus jeunes sur la voie de la lutte révolutionnaire, tout en leur donnant des leçons de prudence. Ceux-ci débordaient de reconnaissance envers lui et le décrivaient comme un homme merveilleux, intelligent, plein d'expérience...

Agent de la section pétersbourgeoise de l'Okhrana, Pankratiev fournissait donc des renseignements sur les jeunes révolutionnaires arrivant de l'étranger, à qui il donnait des recommandations pour les « camarades de l'intérieur ». On tenait ses jugements en très grande estime.

Lorsque le général-major Guérassimov, dernier chef d'Azef, prit sa retraite, il rendit leur liberté à bon nombre de ses anciens agents de haut rang, qui ne désiraient pas travailler avec son successeur. Telles étaient les mœurs de l'époque.

Les dossiers ? Les dossiers, bien sûr, restèrent : quittances de sommes reçues, rapports, correspondance officielle, etc. Tout resta !

Or, supposons qu'un homme public d'une certaine importance, ou un avocat libéral, proche des cercles révolutionnaires, après avoir envoyé pendant des années des dénonciations à l'Okhrana pour quelque 200 roubles par mois, suive après la victoire de la révolution le chemin classique des partisans de l'ancien système. Il suit d'abord l'Armée blanche dans le sud de la Russie, puis embarque pour le monde de l'émigration, où on le voit scintiller modestement sur cet horizon politique un peu terne. Comme cela viendra mal à propos, si l'on découvre, même de nombreuses années plus tard, qu'il avait travaillé pour la police tsariste, pour l'Okhrana !

Toutes ces considérations font que Meir Trilisser et Artur Artouzov avaient de quoi s'occuper lorsqu'ils prirent en main les affaires de l'émigration russe : nombreux étaient les atouts dont ils pouvaient disposer.

Transportons-nous maintenant dans le Paris de l'entre-deux-guerres. Bourtsev est à nouveau émigré. Il meurt plus ou moins de faim, refusant toute assistance personnelle mais acceptant qu'on l'aide à faire vivre son enfant chéri, une revue littéraire qui se nomme *Byloïé*. Le général Diakonov, ancien attaché militaire tsariste à Londres, collecte souvent pour lui les fonds nécessaires. Le général Diakonov travaille depuis de nombreuses années pour l'Union soviétique. (Une chose que je n'arrive cependant pas à m'expliquer est celle-ci : quel intérêt la *résidence* soviétique avait-elle à financer l'activité éditoriale de Bourtsev, qui ne se doutait de rien ?)

Pour que l'on comprenne bien aujourd'hui ce dont il s'agit, rappelons qu'une police politique a toujours intérêt à contrôler la circulation d'une littérature illégale, à avoir ses hommes à tous les échelons de ses déplacements, à ne pas tolérer d'initiatives autonomes. De nos jours, la question est devenue encore plus complexe depuis que ces mouvements se font dans deux directions : celle du SAMIZDAT et celle du TAMIZDAT [1].

Lorsque j'habitais Moscou, je lisais comme tous mes amis d'énormes quantités d'œuvres éditées en samizdat. Parmi les documents qui tombaient entre mes mains, parfois pour quelques heures seulement, il y en avait qui frappaient par la nouveauté des faits communiqués et par la vigueur avec laquelle ils étaient exposés. Je me rappelle les carnets d'un

---

1. Le samizdat (littérature autoéditée) reproduit par divers procédés artisanaux la littérature soviétique non autorisée ; elle est lue dans le pays et parvient (parfois) en Occident ; le Tamizdat vient de l'étranger (bibles, œuvres de Soljénitsyne, d'Avtorkhanov, d'Orwell, etc.) (*NdT*).

zek, ancien combattant de la guerre civile, arrêté pour la première fois au début des années trente et qui achevait ses jours sous le régime de la relégation à vie. Je me souviens, entre autres choses, de renseignements statistiques précis autant qu'abondants concernant l'utilisation par Lénine des réserves d'or de la Russie impériale. Il y avait là bien d'autres choses intéressantes encore. Ce document m'avait été donné par un homme qui se trouvait (et se trouve encore) au centre de la dissidence en Russie [1].

En apprenant que ce document qui m'avait fait une aussi forte impression (et j'étais devenu dès cette époque un bon connaisseur du samizdat) avait été renvoyé à son auteur dans son trou de province, mon étonnement fut extrême. Comment se faisait-il que l'on n'eût rien entrepris pour le faire passer en Occident ?

Une autre fois, alors que j'avais reçu en lecture de la même source un texte manuscrit relativement bref qui m'avait paru intéressant, je profitai d'une personne qui se trouvait là pour le recopier en hâte et le faire envoyer à l'Ouest. En rendant l'original à mon ami dissident, je me vantai modestement de ce qui me semblait être un petit succès. Une conversation déplaisante s'ensuivit. J'appris que les textes en samizdat devaient quitter le pays selon des filières bien précises. Tout d'abord, pour éviter de faire du bruit autour de personnages marginaux qui ne le méritaient pas. Ensuite, pour que les textes ne tombent pas entre de mauvaises mains. Enfin, pour que l'on sache bien, « là-bas », de qui accepter des samizdats. Autrement dit, pour que soit clair, comme nous disions, « qui était who ».

Faut-il s'étonner dans ces conditions que de la mer du samizdat qui déferle en Russie ne coule vers l'Occident qu'un

---

1. Ce n'était pas Piotr Yakir mais, par son envergure, son courage fou et l'étendue de ses relations tant dans le milieu des dissidents que celui des correspondants étrangers et, d'une façon générale, des étrangers de Moscou, il valait presque le fils du héros de la guerre civile. (*NdA*).

petit filet d'eau sévèrement contrôlé, que l'époque des documents humains bouleversants soit révolue et que, par les canaux existants, ne parviennent que des œuvres d'auteurs « approuvés », ou bien des procès-verbaux d'interrogatoires et de perquisitions, des recueils d'articles et de paragraphes juridiques ? Une des principales fonctions du samizdat, aujourd'hui, consiste à remplir, pour la plus grande joie des souris, les étagères des bibliothèques universitaires occidentales de matériaux indigestes.

Je n'affirme nullement, cela va de soi, que ceux qui s'occupent d'édition ou d'envoi de samizdats, à l'intérieur du pays comme en Occident, soient tous mus par des motivations malsaines. Dans leur très grande majorité, ce sont d'authentiques démocrates, qui s'efforcent honnêtement de faire le plus de mal possible au régime soviétique. Mais je suis persuadé qu'à certains maillons de la fragile chaîne qui relie le samizdat au monde extérieur, il y a des hommes qui influencent le choix des matériaux, contrôlent le dosage et veillent à ce que certains noms demeurent sous les feux de l'actualité, que d'autres restent inconnus et que les documents les plus forts, les plus intenses, n'atteignent pas l'Occident ou bien se noient dans la masse morne des documents de référence, dignes seulement d'intéresser l'historien à venir, ou à la rigueur le futurologue passionné par les problèmes de la « société postsoviétique »...

2

PRÉCURSEURS
(Suite)

Comment parler de la police politique du temps des tsars sans évoquer la figure et la carrière hautement édifiante de Léonide Mienchtchikov, fonctionnaire du ministère de la Police?

Entraîné sur la voie de la révolution par l'impétuosité de la jeunesse, il avait découvert dès les premiers pas qu'il fit aux côtés de ses nouveaux camarades qu'un grand nombre de ces derniers, dont Zoubatov, n'étaient autres que des agents déguisés de l'Okhrana. Ulcéré par tant de fourberie, Mienchtchikov dédida alors de se venger et... s'engagea lui-même dans les rangs de la police, tout d'abord comme « honorable correspondant », puis comme fonctionnaire à temps complet. En vingt années d'une carrière policière assez fructueuse, il rassembla un grand nombre d'informations puis partit à l'étranger et livra aux révolutionnaires les noms de tous les provocateurs connus de lui au cours de son travail au ministère. Il y en avait parmi eux qu'il avait lui-même recrutés, comme la Moscovite Olga Poutiata, qui avait choisi la collaboration avec l'Okhrana dans le légitime dessein de se débarrasser d'une rivale heureuse (son « parrain » Léonide lui avait donné le pseudonyme de « Léonidov »).

Ce qui nous intéresse ici, cependant, est moins le fait que ce révolutionnaire offensé dans ses meilleurs sentiments ait rassemblé, en vingt ans de bons et loyaux services, une documentation considérable concernant 250 agents provocateurs, que le fait que, lorsqu'il transmit aux partis révolutionnaires anciennement espionnés par eux sa liste de 250 noms, ces partis ne jugèrent utile de révéler que les noms de 20 traîtres. Moins de 10 % du total !

En quoi cet exemple est-il, comme nous le disions, hautement significatif ?

Entre autres raisons, pour celle-ci : l'espion qui a travaillé pendant de nombreuses années aux côtés de membres des partis révolutionnaires et a gagné leur sympathie s'est fabriqué une solide cuirasse d'amitiés, de liens de famille, d'habitudes partagées, de services reçus et rendus. Il réussit parfois à devenir irremplaçable et s'insère alors avec une telle perfection dans le paysage psychologique familier à son entourage qu'il se trouve peu d'amateurs pour le démasquer lorsque son double rôle devient évident.

Rappelons-nous un exemple célèbre, celui d'Azef et de Bourtsev. Lorsque celui-ci eut démasqué celui-là et décidé d'apporter aux dirigeants du parti S-R des preuves irréfutables de sa trahison, ces hommes qui n'éprouvaient pas la moindre hésitation pour condamner à mort les agents de l'Okhrana infiltrés chez eux lorsqu'ils en pinçaient (ce fut le cas, par exemple, pour Tatarov) semblèrent soudain submergés par le doute. Ils se mirent à louvoyer en tout sens, à avoir des problèmes de conscience et, finalement, permirent à Azef de s'enfuir. Par la suite, ils n'entreprirent pas le moindre effort sérieux pour tuer le « provocateur du siècle ». Comment cela s'explique-t-il ?

Différentes raisons peuvent être avancées parmi lesquelles l'esprit de caste. Après tout, Azef était en dépit de tout un des leurs, un « général de la révolution », le chef d'une organisation de combat. Et enfin, il avait des mérites qui n'étaient pas minces : c'était lui qui avait fait assassiner Plehvé et le grand-prince Sergueï Alexandrovitch [1]!

A un niveau beaucoup plus modeste que celui d'Azef, prenons à nouveau l'exemple d'Olga Poutiata. Dans un article qu'il publia à la veille de la dernière guerre [2], Vladimir Bourtsev a raconté comment Poutiata fit une brillante carrière dans le parti au moment même où, parallèlement, on la démasquait comme agent double et en dépit de cette révélation. Bourtsev avait obtenu de Bakaï et de Mienchtchikov, collaborateurs de l'Okhrana, des preuves de la trahison de Poutiata ; il les transmit à l'organisation moscovite du parti social-démocrate. Mais que pesaient semblables accusations, pour les dirigeants S-D, au regard des services alors rendus par Poutiata, indispensable collaboratrice du parti et secrétaire de l'organisation ! Son activité était incessante. C'était elle qui savait trouver les meilleurs appartements pour les réunions clandestines ou les caches d'armes et de littérature interdite. Elle n'avait jamais peur de rien, distribuait en ville littérature et revolvers, obtenait des passeports pour les clandestins. Parmi ses plus gandes réussites, elle avait trouvé un appartement sûr pour les réunions dans la clinique du Dr Térian (lui aussi, naturellement, agent de l'Okhrana).

Les rencontres chez le Dr Térian se déroulaient sans anicroches ; tout ce que Poutiata entreprenait réussissait. S'il y avait parfois des bavures, il ne semblait pas en tout cas que ce fût à cause d'elle. Aucun soupçon, même léger, ne venait entacher sa réputation.

Mais la réputation d'un révolutionnaire ou d'un dissident ne se bâtit pas uniquement sur son habileté à faire un travail efficace, à tout organiser avec bonheur. Il faut aussi qu'il

1. Plehvé, ministre de l'Intérieur brutal et réactionnaire, fut assassiné en 1904 — Le grand-prince Sergueï Alexandrovitch, gouverneur général de Moscou, le fut au début de la révolution de 1905 (NdT).

2. Vladimir Bourtsev, *En lutte avec les provocateurs,* dans la revue *Illioustrirovannaïa Rossiya* du 8 avril 1939 (NdA).

fasse preuve de courage, qu'il sache se conduire dignement face aux représentants du pouvoir.

Je cite Bourtsev :

« — Je dois vous arrêter ! déclara à Olga Poutiata le chef de la section moscovite de l'Okhrana, Peterson. On cueille tout le monde, et vous seule resteriez en liberté ! Il est indispensable que vous soyez arrêtée, sans quoi vos camarades pourraient vous soupçonner !

« Une descente fut effectuée chez Poutiata. Ses camarades présents purent admirer l'élégance, l'assurance avec lesquelles elle tenait tête à ceux qui perquisitionnaient, sans craindre de leur lancer des remarques arrogantes. A la fin de la fouille, tout le monde fut arrêté. Poutiata se retrouva en prison et sa réputation de bonne révolutionnaire s'en trouva encore renforcée. »

Ô la monotone répétition des procédés infaillibles ! Les décennies passent, l'histoire change, les hommes débarquent sur la lune et reviennent sur terre et la technique policière, basée sur les procédés les plus primitifs, demeure inchangée.

Voici un exemple personnel, récent, datant de l'époque où ma femme et moi attendions à Moscou, après le refus opposé à notre demande de départ pour Israël. Parmi les jeunes Juifs barbus et décidés à tout qui nous entouraient (on les avait surnommés les « kamikazes », tant ils étaient intransigeants et héroïques), le plus valeureux de tous s'appelait Léonide Tsypine, « Lionia ».

Il comptait alors plus de vingt interpellations et gardes à vue, mais cela ne l'empêchait pas de jeter sans hésiter défi sur défi aux autorités. Malgré sa jeunesse, Lionia jouissait au sein des « activistes de l'alia » d'une autorité considérable. On tenait le plus grand compte de son opinion et les missions délicates nécessitant du courage et de la lucidité, quelles qu'elles fussent, lui étaient confiées de préférence.

Vous l'avez deviné : Lionia était agent du KGB, une chose que tout le monde apprit lorsqu'on lui confia la tâche de démasquer à son tour dans la presse les « manigances des sionistes ».

Des hommes de ce type, audacieux, impertinents, ignorant la prudence, jetant des défis aux représentants du pouvoir, j'en ai aussi rencontrés parmi les membres actifs, mais toujours impunis, de la dissidence intellectuelle actuelle. Certains d'entre eux, de surcroît, se rendent fréquemment en Occident.

L'obstination de Bourtsev finit cependant par payer : on comprit que Poutiata avait trahi et celle-ci tenta de s'empoisonner. On la sauva de justesse.

Les agents provocateurs travaillant au sein d'un milieu à leurs yeux moralement prestigieux me semblent assez souvent suivre le même parcours psychologique que le célèbre « général della Rovere », le héros du film de Rossellini.

Rappelons le thème.

La Gestapo enferme un petit trafiquant qui s'est fait prendre pour trois fois rien, mais possède un physique avenant, dans une prison où on lui demande de jouer le rôle d'un général envoyé pour prendre contact avec la résistance et qui vient d'être tué. Tout le plan repose sur le calcul suivant : les chefs de la résistance, qui n'espèrent plus rien et n'attendent plus que l'heure où ils seront fusillés, vont raconter tout ce qu'ils savent à ce célèbre général, qu'ils n'ont jamais vu auparavant.

Or, une fois devenu l'ami de ces condamnés à mort qui lui ont effectivement fait la confiance la plus complète, l'ancien petit escroc entre à un tel point dans la peau de l'intrépide général qu'il ne trahit personne et, jouant jusqu'au bout son rôle de héros, se rend à la mort avec ses nouveaux camarades.

Je pense en écrivant ces lignes à un Moscovite qui s'est tellement confondu avec son personnage d'oracle et de protecteur des jeunes dissidents inexpérimentés que, pour conserver son masque, je crois que lui aussi pourrait étonner le monde.

Serait-ce là un trait spécifique du style de délation russe ? Saltykov-Chtchédrine écrivait déjà au siècle dernier que le « sogliadataï » russe, comme on appelait alors les mouchards, était capable de vous aider à rédiger une proclamation, puis de vous dénoncer et, enfin, de vous bénir sur la route qui vous menait en Sibérie...

Nous employons aisément et sans nuances le mot *stoukatch*. Or la fonction de dénonciateur est en URSS un phénomène très complexe. Il y a relativement peu d'hommes comme Azef, cyniques et calculateurs. On rencontre souvent bien autre chose.

Il y a parmi les agents bon nombre de jeunes gens pour lesquels la délation est le seul moyen, après de mauvaises notes, d'obtenir un diplôme universitaire ou, parce qu'ils ne possèdent pas de parents influents, de trouver un travail dans la capitale. Cela peut encore être un moyen de progresser dans le service, d'obtenir telle ou telle faveur comme un projet, une commande, le droit de voyager à l'étranger...

Que l'on considère aussi l'incroyable sévérité des peines infligées par les tribunaux soviétiques. Voici un jeune homme qui vient de faire ses tout premiers pas chancelants dans la voie de la dissidence intellectuelle et hop ! le voilà déjà pris, le piège s'est refermé sur lui. Non seulement tous ses rêves professionnels tombent à l'eau (c'était un sacrifice auquel il s'était préparé), mais c'est aussi la fin de ses rêves généreux et humanitaires. Et soudain on lui propose de collaborer. Non pas de dénoncer, mais de conseiller, de guider le KGB pour lui éviter des impairs. Que se passe-t-il alors dans sa tête ? Il se dit qu'il ne s'agit après tout que de savoir manœuvrer. Personne en effet ne possède mieux que lui l'art de distinguer le secondaire de l'essentiel, de décider de ce qu'il convient de dire, de ce qu'il convient de cacher. D'ailleurs, on n'exige pas de lui de « dénonciation », au sens grossier du terme : rien que des impressions d'ensemble. L'essentiel, c'est de préserver ceux qui lui sont proches des provocations ennemies, de débarrasser leur entourage de divers personnages douteux et de les remplacer par des êtres soigneusement choisis, de provoquer des rencontres, de susciter des querelles... Faire cela, est-ce être un dénonciateur, un vulgaire *stoukatch* ?

La meilleure preuve de ce qu'il ne fait rien de mal tient à ce seul fait : aucun de ses amis ne se fait prendre. Et s'ils se font quand même prendre, du moins n'y est-il pour rien. Si vous traitez cet homme de délateur, vous ne ferez que montrer l'arriération de votre mode de pensée et votre incapacité à rien comprendre.

Même l'appellation d'agent du KGB, en fin de compte, est un concept on ne peut plus fuyant. Et des plus délicats à analyser !

Lorsqu'il vient en URSS, M* passe tout ses moments de liberté en compagnie de ses amis dissidents moscovites, qui le considèrent comme un des leurs. Il leur apporte régulièrement des lettres d'amis émigrés, ainsi que des livres interdits. Lorsqu'il quitte Moscou, il emporte à son tour d'URSS des lettres et du samizdat. M* n'a peur de rien, ce qui n'a rien d'étonnant étant donné son passé glorieux : c'est un ancien héros de la Résistance.

Dans son pays, M* non seulement reçoit les hauts fonctionnaires soviétiques de passage, mais il les loge chez lui, avec l'autorisation et les encouragements de l'ambassade d'URSS. Pour cette dernière, M* est un homme à qui on peut faire une entière confiance.

Dans son domaine, qui relève des sciences humaines, M* est un spécialiste de second ordre, mais les liens étroits qu'il maintient avec l'URSS, ainsi que la part active qu'il prend à organiser congrès et symposiums lui ont assuré, peut-on dire, une certaine notoriété internationale. Il est l'auteur de nombreux travaux, presque tous publiés (au tarif le plus élevé) en Union soviétique.

Que l'on convoque un nouveau congrès, un nouveau symposium international dans la spécialité de M*, ce dernier y assiste à tous les coups. Le plus souvent comme observateur, mais parfois comme délégué de son pays. Toutes ses dépenses sont payées d'avance. Veut-on savoir par qui ?

Ce détail, il est vrai, ne regarde personne. Mais lorsque M* vient à Moscou, la suite qu'on lui réserve à l'hôtel et les frais de son séjour dans la capitale lui sont offerts par... Non, pas par le KGB : par l'Académie des sciences de l'URSS.

D'où vient la grande affection que l'Académie des sciences porte ainsi à M* ?

Tout d'abord de ce qu'il organise congrès et rencontres internationales dans les conditions les plus favorables à l'URSS ; ensuite de ce que, tout en analysant ces manifestations d'un œil qui pourrait sembler irrémédiablement occidental, il ne perd jamais de vue les intérêts de la propagande soviétique.

C'est M* qui soufflera aux Soviétiques le nom de la personnalité particulièrement mal vue en Occident qu'il vaudrait mieux ne pas envoyer à l'extérieur ou, si l'on ne peut vraiment pas faire autrement, suggérera celui du compagnon qui redressera l'impression produite. Il indiquera quelles questions perfides il convient de redouter, précisera les préoccupations ou les projets de ses collègues occidentaux, éternellement soucieux des droits des savants soviétiques. Il peut par exemple conseiller, à la veille d'une rencontre internationale, de répandre le bruit que tel ou tel professeur juif qui a demandé à partir pour Israaël va bientôt recevoir son visa. La rencontre se déroulera alors paisiblement, personne ne se hasardant à remettre en cause par une déclaration trop fracassante le départ tenu pour imminent de la sommité en question. A Moscou, où il hante les coulisses des congrès et des symposiums, M* veille avant tout à ce que ses collègues ne rencontrent personne d'indésirable, et à ce que personne d'indésirable ne se fraye un chemin jusqu'à eux.

Les dissidents moscovites qui boivent le thé avec M* dans les cuisines d'appartements moscovites on ne peut plus honnêtement « non-conformistes » font à leur hôte d'outre-frontières une confiance absolue sans soupçonner une seconde la réalité des choses.

M* ne se considère probablement pas lui-même comme un agent. C'est simplement un homme de bonne volonté qui connaît bien les dirigeants soviétiques et, pour cette raison, apprend à ses compatriotes comment se comporter avec eux, en même temps qu'il enseigne aux Soviétiques comment se comporter à l'étranger, sans oublier qu'ils ne doivent jamais perdre la face. Preuve supplémentaire de son innocence : les autorités ont très certainement deviné qu'il apportait à Moscou de pleines valises de cadeaux et de livres et qu'il en emportait des manuscrits et des lettres. Or, jamais on ne lui a demandé de montrer ces dernières et ses bagages ne sont jamais ouverts par les douaniers.

Avidité ? M* est riche. Convictions ? Peut-être, quoiqu'il ne soit pas communiste. La vanité joue ici un rôle non négligeable. Ce n'est que grâce à l'activité bouillonnante qu'il déploie dans la préparation des rencontres internationales en tout genre que M* réussit à passer pour un homme de science, disons pour un demi-savant.

Mais l'essentiel, c'est que M* a l'impression d'être un homme qui influe sur la marche de l'histoire, un homme qui forge les armes de la paix. S'il est un homme qui est au courant des choses de ce monde, c'est bien lui : il lui suffirait d'interrompre son activité tourbillonnante pour qu'aussitôt éclate une guerre nucléaire !

S'il vous prend la fantaisie, dans la « maison dissidente » où M* se rend lors de ses venues à Moscou, de laisser entendre que c'est un agent soviétique, on vous prendra pour un fou. S'il en était ainsi, il y a belle lurette que tous ses amis seraient en prison ! Mais si vous vous obstinez, si vous répétez votre opinion à son sujet, de petits incidents désagréables sans cause évidente commenceront bientôt à se produire dans votre existence.

Vaut-il vraiment la peine de se mettre dans cette situation ?

3

L'HÉRITAGE DE L'ANCIEN RÉGIME

« Suite à votre rapport n° 434 en date du 1er (14) mars [1], le département de la Police fait savoir à Votre Haute Noblesse [2] que l'éventualité d'une transmission des pouvoirs au sein du parti entre Marc Natanson et Vassili Vassiliévitch Soukhomline, ainsi que des matériaux idéologiques et des liaisons dont il dispose en tant que membre de la délégation étrangère, apparaît comme extrêmement peu souhaitable car Vassili Soukhomline, partisan d'une extension maximale du terrorisme politique, ne manquera pas d'utiliser ses nouveaux pouvoirs, ainsi que les liens qu'il possède en Russie, pour faire passer dans les faits ses idées extrémistes.

« C'est pourquoi, accordant à la candidature du susdit Soukhomline comme successeur de Natanson une importance toute particulière, le département de la Police est d'avis que l'unique circonstance qui puisse faire obstacle dans le cas présent à la transmission de pouvoirs en faveur de Soukhomline consiste en une détérioration des relations entre les deux hommes et même en leur complète cessation.

« Dans cette optique, le département de la Police prie Votre

---

1. 1912 (*NdA*).
2. Le destinataire de cette lettre était Krassilnikov, responsable à l'Okhrana de tous les agents à l'étranger (*NdA*).

très Haute Noblesse d'accorder une importance particulière à la nécessité de découvrir les conditions permettant la modifications des relations entre Natanson et Soukhomline et fait confiance à l'expérience de Votre Haute Noblesse pour découvrir lesdites conditions. »

Il se trouve que je fis un jour à Moscou la connaissance de Vassili Soukhomline à un moment où il s'était enfui de Paris, à la veille de son inculpation pour espionnage au profit de l'Union soviétique. Mais cela est une autre histoire.

La question que je voudrais poser est la suivante : dans quelle mesure est-il utile pour une police politique (quelle qu'elle soit) de déplacer la direction d'un mouvement politique d'opposition (ou d'une dissidence) hors des frontières du pays ?

Les citoyens soviétiques ont tellement pris l'habitude de se méfier, l'expérience leur a tellement appris à éviter les mouchards (même s'ils sont loin d'y arriver toujours) qu'il n'est peut-être pas toujours très facile pour la police de surveiller efficacement, à l'intérieur du pays, l'apparition spontanée de nouveaux foyers d'opposition ou de non-conformisme. Par contre lorsqu'ils se retrouvent dans le cadre de l'Occident démocratique, les mêmes opposants ou dissidents abaissent leur garde et s'il leur arrive, par une vieille habitude, de deviner les intentions de tel ou tel émigré fraîchement arrivé d'URSS, ils tombent très facilement sous le charme des vieux émigrés, ou plus simplement des Occidentaux manipulés par l'ambassade d'URSS. Les « cueillir » n'est plus alors qu'un jeu d'enfants.

Les Soviets ont, eux, un besoin vital de maintenir hors du pays les centres de la dissidence politique. En effet l'abandon forcé de la politique de terreur préventive a créé en URSS une situation telle que l'apparition spontanée de cercles, puis d'organisations politiques d'opposition, n'apparaît plus comme une utopie. Même la délation n'est plus, comme au bon vieux temps de Staline, une pratique englobant l'ensemble de la population. Il existe un climat psychologique de sympathie envers les non-conformistes, une certaine « zone de sécurité » pour ces derniers. L'entourage peut très bien ne pas être d'accord avec les thèses énoncées ou les méthodes défendues, et pourtant il n'est pas certain qu'il les dénoncera. On assiste à l'apparition progressive d'un phénomène qui était totalement absent sous Staline : la complicité.

L'implantation dans le monde libre d'une couche supérieure, soigneusement choisie, de la dissidence intellectuelle est doublement avantageuse pour les Soviétiques : du point de vue de l'infiltration éventuelle de ce milieu et du point de vue de sa manipulation, tant à l'extérieur qu'à l'intérieur du pays.

... Lorsqu'on lit les rapports des dirigeants de la police politique à l'étranger du temps des tsars, des hommes tels que Rataïev, Ratchkovski, Garting, rapports qui furent divulgués et publiés à Paris en 1914 par notre infatigable Mienchtchikov, lorsqu'on lit les Mémoires de Pavel Pavlovitch Zavarzine, ancien chef des sections de l'Okhrana pour Kichiniov, le Don, Varsovie et Moscou, on est frappé non seulement par leur habileté à exposer leurs idées avec élégance et clarté, mais aussi par leur admirable compréhension de la situation politique où ils étaient placés et par la justesse de leurs analyses.

On franchit encore un degré avec Serguei Vassiliévitch Zoubatov. Quelle classe !

Si ses collègues se débrouillaient bien dans les affaires courantes, Zoubatov, lui, avait l'art de prévoir l'avenir. Il fut l'un des premiers à comprendre que le plus grand danger à venir résidait dans l'expérience de la propagande et de l'organisation que possédaient les sociaux-démocrates (S-D), plutôt que dans la tactique terroriste prônée par les sociaux-révolutionnaires (S-R), ne fût-ce que parce que les sociaux-révolutionnaires, dès qu'ils entamaient leur action, transgressaient la loi, subissaient une peine et sortaient du jeu, sans compter que les éléments les plus engagés y laissaient leur peau. Pendant ce temps les marxistes construisaient sur place leurs cellules, les reliaient en un réseau solide et presque légal, augmentaient régulièrement le nombre de leurs cadres dans les usines et les manufactures, en un mot créaient l'organisation qui deviendrait leur soutien au moment où ils s'empareraient du pouvoir. Rares étaient alors ceux qui le voyaient, ou acceptaient de le voir.

« Zoubatov, écrit Zavarzine [1], rêvait de combattre ce mouvement d'une manière rationnelle, en créant une organisation russe saine qui aurait abordé d'une manière différente la solution des problèmes donnant des chances de succès à la révolution. Partant de ces prémisses, il arrêta son choix sur la légalisation, au sein d'une organisation ouvrière nationale qu'il avait remarquée, d'un minimum de doctrine politique et économique, comme on en trouvait dans les programmes des socialistes, mais en conservant les principes d'autocratie, d'orthodoxie et de nation russe. »

Bref, il voulait mettre sur pied des syndicats intelligemment et discrètement contrôlés par les organes policiers. Tout en demeurant dans le cadre de la légalité, ces syndicats auraient avancé des revendications raisonnables et obtenu l'amélioration du sort de la classe ouvrière par la voie des réformes.

Les historiens marxistes écrivent que le plan de Zoubatov était condamné dès le début « en raison de la sous-estimation par son auteur du rôle directeur de la classe ouvrière ». En réalité, l'initiative de Zoubatov, qui aurait pu sauver la Russie de la révolution, échoua parce qu'absolument tout le monde s'y opposa. Il avait contre lui les bureaucrates mortifiés, qui voyaient dans les syndicats zoubatoviens des pépinières séditieuses empiétant sur leurs prérogatives, les

---

1. P. P. Zavarzine, *Gendarmes et révolutionnaires, Souvenirs* (en russe), Paris, 1930 (*NdA*).

industriels qui refusaient de faire aux ouvriers la moindre concession (les plus scandalisés étant les patrons de manufactures et les concessionnaires étrangers), les ultras qui le détestaient et l'accusaient de sémitophilie (Zoubatov, de fait, collaborait volontiers avec les syndicats juifs et n'était nullement antisémite) et, naturellement, les libéraux et les socialistes. Les premiers parce qu'ils niaient tout simplement que le marxisme pût avoir une influence quelconque sur les masses ouvrières russes et ne voyaient, par conséquent, pas de nécessité dans la lutte contre pareille influence, les seconds parce qu'ils avaient toutes les raisons de penser que le projet de Zoubatov renforcerait l'autorité du pouvoir tsariste.

Mais le pire était que de semblables méthodes n'étaient pas du tout du goût d'un certain nombre de fonctionnaires du ministère de l'Intérieur ou du département de la Police car elles reléguaient à l'arrière-plan, au moins politique, la lutte contre le terrorisme et la défense, avantageuse du point de vue de la carrière, de Sa Majesté Impériale et des ministres qui entouraient le tsar.

On en vient à se dire, lorsqu'on lit des documents de l'époque, que la concentration presque exclusive de l'attention des autorités sur la lutte contre le terrorisme et la protection de la famille impériale et de l'élite gouvernementale contre les bombes et les brownings de l'organisation armée a joué dans la chute du régime impérial un rôle aussi important que l'effet moral et politique produit par les attentats eux-mêmes.

Et Zoubatov, coupable d'avoir su distinguer avant les autres d'où viendrait le danger et d'avoir proposé les mesures qui s'imposaient en fonction des circonstances, fut immédiatement révoqué. Tous ses plans tombèrent à l'eau.

Zoubatov n'eut pas l'occasion de vérifier la véracité de ses prédictions les plus pessimistes. Il dînait en famille chez lui, à Moscou, lorsqu'on lui apporta la nouvelle que la révolution de Février venait d'éclater à Petrograd. Zoubatov resta un instant pensif, puis se leva en silence et entra dans son cabinet de travail. Un coup de feu retentit...

Le caractère du régime alors en place en Russie n'avait pas permis d'utiliser l'appareil policier et ses méthodes pour la réalisation d'une stratégie politique. Pour appliquer un dessein semblable à celui de Zoubatov, il aurait fallu un État policier et totalitaire. Il aurait fallu un pouvoir centralisé, homogène et unanime dans la compréhension de ses intérêts. Le régime autocratique russe ne présentait pas ces traits.

Il faudra une révolution et quelques décennies d'un régime totalement nouveau, d'un système sans précédent historique, il faudra l'élaboration progressive d'une structure étatique complètement nouvelle, celle de l'État socialiste, pour que cela devienne possible. Lorsque le pouvoir politique, le pouvoir militaire, le pouvoir législatif et le pouvoir économique se fondront enfin en un tout organique, un pouvoir policier, ce jour-là, tous les syndicats seront devenus « zoubatoviens ».

4

LES RÉFUGIÉS

Dans son dernier ordre du jour comme commandant en chef du Sud de la Russie, le général Wrangel écrivait : « Les voies qui s'ouvrent devant nous sont pleines d'incertitudes. Nous n'avons plus d'autre terre que la Crimée. Nous n'avons même plus de trésorerie [1]... »

C'est entre le 15 et le 23 novembre 1920 qu'arrivèrent dans la région des Détroits les vaisseaux chargés des débris de l'armée des Volontaires : soldats et officiers, armes et bagages...

« Nous vîmes approcher de nous une rive morne avec des bâtiments à moitié effondrés. Un phare apparut bientôt, puis nous aperçûmes les contours d'une petite ville en ruine qui avait fortement souffert d'un tremblement de terre, puis de la guerre encore récente. C'était Gallipoli... »

Regroupées en un unique premier corps d'armée, les troupes blanches placées sous les ordres du général d'infanterie Alexandre Ivanovitch Koutiépov commencèrent à débarquer.

« Pourri, cet endroit. Nous allons tous y laisser notre peau ! »

1. Article « Gallipoli » (auteur : général Steifon), dans le recueil *Général Koutiépov*, Paris, Éditions du Comité général Koutiépov, 1934, p. 260 (en russe) (*NdA*).

C'est ainsi que se remémorait ces journées l'un de ceux qui avaient fait partie de l'expédition [1].

Combien d'hommes avaient alors quitté la Crimée avec Wrangel ? Les évaluations varient entre 130 000 et 150 000. Combien encore, à part eux, la vague révolutionnaire en avait-elle rejetés hors des frontières de leur pays ?

Nous autres, émigrés, avons toujours été très sensibles à cette question : combien étions-nous en tout ?

Il existait entre les deux guerres un « comité Nansen » qui répartissait entre les différentes organisations de bienfaisance de l'émigration l'argent rapporté par les timbres que les émigrés collaient sur leurs « passeports Nansen ». Cet argent était réparti suivant les critères suivants : 4/5 pour l'émigration russe, 1/5 pour les émigrés arméniens.

Les Russes finirent par se révolter. Pourquoi, demandaient-ils, devaient-ils payer pour les Arméniens, alors qu'ils étaient si nombreux et les Arméniens aussi peu ?

On instaura alors des timbres différents pour les Russes et pour les Arméniens, ce qui permit d'établir des statistiques. On fut très gêné quand on s'aperçut que les Arméniens étaient aussi nombreux que les Russes.

La première émigration était vagabonde et misérable. Ceux qui avaient réussi à emporter quelques biens étaient de rares exceptions. La quasi-totalité des émigrés, qui n'avait d'autre expérience que celle des armes, d'autre métier que celui de soldat, crevait littéralement de faim.

Dans les divers pays de la diaspora, ces laissés-pour-compte vivaient dans une sorte de ghetto, derrière la double barrière de la langue et de l'inimitié des indigènes et des administrations locales.

Ils s'engageaient pour aller cultiver la terre au Brésil... et

---

1. Tiré du journal *Byloïë*, qui paraissait en Russie aussitôt après la révolution. J'ai malheureusement perdu la référence précise (*NdA*).

se retrouvaient enrôlés dans la Légion étrangère, ou partaient au Paraguay combattre les Boliviens. Un détachement de cavalerie placé sous les ordres du général Oulagaï, un cosaque du Kouban, effectua en Albanie un coup d'État et plaça sur le trône Ahmed Zogou, sous le nom de roi Zog, premier et dernier du nom.

Ils se disséminaient de par le vaste monde mais s'assimilaient mal, ce dont ils s'enorgueillissaient (et s'enorgueillissent encore aujourd'hui !). Les situations qu'ils finissaient par trouver étaient généralement médiocres, sans comparaison avec celles qu'ils avaient occupées auparavant. Dans son livre *Gendarmes et révolutionnaires*, cité plus haut, le colonel Zavarzine mentionne le fait qu'il commence à écrire le soir, après une longue et épuisante journée de travail chez Citroën.

Voici le témoignage d'un jeune écrivain de l'émigration :

« Jusqu'au bout, Ivan Ossipovitch Khlystov tint à vivre ainsi qu'il avait toujours vécu, " comme les autres ". Cependant, le dernier jour, alors qu'il dînait, il se leva brusquement de table et, s'adressant à son voisin russe plutôt qu'au maître de maison, un Français, il s'exclama : " Ah, vous ! Même la soupe, vous ne savez pas la préparer ! "

« Ces paroles avaient été dites en français, d'une voix forte et sur un ton arrogant, en présence de tous les habitués. Ivan Ossipovitch fut raccompagné avec perte et fracas... On le revit plus tard dansant dans un bal public jusqu'à onze heures du soir environ. A onze heures et demie, il bavardait dans la rue avec Sytchov (ce dernier était gris et se rappelle seulement qu'Ivan Ossipovitch lui parut d'une gaieté exubérante ; il ne cessait de lui donner des claques sur l'épaule, lui faisait des compliments sans queue ni tête, lui racontait son départ de l'usine — il venait d'être licencié suite à une réduction des effectifs — et lui avait donné en le quittant cinq francs pour qu'il se paye à boire). A minuit, il se pendit.

« Lorsque la servante entra au matin dans sa chambre, ses genoux touchaient presque le sol. Un infime mouvement,

même involontaire, aurait pu le sauver de la mort... Et voilà
le cadre de la fenêtre où il avait suspendu sa corde. Sa logeuse
la découpa par la suite en vingt-trois morceaux qu'elle vendit
dix francs l'un. Le dernier morceau, minuscule et effiloché,
elle m'en fit cadeau pour un petit service rendu.

« Morne ennui de notre banlieue, sensation de
vacuité [1]... »

C'est vrai que l'on s'ennuyait mortellement, jusqu'à la
nausée.

L'usine était moins un moyen d'échapper au chômage
qu'une punition que l'on subissait, avec un entourage qui
vous était étranger et ne vous acceptait guère.

Peu à peu s'amenuisait l'espoir de revenir en Russie, cet
espoir auquel étaient liées toutes vos pensées. Vous ne
pouviez plus supporter ce succédané de votre existence
familière, avec le magasin de produits russes, les bals
périodiques avec tombola, réveillons russes, soirées en l'honneur d'une ville, d'une région, d'un régiment, simples
beuveries.

Vous sentiez monter en vous une animosité envers les
indigènes, prétentieux et avides, incapables de comprendre
l'âme russe et qui ne perdaient pas une occasion de souligner
leur supériorité. Les pauvres! Comme si l'on pouvait comprendre la Russie par le biais de la seule intelligence!

Condamnés à souffrir, à cause du directeur de l'usine, du
patron de l'hôtel, du tenancier de la boutique... Vampires
que ces indigènes... On se pend et la seule chose à laquelle ils
pensent, c'est de vendre votre corde en petits morceaux...

Les services soviétiques, encore peu expérimentés mais
emplis d'un feu sacré, se jetèrent comme des bêtes sur les
malheureux émigrés.

1. Tiré de *Douratchio*, nouvelle d'Anatoli Anfiérov, cité par Vladimir
Varchavski dans son livre *Une génération inaperçue*, New York, Éd. Tchékhov,
1956, p. 30 (en russe) (*NdA*).

On commença par faire le tri. Nous évoquerons plus loin les bases idéologiques de ce mouvement, avec les écrits du professeur Oustrialov et ceux du Berdiaïev de cette époque, avec le mouvement dit du « Changement d'orientation » et celui dit des « Eurasiens ». Parlons d'abord de choses relativement simples et de procédés passablement grossiers.

Sans se cacher, des délégations de la Croix-Rouge, des missions commerciales affluant de Russie soviétique se transformaient tôt ou tard en « Unions pour le retour dans la patrie ». On promettait l'amnistie aux anciens combattants de l'Armée blanche, on faisait miroiter de hautes fonctions devant les anciens généraux et officiers d'état-major, on essayait d'attirer les universitaires avec des chaires, les écrivains avec des honneurs, des tirages qui devaient être énormes. Tous étaient appelés, mais peu furent alors élus.

On laissa rentrer les généraux et les officiers d'état-major, les célébrités dont le prestige personnel ne pouvait que rehausser celui de Moscou. C'est alors que revinrent Alexis Tolstoï et Serge Prokofiev.

« Changement d'orientation » avait attiré d'assez nombreux émigrés qui s'étaient mis au service de l'Union soviétique, mais, dans sa masse profonde, l'émigration demeurait une force antibolchevik d'une importance considérable.

Hier encore officiers de l'Armée blanche, des hommes encore jeunes voulaient reprendre les armes et poursuivre sur la terre de leurs ancêtres le combat perdu au cours de la guerre civile.

« C'était le prolongement de la guerre civile » ; me racontait récemment Victor Alexandrovitch Larionov, un des « terroristes koutiépoviens » les plus audacieux, un homme qui réussit à accomplir au cours de cette période un acte terroriste en territoire soviétique.

La terreur ! Multiples étaient les facteurs en sa faveur. Les frontières de l'URSS n'avaient pas encore été herméti-

quement bouclées. On pouvait encore réussir à passer en
Russie et à en revenir. On n'avait pas encore généralisé
l'attribution des passeports intérieurs, il était donc plus facile
de se déplacer à l'intérieur du pays, de se cacher. D'ailleurs on
trouvait encore, à l'intérieur du pays, de nombreux points
d'appui. Les liens personnels et familiaux n'avaient pas encore
été rompus. La terreur de masse, qui engendra l'universalisa-
tion du phénomène de délation, n'avait pas encore porté ses
fruits. Le régime n'avait pas encore totalement assis ses
fondations. La terreur, surtout si elle frappait au sommet,
avait alors des chances de succès politique.

Les organes de contre-espionnage soviétique, qui avaient
une pleine conscience de cet état de choses, agissaient comme
avaient fait avant eux leurs homologues tsaristes : en proté-
geant avant tout leurs chefs bien-aimés. Cependant, capturer
des terroristes et des conspirateurs sur toute l'étendue de la
Russie était une tâche colossale autant que risquée et dont le
succès était loin d'être garanti. La solution logique vint
d'elle-même : infiltrer les organisations terroristes qui nais-
saient à l'étranger et découvrir les meneurs par la provocation.

Mais dans l'émigration, à côté des têtes brûlées qui ne
pensaient qu'à la terreur, il y avait aussi (dès cette époque) des
hommes raisonnables qui estimaient avec raison qu'il fallait
s'appuyer sur les forces de résistance intérieures.

5

LE *TRUST* ET L'AFFAIRE SAVINKOV

Dans les opérations de politique étrangère menées par l'URSS, donc en particulier dans celles concernant la propagande et le renseignement, l'émigration russe a toujours occupé une place très particulière.

Tour à tour — ou simultanément — comme adversaire, comme victime, comme arme ou comme alliée.

L'histoire des services secrets soviétiques a connu un certain nombre d'affaires retentissantes dans lesquelles l'émigration a joué un rôle prépondérant. En outre, au moment où elle tombe dans les rets de l'espionnage soviétique, l'émigration cesse d'être seulement un objectif, ou un moyen permettant d'obtenir des renseignements : elle est fréquemment devenue une arme pour l'intoxication psychologique. L'émigration a ainsi subi un double traitement : d'une part on l'a attirée dans le camp bolchevique et, de l'autre, on a exercé à travers elle une influence sur l'Occident : on a mené une politique de désinformation ou de désorientation, on a suggéré une fausse vision de la situation dans le pays, on a paralysé toute volonté de lutte.

C'est à travers l'émigration que Moscou a, dans une large mesure, orienté la pensée et l'activité des centres occidentaux de collecte et d'analyse de l'information ainsi que des centres de décisions.

Inversement, ce processus a permis de freiner, à l'intérieur du pays, le développement d'une pensée oppositionnelle et de contrer une éventuelle résistance au régime. L'absence constatée d'une résistance de ce type a, dans une certaine mesure, été provoquée par l'influence des services soviétiques sur l'émigration.

Rappelons que, pour obtenir un tel résultat, il a toujours été très important d'assurer des liens et l'apparence d'une interaction entre les organisations émigrées et leurs partisans à l'intérieur du pays, de créer un simulacre de vases communicants. Initié dans les années vingt, le schéma de cette opération complexe, appelé à resservir un grand nombre de fois, est entré dans l'histoire sous le nom de *Trust*.

Le lecteur non seulement occidental, mais russe (d'Union soviétique ou de l'émigration) ne verra pas en principe à quoi ce mot peut se référer. S'il regarde dans le dictionnaire, il en trouvera la définition suivante : « Réunion sous une direction unique de plusieurs entreprises concernant la même branche industrielle. » C'est ce que l'on trouve dans un dictionnaire raisonné de la langue russe. C'est un mot d'origine étrangère, provocant pour une oreille russe, lié au commerce et répondant pleinement à l'esprit de la NEP, cette époque où la Russie soviétique, sur l'ordre de Lénine, apprenait à commercer. A la même époque, les services soviétiques faisaient une brillante sortie sur l'arène de l'espionnage international en créant leurs *trusts* à eux, au sens très particulier.

Les *trusts* fabriqués par les services spéciaux de l'URSS l'ont toujours été suivant le même stéréotype.

Voici le témoignage de Nikolaï Vinogradov [1], un des partisans du général Koutiépov :

« On envoyait à l'étranger des " ex-quelque chose ", des gens qui avaient eu dans le passé une certaine fonction

1. Voir le « recueil Koutiépov » déjà cité, p. 332-333 (*NdA*).

socioprofessionnelle, par exemple d'anciens hommes politiques, d'anciens officiers, d'anciens spécialistes de différents domaines. Ces hommes avaient habituellement des liens avec l'émigration. Ils arrivaient en mission dans leur spécialité, plusieurs fois de suite, envoyés par telle ou telle institution soviétique, rencontraient comme par hasard les émigrés dont ils avaient besoin, lesquels sont comme on sait friands de telles rencontres, leur racontaient avec une assez grande véracité la vie en Russie soviétique, sans laisser percer la moindre sympathie envers les communistes. A leur troisième ou quatrième visite, ils commençaient à parler d'un possible travail en Russie, en disant tout d'abord qu'il " fallait faire quelque chose ", puis en laissant entendre qu'ils " faisaient déjà eux-mêmes quelque chose ". La suite dépendait du talent déployé par l'agent et du degré de stupidité ou de prudence de l'émigré. »

La « stupidité » était naturellement chose plus fréquente que la « prudence ». Et si les services soviétiques l'emportaient le plus souvent, c'était aussi parce qu'ils ne se laissaient pas décourager par des échecs isolés. Aucun plan ne leur semblait trop grossier ou trop impudent. Leur offensive tenait du rouleau compresseur...

Les émissaires ne cessaient d'arriver d'URSS. Tous racontaient la même histoire : il y avait là-bas, en Russie, une organisation antibolchevique qui demandait à être soutenue par des éléments sérieux de l'émigration afin d'élargir ses activités. C'est ainsi que naquirent différents *trusts* : « trust national », « grand trust », « trust des colons allemands », « trust des mines », « trust ouvrier », « trust du poisson », « trust militaire », etc. Leur nom correspondait habituellement au caractère de l'entreprise projetée. On disait par exemple que dans une mine quelconque, dont on donnait les coordonnées concrètes, les « hommes libres » qui s'y étaient concentrés avaient créé une organisation. En y envoyant des forces nouvelles, on pourrait faire grossir la boule... Les pêcheries, les zones d'exploitation forestière étaient pleines de mécontents... On rattachait de nouveaux *trusts* à des événements en cours : des émissaires des colons allemands arrivèrent dès le moment où l'on commença à les persécuter...

En un mot, on ne cessait d'attirer les émigrés en leur faisant miroiter une alliance avec des partisans mythiques.

Le plus célèbre des *trusts*, celui qui donna l'appellation conventionnelle à toutes les organisations de ce type, fut le MOTsR, ou « Organisation monarchique du centre de la Russie ».

Sur le territoire de la Russie soviétique, le MOTsR rassemblait pour l'essentiel d'anciens officiers et hauts fonctionnaires tsaristes. Les membres de cette organisation avaient réussi à occuper des postes de responsabilité à l'état-major général, dans les ministères, les transports, le commerce extérieur.

Des hommes sûrs permirent au MOTsR d'établir des contacts avec le centre monarchique émigré. Ils se mirent à lui envoyer des rapports réguliers sur la situation intérieure, élaborèrent une stratégie d'ensemble, une tactique de lutte pour le rétablissement de la monarchie. L'organisation était puissante et influente. Tout aurait été parfait... si l'organisation avait réellement existé. Ou plutôt elle existait bien, mais elle était composée dans son immense majorité d'agents des services secrets soviétiques, avec juste un très petit nombre de naïfs abusés.

Voyons maintenant ce que les représentants du MOTsR essayaient de faire accroire aux monarchistes émigrés et, à travers eux, aux services et gouvernements occidentaux.

En Russie, affirmaient-ils, se produisait une évolution économique et politique ; le régime n'était plus le même, le communisme périclitait, on voyait apparaître des sympathies monarchiques que le MOTsR utilisait pour préparer un coup d'État. Or ce dernier était plus proche qu'on ne pouvait l'imaginer. La seule chose qui pût empêcher sa réalisation, c'était une intervention extérieure, car l'idée même d'une immixtion de pays étrangers dans les affaires intérieures de la Russie était profondément impopulaire au sein des masses patriotiques russes, si favorables aux idées du parti monarchique...

Il en découlait naturellement que non seulement les organisations émigrées, mais aussi les forces occidentales qui auraient voulu voir la fin du régime communiste en Russie devaient avant tout s'abstenir de toute activité sur le territoire de cette dernière. Une propagande trop énergique, *a fortiori* la terreur, n'auraient pu être que nuisibles, risquant de faire échouer le travail méthodique menant au renversement du pouvoir soviétique, tâche à laquelle s'était attelé le MOTsR.

Moralité : restez bien tranquilles, veillez à ce qu'il n'y ait pas d'attentats, n'intervenez pas et la Russie redeviendra d'elle-même une monarchie.

Rappelons une autre opération de gros calibre : celle concernant Boris Savinkov, célèbre leader S-R et terroriste, que l'on attira en Union soviétique avant de le détruire politiquement et physiquement.

Méthodiquement, sans hâte inutile, on arriva à faire croire à Boris Victorovitch Savinkov, grâce à des émissaires jouissant de sa confiance, qu'il existait sur le territoire de la Russie une organisation active regroupant des hommes partageant ses idées. Lorsque l'envoyé de cette organisation arrivait à Paris, il tenait à Savinkov le langage suivant : une révolution politique et économique se produisait alors en Russie. Le peuple s'était convaincu que ses espérances révolutionnaires avaient été trompées et que les bolcheviks n'étaient que des usurpateurs, des traîtres à la cause de la révolution. Le peuple était en fermentation, une explosion n'allait pas tarder à se produire sous la pression des forces démocratiques. Toute activité dirigée contre le pouvoir soviétique, qu'elle fut entièrement menée ou simplement inspirée de l'extérieur, eût néanmoins risqué de mettre en péril et même de ruiner toute l'entreprise. Il fallait s'en remettre aux forces politiques démocratiques présentes à l'intérieur du pays. Mais ces forces n'étaient pas laissées à elles-mêmes. Il existait une puissante organisation disposant d'hommes un peu partout : à l'état-major général de l'Armée rouge, à la Guépéou, dans les commissariats du peuple, dans les transports. Il ne manquait à cette organisation, pour qu'elle pût s'unifier et agir avec une énergie décuplée, qu'un leader, un chef politique au nom prestigieux, qui sût unifier et diriger.

Diriger ! Pour le reste, passe encore, mais diriger, c'était là une chose pour laquelle Boris Savinkov se sentait toujours prêt. Il mordit à l'appât avec une crédulité sans limites. Pour être plus sûr de le tenir, on lui jeta un second os : ses partisans avaient réussi à effectuer toute une série d'expropriations sur le territoire russe et possédaient maintenant des sommes considérables. Malheureusement ils ne savaient comment en disposer. Il n'y avait qu'un homme auquel les démocrates fussent prêts à confier la caisse de leur parti : cet homme était Boris Savinkov. Et afin qu'on ne pût plus douter qu'il s'agissait de choses sérieuses, le célèbre terroriste reçut à Paris la somme de vingt mille francs, pour couvrir ses frais de voyage.

Savinkov se mit alors en route pour la Russie, dont il passa la frontière en fraude, pour diriger son parti et en tenir la caisse. Il fut cueilli à peine la frontière franchie. Mais l'histoire ne s'arrête pas là.

De même qu'il existe un théâtre dans le théâtre, cette opération montra que l'on pouvait introduire une supercherie au second degré à l'intérieur de celle qui avait déjà eu lieu, en sorte que l'on parvint à extraire de Savinkov tout le profit qu'il pouvait donner, comme un citron dont on tire tout le jus.

Quand les provocateurs qui avaient donné Savinkov le remirent à Moscou aux instances supérieures de la Tchéka, celles-ci commencèrent par renvoyer leurs fidèles agents

puis... expliquèrent en toute confiance à leur prisonnier que
le mauvais tour qui lui avait été joué n'était qu'un leurre. En
réalité, les dirigeants de la Tchéka partageaient entièrement
les vues de Savinkov et ne demandaient qu'à lutter avec lui
contre ces traîtres à la révolution qui portaient les noms de
Trotski ou de Zinoviev. Il n'y avait tout simplement pas eu
d'autre moyen d'entrer en contact avec lui et de le faire venir
en Russie. Or la Russie avait grand besoin de lui : « Sans
vous, Boris Victorovitch, lui affirmaient-ils, nous ne pourrons jamais mener notre affaire à bien. Les doctrinaires qui
ont usurpé le pouvoir auront beau jeu de dénoncer dans toute
lutte pour le leur reprendre une tentative de restauration de la monarchie et le peuple serait capable de les croire à
nouveau. Or vous savez que le peuple hait la monarchie (ces
propos, ne l'oublions pas, étaient tenus par ces mêmes
hommes qui avaient créé l'artificielle organisation monarchiste dénommée MOTsR !). En outre une restauration accom-
pagnée d'intervention extérieure, ce serait la fin de tout et de
tout le monde. Sans compter que nous serons, ainsi que vous,
les premiers à être pendus haut et court par les monarchistes.
Mais avec vous, Boris Victorovitch, nous accomplirons des
miracles et sauverons la Russie. Le peuple vous suivra. Pour
cela, il faut avant tout éviter de donner à ces crapules du
Comité central un prétexte pour vous exécuter et vous
permettre d'occuper à l'avenir un poste digne de vous dans la
direction de notre pays. Vous devez donc à cette fin
reconnaître devant le tribunal le pouvoir soviétique. »

Pour le bien de la Russie, Savinkov était prêt à tout : à
occuper de hautes fonctions et même à sauver sa propre peau.

Au procès, Savinkov reconnut comme on le lui avait
demandé le pouvoir soviétique. Après quoi, toujours comme
le lui demandaient ses pseudo-partisans moscovites, il écrivit
à ses amis restés à l'étranger qu'il s'était persuadé après son
arrivée en Russie que le peuple russe suivrait les bolcheviks et
qu'il s'inclinait, lui Savinkov, devant le choix du peuple. Il

reconnut son échec politique, tant devant le tribunal que dans ses lettres à l'étranger (en particulier dans sa correspondance avec Bourtsev).

Ses lettres furent transmises en Occident par des diplomates soviétiques et publiées.

Il ne restait plus maintenant à Savinkov qu'à donner une preuve tangible de sa capitulation politique.

Peu après son procès, Savinkov se suicida en se jetant par la fenêtre du quatrième étage, dans la cour de la prison intérieure de la Loubianka.

Presque tout le monde, à l'étranger, crut à la version de son suicide. Même Vladimir Lvovitch Bourtsev, homme méfiant et historien pointilleux du mouvement révolutionnaire russe. Lui qui avait démasqué le provocateur Evno Azef, il crut comme les autres au suicide de Savinkov. Liev Savinkov, fils de Boris, avec lequel j'ai fait la guerre d'Espagne dans un bataillon de tchékistes, y croyait lui aussi, ou prétendait y croire afin de ne pas contredire ses chefs. Or parmi ces chefs il y avait un certain « Gricha Grande », alias Grigori Syroyechkine, tchékiste émérite et ancien membre de l'opération de capture de Savinkov. De nombreux faits incitent à penser qu'il avait aussi été un de ses assassins, un de ceux auxquels Soljénitsyne fait allusion en ces termes dans *L'Archipel du Goulag* :

« En 1937, alors qu'il mourait dans un camp de la Kolyma, l'ancien tchékiste Artur Prubel raconta à un témoin qu'il avait été l'un des quatre qui avaient défénestré Savinkov du quatrième étage, dans la cour de la Loubianka [1]. »

Il va de soi que la lettre d'adieu de Boris Savinkov fut aussi un faux.

---

1. A. Soljénitsyne, *L'Archipel du Goulag*, Paris, Le Seuil, 1974, t. I, p. 266 (*NdT*).

6

L'AFFAIRE CHOULGUINE

Autre affaire qui fit du bruit à l'époque : l'affaire Choulguine.

Il était apparu nécessaire, au cours de l'opération *Trust*, de vaincre une fois pour toutes la méfiance que pouvaient encore nourrir à l'égard du MOTsR les responsables de l'émigration. Son chef, le tchékiste Yakouchev, proposa la chose suivante :

« Il n'y a qu'à faire venir illégalement Choulguine en Russie, avec notre aide. Je garantis sa sécurité et son retour. Lorsqu'il rentrera chez lui, il racontera ce qu'il aura vu. Vassili Vitaliévitch n'est pas homme à se tromper.

Vassili Vitaliévitch Choulguine était une figure hors du commun et jouissant d'une grande autorité. Monarchiste convaincu, c'était aussi un antisémite systématique, qui avait exposé ses vues dans un ouvrage intitulé *Ce qui ne nous plaît pas en eux*. Mais il se distinguait des autres défenseurs de semblables théories par l'érudition, la causticité de la plume et aussi par une incontestable honnêteté personnelle, ce qui n'est pas sans importance. En ces années où un destin amer filtrait la masse des Russes itinérants dans le tamis des vicissitudes les plus diverses, un grand nombre de notions telles que les scrupules de conscience ou le sens de l'honneur, tenues pour inutiles, étaient restées au fond.

Un exemple, entre autres. Dans les Mémoires qu'elle a

récemment publiés en Israël, Nadiejda Oulanovskaïa, ancienne collaboratrice des services d'espionnage soviétiques, raconte l'épisode suivant [1] : le journal russe émigré *Roul'* (« Le gouvernail »), qui paraissait à Berlin, publia en 1924 une annonce selon laquelle le célèbre général L* se trouvait dans une situation désespérée. Il n'avait pas de quoi payer son loyer, on allait le mettre à la rue. On demandait à ses anciens camarades de combat de répondre à cet appel et de lui venir en aide.

Le mari d'Oulanovskaïa, prétendant être un ancien officier blanc, se rendit chez le général et n'éprouva guère de mal à le recruter. Il s'avéra plus tard que le général savait dès le début qui avait répondu à son appel à l'aide. C'était pour cela qu'il avait passé l'annonce. Il travailla ensuite, avec l'aide des services soviétiques, à la mise sur pied d'une sorte d'alliance paysanne.

Choulguine n'appartenait pas à cette race d'hommes. Il fallait une autre clef pour forcer sa serrure. On la trouva.

Le fils de Choulguine, que celui-ci aimait passionnément, avait disparu quelque part en Russie. On lui proposa de passer clandestinement la frontière pour se mettre à sa recherche. Il n'y résista pas.

Avec l'aide du MOTsR, c'est-à-dire du *Trust*, Choulguine se rendit en Russie. Et en revint. Des hommes sûrs le munirent de faux papiers, le firent passer de l'autre côté avant de le ramener. En Russie, ils le transmirent de main en main, le promenèrent à travers le pays. L'organisation put ainsi faire la preuve de son ubiquité et de sa force.

Ensuite, lorsque Choulguine, empli d'impressions multiples, décida que « la force vivifiante de l'inégalité » était revenue dans le pays, que « les nouveaux maîtres à origine youpine » n'allaient pas tarder à être chassés, que le

---

1. N. Oulanovskaïa, « En Russie et à l'étranger », dans la revue en langue russe *Vrémia i my*, Tel Aviv, n° 21, novembre 1977, p. 173 (*NdA*).

« communisme n'avait été qu'un épisode » et que par conséquent l'heure où la Russie serait débarrassée du pouvoir bolchevique avançait à grands pas, un homme s'installa dans le compartiment du wagon-lit qui le menait de Moscou à Léningrad.

L'inconnu s'adressa à Choulguine en utilisant le nom et le patronyme réels de ce dernier. Il se présenta comme un envoyé du MOTsR, l'organisation qui avait pris en charge Choulguine et le faisait voyager à travers la Russie. Tout en expliquant à son hôte de l'émigration comment se présentait la situation, l'inconnu (c'était Yakouchev) résuma en quelques formules concises les conclusions et espérances auxquelles Choulguine était lui-même parvenu.

« Ne pensez pas, lui dit Yakouchev, que la vie politique soit morte en Russie. Bien au contraire, elle s'est développée, elle est allée de l'avant. Nous sommes vivants et organisés. Et la future forme de gouvernement de la Russie sera monarchique.

« Un petit détail important : aucune immixtion extérieure. Faites-nous confiance. Et aussi ceci : il ne peut être question d'un retour pur et simple au passé. Le moins de casse possible ! Quant aux youpins, ils cesseront bientôt de faire la loi. Les claires têtes russes ne vont pas tarder à reprendre le commandement usurpé par les youpins. »

Lorsqu'il repassa la frontière, Choulguine dit, en le quittant, à l'homme qui assurait le passage : « En venant ici, je n'avais pas de patrie. Maintenant, j'en ai une. »

Et c'est avec le sentiment d'avoir retrouvé une patrie que Choulguine réintégra le milieu de l'émigration russe.

Quelques années plus tard, Moscou estima avantageux de dévoiler sa propre supercherie en déclarant que, de la première à la dernière minute, le voyage de Choulguine avait été l'affaire du contre-espionnage soviétique, que tous ceux qui s'étaient adressés à lui en Russie avaient été soit des agents des services secrets, soit des officiers de la Guépéou et que, pour cette raison, toutes les idées qui avaient été développées avaient été directement inspirées par les autorités soviétiques.

C'est alors que se produisit ce qui est à mon sens la chose la plus extraordinaire.

Il se passa... qu'il ne se passa rien.

Les organisations émigrées, qui proclamaient les vertus du slogan soufflé à Choulguine pendant son voyage en URSS : « Le tsar et les Soviets », poursuivirent leur activité comme si de rien n'était. Choulguine, loin d'être ébranlé dans ses convictions, y puisa un renouveau de forces. Il acheva d'ailleurs sa vie en Union soviétique. Peut-être parce que les « youpins » y avaient été remplacés par les « claires têtes russes ».

En comparant ces histoires, nous trouverons des traits communs. Le premier, et le plus important ; on a dit aux intéressés ce qu'ils avaient envie d'entendre.

Comment mettre en doute la sincérité d'un interlocuteur qui vous affirme que vous êtes une intelligence lumineuse, un prophète en matière politique ? Que le peuple muet qu'il a laissé derrière lui a choisi la voie chère à votre cœur et que, pour que soient réalisés vos vœux les plus ardents, la seule chose qu'il vous reste à faire est d'attendre un petit peu ?

Autre remarque. Chaque fois qu'il devenait clair que le harpon était solidement accroché, on donnait à l'intéressé de « petits conseils », en fait capitaux : le moins de casse possible ; conservons les Soviets ; faites-nous confiance. Et surtout : évitons à tout prix la terreur !

7

LES GÉNÉRAUX

Le 26 janvier 1930, le général Alexandre Pavlovitch Koutiépov sortit au matin de son appartement parisien pour se rendre à l'église et disparut. Sa famille alarmée alerta la police.

Au moment de sa disparition, Koutiépov était président du ROVS ou « Association des Anciens combattants russes [1] ».

Aujourd'hui que le plus jeune survivant des campagnes de l'Armée blanche a un minimum de quatre-vingts ans, nombreux sont ceux qui confondent le ROVS avec la « Société des zélateurs de la mémoire de l'empereur Nicolas II ». Devant de telles appellations, l'Occidental moyen se sent un peu perdu. Quant à l'émigré récent, il se contente d'un rictus ironique : « Pas étonnant que nos crétins de *guébéchniki* aient pris au sérieux l'organisation de Koutiépov et gaspillé temps et forces à lutter contre elle ».

Et pourtant, s'ils l'ont prise au sérieux, s'ils se sont donné du mal pour lutter contre elle et ont dépensé de l'argent à cet effet, c'est qu'ils avaient leurs raisons. Le ROVS réunissait

---

1. Également dénommée « Union interarmes » par Vladimir Volkoff (*Le Montage*, Julliard, 1982, p. 31) ou encore « Union militaire de Russie » dans la traduction française de *L'Utopie au pouvoir*, de M. Heller et A. Nekrich (*op. cit.*, p. 261) (*NdT*).

des hommes encore jeunes à l'époque, qui avaient reçu une formation militaire et avaient l'expérience du combat, des hommes à orientation antibolchevique, qui avaient conservé les traditions de l'armée russe et n'étaient pas paralysés par des discussions portant sur la future réorganisation de la Russie. Le ROVS était encore une force. Ou plutôt, il aurait pu l'être.

Depuis sa fondation, en 1920, jusqu'à 1937 environ, le ROVS, qui regroupait en fait presque tous les éléments de l'Armée blanche en exil, fut sans conteste l'organisation la plus influente et la plus importante de la diaspora russe. Surtout lorsque son chef était encore le général Wrangel, son fondateur.

Homme plein de charme et qui jouissait d'une autorité incontestée, Wrangel possédait aussi un flair politique assez remarquable. C'est ainsi que, malgré la tentation que l'on avait fait miroiter devant lui d'établir sur le territoire russe des « contacts sûrs » et sur ses frontières des « fenêtres de pénétration », il avait catégoriquement refusé de rencontrer les représentants du *Trust*.

J'ai même entendu dire que Wrangel, qui comprenait très bien que les bolcheviks le traquaient et pourraient, en particulier, essayer de l'empoisonner, observait un régime alimentaire particulier.

En 1928 Wrangel mourut brusquement, en pleine possession de ses forces, d'un accès totalement imprévisible de tuberculose miliaire. Les circonstances de sa mort laissent à penser qu'elle ne fut pas totalement naturelle. Peut-être un des proches du « baron noir » fut-il l'arme de sa disparition précoce.

Toujours est-il que ce fut le général Koutiépov qui succéda à Wrangel à la tête du ROVS.

Même en faisant la part de l'inévitable aspect panégyrique des articles inclus dans le recueil *Général Koutiépov* (édité en 1934), dont il a été question plus haut, il est quand même clair que le nouveau chef du ROVS était une personnalité hors du commun. Soldat admirable dans l'exercice des armes, officier audacieux au front, administrateur et organisateur énergique quoique un peu rude, il sut aussi montrer dans ses années d'émigration qu'il était une tête politique pensante.

A l'égard du *Trust*, ou plutôt du chapelet de *trusts* qui s'étaient multipliés au cours de ces années, il sut choisir une tactique beaucoup plus souple que celle adoptée avant lui par Wrangel. Il estimait qu'il était possible de se rendre en Russie sans danger en utilisant les *trusts*, mais la première fois seulement, lorsque la Guépéou faisait des avances, après quoi il fallait chercher ses voies propres.

Les tentatives de Koutiépov pour utiliser le célèbre « trust monarchique » coûtèrent la vie à un certain nombre de ses hommes, ainsi qu'à l'agent double anglais Sidney Reilly [1].

... Ainsi donc, le 26 janvier 1930, le général Koutiépov prit le chemin de l'église des Anciens de Gallipoli, où ces derniers célébraient un service à la mémoire du général Kaulbars. On ne le vit jamais réapparaître.

Il avait pris la veille des dispositions particulières et prononcé une phrase qui revint ensuite à la mémoire de bon nombre de témoins. Il avait ordonné à l'officier chargé ce jour-là de le protéger de ne pas venir et, en quittant la maison où il avait été invité, avait jeté :

« En ce qui me concerne, j'espère que vous n'aurez pas à me célébrer une messe des morts ! »

Il était déjà arrivé à Koutiépov, en d'autres occasions, de se passer exprès de ses gardes du corps. C'était habituellement sous le prétexte que le volontaire en question aurait perdu ce jour-là son revenu de chauffeur de taxi. En réalité, selon de nombreux témoignages, c'était parce qu'il se rendait à un

---

1. La thèse de la collaboration de Sidney Reilly avec les Soviets a été magistralement démontrée par Edward van der Rhoer (*Master spy*, New York, Charles Scribner's sons, 1981) (*NdA*).

« rendez-vous en tête à tête ». En laissant son garde du corps dans la rue, Koutiépov estimait qu'il aurait inutilement attiré l'attention des agents soviétiques chargés de le filer (Notons qu'en s'abstenant de toute garde, il obtenait le même résultat).

Ses paroles d'adieu, relatives à un service à sa mémoire, avaient-elles un sens caché ?

8

LE *TRUST* EST MORT
VIVE LE *TRUST* !

Dans son livre *Années d'exil*[1], Yossif Vladimirovitch Guessen (Hessen) raconte avec un assez grand nombre de détails que, presque à la veille de sa disparition, Koutiépov s'était rendu à Berlin en compagnie du journaliste Ryss pour s'y entretenir avec deux envoyés d'Union soviétique nommés de Roberti et Popov. Les deux émissaires logaient juste à côté de leur représentation diplomatique, dans un hôtel où descendaient tous les chargés de mission soviétiques. Koutiépov et Ryss logeaient de leur côté dans un hôtel voisin et c'était là, devant des tables abondamment garnies, que se déroulaient leurs conversations, sans qu'ils prissent de précautions particulières. On peut en déduire que, si les envoyés de Moscou ne se méfiaient pas particulièrement de leurs collègues soviétiques, Koutiépov et Ryss de leur côté, ne craignaient pas non plus d'être vus avec les chargés de mission soviétiques.

D'où venaient Popov et de Roberti ?

Le premier *trust*, dit « monarchique », s'était effondré avec fracas le 9 mai 1927 à la suite des révélations publiées à l'étranger par le tchékiste Opperput-Staunitz, qui en avait fait partie.

1. I. V. Guessens, *Gody izgnania (Jiznienny ottchot)*, Paris, YMCA-Press, 1979 (*NdA*).

Ce fut un beau scandale. Mais la poussière de celui-ci n'avait pas eu le temps de retomber que déjà d'autres manœuvres commençaient. Sergueï Petrovitch Melgounov, ancien leader populiste, historien de la révolution russe, démocrate en exil à Paris où il éditait le périodique *Combat pour la Russie,* vit un jour arriver chez lui une de ses vieilles connaissances pétersbourgeoises, un avocat qui jouissait de sa confiance.

Celui-ci était venu le trouver sur instructions du général Pavel Pavlovitch Diakonov, ancien attaché militaire tsariste à Londres. Ce dernier, dans le cas présent, était le délégué du lieutenant-colonel Alexandre Nikolaïvitch Popov, ancien juriste militaire à l'époque tsariste, qui était venu spécialement de Moscou.

On peut s'étonner du nombre d'intermédiaires. Il y avait une raison à cela. En fait, à cette époque, le général Diakonov (qui travaillera jusqu'en 1929 comme agent des services de police français) était déjà fortement soupçonné par de nombreux Parisiens d'être un agent double soviétique. Melgounov aurait bien pu refuser de le recevoir. Par contre, lorsqu'il vit devant lui son vieil ami l'avocat N*, non seulement il le reçut mais il l'écouta attentivement. Il accepta même de rencontrer Popov.

Ce dernier, comme on peut s'en douter, ne parlait pas en son nom propre. Il représentait le VRNO, ou « Organisation nationale intérieure russe ». Et cette organisation, comme on s'en doute également, était censée avoir pénétré de fond en comble les forces armées soviétiques ; ses hommes occupaient des postes de responsabilité dans un grand nombre d'institutions dirigeantes de l'URSS.

Au dire de Popov, la Russie soviétique était (une fois de plus !) à la veille d'un changement de régime, que s'apprêtaient à réaliser l'Armée rouge et son alliée, la paysannerie russe.

Au cours de sa conversation avec Melgounov, Popov exprima le désir de rencontrer Koutiépov.

La rencontre eut lieu. D'autant plus qu'à la première petite astuce, qui avait permis de dissimuler au président du ROVS le rôle d'intermédiaire de Diakonov, figure particulièrement antipathique à Koutiépov, était venue s'en ajouter une seconde. Le programme du VRNO, que Popov avait exposé à Melgounov, intéressait médiocrement ce dernier mais semblait avoir été taillé sur mesures pour Koutiépov pour qui rien n'était « décidé d'avance [1] » et qui estimait que l'on devait s'appuyer sur les militaires et les paysans.

Si Popov avait exposé ce programme à Koutiépov, ce dernier se serait peut-être méfié : les ficelles auraient été trop apparentes. Mais l'émissaire de Moscou lui avait été envoyé par Melgounov. Même si leurs conceptions politiques étaient très divergentes, on ne pouvait refuser à ce dernier une réputation de parfaite honorabilité.

Koutiépov prit quand même une précaution avant de faire confiance à l'homme de Moscou. Il envoya en Russie pour s'y informer un homme à lui, le général Boris Alexandrovitch Steifon, son ancien chef d'état-major à Gallipoli. Celui-ci en revint sain et sauf, porteur de nouvelles extrêmement favorables au VRNO. Notons que la revue *Novy Journal*, qui paraît en russe à New York, a publié récemment de nouvelles informations laissant entendre que le général Steifon aurait être un agent soviétique. Marina Grey, quant à elle, est catégorique. Dans son ouvrage *Le général meurt à minuit* [2], la fille du général Dénikine, tout en racontant dans le détail l'histoire de l'enlèvement du général Koutiépov, affirme sans ambages à plusieurs reprises que Steifon travaillait pour les Soviets.

1. Dochine dite du « niépredréchenstvo » : lutte contre les bolcheviks, mais sans préjuger des structures politiques futures de la Russie (*NdA*).
2. Trad. fr. : Paris, Plon, 1981 (*NdT*).

Steifon était allé en URSS en octobre 1929. En janvier 1930, après s'être un peu fait prier, Koutiépov partit pour Berlin où il rencontra Popov, arrivé de Moscou en compagnie du colonel de Roberti, de l'état-major. Koutiépov connaissait bien ce dernier depuis la guerre civile. Lorsque Koutiépov était gouverneur militaire du district de la mer Noire, de Roberti servait sous ses ordres comme chef d'état-major. Mis en prison pour une affaire de pots-de-vin, il en avait été sorti en 1920 par les bolcheviks, qui utilisèrent immédiatement ses compétences.

Les émissaires exposèrent la position de leur organisation. Comme tous les *trusts* passés et à venir, le VRNO était naturellement lui aussi contre toute forme d'intervention extérieure, contre toute pression politique, contre le terrorisme. Les émissaires demandèrent à Koutiépov d'envoyer immédiatement en Russie un certain nombre de groupes d'officiers à qui l'on pourrait faire confiance pour préparer le soulèvement, tandis qu'il devait lui-même mettre sur pied à Paris une alliance dirigée par Diakonov.

C'était là une manœuvre risquée, étant donné la mauvaise réputation dont jouissait Diakonov. Il est de fait qu'on trouve dans le projet de Popov et de Roberti, à côté de trouvailles psychologiques heureuses, la répétition pure et simple de procédés passablement éculés. C'est ainsi qu'à son arrivée à Paris, Popov avait rencontré Sémionov, rédacteur en chef du journal *Vozrojdiénié* (Renaissance), et lui avait demandé avec insistance de donner au journal la ligne politique préconisée par le VRNO. Sémionov l'avait envoyé au diable. Puis, à leur arrivée à Berlin, Popov et de Roberti n'avaient pas hésité à faire savoir à Guessen, rédacteur en chef de *Roul'*, qu'il devait, pour toutes les informations concernant l'URSS, s'en tenir exclusivement aux sources officielles soviétiques, ce qui aurait placé de facto le journal sous le contrôle de la censure soviétique. Une telle demande avait mis la puce à l'oreille de Guessen. On n'avait pas encore oublié que Choulguine avait donné son livre en lecture à Yakouchev, c'est-à-dire à la Guépéou.

Quant à Koutiépov, tantôt il croyait à l'existence du VRNO et tantôt il n'y croyait pas. Bien des choses, naturellement, le mettaient en garde. Mais il y avait aussi, d'un autre côté, le rapport du général Steifon, un homme à lui, un homme sûr et d'une honorabilité incontestable... En outre, Koutiépov qui était un homme au jugement sain et objectif ne pouvait pas se permettre de se laisser gagner par un mouvement de panique. Il est probable qu'il se disait qu'il était impossible qu'il n'y eût pas au fond de tout cela quelques éléments de vérité. Il suffisait d'être assez habile pour tirer profit de l'affaire, sans se causer un mal irréparable. Mais même s'il y avait là une certaine dose de provocation, on devait tenir compte d'un autre facteur : de ce qu'Azef avait été un agent de l'Okhrana, il ne s'ensuivait pas que tout le parti S-R eût été une création de la police tsariste !

Il faut dire aussi qu'il y avait tant d'agents soviétiques dans l'entourage de Koutiépov que Moscou était informé de chacune de ses réactions à telle ou telle de ses initiatives, en sorte qu'il était possible de rectifier le tir lorsque cela était nécessaire et que l'on pouvait toujours suggérer au général l'appréciation qu'il était nécessaire qu'il portât pour la poursuite de l'opération en cours.

Je suis persuadé qu'à chaque nouvelle démystification de l'un des *trusts*, ses malheureuses victimes de l'émigration russe n'arrivaient pas à réaliser pleinement que les organisations antibolcheviques avec lesquelles elles avaient établi le contact étaient une fiction totale. Il est clair qu'elles préféraient penser que les services soviétiques avaient réussi à pénétrer un certain nombre d'organisations réellement existantes, à s'infiltrer au centre de conspirations véritables reflétant le mécontentement qui ne pouvait manquer de régner dans le pays.

Rappelons aussi, en anticipant un peu, les paroles fameuses du général Dénikine, quelques années plus tard, lorsqu'il déclara à l'une des réunions anniversaires du régiment Kornilov, à propos de l'exécution de Toukhatchevski : « Il n'y a maintenant plus de raison de dissimuler que Toukhatchevski avait rencontré Koutiépov à Paris. »

S'il en est ainsi, Koutiépov aurait eu, outre ses conversations avec Popov et de Roberti, ainsi que le rapport du général Steifon, une raison supplémentaire de croire à la réalité du complot militaire : une rencontre avec Toukhatchevski !

Replacées dans ce contexte, les paroles de Dénikine laissent penser que Toukhatchevski aurait pu avoir un rapport direct avec le projet du VRNO. Une question se pose alors : Toukhatchevski préparait-il un coup d'État ? On s'explique mal autrement qu'il ait pris le risque de rencontrer Koutiépov. En d'autres termes, on peut imaginer que le complot ait réellement existé, un complot dont la Guépéou aurait tiré profit en prenant, pour ainsi dire, le train en marche. Autre hypothèse : le bourreau des marins de Kronstadt [1] aurait consciemment joué le rôle d'un provocateur, en parlant avec Koutiépov au nom d'une organisation clandestine inexistante, ou du moins en apportant à cette fable tchékiste l'autorité de son nom. Je serais plutôt enclin à croire à la seconde explication car la rencontre de Toukhatchevski et de Koutiépov avait dû être remarquée par un grand nombre de personnes de l'entourage de ce dernier et, parmi celles-ci, il y avait abondance d'agents de la Guépéou. Si Toukhatchevski avait agi sincèrement, son entrevue avec Koutiépov aurait été immédiatement connue. Il n'y aurait pas eu de raison, après l'enlèvement de Koutiépov (si tant est qu'il ait eu enlèvement), pour laisser Toukhatchevski en liberté. Mais Koutié-

---

1. En mars 1921, Lénine et Trotski confièrent à Toukhatchevski le commandement de 50 000 hommes chargés d'écraser la révolte des marins mutinés contre la « commissariocratie » au nom d'idéaux authentiquement révolutionnaires (Voir *L'Utopie au pouvoir*, p. 91) (*NdT*).

pov disparut en 1930, tandis que Toukhatchevski ne fut
fussillé que huit ans plus tard pour participation à un
complot imaginaire.

Voici ce que pense de lui Marina Grey, dans le livre déjà
cité :

« Toukhatchevski ne méritait naturellement aucun respect. N'avait-il pas joué dans le *Trust* n° 1 le rôle le plus
sinitre et le plus méprisable ? Koutiépov ne cachait pas à
certains de ses amis intimes, et en particulier à Dénikine,
qu'il était *longtemps resté en contact* [1] avec cet homme qui se
donnait alors pour un sincère adversaire des bolcheviks. »

Une histoire assez étrange survint lors de la dernière
entrevue entre Koutiépov et de Roberti. Laissé seul à seul
avec son ancien supérieur, l'émissaire de Moscou révéla à ce
dernier qu'il n'existait aucune VRNO en Russie, que tout
n'était que mise en scène de la Guépéou et qu'avant que
Popov et lui n'eussent quitté Moscou, tous deux avaient reçu
des instructions d'Evdokimov, un tchékiste de haut grade.
De Roberti supplia alors Koutiépov de l'aider à quitter
l'URSS avec sa famille. Enfin, pour couronner leur entretien,
il le prévint qu'un attentat contre lui était en préparation,
attentat qui ne devait cependant pas avoir lieu avant deux
mois.

Était-ce là un accès de sincérité, ou bien une ruse
supplémentaire ? Et si c'était une ruse, de qui venait-elle ? La
direction moscovite n'avait-elle pas formé le projet d'utiliser
à son insu de Roberti, dont le dessein de quitter l'URSS était,
pour une raison quelconque, venu à sa connaissance ?

De Roberti pouvait effectivement s'efforcer d'ouvrir les
yeux de Koutiépov, le prévenir du danger qui le guettait et,
dans le même temps, s'assurer son concours pour quitter le
pays. Mais je croirais plutôt à un calcul psychologique des
tchekistes. Voici lequel : puisque l'avertissement qu'on allait

---

1. Souligné par l'auteur (*NdT*).

l'assassiner émanait d'un homme qui avait autrefois entaché l'honneur de la caste des officiers, on pouvait penser que Koutiépov n'y ajouterait pas foi. Ou partiellement seulement, ce qui était encore mieux.

Si un autre que de Roberti lui avait tenu ces propos, Koutiépov aurait peut-être prêté attention à l'étrangeté de la formule employée : « pas avant deux mois. » S'il avait au moins dit « pas plus tard que dans deux mois », « dans les deux mois à venir » ! Bien étrange, en vérité.

Koutiépov avait toujours considéré un attentat comme possible. Après son voyage à Berlin, il confia à ses collaborateurs que les bolcheviks voulaient le frapper avant même le délai fixé par de Roberti. Mais même dans cette hypothèse on peut penser que la Tchéka avait correctement misé sur son objectivité et sur son bon sens. Si l'on disait « pas avant deux mois », cela pouvait en bonne logique signifier dans un mois, peut-être même dans trois semaines, mais quand même pas dans une semaine !

9

UN AVERTISSEMENT BIEN PERFIDE

De Roberti avait prévenu Koutiépov le 18 janvier 1930. Or le 26 janvier, soit le huitième jour suivant cet avertissement, le général Koutiépov disparaissait.

Sa famille inquiète prévint la police. Comme le rapporte Sergueï Voïtsékhovski, historien du *Trust*, il se trouva un témoin pour déclarer qu'il avait vu pousser dans une automobile un homme ressemblant au général brusquement disparu. Il fut malheureusement impossible de vérifier la véracité de ce témoignage.

Les émigrés, eux, ne doutaient pas une seconde que Koutiépov n'eût été la victime d'un nouveau crime soviétique. Mais les preuves manquaient. Si le gouvernement français en a jamais eues, il garde en tout cas jusqu'à ce jour le silence.

Pour prouver que Koutiépov a bien été enlevé et tué, Voïtsékhovski s'appuie sur deux témoignages : celui de Soljénitsyne, dans *Le Premier cercle*[1], et celui du colonel Chimanov dans un numéro de l'*Étoile rouge*[2].

Dans le livre de Soljénitsyne, il y a ce passage où l'auteur,

---

1. Chap. 31 ; Trad. fr. : Fayard, 1982, p. 197 (*NdT*).
2. Général-colonel de l'air N. Chimanov : *Mes compléments au roman, Krasnaya zviezda*, 22 septembre 1965 (*NdA*).

en décrivant la prison de la Loubianka, évoque un escalier par lequel, selon les traditions orales de la prison, on avait mené à leurs interrogatoires Savinkov, Choulguine, Krasnov, Koutiépov et bien d'autres. Quant à Chimanov, dans son compte-rendu d'un livre de Liev Nikouline sur *Trust*[1], il rend hommage aux vaillants tchékistes qui ont, entre autres choses, « effectué l'arrestation de Koutiépov ».

Si l'on en croit pourtant les nombreux témoignages concernant les conditions d'incarcération de Savinkov à la Loubianka, c'est en ascenseur qu'il gagnait le quatrième étage. Quant à Krasnov, on sait qu'il était infirme au moment de son emprisonnement, en sorte qu'on devait le déplacer en fauteuil roulant. C'est du moins ce que rapporte dans son livre de souvenirs le petit-neveu de l'ancien ataman du Don[2].

Pour revenir à Koutiépov lui-même, un autre personnage peut se trouver à l'origine de la fable racontée dans les prisons : son propre fils, Pavel Alexandrovitch Koutiépov. Ancien élève-officier de l'École militaire de Belgrade, officier de l'armée serbe, il servit ensuite à l'état-major des armées allemandes en Yougoslavie, puis passa aux partisans et, après la libération du pays, demeura quelque temps prisonnier des Soviétiques avant de devenir fonctionnaire du ministère soviétique du Commerce extérieur et enfin... Mais nous aurons l'occasion de reparler de ce personnage.

Sur les causes et les circonstances de l'enlèvement de Koutiépov, si l'on admet toujours que ce dernier ait eu lieu, on raconte bien des choses. J'ai même entendu la version suivante : les bolcheviks auraient eu un besoin urgent de

---

1. Liev Nikouline, *Miortvaya zyb'*, dans le mensuel *Moskva*, juin et juillet 1965. Édition en volume, avec contenu quelque peu modifié : éditions du ministère de la Défense de l'URSS, même année (*NdA*).

2. Nikolaï Nikolaïévitch Krasnov, *Niézabyvayémoïé*, San Francisco, 1957. Traduction anglaise : *The hidden Russia. My ten years as a slave laborer*, Holt, New York, 1960 (*NdA*).

s'emparer de Koutiépov et de le liquider parce qu'ils avaient appris que le général était en pourparlers avec des millionnaires juifs américains et s'apprêtait à transférer ses activités aux États-Unis.

Hypothèse peu vraisemblable et voici pourquoi : le contre-espionnage américain de ces années-là était pratiquement inexistant.

Autant dire qu'il n'existait pas. Les bolcheviks n'auraient guère eu de mal à surveiller Koutiépov et à paralyser son activité s'il s'était installé en Amérique.

J'ai également entendu dire à un homme bien informé, ancien fonctionnaire de la Sûreté [1], qu'un groupe de cinq ou six communistes français, déguisés en policiers, avaient pris part à l'enlèvement. Ils auraient dispersé les curieux qui s'attroupaient en voyant embarquer de force un homme barbu qui se débattait avec la plus grande énergie. Selon une autre version, néanmoins, il n'y aurait pas eu cinq policiers mais deux, dont un, authentique, et Koutiépov serait monté de lui-même dans la voiture.

Bien des choses montrent qu'à la veille de son enlèvement Koutiépov se conduisait carrément comme s'il ne voulait pas attirer l'attention sur lui. C'est pour cela qu'il avait renvoyé son chauffeur-garde du corps ; c'est pour cela qu'il était parti pour l'église une heure avant la messe des morts, quoiqu'il n'eût pas eu besoin de plus d'un quart d'heure à pied pour couvrir la distance.

Après la disparition de Koutiépov, Vladimir Bourtsev s'en prit à l'entourage du président du ROVS, accusant ceux qui en faisaient partie de collaborer avec les Soviétiques et de ne pas aider l'instruction en cours. Bien des anciens compagnons de combat de Koutiépov prêtaient sans doute le flanc à pareilles accusations, mais probablement pas tous. D'autre part, si l'on se réfère aux résultats de l'enquête qui fut menée,

1. Source privée (NdA).

enquête pour laquelle on collecta des fonds qui ne furent pas entièrement utilisés, on a l'impression qu'aucun des proches collaborateurs de Koutiépov ne fit le moindre effort pour aider à l'établissement de la vérité. Je suppose que, connaissant les contacts du général sur le territoire russe, nombre d'entre eux gardaient le silence pour ne pas mettre en péril des individus auxquels ils faisaient confiance, ou une organisation à l'existence de laquelle ils croyaient.

Voici enfin, pour achever le tableau, tout en soulignant sa parfaite incohérence, une conversation que j'ai moi-même entendue au buffet du sixième étage du bâtiment de la Radio de Moscou au 25, rue Piatnitskaïa. Apprenant que mon collègue Vladimir Miechkov et moi-même étions d'anciens Parisiens, notre voisine de table, une speakerine venue d'Ivanovo à Moscou pour un stage de perfectionnement et qui se trouvait là par hasard, nous raconta qu'elle avait épousé le fils de Koutiépov, lequel après avoir été libéré de prison vivait alors dans la capitale de l'industrie textile soviétique.

Selon ses dires, le général Koutiépov s'était trouvé dès l'époque de la guerre civile en contact avec les Rouges. Elle apportait même une motivation psychologique à cette compréhension si rapide de la dialectique de l'histoire. On sait qu'au début de sa carrière, Koutiépov faisait partie d'un groupe d'officiers d'élite qui avaient été mutés au régiment Préobrajenski de la garde pour remplacer des officiers mis à pied pour refus de tirer sur les ouvriers, en 1905. Promus dans d'aussi détestables conditions, l'opinion publique péters bourgeoise leur déclara un boycott de fait. On évitait de faire leur connaissance, ou de leur tendre la main (comme on faisait alors avec les gendarmes). Notons que, dans certains des articles du « recueil Koutiépov », on trouve un certain nombre d'allusions parfois parfaitement claires aux difficultés psychologiques que Koutiépov connut au cours de cette première période pétersbourgeoise de sa carrière.

Sa jeune bru disait que c'était pour cette raison qu'Alexandre Pavlovitch avait pris en haine l'aristocratie de la capitale, ainsi que le régime qu'elle incarnait. Tout cela avait pris une forme concrète au cours de la guerre civile.

Je dois dire, d'ailleurs, que tout cela coïncidait avec certains de mes souvenirs d'enfance, des récits que j'avais entendus dans la bouche d'une amie de ma mère, et aussi avec certains renseignements que je recueillis à une époque plus tardive. Mais revenons à notre récit.

Koutiépov, selon la version présentée par la speakerine d'Ivanovo, aurait quitté Paris de lui-même. Il serait parti pour Moscou dans le but d'y occuper le poste de chef de l'Académie de l'état-major général de l'Armée rouge. Une telle surprise aurait dû porter un coup dévastateur à l'émigration russe et attirer dans les rangs de l'Armée rouge de nombreux officiers blancs dévoués à la personne de Koutiépov, renforçant ainsi la puissance de l'armée russe. Mais les fourbes anglais, qui avaient eu vent de cette combinaison politique qui ne leur plaisait nullement, seraient parvenus pendant le trajet à tuer Koutiépov (à Riga, je crois), ce qui aurait valu aux responsables de cette « bavure » d'être passés par les armes à leur retour à Moscou.

Le fils du général, qui était alors élevé en Yougoslavie (où il aurait été chassé du Corps des cadets russes pour participation à un cercle prosoviétique), n'aurait rien su de toutes ces machinations et ce n'est qu'après avoir connu un destin difficile et passé plusieurs années emprisonné en URSS qu'il aurait appris toute l'histoire de la bouche d'un important tchékiste.

C'est précisément cela qui, à mon sens, rend l'histoire suspecte. Dans sa lutte contre les bolcheviks, je suppose que le général Koutiépov était quand même sincère. Quant au récit de la speakerine d'Ivanovo, il me semble être une « légende », où l'on a habilement mêlé le vrai et le faux.

Même si Koutiépov s'est rendu de lui-même à Moscou, il est probable que c'était avec la ferme conviction qu'il participait à une conspiration ramifiée et puissante et qu'il aurait lui-même un rôle essentiel à jouer pour la faire aboutir.

Cela dit, tout est évidemment possible.

Sept ans plus tard, le 22 septembre 1937, le général Miller, successeur du général Koutiépov à la tête du ROVS, disparaissait dans des circonstances analogues.

Il s'était rendu à un « rendez-vous secret » d'où il n'était pas revenu. Mais en partant Miller avait pris la précaution de laisser à son chef d'état-major Koussonski une enveloppe cachetée que ce dernier avait pour instructions d'ouvrir s'il lui arrivait quelque chose.

Miller n'avait réapparu ni chez lui ni à l'endroit où on l'attendait ce jour-là. Après avoir attendu plus que le temps nécessaire, Koussonski avait ouvert l'enveloppe tard dans la soirée, en présence des collaborateurs les plus proches de Miller. Parmi ces derniers se trouvait le général Skobline, ancien commandant du « régiment Kornilov ». Comme tous les autres, il affirmait ne pas avoir vu Miller de la journée et ne rien savoir de ce qui lui était arrivé.

Lorsque la lettre laissée par Miller révéla qu'il s'était rendu ce matin-là à un rendez-vous avec deux Allemands, dont un certain Strohman, et que la rencontre avait été organisée par Skobline, celui-ci ne fit qu'un bond hors des locaux du ROVS et s'évanouit dans la nuit. On peut supposer qu'il resta un certain temps planqué chez Trétiakov, un émigré qui jouait les « relations publiques » et travaillait pour les Soviétiques. Celui-ci occupait en effet l'appartement situé au-dessus de celui du ROVS, dont il écoutait toutes les conversations.

Skobline avait disparu. Sa femme, la chanteuse de romances populaires Nadiejda Plévitskaïa, fut arrêtée pour complicité dans l'enlèvement du général Miller et condamnée par une cour d'assises française à vingt ans de travaux forcés. Mais on ne mit pas tout de suite la main sur elle.

Elle passa un certain temps à errer dans Paris après la fuite de son mari. Dans son livre *La Toile d'araignée invisible* [1], Boris Prianichnikov rapporte un épisode particulièrement curieux pour moi dans la mesure où j'ai connu à cette époque toutes les personnes citées, à l'exception de Plévitskaïa elle-même :

« Vieillie, le visage couvert de larmes, ayant perdu l'empire d'elle-même qui lui était habituel, elle rendit visite à son médecin, le docteur Tchékounov. Elle lui raconta la disparition des deux généraux et le pria de l'aider. La femme de Tchékounov téléphona à l'ingénieur Léonide Raïgorodski, qui avait de la sympathie pour Plévitskaïa, puis conduisit Plévitskaïa éplorée chez les Raïgorodski, à Auteuil. Lorsqu'il apprit ce qui s'était passé, Raïgorodski offrit à Plévitskaïa de l'héberger sous son toit. »

Notons bien qu'il « avait appris ce qui s'était passé ». C'est-à-dire que Miller avait été *enlevé* et que Skobline, pour cette raison, s'était *enfui*. Voyons la suite :

« Raïgorodski et Eitingone, qui habitait à Berlin, avaient épousé deux sœurs. Tous deux étaient des admirateurs du talent de Plévitskaïa. Eitingone avait avec Plévitskaïa je ne sais quelles relations, de nature non amoureuse [2]. »

On apprit au cours du procès de Plévitskaïa que Max Efimovitch Eitingone ne se contentait pas d'admirer le talent de Plévitskaïa, mais payait aussi ses factures et l'aidait financièrement de plus d'une manière encore.

Gestes de mécène ? Admettons-le.

Il était bien sûr agréable et flatteur pour le juif Eitingone de combler de ses bienfaits les Skobline, antisémites farouches. Mais il me semble que cet excitant psychologique devait quand même être insuffisant pour Eitingone, ancien élève de Sigmund Freud.

D'autre part, pourquoi Eitingone aurait-il dû jouer les mécènes avec ce couple tout à fait aisé ? Il ne manquait pas à

---

1. Éd. russe, p. 285 (*NdA*).
2. *Ibid.* (*NdA*).

Paris de Russes pleins de talent, à un bien plus grand degré que Nadiejda Plévitskaïa. D'autre part, Alexis Rémizov, pour ne citer que lui [1], crevait littéralement de faim. Et pourtant Eitingone, homme fin et raisonnable, choisissait de donner de l'argent à un couple qui avait maison et voiture, vivait sur un grand pied, ne se refusait rien. N'est-ce pas étrange, en vérité ?

Il y a encore un homme à qui Eitingone apportait une aide financière régulière : Raïgorodski. Il aurait pu se contenter d'entretenir son beau-frère. Mais cette aide avait elle aussi un caractère étrange. Plus encore qu'ingénieur, Raïgorodski était un homme d'affaires, aussi peu doué d'ailleurs pour les affaires que pour tout le reste. Il ne cessait d'inaugurer je ne sais quelles savonneries au personnel pléthorique, ne tardait pas à faire faillite mais Eitingone était là qui le tirait aussitôt d'affaire et finançait une autre de ses entreprises...

Ma mère était une amie intime de la femme de Raïgorodski et j'entendis ces histoires un grand nombre de fois.

La bourse d'Eitingone semblait inépuisable. D'où tirait-il donc l'argent ?

La famille Eitingone faisait le commerce des fourrures soviétiques, pour lesquelles elle avait à l'époque un quasi-monopole. La firme comptait un certain nombre de frères et de cousins dont j'ai oublié le nombre exact. Mais tous les amis et connaissances de la famille savaient que Max, le plus intelligent d'entre eux, avait depuis longtemps quitté l'affaire en reprenant sa part de capital. Il n'avait plus rien à avoir avec les fourrures et ne s'occupait plus que de science, avec quelques applications psychanalytiques pratiques. C'était du moins ce que l'on disait ; dans les souvenirs que j'en ai gardés, il ne faisait rien.

On se demande un peu quelle part de capital il avait dû

1. Alexeï Rémizov (1877-1957), grand écrivain russe, auteur de *Sœurs en croix* (*NdT*).

récupérer afin, non seulement, de vivre lui-même plus que confortablement (sa femme, ancienne actrice du Théâtre d'art de Moscou, avait comme modeste passe-temps d'acheter et de décorer luxueusement maisons et appartements), mais aussi de subventionner sans fin, à Berlin ou à Paris, les absurdes lubies commerciales de Léonide Raïgorodski, et aussi de payer en grand seigneur les factures de Plévitskaïa !

Détail intéressant concernant la famille Eitingone : l'un des frères, ou des cousins, avait lui aussi quitté les fourrures pour servir dans la Tchéka. C'était lui qui, grâce aux hautes responsabilités qu'il occupait, avait assuré à la firme cette fructueuse position de monopole.

Je n'osai naturellement pas demander pendant la guerre à Léonide Eitingone, mon chef haut placé, vice-directeur de la Quatrième direction du NKVD, remplaçant en Espagne d'Alexandre Orlov et organisateur de l'assassinat de Trotski, quel rapport il avait avec les Eitingone parisiens [1]...

Et si la firme Eitingone avait servi de couverture pour le financement des opérations à l'étranger de la Guépéou ? Et si Max Eitingone, homme de science et fin connaisseur en matière de littérature et d'art, avait été un des trésoriers des services soviétiques à l'étranger ? Et si les entreprises commerciales n'avaient été qu'un leurre, un paravent pour des opérations financières d'une autre nature ?

Plus personne aujourd'hui ne saura ce qui s'est réellement passé. A l'époque du procès Plévitskaïa, Eitingone partit pour Israël et se fixa, semble-t-il, à Tel-Aviv. Naturellement, personne n'essaya de l'en faire revenir ou d'obtenir de lui des dépositions à son nouveau domicile.

Je reprends le livre de Prianichnikov [2] :

« Au matin du 24 septembre, Raïgorodski installa Plévits-

---

1. Voir Cyrille Henkine : *L'espionnage soviétique : le cas Abel*, Paris, Fayard, 1981 (*NdT*).
2. Éd. russe, p. 285-286 et note, p. 286 (*NdA*).

kaïa dans son automobile. On arriva à l'église d'Auteuil. Plévitskaïa sortit de la voiture. Deux inconnus s'approchèrent d'elle. Un bref dialogue s'engagea à mi-voix. A la fin, Raïgorodski distingua une voix d'homme qui disait :

— Ne vous en faites pas, Nadiejda Vassilievna. Tout se passera bien. Et la Russie n'oubliera pas ce que vous avez fait pour elle.

« Raïgorodski, qui apprit par les journaux la disparition des deux généraux et ne comprenait pas grand-chose à la politique, fut très sérieusement effrayé. Désireux de ne pas être mêlé à cette affaire, il dissimula à la police la rencontre d'Auteuil et conduisit Plévitskaïa à une assemblée des Anciens de Gallipoli. »

Prianichnikov ajoute à propos de cet incident la remarque suivante :

« Raïgorodski fit part de la rencontre avec les agents soviétiques à un de ses bons amis, le journaliste Andreï Sédykh, qui travaillait aux *Posliednié novosti*[1] après lui avoir demandé de conserver le secret. En octobre 1976 Andreï Sédykh, devenu entre-temps rédacteur du *Novoïé russkoïé slovo*[2], confia à l'auteur le secret de Raïgorodski, mort à cette époque... »

Encore un petit détail dans l'affaire Miller. Lorsque les Allemands occupèrent Paris en 1940, un groupe opérationnel spécial placé sous le commandement de Félix Dassel, un Allemand de la Baltique qui parlait le russe, fit un raid sur le palais de Justice et s'empara de tous les documents concernant l'enlèvement de Miller et le procès de Plévitskaïa. Tout fut emporté à Berlin.

Un peu plus tard, à Berlin, Félix Dassel transmit la dernière missive de Miller, ainsi que l'Évangile que Plévits-

---

1. « Les dernières nouvelles » (*NdT*).
2. « La nouvelle parole russe », quotidien new-yorkais (*NdT*).

kaïa avait emporté en prison, à Lilly Sergueïéva, nièce du général blanc disparu.

Dassel avait toutes raisons de lui faire confiance car il l'avait recrutée auparavant dans les services du Troisième Reich. Mais Sergueïéva (ah, ces destins d'émigrés russes !) n'avait accepté de travailler pour l'Abwehr que pour capter sa confiance et faire en réalité un travail d'agent double au profit des Anglais. Elle y parvint parfaitement et laissa un intéressant volume de Souvenirs [1].

Sergueïéva laisse entendre, sans l'affirmer cependant de manière catégorique, que Félix Dassel aurait lui-même participé à l'enlèvement de Miller. Elle cite la remarque faite par lui au sujet de la missive d'adieu de Miller : « Comment a-t-il pu ne pas comprendre que Strohman, c'était la traduction allemande de l'expression française *homme de paille*? »

« Un Allemand qui parlait bien le russe » : ainsi s'achève cette partie du récit de Sergueïéva, qui laisse ainsi entendre que cet homme de paille qui parlait bien le russe avait bien pu être (et, probablement, avait été) Félix Dassel, officier des services spéciaux allemands.

Si nous nous souvenons encore que, peu avant l'enlèvement, les chefs de Walter Krivitski, officier de renseignements soviétique qui allait s'enfuir peu après, lui avaient demandé deux agents que l'on pût faire passer pour des officiers allemands, nous nous trouvons entraîné dans de telles ramifications...

Et alors ? Je sais bien que le lecteur occidental, et l'émigré soviétique récent qui raisonne comme lui, vont encore avouer leur perplexité : « Qui croyez-vous qui pouvait avoir besoin de votre ROVS ? Le général Miller, pensez un peu ! »

Je ne suis pas d'accord. A en juger par les documents qui ont été publiés, la liquidation de Miller ne revêtait pas la

---

1. Lilly Sergueyev : *Seule contre l'Abwehr*, Paris, Fayard, 1966, (NdT).

même signification politique que l'enlèvement de Koutiépov. C'est du moins ce qu'il me semble. Il est probable que
l'on a retiré Koutiépov de la circulation afin de paralyser son
action contre le pouvoir soviétique, action jugée dangereuse
pour elle par Moscou. Peut-être Miller a-t-il été éliminé pour
laisser la place à un autre dirigeant du ROVS, un homme qui
eût mieux convenu à la réalisation de certains objectifs
politiques précis. Qui était cet homme ? Des supputations
relatives à ce sujet nous entraîneraient trop loin. Je n'ai
d'ailleurs pas l'intention d'écrire une histoire détaillée du
ROVS ou des courants politiques de l'émigration. Je veux
simplement souligner un certain nombre d'éléments pour
nous instructifs.

Par exemple, que Moscou a toujours essayé de placer sous
son contrôle les organisations émigrées, autant que possible
aux dimensions de l'ensemble de la diaspora russe. D'où ses
efforts constants pour promouvoir ses créatures à des postes
de direction dans les organisations émigrées, ainsi que les
encouragements sans cesse donnés par elle pour permettre
l'unification de ces organisations au niveau « panémigré ».

Quelles conclusions tirons-nous de tout cela ?

Koutiépov, on s'en souvient, maintenait des contacts
secrets avec Toukhatchevski, considérant à tort ce dernier
comme un sincère adversaire des bolcheviks.

Miller, successeur de Koutiépov à la présidence du ROVS,
maintenait grâce à l'agent soviétique Skobline des contacts
non seulement avec les Allemands (les vrais, pas des
« Allemands de paille »), mais aussi avec des officiers
supérieurs de l'Armée rouge [1]. C'est ainsi que l'enquête sur
l'enlèvement de Miller révéla que Skobline rencontrait
secrètement (mais non pour Miller) un officier soviétique

---

1. C'était par exemple le cas de deux des frères du général Skobline. L'un
d'entre eux était (sous le nom d'Ivanov) général et membre de l'entourage
immédiat que Toukhatchevski (voir Marina Grey, *op. cit.* Traduction française,
ch. 24 et *passim*) (*NdA*).

nommé Poutna, alors attaché militaire à Londres. Difficile de dire quel rôle Poutna joua dans tous ces événements.

Mais le sel de l'affaire est ailleurs. Même si Toukhatchev-ski, Poutna, Popov et de Roberti avaient été des conspira-teurs de bonne foi, en établissant le contact avec leurs amis politiques de l'émigration ils se seraient inévitablement fait pincer par Skobline, Steifon, Diakonov, Trétiakov (ancien ministre du gouvernement provisoire) et autres agents de l'Union soviétique.

Supposons maintenant qu'il n'y ait eu parmi les dirigeants des organisations émigrées (ROVS, « cercle Goutchkov » et autres) que des antibolcheviks à la pureté d'intentions cristalline : ils n'auraient pas manqué, en se mettant en relations avec leurs amis à l'intérieur de l'URSS, de tomber entre les bras de Toukhatchevski, Popov et autres agents.

Alors, quelles conclusions ?

C'est ce que nous allons voir en poursuivant notre enquête.

110 Les Russes sont arrivés

10

LA CONFUSION DES SENTIMENTS

Deux forces puissantes portaient les émigrés à la révision des valeurs : la misère et l'écroulement de leurs illusions passées.

C'est de manière fantasque que s'étaient formés les destins des émigrés. Vivant d'une vie misérable et pénible en pays étranger, ils évoquaient avec nostalgie le paradis par eux perdu.

D'abord fallait-il savoir à qui incombait la faute de cet état de choses. La réponse n'était pas longue à trouver : une fois de plus, c'étaient les « youpins », qui avaient trahi et vendu la Russie. Et aussi les intellectuels, les « gens à instruction ». Par leurs discours pernicieux pour la Russie, leurs propos sur la constitution, l'État de droit, les droits de l'homme, c'étaient eux, les intellectuels, qui avaient provoqué la catastrophe. Leur galimatias démoralisateur avait décomposé le pays et conduit à la victoire des bolcheviks. Par leur athéisme, leur oubli de la nécessité d'un pouvoir ferme et autoritaire dominant la Russie éternelle, ils avaient troublé la source, autrefois pure, où s'alimentait l'âme populaire, ils avaient détruit le tissu religieux et moral de la Russie.

Puis il y avait les hommes politiques ! Les libéraux ! Ils avaient provoqué la révolution de Février, après laquelle ce fut la chute... Cela, l'histoire ne le leur pardonnerait jamais !

C'est en tirant sur l' « intellectuel » Milioukov[1] que Tabaritski (futur collaborateur de la section russe de la Gestapo) et Chabelski-Bok tuèrent en 1922 à Berlin le père de l'écrivain Nabokov.

Il arrivait parfois que tel ou tel ancien lieutenant de l'armée impériale, devenu prolétaire, se mît à tirer vanité de ses mains calleuses et qu'il regardât de haut ses camarades aborigènes, qui ne pouvaient encore que rêver d'être libérés de l'exploitation. « Chez eux », en Russie, c'était chose faite.

On ne peut que se sentir fier de représenter une cause qui a triomphé, fût-elle celle du socialisme. Ah, si l'on pouvait « rentrer à la maison » !

Il y avait toujours quelqu'un pour souffler alors au ci-devant lieutenant d'aller faire un tour du côté du 12, rue de Buci, siège de l' « Union pour le retour dans la patrie ».

... Le secrétaire s'appelait Vassili (Vassia) Kovaliov. Avec sa grosse serviette qu'il brandissait en allant et venant dans les locaux, c'était le portrait tout craché du bureaucrate soviétique, comme on en trouve chaque semaine la caricature dans le *Crocodile*[2]. Un « brave gars tout simple », sans façons, un vrai Soviétique (encore qu'émigré, comme tout le monde autour de lui). Il vous secouait la main en vous accueillant : « Ah, un nouveau camarade ! Soyez le bienvenu... Nous sommes toujours heureux... »

Le camarade Larine, qui ressemblait à l'ambassadeur soviétique Potiomkine, bavardait affablement avec le « lieutenant ». Un peu à l'écart de l'agitation générale, on apercevait les silhouettes de Tvéritinov et de Liddle, chefs de la section russe du syndicat des chauffeurs de taxi français (et agents de la « résidence »). On voyait passer l'ombre de

1. Pavel Milioukov (1859-1943), historien fondateur du parti « cadet », ministre des Affaires étrangères du Gouvernement provisoire (février 1917). Il émigra en France, où il fut le conseiller politique du général Dénikine (*NdT*).
2. Revue satirique soviétique, éditée par les presses du parti (*NdT*).

Sergueï Efron qui, sans se mêler à la foule, gagnait immédiatement les pièces du fond.

L'ex-lieutenant tsariste était bombardé « camarade », on l'invitait à participer au cercle de chant choral, que dirigeait l'ex-colonel d'artillerie Glinoïedski (plus tard tué en Espagne), ou au cercle dramatique dont s'occupait l'ancienne actrice Elizaviéta Alexeïevna Henkina-Nélidova ; on le conviait à la projection d'un film arrivé d'URSS, à un bal en l'honneur du Sept novembre.

Plus tard, on pouvait lui demander un petit service, comme de distribuer des billets pour un bal dans son usine ou parmi ses voisins. Puis il aurait à fournir un renseignement sur une personne de son entourage. Ensuite, on pouvait voir apparaître Sergueï Efron [1], ou encore quelqu'un d'autre.

A Paris, je vivais assez loin de ce milieu, disparaissant au fin fond de Montparnasse où je menais grâce aux gains de mon père une vie oisive et sans soucis matériels. C'est en Espagne que j'appris à connaître les « ex-lieutenants ».

Tout sec, tiré à quatre épingles, un filet de moustache au coin des lèvres, la raie tirée au cordeau, c'était dans chacun de ses gestes et chacune de ses paroles un officier blanc typique, comme on en voyait dans les films soviétiques sur la guerre civile. Telle était l'apparence extérieure de mon interlocuteur habituel à Benimamet, près de Valencia, le capitaine Benevoli, ou Bénévolenski lorsqu'il était encore simple fils de pope.

« Officier, disait-il, je l'ai été trois ans. Mais j'ai été ouvrier pendant toute ma vie d'homme. »

1. Sur cet important agent tchékiste (mari de la grande poétesse Marina Tsviétaieva), tout comme sur la généalogie de Cyrille Henkine, voir l'ouvrage précédent de l'auteur, cité plus haut (NdT).

Le groupe politique dont Benevoli avait fait partie avait des liens à l'intérieur de la Russie. Encore un *trust*. Des émissaires en provenaient, on y envoyait des camarades.

Benevoli lui aussi dut se rendre dans la Mère-Patrie. En changeant plusieurs fois de passeport, en passant d'un pays à l'autre suivant les règles de la plus stricte clandestinité, il parvint finalement à la frontière soviétique. Des amis sûrs le firent passer de l'autre côté et le munirent de faux documents.

Risquant leur tête à chaque instant, les amis politiques de Benevoli le véhiculèrent d'une ville à l'autre, lui donnèrent asile. Le nourrirent. C'étaient des lutteurs infatigables, ignorant la peur. Dans les conversations à cœur ouvert qu'ils tenaient avec l'envoyé de l'émigration, ils parlaient du destin à venir de leur chère Russie.

Oui, disaient les nouveaux amis de Benevoli, nous restons fidèles à nos idéaux, nous continuerons la lutte. Mais cela devient de plus en plus difficile. Pour être entièrement honnêtes, il faut bien avouer que, moralement et politiquement, nous avons perdu. Nous demeurons à vos côtés, mais nous n'avons pas le droit de dissimuler que le peuple, en particulier les paysans de Russie, suivent les bolcheviks. Le peuple a accepté le nouveau pouvoir et cela se comprend puisqu'il a obtenu des bolcheviks ce dont nous rêvions pour lui.

Benevoli revint de Russie en plein désarroi intérieur. Voilà que le peuple qu'il voulait sauver des bolcheviks suivait lui-même ces derniers ! Il n'y avait donc pas de mécontents en Russie ; rien que quelques ronchonneurs de mauvaise foi, des intellectuels rétrogrades, des songe-creux, des fanatiques qui continuaient la lutte par simple entêtement stupide et haineux.

Il décida de rompre avec l'organisation qui l'avait envoyé en Russie et se rendit au 12, rue de Buci, à l'Union pour le retour dans la patrie. Il y fut accueilli par une vieille connaissance : l'ex-« Eurasien » Sergueï Efron.

Lorsque Benevoli me racontait tout cela, il savait déjà depuis longtemps que l'organisation mythique qui l'avait fait voyager en Russie avait été fabriquée par la Guépéou. Il savait que les concitoyens avec lesquels il avait eu là-bas des « conversations à cœur ouvert » n'étaient autres que des agents soviétiques, il comprenait qu'il avait lui-même été abusé, manipulé comme une marionnette. Efron lui-même le lui avait depuis longtemps expliqué en long et en large.

Mais ce qu'il croyait maintenant, c'était que les hommes qu'il avait rencontrés n'avaient fait que lui ouvrir les yeux. Il croyait que toute cette entreprise avait eu pour but non de le tromper, lui Benevoli, mais de lui faire comprendre que la paysannerie russe chère à son cœur vivait effectivement dans le bonheur et la liberté au sein des kolkhozes. Il avait pu voir de ses propres yeux qu'il n'y avait aucune famine en Russie. Une famine, cela ne se cache pas facilement ! Bref, il prenait la mystification pour de la propagande honnête et la propagande pour la vérité.

Efron persuada Benevoli de ne pas abandonner l'organisation dont il faisait partie, mais d'y jouer les « taupes ». Benevoli remplit ces fonctions pendant de nombreuses années et seules ses supplications finirent par fléchir Efron, qui accepta de le laisser repartir en Russie. Via l'Espagne.

Il ne dit à personne qu'il partait. Mais juste à la veille de son départ, ne pouvant plus y tenir, il s'en ouvrit à un vieil ami dont il ne partageait plus depuis longtemps les convictions antibolcheviques, mais pour lequel il avait conservé beaucoup d'attachement personnel. Il lui révéla sous le sceau du secret qu'il se rendait en Espagne pour racheter ses péchés et se faire pardonner par la patrie.

Le vieil ami en question le serra dans ses bras et le consola en lui apprenant qu'il travaillait lui-même depuis longtemps pour la Guépéou ; il l'assura qu'il allait désormais espionner lui-même de l'intérieur leur commune organisation antisoviétique...

Benevoli fut un des derniers à quitter l'Espagne après la défaite et enfermé avec d'autres dans un camp par les autorités françaises, à Vernet, je crois, après quoi tout le monde fut transféré en Algérie. Lorsque les Américains débarquèrent en Afrique du Nord, une commission soviétique de rapatriement se présenta et Benevoli fut autorisé par elle à partir pour l'Union soviétique. Son rêve s'était enfin réalisé.

Je l'aperçus par la suite à Moscou, où il était de passage. On lui avait fixé une résidence quelque part en Sibérie, dans la région de Krasnoïarsk. Il m'envoya un mot depuis la route qui l'y conduisait.

Plus un mot par la suite. Disparu.

Je n'ai rien changé à l'histoire qui précède, faite de souvenirs personnels et de récits de Benevoli lui-même, malgré la version donnée par Boris Prianichnikov dans sa *Toile d'araignée invisible*[1], où j'ai appris que mon ancien collègue d'Espagne était entré au 12, rue de Buci, un jour de 1934, pour des raisons peut-être un peu différentes.

Benevoli, à ce qu'il paraît, était un membre important de la « ligne intérieure » du ROVS et avait été « envoyé en mission » par cette dernière à l'Union pour le retour dans la patrie, pour un travail d'infiltration et d'espionnage. Benevoli portait dans l'organisation de contre-espionnage blanche le pseudonyme de « Bartine ».

D'après Prianichnikov, la « ligne intérieure », dite aussi « Ordre », ou « Organisation », aurait été quelque chose de très ambigu par certains côtés. En principe, elle, avait été

---

1. Éd. russe, p. 222, note 2 (*NdA*).

créée par Koutiépov pour lutter contre l'infiltration du ROVS par les agents soviétiques. En réalité, c'était une organisation à caractère non seulement défensif, mais aussi politique, qui s'efforçait de faire entrer ses hommes au sein de tous les groupements de l'émigration russe, afin de guider leur activité commune à partir d'un centre anonyme commun.

Il ressort également du livre de Prianichnikov qu'en appelant à une intensification de la lutte contre les bolcheviks, la « ligne intérieure » paralysait en fait cette dernière dans la mesure où elle exigeait que toute activité antibolchevique, en particulier terroriste, fût obligatoirement contrôlée par l' « Ordre ». Elle exigeait notamment, au nom du ROVS, que les itinéraires que suivaient les groupes de combat envoyés en Russie par les autres organisations émigrées (par exemple le NTS) lui fussent chaque fois communiqués.

Il est à peine besoin de dire que ces combattants ou bien y laissaient leur peau ou bien, dans le meilleur des cas, s'en tiraient par miracle mais sans avoir rempli leurs missions. A moins qu'ils ne se soient fait arrêter et « retourner » !

Ajoutons à cela un simple détail : le général Skobline, qui fut démasqué comme agent soviétique, était très proche de la direction de la « ligne intérieure » ; à partir d'avril 1935 il en prit même la tête (les activités du ROVS sur le territoire de l'URSS avaient toujours été de son ressort). Il semble dans ces conditions que la finalité de la « ligne intérieure » ait été on ne peut plus claire.

Encore que... Skobline, selon tous les indices, ne travaillait-il pas également pour les Allemands ?

Et Benevoli ? Peu importe en réalité l'organisation au service de laquelle il voulait se mettre : celle des Blancs ou bien le Guépéou. De toute façon, le fruit de ses efforts aboutissait obligatoirement au même endroit : à Moscou.

Soit par Efron, soit pas la « ligne intérieure » et le général Skobline.

Avouez qu'en ces années-là, un Russe blanc de Paris avait peu de chances de s'ennuyer !

11

« CHANGEMENT D'ORIENTATION »

Le départ légal d'émigrés d'Union soviétique a commencé bien avant le flot récent de l' « émigration juive ». Je pense à ce qui s'est passé en 1922, lorsque les autorités ont expulsé d'URSS un groupe d'intellectuels jugés par elles suceptibles de répandre la subversion. Suivant la terminologie officielle, on a alors expulsé les « 160 idéologues bourgeois les plus actifs ». On voulait paralyser toute opposition, même potentielle. Comme il valait mieux éviter, pour des raisons de prestige international, de fusiller par paquets entiers les représentants les plus éminents de l'intelligentsia russe, on fit preuve d'humanité et quelques dizaines d'historiens, de mathématiciens, de philosophes de premier plan purent ainsi se mettre en route.

On aurait pu penser que, se retrouvant en Occident, ces hommes au quotient intellectuel élevé et qui se considéraient par principe comme des adversaires du système soviétique, ou que le système soviétique considérait comme tels, n'auraient rien de plus pressé à faire que de porter à de nouveaux sommets la lutte contre la dictature communiste.

Rien de tel cependant ne se produisit.

Comment les autorités soviétiques avaient-elles ainsi pu deviner ce qui allait se passer ?

Deux ans auparavant, à la fin de 1920, avait paru à

Kharbine un recueil d'un jeune docteur en histoire et compagnon de lutte de l'amiral Koltchak, Nikolaï Oustrialov : *Dans la lutte pour la Russie*. Ancien membre du parti cadet, l'auteur formulait un certain nombre de principes de base pour un mouvement qui devait recevoir son nom un an plus tard lorsque parut à Prague un recueil nommé « Changement d'orientation [1] ».

Il est intéressant de noter qu'Oustrialov avait dédié son livre au général Broussilov, prestigieux chef militaire tsariste qui avait aussi été l'un des premiers à rejoindre les rangs des bolcheviks. C'était cela qui montrait aux yeux d'Oustrialov que Broussilov était un vrai patriote. Les principales thèses du recueil d'Oustrialov, qu'il exposait avec une certaine emphase, étaient les suivantes : il faut admettre la défaite des armées blanches, abandonner la lutte, aller à Canossa. Il y a bien les intellectuels, qui ont refusé la révolution bolchevique, mais Oustrialov explique ce refus par une sorte de malentendu. Si l'intelligentsia est devenue l'ennemi de la révolution, c'est parce que cette dernière lui est apparue à tort comme une force qui détruisait l'État russe, corrompait l'armée, rabaissait la notion de patrie.

Or, heureusement pour la Russie et malgré la défaite des armées blanches, Oustrialov avait su y voir clair et comprendre son erreur, l'erreur des intellectuels russes : la révolution qui avait eu lieu en Russie était une révolution nationale, dont les racines remontaient au mouvement slavophile et à un grand nombre d'autres sources où s'était abreuvée la pensée révolutionnaire russe. Malgré les craintes de l'intelligentsia, les bolcheviks avaient su montrer qu'ils n'étaient pas des anarchistes, mais des hommes qui respectaient le principe d'État. Enfin, les bolcheviks, et seulement eux, étaient capables de rétablir l'hégémonisme grand-russien, de briser

---

1. En russe : « Smiéna viekh ». Littéralement : « Les nouveaux jalons », ou « Changement de balises » (*NdT*).

dans l'œuf toute velléité d'autodétermination des peuples et autres fariboles séparatistes, de constituer et d'affermir un empire uni et indivisible englobant, soit dit en passant , la Pologne. Lutter contre les bolcheviks eût donc été une folie criminelle.

Je noterai que, parmi les hommes qui m'entouraient dans la Paris russe émigré de ma première jeunesse, bien rares étaient ceux qui avaient lu Oustrialov, voire entendu parler de lui. En ce qui me concerne, j'ignorais son existence, à plus forte raison, je ne connaissais pas sa doctrine. Mais nombreux étaient ceux qui répétaient dans mon entourage à différentes sauces un grand nombre de ses principales thèses. Combien de fois ai-je eu l'occasion d'entendre : s'il n'y avait pas eu les bolcheviks, la Russie aurait sombré dans le chaos, eux seuls ont été capables de faire respecter l'ordre ! Les bolcheviks respectent l'État, les bolcheviks créent une armée puissante, préservent et étendent l'empire ! Tout cela se disait sans références à Tchaadaev, Herzen, Tkatchov ou Dostoïevski, mais en toute simplicité, comme quelque chose qui tombait sous le sens.

Voici ce qu'écrivait Vassili Vitaliévitch Choulguine en 1922 (soit avant que la Guépéou ne lui offrît un voyage d'agrément en Russie soviétique), à l'époque donc où Oustrialov posait les fondements idéologiques et slavophiles d'une capitulation devant le régime soviétique [1] :

« ... S'ils versent *inconsciemment* le sang, ce n'est que pour rétablir la Puissance Russe, protégée par Dieu... S'il en est ainsi, cela signifie que l'Idée blanche, après avoir franchi la ligne du front, a pris possession de leur inconscient... Nous les avons contraints à accomplir avec leurs mains rouges l'œuvre des Blancs... Nous avons triomphé... L'Idée blanche a vaincu... »

Choulguine écrivait ces lignes à chaud, aussitôt après la

---

1. V. V. Choulguine : *1920* (publié en 1926), édition russe (*NdA*).

guerre civile. Après avoir bien étudié ses livres, les tchékistes le promenèrent comme il convenait à travers la Russie, pour le persuader précisément que l' « Idée blanche » avait vaincu, même si des « mains rouges » étaient à l'origine de cette victoire, en sorte qu'il se trouvait qu'il avait, lui Choulguine, tout prévu et prédit correctement. Doit-on s'étonner de l'enthousiasme sans limites qui le souleva alors, de l'impossibilité où l'on fut d'ébranler ses convictions ou celles des hommes proches de lui, quelque preuve que l'on apportât que le *Trust* avait été fabriqué de toutes pièces ?

En proclamant le caractère national, étatique, impérialiste et, par la même occasion, antisémite du régime soviétique, les partisans du « changement d'orientation » et, d'une façon générale, toute la fraction émigrée favorable à la capitulation conféraient une légitimité morale au pouvoir soviétique, transféraient à ce dernier la base idéologique dont ils se dépouillaient à son profit.

Sans s'en apercevoir parfois eux-mêmes les milieux droitiers de l'émigration, ceux qui raisonnaient en termes de nation et d'État russe et d'extension de l'Empire, se retrouvèrent très rapidement désarmés au plan idéologique face à la propagande et à la réalité soviétiques.

Seuls se montrèrent aptes à résister à la pression des Soviets ceux qui défendaient les notions de démocratie formelle et d'État de droit. D'ailleurs on voit bien, encore maintenant, qu'il n'y a guère de différence entre le régime soviétique et ceux des émigrés qui se réclament d'un État « Grand et indivisible », s'indignent des velléités séparatistes de l'Ukraine, du Caucase et des pays baltes, ne pensent qu'à remettre la main sur la Pologne et en viennent peu à peu à déclarer que l'Afghanistan est mieux sous la coupe russe que livré à lui-même. De même pour ceux qui pensent que la Russie a besoin d'un pouvoir autoritaire.

Notons que les partisans du « changement d'orientation » ont tous renié, à un moment ou à un autre de leur

rapprochement avec le régime soviétique, les principes de
l'État de droit et de la démocratie formelle.

Attirés par le bolchevisme, les émigrés l'étaient aussi
souvent, parallèlement, par le fascisme. La première idéologie conduisait aux autres, leurs principes de base étant
étroitement liés entre eux. Tous les malheurs, comme on sait,
viennent d'un excès de liberté. Les bocheviks, eux (ou bien les
fascistes), étaient seuls capables de faire régner l'ordre. Il
arrivait fréquemment (pas toujours cependant) qu'ayant
commencé par des sympathies pour le fascisme, ce succédané
du bolchevisme, les gens adoptassent la plate-forme soviétique. D'une façon générale, on peut dire que « changement
d'orientation » signifia la défaite de la droite, voire de
l'extrême droite au sein de l'émigration russe désireuse de
« dominer impudemment », selon l'enseignement de
Constantin Léontiev. Or qui sont ceux qui dominent ? Ceux
qui ont vaincu ! Ne dominent que ceux qui l'ont mérité.

« Changement d'orientation » fut, comme on s'en doute,
accueilli avec enthousiasme par le pouvoir soviétique. Le
recueil portant ce nom fut édité à plusieurs reprises en URSS,
la presse de la capitale lui consacra des articles louangeurs, le
mouvement fut l'objet de discussions au cours des XIe et
XIIe Congrès du parti (1922, 1923).

Par nostalgie pour l'absolutisme, éclairé ou pas, et pour la
doctrine de la « Russie grande puissance », les milieux de
droite (et plus ils étaient à droite, plus ils montraient de
l'enthousiasme), eux qui avaient pourtant perdu dans le
combat qui les avait opposés aux Rouges (il est vrai qu'ils en
faisaient porter la responsabilité à « ces bavards de libéraux ») se rangeaient donc sous la houlette des bolcheviks.
Mais pas des communistes ! La distinction entre les deux
termes donnait des assises plus solides à leur système de
pensée. Oustrialov reprochait justement à Piotr Struve de
« confondre communisme et bolchevisme ». Si l'on oublie
les subtilités philosophiques, la différence essentielle se

ramenait à ceci : le communisme était un phénomène international, tandis que le bolchevisme était purement russe. Le communisme, c'étaient les « youpins » : les gens comme Trotski, Zinoviev ou (à tout hasard) Lounatcharski. Lénine, lui, était de *notre* côté, celui des Russes. Donc bolchevik.

Le passage à la plate-forme soviétique signifiait bien des choses, mais avant tout le retour en URSS. Certains historiens de l'émigration estiment que le phénomène a numériquement peu affecté l'émigration. Point de vue bien contestable. Tout le monde ne s'est naturellement pas précipité, mais rien qu'en dix ans, de 1921 à 1931, le nombre des « rentrants » s'est élevé à 181 432 personnes, soit 18 à 20 % de l'ensemble des émigrés russes. Sur ce nombre, 121 843 rentrèrent en 1921, c'est-à-dire au cours de la première année de la NEP et du « changement d'orientation » de certains émigrés.

Cela signifie-t-il que les « rentrants » avaient emporté avec eux une nouvelle approche philosophique du pouvoir bolchevique, maintenant légitimé par l'histoire, tandis que les « restants » avaient tous fait le choix inverse et n'étaient que des ennemis systématiques et convaincus du régime soviétique ? Ce serait trop simple.

Ceux qui « rentrèrent » furent, en grande majorité, ceux qui avaient accepté sans conditions le pouvoir soviétique. Mais ce n'était nullement la seule forme possible de reddition psychologique.

A côté de ceux qui s'en remettaient à la grâce du vainqueur, désormais chargé de tout décider pour la Russie, position primitive que j'appellerais « capitularde », il y avait encore la position incarnée dans les thèses de Choulguine, pour qui les bolcheviks avaient « accompli l'œuvre des Blancs avec des mains rouges ». Cette position n'entraînait pas obligatoirement le retour immédiat en Russie, où l'on courait le risque d'être incompris et fusillé dans la bousculade d'un

accueil trop chaleureux (ce qui arriva par la suite à nombre de
« rentrants »). Il valait mieux laisser les bolcheviks « accomplir notre œuvre », tandis que « nous » les aiderions de
l'étranger par une critique constructive[1]. Comme il était
admis au départ que seul le hasard avait voulu que les Soviets,
et non les penseurs politiques de l'émigration, menassent la
Russie sur la seule voie historiquement possible, il ne restait
plus qu'à observer de loin ce qui s'y passait et à voir dans
chaque tournant de la politique intérieure ou extérieure de
l'URSS une nouvelle confirmation de ce que l'on avait
toujours proclamé. Il n'est pas bien difficile de découvrir que
l'on a toujours eu raison.

---

1. Un tel tour de pensée conduit aujourd'hui à de bien curieuses situations.
Nous en reparlerons (NdA).

12

LA « CITÉ FUTURE »
(Les Eurasiens)

A la différence de l'attitude capitulatrice conduisant au « retour » pur et simple, le rapprochement spirituel avec les Soviets entraînait la nécessité, moyennant quelques restrictions formelles, d'une base philosophique minimale. On trouva cette base, au moins partielle, dans le sentiment du rôle exceptionnel joué par la Russie dans l'histoire du monde et dans un mépris affiché pour l'Occident.

« J'arrivai à Paris, ce centre illusoire des connaissances et des goûts humains. Tout ce que l'on raconte sur la perfection qui règne ici n'est qu'un tissu de mensonges »... « La divinité que les Français révèrent, c'est l'argent »... « L'art dépérit. Le sentiment religieux succombe... L'Occident est en déroute »... « On sent en Occident un dépérissement de l'âme... La loi se substitue à la conscience »... « Le milieu mesquin et sale de la petite-bourgeoisie recouvre, comme une vase, l'ensemble de la France d'une immense tache verte »... « La mentalité petite-bourgeoise constitue la forme la plus achevée de la civilisation occidentale »... « La génération actuelle possède un seul dieu : le capital »... « La vie est de plus en plus dure, insensible ; tout devient mesquin, se rapetisse... » ... « Dans les événements intérieurs de l'Europe, plus on se rapproche de la fin du siècle et plus il devient

évident que seule la vulgarité de pensée constitue un lien
" pan-européen "... »

De Soljénitsyne, ces citations ? Non ! De Fonvizine, du
prince Odoïevski, d'Aksakov, de Herzen, de Gogol et de
Rozanov [1]. Je les ai empruntées à Vladimir Varchavski, dont
j'ai déjà signalé le livre remarquable *Une génération inaperçue* [2].
On y trouve bien des états d'âme de l'émigration de ces
années-là. Que n'ai-je pas moi-même entendu comme
réflexions méprisantes sur les Occidentaux ! Les Allemands,
au goût de l'ordre taillé à la serpe, les Anglais à l'hypocrisie
guindée, les Français superficiels et cupides, les Tchèques
provinciaux et petits-bourgeois...

On ne peut parler du « changement d'orientation » sans
évoquer le « mouvement eurasien ». Ce mouvement, en
particulier son émanation nommée « groupe de Clamart », a
donné une pléiade de « rentrants » et de penseurs du
« changement d'orientation » : le prince Troubetskoï, Svia-
topolk-Mirski, V. N. Ilyine, Savitski, ainsi que plusieurs
collaborateurs de la « résidence » parisienne de la Guépéou :
Efron, Arapov et d'autres.

Le paradoxe du « mouvement eurasien », ce cours accéléré
de transformation de l'émigré blanc en bolchevik partisan du
totalitarisme, tient à ce que la base philosophique de ses
élucubrations intellectuelles était constituée par le livre d'un
homme qu'il est impossible de considérer comme un
marxiste, un partisan du totalitarisme ou un obscurantiste. Il
s'agit de Nikolaï Alexandrovitch Berdiaïev.

Ouvrant les voies de la consolation au cœur ulcéré des
émigrés, son livre *Un Nouveau Moyen Age* (que prisent fort
aujourd'hui les idéologues de l'Union sociale-chrétienne [3])

---

1. Les dates de naissance de ces écrivains russes s'étagent de 1745 à 1856
(*NdT*).

2. Édition russe citée, p. 34-35. De même Berdiaïev est-il cité plus bas d'après
ce livre, aux pages 39 et sq. (*NdA*).

3. Groupement dissident russe d'extrême droite (*NdA*).

empoisonna littéralement la conscience des générations les plus jeunes de l'émigration russe. Même des hommes qui n'avaient jamais lu ce livre tombèrent sous son influence par le truchement de mouvements tels que ceux des Eurasiens, des « nationaux-maximalistes », ou des « Jeunes-Russes ».

Qu'écrivait Berdiaïev ?

« Il est évident que les démocraties modernes sont en pleine dégénérescence et qu'elles ont cessé d'inspirer qui que ce soit. Le libéralisme, la démocratie, le parlementarisme, le constitutionnalisme, le formalisme juridique, la morale humaniste, la philosophie rationaliste et empirique : tout cela est le fruit de l'esprit individualiste, de l'affirmation de soi propre à l'humanisme ; or tout cela a fait son temps, perdu le sens qu'il avait autrefois ; c'est le crépuscule des temps modernes.

« Cette agonie de la démocratie doit nous réjouir car la démocratie mène au néant et n'est pas fondée sur la vérité, mais sur le droit formel de choisir la vérité ou le mensonge que l'on désire. En outre, dans les conditions spécifiques de la Russie, la démocratie est une utopie.

« N'y a-t-il pas eu de l'utopie, de l'absurdité dans les rêves suivant lesquels on aurait soudain pu transformer la Russie en une démocratie, en un État de droit, ces rêves où l'on obtenait par des discours pleins d'humanité que le peuple russe reconnût de lui-même les droits et les libertés de l'homme et du citoyen, cette croyance que des mesures libérales suffiraient à extirper les instincts de la population, des dirigeants comme des dirigés ?... Les cadets étaient des utopistes et des esprits chimériques. Ils rêvaient pour la Russie d'un ordre fondé sur le droit, de droits et de libertés pour l'homme et le citoyen dans les conditions russes. Absurdes rêveries, invraisemblables utopies ! »

... « Oui, bien sûr que la liberté est morale, mais seulement jusqu'à un certain point, tant qu'elle ne dégénère pas en contentement de soi et en licence. »

Je l'avoue, j'ai triché en franchissant pour cette dernière citation un demi-siècle supplémentaire. Il s'agit de Soljénit-syne et de sa *Lettre aux dirigeants de l'Union soviétique.*

Tiré de la même lettre (à propos de la liberté) : « Si l'on introduisait brusquement la démocratie dans notre pays, sans doute assisterions-nous à une triste réédition de 1917 [1]. »

Ainsi, Février a été une erreur !

La conclusion des Eurasiens était catégorique : de par son esprit national et son destin géopolitique, la Russie ne pourrait jamais, et d'ailleurs ne devrait pas non plus, devenir une démocratie.

Ce n'est pas d'aujourd'hui, comme on le voit, que date la conception selon laquelle un régime autoritaire serait néces-saire et souhaitable pour la Russie, régime infiniment supérieur à la « démocratie formelle », ce système qui comme on le sait ne signifie que le droit pour chacun de débiter des inepties.

Berdiaïev ne prônait pas un retour au passé. Il dressait un tableau de la Cité future :

« On verra disparaître à jamais les parlements avec leur vie fictive et vampirique d'excroissances implantées sur le corps du peuple, incapables de remplir aucune fonction organique. Les bourses et les journaux cesseront de régler la vie des hommes... »

« Les parlements politiques, organismes dégénérés deve-nus de simples lieux de bavardage, seront remplacés par des parlements sérieux à caractère professionnel, où seront représentées les véritables corporations. Ces parlements ne passeront pas leur temps dans des luttes pour le pouvoir : ils s'occuperont à résoudre des questions essentielles telles que celles que posent l'agriculture, l'éducation du peuple, etc., et ils les résoudront pour elles-mêmes, non pour la politique. »

1. Trad. fr., Paris, Le Seuil, 1974, p. 42-43 (*NdT*).

L'utopie que nous dépeint ici Berdiaïev ressemble en vérité au Soviet suprême de l'URSS !

Dommage, bien sûr, que les députés qui ont été choisis ne soient pas les bons et que l'idéologie ne soit pas la bonne, mais ce sont là des broutilles faciles à corriger. Une suggestion habile, un conseil intelligent, une lettre envoyée au bon moment peuvent orienter la pensée des dirigeants dans la bonne direction ; on peut leur souffler la décision qui leur échappait...

Si j'ai évoqué ici le mouvement dit des Eurasiens, l'un des courants politiques les plus intellectuels d'après la révolution, ce n'est pas seulement pour rappeler le pourcentage considérable d'Eurasiens ayant achevé leur carrière au service des bolcheviks, au sens le plus policier du terme, mais aussi pour souligner une constante de la pensée politique : *on peut avoir commencé sur des positions parfaitement anti-marxistes, mais si l'on refuse dès le départ toute valeur à la « démocratie formelle », il arrivera un moment où l'on chantera avec les Soviets. Ce n'est qu'une question de temps. Ou d'argent.*

Ainsi, la Russie ne peut pas devenir une démocratie. Comme son développement moral la place *a priori* sur une marche plus élevée que l'Occident dépravé, son destin et le destin de son peuple, investi d'une mission historique à part, doivent devenir le prototype et le guide des autres peuples. Il importe seulement de bien préciser le sens de cette mission ainsi que son but, et de ne pas laisser troubler la pure source de l'âme populaire par de sèches idées étrangères à la Russie, comme celle du positivisme ou de la philosophie des Lumières. Que l'Occident vive s'il le désire selon la « vérité extérieure ». Le peuple russe, lui, doit vivre selon la « vérité intérieure ». Un État où ses droits lui seraient garantis n'a aucun sens. Aksakov a d'ailleurs écrit à ce sujet : « La garantie, c'est le mal. Là où l'on a besoin de garantie, le bien disparaît ; mieux vaut encore que la vie s'écroule, plutôt que de survivre avec l'aide du mal ! »

Nous examinerons un exemple encore plus instructif avec la naissance, la croissance et la mort du parti dit des « Jeunes-Russes ».

13

LES « JEUNES-RUSSES »

Le 16 janvier 1957, la *Pravda* publia une lettre à la rédaction d'Alexandre Lvovitch Kazem-Bek.

Dans cette lettre, l'auteur communiquait à la rédaction du journal et aux lecteurs de la *Pravda* ses réflexions amères sur la vie dans l'émigration, où il avait passé trente-huit ans :

« Je suis longtemps demeuré sous l'influence de la propagande antisoviétique, emplie d'un esprit de haine pour le nouvel ordre social né en Russie, à chercher des moyens de renforcer la lutte contre ce dernier. En outre, je consacrai toute mon énergie à créer un parti à l'aide duquel nous avions l'intention de mener la lutte contre le pouvoir des Soviets.

« En 1924, je créai le parti dit des " Jeunes-Russes ", dont je pris la tête. Ce parti se fixait pour but de restaurer dans notre pays l'ordre bourgeois. »

Pourquoi vous calomnier ainsi, Alexandre Lvovitch ? Le parti des Jeunes-Russes n'a causé aucun mal au pays des Soviets. Il lui a même été d'une fameuse utilité !

On peut difficilement affirmer que la lettre de contrition envoyée à la *Pravda* ait été la meilleure forme d'expression de la vérité historique. Restauration de l'ordre bourgeois ? Voilà en réalité une sérieuse entorse aux faits.

L'ancien « glava » (c'était ainsi que l'on désignait le *chef* de l'organisation Jeune-Russie) ne mentionne nulle part que son parti était favorable à la monarchie. Pour quelle raison ?

Kazem-Bek aurait fait trop mauvaise figure aux yeux du lecteur soviétique, qui se serait demandé pourquoi les autorités soviétiques s'embarrassaient d'un grand-prince Cyrille Vladimirovitch, alias Sa Majesté Impériale, lorsqu'il dut s'exiler. Quelqu'un pouvait aussi faire le raisonnement suivant : la monarchie autocratique, d'après ce que l'on nous a enseigné à l'école, est-elle vraiment une forme de gouvernement bourgeois ? Pas exactement, en vérité. Mais la monarchie selon Kazem-Bek était « sociale » et *conservait les structures du système soviétique.*

Rostislav Rontchevski, historien pénétrant et scrupuleux du mouvement des Jeunes-Russes, commence le livre qu'il leur a consacré [1] par un certain nombre de renseignements fort intéressants :

1. En 1923, Fiodorov-Yakouchev, l'un des représentants du *Trust* percé à jour, faisait grand bruit en Allemagne, et en particulier à Munich, où il se liait à divers groupes politiques, en particulier monarchistes.

2. Il avait existé en 1917 en Russie une organisation militaire antibolchevique nommée « Jeune-Russie » (pour la clandestinité : « Zéliony Choum », ou « Le bruit vert »). Ni Kazem-Bek ni les autres chefs du mouvement des Jeunes-Russes n'avaient alors le moindre rapport avec cette organisation. Celle-ci fut taillée en pièces et les autorités firent pendant un certain temps la chasse à ceux de ses membres qui s'étaient cachés.

3. En 1923 se réunit à Munich un congrès des représentants des jeunes monarchistes russes. C'est la naissance de l'Union Jeune-Russie, dont la présidence est confiée à l'unanimité à Alexandre Kazem-Bek.

---

1. R. Petrovich (Ronchewsky) : *Mladorossy (materialy po istorii smenokhovskogo dvijeniya)*, London, Ontario, éd. Zaria, p. 4 (*NdA*).

4. En 1925, l'Union Jeune-Russie est rebaptisée « parti des Jeunes-Russes », mais les disciples de Kazem-Bek en font curieusement remonter l'origine à 1917.

Rontchevski voit clairement dans ce fait un sens caché, mais ne nous impose pas de réponse.

Or il me semble que l'on peut en fournir au moins deux.

La première réponse possible est assez innocente. Pour des motifs démagogiques et sentimentaux, les dirigeants du mouvement des Jeunes-Russes auraient voulu, dès l'origine de leur action, indiquer qui ils considéraient comme leurs glorieux prédécesseurs à l'intérieur de la Russie et reprendre en quelque sorte le flambeau de héros tombés au combat.

Deuxième possibilité. Rontchevski la donne sans insister, en rappelant les activités à Munich de Yakouchev, l'un des créateurs du premier *trust*. Il donne en quelque sorte à comprendre que l'Union Jeune-Russie pourrait bien avoir été conçue dès l'abord comme un nouveau *trust*. Or le schéma de chacun des *trusts* suppose la présence sur le territoire soviétique d'un centre de résistance fictif (dans le cas présent, démantelé depuis longtemps), avec des partisans tout aussi fictifs. D'où deux buts pour l'opération : ou bien prendre le contrôle des liaisons entre les derniers membres encore vivants de « Zéliony choum » en leur servant d'appât, ou bien faciliter la pénétration de l'URSS par des canaux... contrôlés dès le début par les Soviétiques !

La référence à 1917 prend alors un tout autre sens, beaucoup moins innocent.

Les Jeunes-Russes proposèrent leur recette politique au moment où, au sein de l'émigration, s'éteignaient peu à peu les idéologies de l'ancien régime. Discrédités par leur défaite commune, les anciens partis de gauche comme de droite sombraient dans le néant. Les jeunes tenaient leurs aînés pour responsables tant de la défaite de la cause blanche que de l'existence misérable que les émigrés blancs menaient en Occident. La « mollesse » était tenue pour responsable des revers militaires (« Février a été une trahison ! »), ce qui conduisait tout naturellement au culte de la force. Comme partout en Europe, on montrait chez eux un vif intérêt pour l'évolution du fascisme italien et du national-socialisme germanique, alors naissant.

Les Jeunes-Russes tenaient leurs assises avec un décorum mi-nazi, mi-communiste. Des jeunes gens en chemises d'uniforme bleues apportaient les étendards ; puis, faisant la haie, ils accueillaient Kazem-Bek qui apparaissait, entouré de gardes du corps, aux cris répétés de « *glava, glava, glava !* », en faisant le salut fasciste.

Voilà pour la mise en scène. Pour la pitance spirituelle, les Jeunes-Russes étaient avant tout monarchistes, ce qui était une garantie d'anti-bolchevisme (on peut appeler cette attitude programme minimum de toute initiative émigrée). D'ailleurs, la présence à la tête du parti des grands-princes Cyrille Vladimirovitch et Dmitri Pavlovitch ôtait leurs derniers doutes à ceux qui auraient pu rester sceptiques.

Les thèses du mouvement ? Pour l'essentiel, « la foi des Jeunes-Russes en la Russie ». Dans quel but ? « L'Union des Jeunes-Russes s'efforce de devenir le laboratoire de pensée des générations postrévolutionnaires du Peuple russe... »

Voici quelques-unes des réussites de ce « laboratoire de la pensée » : d'abord, le « système des mises ». Quelles mises, des mises sur quoi, sur qui ? Sur « une ligne de développement ou une autre, un groupe ou un autre à l'intérieur de l'URSS ». Autre idée : l' « espoir en une évolution du pouvoir soviétique ». Et, implicitement, l'accomplissement de la révolution nationale par d'autres mains, celles du régime soviétique.

L'objectif de leur lutte ? « Les Jeunes-Russes ont juré de frayer au tsar la route du Kremlin. » Mais, afin qu'aucune confusion ne naisse dans l'ivresse de la victoire, il est bien précisé la chose suivante : « Après la chute du pouvoir communiste, l'empereur transmet le pouvoir au Glava sans y être contraint, mais obligatoirement. »

Étranges légitimistes, qui déclarent d'avance que leur empereur n'est tel que tant qu'il vit en exil ! Car à peine aura-t-il réussi à entrer au Kremlin, c'est Kazem-Bek qui prendra les pleins pouvoirs. Quel peut bien être le sens d'un légitimisme sans monarque ?

Celui-ci, probablement : le jeune émigré resté fidèle à ses traditions familiales et sociales ne pouvait manquer, lorsqu'il entendait parler des Jeunes-Russes, de tomber d'accord avec la ligne conventionnelle fixée par eux, tout en appréciant leur modernité. D'une part l'empereur ; de l'autre, un « laboratoire de pensée ». Il est inutile de dire que personne ne lui demandait jamais de faire fonctionner sa matière grise au bénéfice de ce pseudo-laboratoire. C'est lui qui recevait des ordonnances déjà remplies. Il y lisait que, selon les Jeunes-Russes, le processus historique en cours en Russie conduisait immanquablement au remplacement de la dictature du parti communiste par le pouvoir du tsar autocrate. Mais tout en conservant un système soviétique *qui avait fait ses preuves.* Nulle part il n'y avait la moindre allusion à un renversement de ce système par le parti des Jeunes-Russes.

Il découlait par conséquent de tout cela que la lutte contre la dictature soviétique était une absurdité. Il convenait simplement d'attendre, sans s'énerver, en faisant confiance à l' « inéluctabilité » des processus historiques. On pouvait pendant ce temps exercer sa pensée politique et se préparer au moment où, entré au Kremlin, le tsar transmettrait le pouvoir au chef des Jeunes-Russes, « sans y être contraint, mais obligatoirement ».

Les Jeunes-Russes étaient naturellement partisans d'une politique de défense. Ils rejetaient catégoriquement toute « aventure », toute intervention étrangère dans les affaires internes de l'URSS. Ils étaient on ne peut plus favorables au réarmement de l'URSS. Ils y voyaient les prémisses de leur victoire future, la préparation de la « révolution nationale ».

« ... La menace extérieure, écrivaient-ils, a définitivement poussé le pouvoir sur la voie d'une " politique de défense " et cette " politique de défense " a accéléré l'éveil du nationalisme au sein des masses. »

Comme si les bolcheviks avaient jamais été « défaitistes » lorsqu'il s'agissait de la défense de leurs intérêts propres[1] !

« ... Cette même " politique de défense " a servi de prétexte commode pour liquider de nombreux vestiges du vieux communisme, dont il aurait autrement été difficile de se séparer. »

Comme si les dirigeants soviétiques avaient besoin de « prétextes » pour se débarrasser d'orientations devenues encombrantes !

Notons, du reste, que le réarmement de la Russie soviétique à une époque où les besoins du peuple étaient aussi aigus, donc au détriment de ce dernier, constituait aux yeux des Jeunes-Russes une mesure forcée, une réponse à la « menace extérieure », une mesure qu'il convenait d'applaudir puisqu'elle permettait d'avancer sur la voie de la révolution nationale.

Bodroste (« Fermeté »), la revue des Jeunes-Russes, affirmait que, confrontés au problème de la menace extérieure pesant sur la Russie (on jouait dès cette époque sur les mots : « Russie », et non « URSS » ; « nous servons la Russie », les bolcheviks et les communistes sont deux choses différentes), le pouvoir *soviétique* abandonnait ses positions *communistes*. Le pouvoir cessait donc d'être communiste, tout en restant soviétique.

Ce refrain revenait chaque fois que Moscou remplaçait

---

1. Rappelons qu'avant 1917, les bolcheviks étaient « défaitistes » face à l'agression austro-allemande, alors que presque tous les autres partis appelaient à la défense de la patrie. Mais, comme l'écrira Lénine : « Nous sommes maintenant pour la défense, depuis le 7 novembre (25 octobre) 1917 » (*NdT*).

certains slogans par d'autres. Comme on voit, ce n'est pas d'aujourd'hui que datent les beaux discours sur l'abandon par Moscou de ses positions dogmatiques au prétendu profit des principes pragmatiques et nationalistes traditionnels. En donnant à croire qu'elle se libérait des entraves du dogme communiste, la direction soviétique montrait que son pouvoir était devenu un pouvoir national.

On ne s'étonnera pas que les Jeunes-Russes aient été de fervents partisans de l'Empire. Ils applaudissaient au « renforcement » et à l' « *extension* de la Russie soviétique », qui signifiait avant tout « un renforcement et une extension de notre patrie, la Russie ».

L'histoire du mouvement jeune-russe montre nettement comment la propagande soviétique à destination de l'émigration et, à travers elle, de l'Occident, mettait en œuvre des procédés politico-psychologiques d'une fiabilité absolue.

L'un de ces procédés : donner une explication apaisante et désarmante de tout ce qui se produisait à l'intérieur de l'URSS. Ainsi de ces citations, datées de 1934 :

« Une nouvelle couche dirigeante se cristallise lentement, se préparant à remplacer le parti décrépi [1]. Cette couche nouvelle s'installe progressivement aux leviers de direction abandonnés à leur profit par les vieux révolutionnaires. C'est elle qui, petit à petit, devient porteuse » de l'idée étatique et nationale. »

« L'édification entreprise au nom du communisme se poursuit, mais ses buts sont devenus différents : ils sont aujourd'hui nationaux. La patrie socialiste redevient Russie, la construction socialiste lutte pour la puissance de la Russie, le prolétaire devient un nouvel homme russe. Cette victoire *est la nôtre.* »

---

1. Pour le développement de cette même idée, voir les plus récentes études soviétologiques (*NdA*).

« Tout calcul fondé sur les difficultés économiques de l'État soviétique est non seulement erroné, mais criminel. »

Voici maintenant ce que l'on dit de l'homme qui incarnait alors en Russie un processus aussi heureux :

« L'évolution de Staline déclenche le processus de la révolution nationale. »

En d'autres termes, Staline « roule » pour les Jeunes-Russes. Nul ne s'en cache, d'ailleurs :

« En renforçant intérieurement et extérieurement le pays, Staline le prépare pour nous. »

Plus explicitement encore, on trouve sous la plume de Kazem-Bek :

« Ce ne sont pas les Jeunes-Russes qui glissent vers un changement d'orientation, mais Staline qui glisse vers un changement de régime. »

Pour refréner l'excès d'impatience de ses adeptes, voici encore ce que l'on trouvait chez lui :

« Staline est vieux. Il mourra peut-être bientôt. Staline est accablé par le poids de sa vie ; peut-être va-t-il se retirer. »

Paroles vraiment prophétiques du Glava ! Staline finira bien par mourir ; mais... dix-huit ans après cette prédiction !

Puisque nous y sommes, posons-nous maintenant la question essentielle : qui a intérêt à ce que les émigrés, et à travers eux l'Occident, se persuadent que l'Union soviétique évolue vraiment ? Que sa direction se renouvelle autrement que par le jeu des usures biologiques naturelles, en changeant *sur le fond* ? Qu'à la tête du pays existent des groupes rivaux, qui ne se contentent pas de se disputer les parts du gâteau mais possèdent chacun leur ligne politique : la gauche et la droite, les doctrinaires et les pragmatiques, les gens du Guébé, les militaires, les apparatchiks, les partisans du développement de l'industrie lourde, ou inversement de l'industrie légère ?

C'est en partant de semblables considérations que l'on en vient, aujourd'hui encore, à la conclusion qu'en misant sur les uns ou sur les autres (encore le « système des mises » !), en soutenant par d'habiles concessions tel groupe comme tel autre, on pourrait... Il suffirait d'attendre patiemment, sans irriter la direction soviétique ni la pousser à des gestes irréfléchis, en se gardant de lui faire perdre la face.

Comme de toute façon l'histoire ramène progressivement tout cela à une simple révolution à caractère national...

Et les Jeunes-Russes ? Tout en continuant à proclamer leur monarchisme fondamental, ils introduisaient dans leurs thèses et leurs conclusions — et, ce qui est très important, dans leur *vocabulaire politique* — de plus en plus de phrases et de concepts empruntés au système soviétique. De plus en plus nombreuses étaient les décisions prises par le pouvoir soviétique que les Jeunes-Russes portaient à l'actif du régime dans le grand livre des valeurs nationales et étatiques.

Finalement (en 1934), les Jeunes-Russes déclarèrent qu'ils se considéraient comme le « second parti soviétique ». Ils s'étaient fondus dans la « sélection nationale » (celle qui se « cristallisait ») et voyaient leur mission dans la défense de leur patrie « ... contre les ennemis de l'intérieur et de l'extérieur, dans la mesure de nos forces, même faibles ».

Ce désir de lutter contre les ennemis extérieurs, et surtout *intérieurs,* du régime soviétique tomba au sein des « organes compétents » dans des oreilles particulièrement attentives, qui surent le comprendre à sa juste valeur. Il se trouva des hommes pour expliquer à un nombre considérable de Jeunes-Russes qu'en demeurant dans l'émigration ces derniers pouvaient quand même rendre de glorieux services au pouvoir soviétique.

La création du parti des Jeunes-Russes fut la plus importante tentative d'avant-guerre pour unifier pratiquement toute l'émigration russe sur une même plate-forme politique. Deux procédés concouraient pour l'essentiel à cette fin :

— une base idéologique suffisamment vaste pour convenir à tout le monde (nous en avons déjà parlé),

— la méthode des « fusions » et des « différenciations », utilisée ici avec une particulière habileté.

C'est cette méthode fort instructive que nous étudierons pour clore le dossier des Jeunes-Russes.

Ceux-ci commençaient par persuader tel ou tel de leurs alliés de renoncer à une partie quelconque de leur programme (souvent de peu d'importance véritable), puis ils proclamaient la fusion de leurs deux partis, afin de mener ensemble le combat « sur la base constructive de leurs objectifs communs ». Pouvait-on douter un seul instant que, regroupée en un tout unifié, l'émigration russe ne représentât une force formidable ?

Commençaient alors les différenciations de principe d'avec les nouveaux partenaires. Les plus forts, les mieux organisés, les plus démagogues triomphaient aisément à ce petit jeu. Or les Jeunes-Russes étaient bien plus forts et mieux organisés, infiniment plus démagogues que n'importe qui. Au sein de l'alliance sacrée de l'émigration, certains restaient à leurs côtés ; eux-mêmes se débarrassaient des autres.

La plate-forme politique adoptée par les Jeunes-Russes était particulièrement propice à la multiplication de telles opérations. Sur certains plans ils semblaient être à droite (légitimisme monarchique), sur d'autres ils semblaient être de gauche (monarchie sociale, le tsar et les Soviets, le pouvoir confié à Kazem-Bek après sa dévolution au tsar). C'était, de toute manière, un parti qui semblait voir loin, puisqu'il se proclamait « second parti soviétique »... tout en restant en dehors d'URSS !

On notera avec intérêt que la méthode consistant à créer des partis et organisations politiques parallèles, presque identiques, afin de tout réduire à des querelles mesquines et des insultes hystériques par le moyen de savantes « fusions » et « différenciations » sera encore très à la mode après la Seconde Guerre mondiale.

La revue de langue russe *Siéyatiel*[1], qui paraît à Buenos Aires, écrivait il y a quelques années :

« En 1930, le parti des Jeunes-Russes joua un rôle criminel en trahissant le mouvement anticommuniste. Une section politique spéciale (« Section Spéciale ») avait été créée avec l'aide de la police, en principe pour lutter contre les communistes. Ces " S.S. " ne faisaient leur travail que de nuit, absolument comme leurs collègues de la Loubianka. Presque tous les Jeunes-Russes se firent embaucher pour ce travail afin de persécuter d'honnêtes ouvriers anticommunistes dont ils se moquaient de la manière la plus vile... »

C'est à cette époque que l'on nota en Argentine un grand nombre d'agressions contre des coopératives, des bibliothèques, des centres culturels russes. La nombreuse émigration russe de ce pays était composée d'anarchistes, de S-R, de sociaux-démocrates mal en cour à Moscou comme, par exemple, Boris Vladimirovitch Guerman, le premier mari de la femme de Lénine, Nadiejda Kroupskaïa.

L'émigration russe d'Argentine faisait alors, à mon sens, la chose la plus sensée qu'elle pût imaginer en s'unifiant sur une base apolitique dans un but d'entraide économique multiforme et de diffusion de la culture russe.

Mais les autorités soviétiques avaient trouvé cette activité dangereuse pour elle. Par contre une foule occupée à rêver de sa patrie perdue et passant son temps dans des discussions où elle réglait le sort à venir de la Russie, voilà un milieu dont il était bien plus facile de prendre le contrôle.

---

1. *Siéyatiel* (« Le Semeur »), nos. 162 et 163, 1979 (*NdA*).

14

YALTA

En débarquant le 6 juin 1944 sur les côtes normandes, les Alliés savaient que, parmi les défenseurs du Mur de l'Atlantique, il y avait bon nombre d'unités formées de volontaires, anciens prisonniers de guerre soviétiques.

Les spécialistes de la guerre psychologique éparpillèrent au-dessus des positions des « Ost-Bataillone » des tracts où ils promettaient aux soldats originaires des lointaines steppes sibériennes, s'ils étaient capturés, la liberté immédiate et le renvoi dans leur patrie.

Voici ce que nous lisons à ce propos dans le *Parijski viestnik* de l'époque [1] :

« Malgré des pertes considérables et en dépit de la supériorité numérique de l'adversaire,... les volontaires, qui se trouvaient encerclés depuis plusieurs jours déjà, luttèrent avec acharnement et préférèrent *se faire sauter* plutôt que de se rendre. »

Voilà bien des hommes étranges, incompréhensibles ! Éternelle énigme de l'âme russe...

L'Occident eut bientôt l'occasion de faire la connaissance

---

1. *Parijski viestnik*, 1er juillet 1944. Cet hebdomadaire de langue russe paraissait à Paris, avec pour sous-titre : « Le courrier de Paris, Pariser Beobachter » (*NdA*).

de ces hommes mystérieux et, à travers eux, du pays inconnu et hermétiquement clos dont ils étaient issus.

Au cours de la Seconde Guerre mondiale, plusieurs millions (près d'une dizaine !) de Soviétiques se trouvèrent, à un moment ou à un autre, sur le territoire de l'Allemagne ou des pays occupés par elle. Ils étaient arrivés en ces lieux étrangers par différentes voies : captivité, travail forcé, départ volontaire lors du retrait des armées allemandes. Or, lorsque la guerre prit fin, très nombreux furent ceux qui ne voulurent pas rentrer chez eux. En premier lieu, comme on s'en doute, ceux qui avaient pris les armes du côté allemand. Il y en avait près d'un million.

La masse gigantesque des réfugiés constituait une tranche de la société soviétique d'un intérêt exceptionnel par sa représentativité et sa qualité. A la différence de la première émigration, ces hommes et ces femmes ne représentaient pas le passé de la Russie mais son présent. Ils avaient grandi, étaient même souvent nés sous le régime soviétique ; ils avaient été façonnés par lui. Ils avaient travaillé avant la guerre à tous les niveaux de la machine étatique, dans l'économie, dans l'appareil du parti. Il y avait parmi eux des officiers et des acteurs, des présidents de kolkhozes, des ingénieurs, des médecins, des professeurs, des spécialistes des approvisionnements, des journalistes.

L'Occident pouvait profiter de cette occasion unique pour jeter un coup d'œil derrière le rideau de fer, toujours tiré sur l'URSS. Après avoir étudié, et compris, les raisons du choix dramatique que ces hommes et ces femmes avaient fait, il eût été possible de déchiffrer le caractère véritable de la société soviétique et les grandes lignes de sa politique extérieure et intérieure, de prévoir ses intentions à l'égard du reste du monde.

De la justesse de l'analyse dépendait, en fin de compte, la sécurité future du monde non communiste.

C'est sous le signe de Yalta que l'Occident fit la connaissance de la seconde émigration.

Pour les « personnes déplacées » de l'après-guerre, les réfugiés de toute cette période, le nom de Yalta a conservé une sonorité particulièrement sinistre. C'est en effet là, en Crimée, dans le palais de Livadia, qu'il fut décidé de les livrer au bon vouloir des organes répressifs de la Mère Patrie.

Le général Dénikine, ancien commandant en chef des armées russes de 1917 à 1921, arriva en décembre 1945 aux États-Unis et apprit le rapatriement forcé des anciens prisonniers de guerre soviétiques. Il envoya à Eisenhower la lettre suivante :

« Excellence !

Je sais qu'il existe des paragraphes signés à Yalta, mais il existe aussi, même si elle est aujourd'hui bafouée, une tradition propre aux pays libres et démocratiques, le droit d'asile.

Il existe, enfin, la morale chrétienne, qui nous enjoint d'être justes et compatissants.

Je m'adresse à vous, Excellence, comme un soldat à un autre soldat, et j'espère que ma voix sera entendue. »

C'est le général Thomas I. Handy, chef d'état-major par intérim, qui répondit à Dénikine, en l'absence du général Eisenhower :

« ... La politique de notre gouvernement a été fixée après que l'on ait mûrement soupesé tous les facteurs et l'Armée doit l'appliquer de son mieux [1]... »

Dénikine s'adressa alors au sénateur Vandenberg :

« ... Vous avez bien sûr entendu parler des scènes de cauchemar qui se sont déroulées dans les camps de Dachau et de Plattling, lorsque les soldats américains ont traîné de force

---

1. M. V. Chatov, *Matériaux et documents de l'ODNR pendant la Seconde Guerre mondiale* (en russe), t. II. p. 45-48, Éd. Vsiéslavianskoïé izdatielstvo, 1966 (NdA).

des prisonniers russes qui résistaient, fous de terreur et répandant leur sang autour d'eux ; ils se jetaient sous les roues des camions, se tailladaient la gorge et les veines, essayaient de se planter dans la poitrine la baïonnette du soldat qui les entraînait, prêts à tout pour éviter le retour dans la patrie... Je sais que ceux qui agissaient ainsi pouvaient se réclamer des accords de Yalta... »

Avec plus ou moins de zèle, de cruauté et de lâcheté, tous les alliés occidentaux de l'URSS exécutèrent les conventions décidées à Yalta concernant la remise aux Soviets des anciens prisonniers de guerre et des citoyens soviétiques en général. Les Anglais livrèrent même à Moscou, où ils furent exécutés, les généraux russes Chkouro (chevalier de l'ordre du Bain) et Krasnov, qui n'avaient jamais été citoyens soviétiques. Ils leur livrèrent le commandant d'un corps de cosaques, le général von Pannwitz, un Allemand pur sang, général de l'armée allemande ! Lorsque les services de sécurité soviétiques le demandaient, on leur livrait sans plus de façons de vieux émigrés. Reconnaissons pour être justes qu'en certains cas semi-privés, on freina, on retint quelque peu le processus. Avec un zèle encore plus grand, la « pêche » aurait tout simplement été fructueuse à 100 %. Les Français étaient ceux qui faisaient le plus d'efforts pour complaire aux Soviétiques. Quoiqu'on ne les ait pas invités à Yalta et que tout eût été décidé sans eux, ils laissèrent dans leur zone d'occupation une totale liberté de manœuvre à la police soviétique, qui n'avait plus qu'à se baisser pour cueillir les réfugiés. En France même, le NKVD agissait librement, disposant de ses propres centres d'internement, avec l'appui complet de la police française où s'étaient infiltrés après la guerre un grand nombre de communistes et de simples truands.

A l'époque où Staline, Roosevelt et Churchill décidaient en Crimée du sort du monde après la guerre (4-11 février 1945), le secrétaire d'État américain de l'époque, qui s'appelait Stettinius, avait signalé à Washington qu'il n'y avait pas à son avis de raison « d'insister sur l'application des conventions de Genève aux Soviétiques emprisonnés ». Sans quoi, ajoutait-il, « de sérieuses difficultés risquaient de surgir pour la libération des prisonniers de guerre américains ».

En d'autres termes, si l'on insistait sur le caractère *volontaire* du rapatriement (c'était la thèse officielle) des prisonniers de guerre soviétiques internés sur les territoires occupés par les Alliés, les prisonniers américains, anglais, et autres citoyens des pays alliés tombés entre les mains de la valeureuse armée soviétique risquaient de ne jamais revoir le sol de leurs patries.

Ce n'était pas une menace en l'air. A peine la guerre terminée, la *Pravda* du 16 juin 1945 publiait le communiqué suivant de l'agence TASS :

« Le retour des citoyens suisses se trouvant à la disposition des organes soviétiques de rapatriement est interrompu jusqu'à ce que soient obtenus des renseignements indiquant que les autorités suisses ont pris des mesures effectives pour le rapatriement rapide en Union soviétique des citoyens soviétiques actuellement en Suisse. »

Naïfs réfugiés, qui s'imaginaient qu'ils étaient à l'abri dans ce pays neutre ! Les Soviets avaient des Suisses entre leurs mains !

Et dès le 3 octobre de cette même année 1945, nous trouvons dans la *Pravda* :

« Au moment présent, tous les citoyens soviétiques, au nombre de neuf mille six cent trois, ont été rapatriés [de Suisse]. Pour cette raison, le gouvernement soviétique a, ce 1er octobre, donné pour instructions de reprendre le rapatriement des citoyens suisses qui se trouvent à la disposition des organes soviétiques de rapatriement. »

Le lendemain 4 octobre, le général-colonel Golikov, qui présidait la commission de rapatriement, écrivait dans la *Pravda* ces lignes édifiantes :

« Le gouvernement soviétique, le parti de Lénine et de

Staline n'ont pas oublié une minute les citoyens de leur pays qui souffraient en terre étrangère. »

Peu de chance pour qu'ils oublient !

Yalta est solidement entrée dans l'histoire universelle aux côtés de Munich, d'où Chamberlain, l' « homme au parapluie », avait rapporté après sa capitulation devant Hitler une garantie de paix « pour la génération actuelle ».

Voici ce que Roosevelt déclarait de son côté à son retour de Crimée, dans son rapport au Congrès : « Ce sont les accords les plus encourageants qu'il soit possible d'imaginer. »

Et Churchill, devant le parlement britannique : « Voici les impressions que j'ai rapportées de Crimée : le maréchal Staline et les dirigeants soviétiques désirent vivre dans l'amitié et l'égalité avec les démocraties occidentales. »

Lettre de Hopkins (assistant de Roosevelt) à Sherwood, elle aussi juste après la rencontre de Livadia :

« Nous avons tous eu la certitude que c'était le début du grand jour que nous avions appelé de nos vœux depuis tant d'années. Nous avons eu la certitude d'avoir remporté la première grande victoire dans la bataille de la paix. »

Quelles avaient donc été les décisions concrètes prises à Yalta qui avaient occasionné un enthousiasme aussi délirant ?

C'est à Yalta qu'avait définitivement été fixée la frontière orientale de la Pologne selon ce que l'on appelait la « ligne Curzon » mais, comme il était dit dans les accords, « avec des concessions en faveur de la Pologne ». Concessions, admettons, mais on avait quand même confirmé par la même occasion le rattachement à l'URSS de l'Ukraine et de la Biélorussie occidentales, qui appartenaient avant la guerre à la Pologne, tout en assurant à Moscou un contrôle politique complet sur le futur État polonais.

Préoccupé au premier chef par un possible renforcement de la puissance américaine après la guerre, Churchill avait volontiers soutenu ces exigences de Staline, tout comme il avait soutenu cette autre exigence soviétique consistant à disposer à l'ONU de *trois* voix [1], en reconnaissant la « souveraineté », bien étrange en vérité, de l'Ukraine et de la Biélorussie.

Faisant le premier pas vers Helsinki, où les frontières héritées de la guerre deviendraient enfin sacrées (pour l'Occident, naturellement), on donna à Staline la Prusse orientale, où Kœnigsberg devint Kaliningrad ; on détermina, avec d'énormes avantages pour l'URSS, des sphères d'influence dans les Balkans et en Europe de l'Est ; on renforça la position de l'Union soviétique en Extrême-Orient en lui accordant le contrôle des chemins de fer de l'Est chinois et du Sud mandchou, en lui donnant les îles Kouriles, en lui réservant des droits spéciaux sur Dairen, avec le droit d'utiliser Port-Arthur comme base navale.

Il avait été dit, il est vrai, qu'il fallait pour tout cela l'accord du gouvernement chinois, mais on avait aussitôt inscrit dans les accords que l'on pouvait se passer de cette formalité.

Enfin, Staline obtint de ses partenaires que tous les citoyens soviétiques se trouvant d'une manière ou d'une autre à l'étranger lui fussent livrés, au besoin par la force.

La remise à Staline et aux organes répressifs de la police soviétique des Soviétiques à l'étranger ne fut donc pas, et de loin, la seule concession des pays occidentaux à l'URSS. Elle put même, de prime abord, paraître mineure.

Quelle raison avait-on, dans ces conditions, de se réjouir aussi bruyamment à Washington ? On peut encore comprendre la réaction de Londres, où l'accroissement considérable de la puissance américaine à la faveur de la guerre était mal ressenti. Or, les concessions faites à Yalta frappaient surtout les Américains, qui se privaient en particulier d'un allié tel que la Chine.

1. Soyons justes : il en avait d'abord exigé seize, d'après le nombre des républiques de l'Union. Trois, c'était donc plutôt une concession de la part de l'URSS ! (*NdA*).

La presse occidentale a souvent salué en Yalta un lieu où avaient été prises des décisions assurant l'achèvement pleinement victorieux de la guerre contre l'Allemagne.

Et pourtant... Lorsque le président Roosevelt, réélu pour un quatrième mandat, se rendit en Crimée, le destin du Troisième Reich était déjà scellé. Les villes allemandes, l'industrie germanique étaient en ruine, le pays coupé de ses approvisionnements en pétrole et en charbon. La tentative de percée allemande dans les Ardennes venait d'échouer. Les troupes anglo-américaines, fraîches et admirablement équipées, progressaient vers le Rhin. L'armée soviétique était aux portes de l'Allemagne orientale, s'apprêtait à prendre Berlin, et avait déjà pris Budapest. D'ennemie, l'Italie était devenue alliée. Les unités de la France combattante venaient de reparaître sur les champs de bataille. Avec des pertes énormes pour sa marine de guerre et le personnel de ses garnisons lointaines, le Japon reculait vers ses îles.

La victoire sur l'Allemagne était virtuellement assurée ; l'affaire était si avancée qu'il n'était plus nécessaire, pour obtenir cette victoire, de faire à l'URSS d'aussi coûteux cadeaux. D'où venait donc tant de générosité occidentale ?

La raison, selon l'ancien ministre américain de la Guerre, Stimson, c'était que le Japon s'apprêtait à résister férocement : c'est du moins ce qu'affirmaient les états-majors US, considérant que ses cinq millions de soldats ne capituleraient jamais, que ses cinq mille pilotes kamikaze continueraient, en se sacrifiant, à porter aux flottes alliées des coups terribles et que la guerre, pourrait, dans ces conditions, s'étendre jusqu'en 1947, voire 1948.

Les militaires faisaient pression sur Roosevelt, exigeant de lui que, pour économiser le sang des *boys,* il s'assurât de l'aide de l'Union soviétique. Sans cette dernière, affirmaient les généraux, les armées américaines couraient à la catastrophe.

Roosevelt (d'ailleurs mortellement atteint) se rendit en

Crimée avec la résolution bien établie d'accepter toutes les conditions posées par Staline, s'il s'engageait à ses côtés dans la lutte contre le Japon. Effectivement, ce dernier promit de commencer les opérations contre le Japon deux ou trois mois après la fin de la guerre contre l'Allemagne.

On sait que l'armée soviétique combattit très exactement quatre jours contre les Japonais, juste avant leur reddition sans conditions, obtenue, d'ailleurs, sans opérations aéroportées ni combats meurtriers pour les Alliés.

Les prédictions apocalyptiques des experts militaires américains ne s'étaient donc pas vérifiées. Se pouvait-il que personne ne connût la réalité des choses ?

En janvier 1949 parut dans la revue *UN World* un article de l'amiral américain Zacharias, qui jette un jour nouveau sur toute cette affaire : « L'histoire secrète de Yalta » [1].

Selon l'amiral, homme qui avait consacré toute sa vie à l'étude du Japon et du japonais et qui avait été pendant la guerre vice-directeur des services de renseignement de la marine américaine, la situation du Japon et les perspectives qu'offrait une poursuite de la guerre contre ce pays avaient été soigneusement étudiées par trois organismes indépendants les uns des autres. Deux des rapports qui en étaient issus venaient du ministère de la Guerre, le troisième ayant été préparé par Zacharias lui-même sur demande du ministère de la Marine.

Le rapport de Zacharias, fondé sur une étude détaillée de la situation du Japon, tout comme l'un des deux rapports préparés par les forces de terre, offraient des conclusions optimistes, prédisaient une fin prochaine de la guerre et considéraient comme inutile l'engagement de l'URSS dans la

---

1. *UN World,* janvier 1949 : *The inside story of Yalta,* by Rear-admiral Ellis M. Zacharias, USN (Ret), Former deputy chief office Naval Intelligence (*NdA*).

dernière phase des opérations sur le théâtre du Pacifique [1].

Le troisième rapport, en revanche, dressait un tableau plein d'horreurs et de difficultés presque insurmontables et obligeait le lecteur à conclure qu'au cas où l'URSS n'apporterait pas son concours militaire, les Américains se condamnaient à être écrasés par les Nippons.

Or c'est ce troisième rapport, et lui seul, qui fut présenté à l'état-major unifié, tandis que les deux autres étaient rangés dans les tiroirs.

La machine se mit à tourner. Se fondant sur le rapport demandant la participation des Russes, les militaires firent pression sur Roosevelt, appuyés en cela par les fonctionnaires du Département d'État. Déjà favorablement disposé envers « uncle Jo », Roosevelt capitula devant Staline, lequel devait certainement être parfaitement informé de la désinformation imposée au président américain et de la pression à laquelle il avait été soumis de la part de ses forces armées.

Tel est, en résumé, le contenu de l'article de l'amiral Zacharias.

Parlons maintenant de cette désinformation qui coûta si cher à l'Occident, décida en grande partie du sort du monde au cours des décennies qui suivirent, en tout cas de celui de la deuxième émigration russe et, indirectement, de celui de la troisième. Fut-elle le résultat d'erreurs de bonne foi commises par les Américains, ou ne doit-on pas plutôt y voir la main de Moscou et le résultat d'une opération des plus subtiles menée par ses services [2] ?

Il paraît pourtant difficile d'admettre qu'il se soit trouvé au ministère de la Guerre, au Département d'État et dans l'entourage du président américain des forces assez nombreuses et puissantes pour le forcer à capituler devant Mos-

---

1. Sans compter que les USA n'étaient qu'à quelques semaines de l'utilisation opérationnelle de la bombe atomique (*NdA*).
2. Voir Kirill Chenkin, *Andropov*, Rizzoli editore, Milan, 1983.

cou et à accepter des conditions favorables à cette dernière.

Il ne suffit pas en effet de glisser un rapport falsifiant les faits. Il faut encore que, sur les trois rapports, celui-là soit choisi plutôt qu'un autre. Il faut ensuite élaborer toute une conception fondée sur ce rapport, l'étayer de considérations diplomatiques et politiques, tout cela devant être couvert du rideau de· fumée d'une défense vigilante des intérêts des États-Unis.

15

ALGER HISS ET AUTRES TAUPES

Le parti communiste américain n'a jamais été un parti de masses, pas plus qu'un parti de la classe ouvrière. Son influence, dans les syndicats importants, a toujours été nulle.

La raison de cet état de choses constitue un sujet à part, qui nécessite une analyse sérieuse, mais ne nous concerne ici que partiellement.

Ce qui est important, c'est qu'à l'époque qui nous intéresse, celle qui préparait les événements de la fin de la guerre, le PC nord-américain était avant tout un parti d'intellectuels libéraux moyennement, ou plus que moyennement, aisés.

Il importe également qu'à cette époque, suivant les règles édictées par le Komintern, il y ait eu en Amérique deux sortes de partis communistes, l'un officiel et l'autre clandestin (rappelons que la création d'un appareil clandestin et parallèle était une des conditions obligatoires pour qu'un parti pût adhérer à la IIIe Internationale).

Le parti officiel tenait des réunions, où des étudiants mêlés aux « lumpens », aux ouvriers et aux ménagères étudiaient les classiques du marxisme-léninisme, faisaient des rapports sur la politique du moment, organisaient des manifestations avec pancartes revendicatrices, remplissaient diverses petites tâches exigées par le parti.

On en profitait pour examiner le nouveau venu, étudier son caractère et ses possibilités latentes. Si le nouveau camarade convenait, on lui proposait de passer dans l'appareil clandestin du parti.

L'intellectuel libéral poussait un soupir de soulagement. Tout d'abord on l'avait remarqué, on avait reconnu son dévouement, ses capacités, son esprit de décision et de sacrifice. Ensuite, il pouvait rejeter les contraintes abêtissantes imposées par la routine du parti et n'avait plus à fréquenter des individus sans intérêt. Il pouvait maintenant (il y était même tenu) mener une vie normale pour un homme de sa situation sociale et financière, conforme à ses goûts intellectuels, tout en cachant son appartenance au parti. La liaison avec ce dernier était assurée par un émissaire secret, qui collectait les cotisations. Un autre camarade recueillait les renseignements susceptibles d'intéresser le parti.

Curieusement, le parti s'intéressait à tout : aussi bien aux ébauches de l'accord commercial à venir entre les USA et une république d'Amérique latine qu'aux plans des nouvelles lunettes de pointage des bombardiers américains.

On a peine à le croire, mais les membres de ces groupes communistes clandestins étaient loin de comprendre tous que les renseignements qu'ils livraient ainsi étaient collectés au profit des services de renseignements soviétiques, militaires ou politiques, c'est-à-dire au profit du GRU ou de la Guépéou (section étrangère).

« Lorsqu'on prépare la révolution, il faut étudier l'ennemi. » Les communistes clandestins, qui se sentaient frères de classe des coolies de Shanghaï mais vivaient dans des conditions de confort physique et intellectuel, comme il convenait aux hauts fonctionnaires qu'ils étaient le plus souvent, se fixaient comme but essentiel de pénétrer l'appareil gouvernemental.

Tout allait pour le mieux. Whittaker Chambers, ancien agent de liaison entre le groupe communiste clandestin de

Washington et le résident des services soviétiques, se souvient qu'il arriva à ce dernier de donner pour consigne de lui trouver un emploi dans une institution gouvernementale.

« Presque dès le lendemain, écrit-il, je travaillais au Centre de recherches national [1]. »

Peu avant la guerre, l'agent hongrois Alexandre Goldenberger (alias J. Peters, Alexander Stevens, Silver, Isidore Boorstein, Steve Lapin, Steve Miller), qui dirigeait tous les clandestins américains, écrivait de son côté :

« Nous avons ici ce que nous n'avons jamais pu avoir, même en Allemagne à l'époque de la république de Weimar. »

Lorsque la guerre commença et que l'on se mit à recruter pour les organismes de l'État américain sans même vérifier à qui l'on faisait confiance, les affaires marchèrent encore mieux.

Elisabeth Bentley, qui servit également d'agent de liaison entre les communistes américains et la « résidence » soviétique, raconte qu'après le début de la guerre un de leurs agents de haute valeur fut appelé sous les drapeaux. On prit des mesures et...

« ... Trois semaines après, il était engagé par l'OSS [ancêtre de la CIA] et affecté à un département secret qui s'occupait du Japon. C'était pour nous d'un intérêt exceptionnel. Nous connaissions à l'avance *tous les plans des États-Unis concernant le Japon.* En outre, il travailla quelque temps à la bibliothèque du Congrès juste à côté du département russe, classé supersecret. Les collaborateurs de ce département lui faisaient confiance et il recevait d'eux des renseignements présentant de l'intérêt pour nous [2]. »

Les Souvenirs de Bentley, tous comme ceux de Chambers, abondent en notations de ce genre : « Grâce à un tel, nous

---

1. Whittaker Chambers : *Witness,* New York, Random House, 1952 (*NdA*).
2. Elisabeth Bentley : *Out of Bondage,* New York, Devin-Adair, 1951 (*NdA*).

avons poussé tel homme à nous à un poste de grand intérêt stratégique », ou encore : « à un poste où il pouvait influencer la politique des États-Unis dans une direction favorable à l'URSS. »

Les sources permanentes du réseau clandestin comprenaient des fonctions telles que : « vice-ministre des finances, directeur adjoint de la Direction des services stratégiques (OSS), « conseiller de l'adjoint au secrétaire d'État », « collaborateur du ministère de la Guerre », « fonctionnaire de la Direction des réserves stratégiques », « chef de la direction Amérique latine au Département d'État », etc.

Parmi les « sources » particulièrement appréciées de la direction soviétique, il y avait Alger Hiss, qui travailla longtemps au Département d'État.

Bien après la guerre, alors que la Commission chargée de l'investigation des activités antiaméricaines nommée par le Congrès avait démêlé l'écheveau de son passé communiste d'avant-guerre, Alger Hiss écrivait dans une note adressée aux membres du Congrès :

« En qualité de collaborateur du Département d'État, j'ai été nommé secrétaire général, c'est-à-dire responsable administratif suprême de l'Assemblée internationale chargée de l'établissement de la paix, assemblée qui fonda l'Organisation des Nations unies [1]. »

Hiss nomme alors toute une série de rencontres internationales dont il avait assuré directement la préparation. Parmi celles-ci, il y avait Yalta. On voit donc que, du côté américain, un agent soviétique au moins avait pu transmettre les intentions américaines.

Pour prouver l'impeccabilité de ses états de service, Hiss cite ses anciens chefs et collègues, ou simplement des hommes influents qu'il a rencontrés et fréquentés : il y a là des ministres, des ambassadeurs, des membres du Tribunal

---

1. W. Chambers, *op. cit.* (*NdA*).

suprême, des généraux, des amiraux, et même Mme Roosevelt.

Parmi les hautes personnalités citées par Hiss, aucune ne lui demanda d'être rayée de la liste de ses protecteurs. Quant à Dean Acheson, futur secrétaire d'État, il déclara même : « Jamais je ne me détournerai de Hiss. »

Hiss était en effet un gentleman, un libéral, un ancien d'Harvard. Et son entourage, lui aussi fait de gentlemen libéraux issus d'Harvard, qui n'étaient absolument pas forcément des communistes, le défendait avec acharnement.

L'université d'Harvard ! Ce temple de la science !... Demandons-nous maintenant comment tout cela était possible.

Il va de soi que, pour qu'un agent soviétique ait pu travailler pendant de nombreuses années au Département d'État, pour qu'il ait visiblement réussi, avec d'autres, à influer sur l'issue de négociations soviéto-américaines dans un sens favorable aux premiers, pour que des agents soviétiques semblable à lui aient pu agir dans l'intérêt de Moscou dans d'autres organismes fédéraux de Washington, aucune organisation clandestine n'aurait pu suffire à la tâche s'il avait existé aux niveaux les plus élevés du gouvernement américain un minimum de méfiance à l'égard de l'URSS et de sa politique. Mais il n'y avait alors rien de semblable. C'était, au contraire, le règne de l'insouciance la plus béate.

Whittaker Chambers, qui finit par démasquer Hiss, avait rompu avec le parti et avec les services secrets soviétiques dès 1938. Homme à la nature religieuse, Chambers prit un jour conscience du fait que le communisme représentait le mal absolu et décida de se retirer de l'aventure, non sans continuer à penser, d'ailleurs, qu'il serait difficile d'éviter la victoire du communisme sur l'ensemble de la planète.

L'histoire de cette rupture est riche d'enseignements. Chambers ne s'apprêtait nullement à livrer ses anciens camarades. Il pensait que les membres de leur groupe clandestin, qui le connaissaient comme un homme intègre, se pencheraient sur les raisons qui l'avaient poussé à partir et suivraient son exemple.

Il n'en fut naturellement rien. Après une courte période d'affolement provoquée par la disparition de Chambers, le groupe dont il avait été le leader de fait continua à travailler pour Moscou. S'étant persuadé que Chambers gardait le silence, on ne jugea même pas nécessaire de le supprimer.

L'évadé politique s'efforçait de l'extérieur d'obliger ses camarades à interrompre leurs activités d'espions, parfois en les menaçant d'aller tout raconter au FBI. Mais ce n'étaient que pures menaces. Jusqu'au jour de 1939 où il apprit que l'Union soviétique venait de signer un pacte avec l'Allemagne nazie.

Chambers demanda alors à être reçu par Adolf A. Berle Jr., assistant du secrétaire d'État chargé des problèmes de sécurité, à qui il dicta la liste des agents soviétiques, connus de lui, qui s'étaient infiltrés dans l'appareil gouvernemental et, au premier chef, au Département d'État.

Berle se précipita chez Roosevelt.

Le président américain partit d'un grand éclat de rire et ordonna à son interlocuteur d'oublier cette histoire ridicule. Des agents soviétiques au Département d'État, quelle absurdité !

Berle oublia, comme il le lui avait été ordonné. Les agents soviétiques travaillant à diverses fonctions diplomatiques continuèrent à les occuper pendant toute la guerre et après la guerre et reçurent même des promotions.

Plus tard, lorsque la Commission des activités antiaméricaines s'intéressa à ces personnages, elle fit citer Berle et lui demanda quelle était cette liste que Chambers lui avait dictée en 1939. Berle répondit, sous serment, qu'il ne s'en souvenait pas avec précision, mais qu'il lui semblait qu'il s'agissait de la liste des membres d'un cercle ou d'un séminaire d'études marxiste.

Or, lorsque Berle mourut, on trouva dans le coffre-fort de son domicile le résumé de cette conversation, avec la liste de Chambers, ainsi intitulée par Berle : « Réseau d'espions dans l'appareil gouvernemental [1] ».

Et Hiss ? Il fallut deux procédures judiciaires successives et des documents écrits de la main de Hiss démontrant clairement qu'il était agent soviétique pour que l'on se décidât enfin à envoyer en prison un diplomate qui avait tant fait « pour développer les traditions américaines les plus profondes et les plus précieuses » (ce sont ses propres paroles). Et encore, pas pour très longtemps.

Hiss était-il le seul fonctionnaire américain capable d'influer sur la position de la délégation américaine à Yalta ? C'est bien peu probable.

On va me demander : quel rapport cela a-t-il avec les destinées de la troisième émigration ? Vous voulez nous entraîner sur les voies dangereuses d'une explication policière de l'histoire.

Je trouve qu'il n'est absolument pas inutile de rappeler aujourd'hui dans quel climat psychologique et quel environnement politique, à l'instigation probable de qui, avec la participation de qui, sous l'influence de qui les accords de Yalta ont été conclus. Ne parlons pas de leurs conséquences dramatiques pour l'ensemble du monde. Les dons territoriaux et politiques de Yalta ont à un tel point aiguisé l'appétit de l'Union soviétique qu'il est même difficile d'imaginer aujourd'hui comment on pourrait bien l'obliger à suivre un régime un peu plus modeste.

Nous allons maintenant nous arrêter à la partie des accords de Yalta qui, après avoir durement frappé l'émigration des années de guerre, intéresse aujourd'hui encore le destin de la dernière « vague » d'émigrés russes.

La décision de remettre les réfugiés aux autorités soviéti-

1. Même ouvrage (NdA).

ques ne fut pas seulement dramatique pour ceux qui la payèrent de leur vie ou de leur liberté. Deux conséquences s'en dégagèrent encore :

— la reconnaissance de fait des droits particuliers des autorités soviétiques sur leurs anciens citoyens,

— l'attitude de l'Occident à l'égard des ressortissants ex-soviétiques.

16

POTIOMKINE TOUJOURS VIVANT!

Si l'Occident fit la connaissance de la seconde émigration sous le signe de Yalta, il est exact aussi de dire que Yalta ne fut possible (outre toute la série de circonstances secrètes que nous avons évoquées) que parce que régnait alors une atmosphère politique très particulière, fruit des efforts incessants de la propagande soviétique.

La propagande, ses méthodes et ses voies seront l'objet d'une étude détaillée lorsque nous aborderons la question de la place que la troisième émigration occupe probablement dans ce domaine considérable par son extension et sa signification politique. Notons pour l'instant une particularité de la propagande soviétique. Celle-ci se présente toujours sous un double visage, l'un *déclaratif* (incantatoire) et l'autre *explicatif*.

Le premier est le plus simple. Il y a longtemps que les bolcheviks ont porté à leur point de perfection les « villages à la Potiomkine », cette invention de la pensée politique russe [1], et l'ont élevée au rang de pratique courante de l'État

---

1. Grigori Potiomkine (Potemkine), prince de Tauride, ministre et amant de Catherine II, passe pour avoir fait édifier de faux villages qui, vus de loin, donnaient une impression de rutilance aux régions semi-désertiques qui venaient d'être conquises sur les Turcs (visite de diplomates et souverains étrangers, en 1787) (*NdT*).

soviétique dans le domaine des relations internationales.

Dès les années trente, l'Union soviétique était devenue pour bien des Occidentaux un pays où « il est ridicule de s'enivrer et où les paysans comme les travailleurs ne boivent plus d'alcool... Les travailleurs ont oublié le chemin des cabarets où ils ruinaient autrefois leur santé. »

Que demander, me direz-vous, au modeste syndicaliste français Henri Lartigue, qui a exposé ces impressions toutes naïves dans un petit livre intitulé *La vérité sur l'URSS* ?[1] Oui, mais Edouard Herriot ? Ce n'est plus un croquant à demi analphabète, mais une des principales figures politiques d'Europe. En rentrant en France, ce pays peuplé de malins, prêts à tout mettre en doute, voilà ce qu'il écrivait sur l'Ukraine, qu'il avait visitée au plus fort de la famine :

« J'ai traversé l'Ukraine. Eh bien ! je vous affirme que je l'ai vue tel un jardin en plein rendement... Je n'ai constaté que la prospérité. »

Notons que la Seconde Guerre mondiale conduisit en Occident un ingénieur soviétique qui se trouvait avoir aménagé les villages que l'on avait montrés exprès à Herriot[2].

Et Wallace, que l'on conduisit dès les années de guerre dans un faux camp pour lui montrer de faux prisonniers !

« Aucun pays, me dit un jour Gaston Monmousseau, célèbre leader syndicaliste français, n'a su résoudre aussi rapidement le problème des approvisionnements de l'après-guerre que l'Union soviétique ! Vous ne trouverez pas aujourd'hui à Paris un restaurant où l'on puisse déjeuner aussi bien que chez vous, à l'Astoria ! »

Le célèbre dirigeant prolétarien français avait en effet solidement bu et mangé à l'hôtel Astoria de Léningrad avant de tenir ces propos. Dans le Léningrad de l'après-guerre,

1. Voir le recueil *Au pays des Soviets*, présenté par Fred Kupferman, Paris, Gallimard-Julliard, 1979, p. 160 et 90 (*NdA*).
2. Renseignement de source privée (*NdA*).

affamé et glacial, Gaston Monmousseau s'était empiffré et enivré au point de ne plus pouvoir tenir debout.

On venait alors à peine de lever l'interdiction catégorique faite aux interprètes personnels des hôtes étrangers de marque de partager la table de leurs « clients », mais seulement après que la traductrice attachée à l'inoubliable Hewlett Johnson tomba dans les pommes (de faim !) après avoir héroïquement refusé la nourriture pendant plusieurs jours, en affirmant qu'elle venait de faire un bon repas. C'est dans ces conditions que, revenant de Léningrad où j'avais été envoyé en mission par la Radio de Moscou pour interviewer la délégation syndicaliste française, j'eus l'occasion d'entendre les plaintes d'un fonctionnaire soviétique, attaché à la section étrangère du syndicat unique. « Je n'en peux plus, se plaignait ce combattant du front de la solidarité internationale des travailleurs. Je suis sur les genoux !. » Le pauvre homme avait été professionnellement obligé de dévorer et biberonner avec les étrangers. Or les consignes étaient formelles : il fallait que, dès dix ou onze heures du matin, plus un seul délégué ne fût en état de se tenir parfaitement debout !

J'ai vu comment on pratiquait. Lorsqu'ils sortaient péniblement du sommeil, les délégués buvaient en hâte une grande portion de café noir et partaient en autobus pour une usine.

Un modeste petit déjeuner les attendait dans le bureau du directeur, dont il serait plus exact de dire que la table croulait sous les mets et les bouteilles de vodka.

« Pour se réchauffer (en aparté, à l'interprète : traduisez ce que je dis !), pour commencer, suivant l'usage russe, permettez-moi de vous offrir un petit verre... de thé ! Ha-ha-ha ! »

Puis commençaient les toasts : « A la France ! » (l'Angleterre, l'Italie, le Luxembourg...), « à l'URSS ! », « au camarade Thorez ! » (à Togliatti ou à un autre leader), « au camarade Staline ! ». La liste était longue. Même si l'on ne buvait à chaque toast qu'un verre de cinq centilitres, cela faisait parfois un demi-litre par tête de pipe. Les Soviétiques, qui étaient au travail, se contentaient naturellement de tremper leurs lèvres, ou à peine plus, mais les malheureux étrangers étaient surveillés de près et obligés à chaque fois de faire cul sec.

Après la visite de l'usine venait le déjeuner à l'hôtel, lui aussi arrosé. Revisite d'usine dans l'après-midi. Et le soir, en règle générale, il y avait un banquet.

On ramenait les délégués dans leurs chambres, insensibles comme des bûches. Le lendemain, il leur fallait recommencer.

« Mon cœur commence à me faire des blagues, se plaignait à moi le pauvre syndicaliste. Je vais demander à me faire réintégrer » (il ne précisa pas où).

Loin de moi l'idée d'affirmer qu'une réception aussi fastueuse était une façon d'« acheter » les visiteurs qui, une fois rassasiés et abreuvés plus qu'à leur compte, n'auraient plus eu qu'à raconter ce qu'on leur ordonnait de raconter. Non, ce n'est quand même pas aussi primitif, même s'il ne faut pas oublier les cadeaux de prix que l'on faisait aux invités de marque. Mais ce qui compte ici, ce sont deux choses : tout d'abord, l'ivrogne est quelqu'un qui ne voit rien ; ensuite, cette atmosphère euphorique permettait de tester (ce qui est toujours bon à savoir) les capacités de résistance, ou plus souvent de non-résistance à la boisson et prédisposait à des déclarations enthousiastes immédiatement exploitables.

On dut mettre le paquet avec le révérend Hewlett Johnson, doyen de Cantorbéry, car il écrivit sur l'Union soviétique un livre qui atteignait les sommets de la stupidité. On était en 1947 et la propagande soviétique n'arrêtait pas d'asséner que l'URSS était en avance sur les autres pays dans pratiquement tous les secteurs. C'est sans doute pour faire plaisir à ses anciens hôtes que Hewlett Johnson eut l'idée malencontreuse d'écrire que le lac Sevan, en Arménie, était le plus haut des grands lacs de montagne du monde. Peu importe qu'à la frontière du Pérou et de la Bolivie le lac Titicaca, situé à plus de trois mille mètres, dépasse le Sevan de deux fois pour l'altitude et de cinq pour la superficie. Le Sevan, lui, a l'avantage de se trouver sur le territoire de l'URSS [1] !

Dans le domaine de la propagande primaire et grossière, on pourrait enfiler des perles presque à l'infini. Mais il y avait aussi un second moyen de compléter le portrait de l'URSS aux yeux de l'Occident : la propagande *explicative,* qui procède par commentaires tendancieux.

Il y eut un moment où, aux yeux du petit-bourgeois occidental frileusement recroquevillé à la simple idée d'une révolution mondiale, les slogans d'Octobre commencèrent à se neutraliser. On ne sait plus aujourd'hui si ce fut par suggestion du dehors, ou par désir de se consoler, de se ragaillardir, de se rassurer.

Ne parlons pas de la NEP. Tous furent persuadés que c'était, selon l'expression de Lénine, « pour de bon et pour longtemps ». Plus tard, le slogan sur la construction du socialisme dans un seul pays fit pousser un soupir de soulagement aux Occidentaux, qui conclurent que Staline en avait terminé avec les délires utopistes. Certes, il payait son dû à la phraséologie marxiste, mais pour l'essentiel il concentrait toutes les forces de son pays sur la solution de problèmes internes [2]. Or ces problèmes étaient si considérables qu'ils garantissaient le monde extérieur contre toute surprise de sa part.

Mais si (en simplifiant) les partisans du capitalisme voyaient dans les tendances nouvelles un début de retour au passé et l'espoir d'une restauration future, les critiques marxistes du stalinisme y virent, eux, à côté d'un coupable

1. *Soviet Russia since the war,* by the Rev. Dr Hewlett Johnson, dean of Canterbury, New York, Boni & Gaer, 1947 (*NdA*).
2. On attribue aujourd'hui le même raisonnement aux nouveaux dirigeants. Ce fut en particulier le cas avec Andropov (*NdA*).

oubli du dogme, la promesse d'une victoire inéluctable des idées révolutionnaires sur toutes les déformations qui leur avaient été imposées.

C'est ainsi que la politique soviétique se voyait alors soumise à une *double explicitation,* simultanée et contradictoire. Cela n'a plus cessé depuis.

Les purges, par exemple. Hourra ! La révolution dévore ses propres enfants ! Plus il y en aura, mieux cela vaudra !

Les répressions massives ébranlent l'économie du pays et le conduisent à l'effondrement ? Hourra ! entonnaient en chœur leurs adversaires. Staline a su deviner à temps les intentions perfides des traîtres, prêts à s'entendre avec les nazis (que Staline ait presque aussitôt fait ce qui venait d'être dénoncé, personne ne s'en souvint même après le pacte Molotov-Ribbentrop).

Personne ne comprit à l'époque le sens véritable des purges ; on ne discutait que d'un point de détail : pourquoi les vieux bolcheviks s'accusaient-ils de crimes qu'ils n'avaient pas commis ?

Staline vient de porter un grand coup à l'Armée rouge. Hourra !

Tout d'abord, parce qu'en purgeant à temps la haute hiérarchie militaire d'éléments peu sûrs, il avait détruit la cinquième colonne et mis le pays à l'abri de toute mauvaise surprise.

Ensuite, parce qu'en détruisant les cadres militaires, Staline s'était aliéné l'Armée rouge ; le château de cartes de sa dictature ne tarderait pas à voler en éclats sous la pression de la colère populaire, qui ne lui avait pas pardonné d'avoir trahi la révolution.

Variante de cette deuxième explicitation euphorisante : l'Union soviétique entrerait affaiblie dans le conflit à venir et il n'y aurait plus qu'à se baisser pour ramasser les restes !

Le résultat : à chaque boucle dans l'évolution de la politique intérieure soviétique, à chaque pas que l'URSS fait vers la consolidation et le perfectionnement de son système de pouvoir unique au monde, inimitable et déjà quasiment parfait, ses amis comme ses ennemis poussent des clameurs d'enthousiasme.

Et les émigrés ! ! La réalité soviétique, d'année en année, n'a cessé de confirmer leurs conceptions, de leur démontrer qu'ils étaient dans le vrai. Les monarchistes et les S-R, les menchéviks, les solidaristes, les Jeunes-Russes et les Eurasiens, tous n'ont cessé d'affirmer que le temps travaillait pour eux, que le système soviétique était en pleine transformation et se rapprochait de leurs idéaux (évolution ou dégénérescence : peu importait), que le stalinisme s'était usé de l'intérieur, que le peuple s'était persuadé que ses chefs l'avaient trahi, qu'il allait chasser ces chefs, que d'autres prendraient la relève et appelleraient à la rescousse leurs sympathisants de l'étranger, etc.

Il y avait plusieurs variantes à ce point de vue généralement partagé. Certains disaient que Staline préparait une révolution nationale, d'autres qu'il se contentait d'ébranler l'édifice, qui ne tarderait pas à s'écrouler pour faire place à... (voir plus haut).

Il y eut bien l'incident désagréable du pacte germano-soviétique, mais Moscou s'en tira à peu de frais. Qui aurait pu le lui reprocher ? Les États-Unis ? Eux-mêmes étaient encore à décider s'ils prendraient ou non part à la guerre. L'Angleterre ? On se préoccupait davantage, à Londres, de ne pas pousser Moscou, par une déclaration intempestive, à passer un véritable accord militaire avec les nazis. Lorsque les Allemands envahirent l'URSS, les déclarations de sympathie pour le pays de Staline se multiplièrent. Chacun cherchait le moyen de lui faire plaisir. Que l'on se souvienne de l'impossibilité faite au gouvernement polonais en exil de révéler les détails du massacre de Katyn', où des milliers d'officiers polonais faits prisonniers par les Soviétiques avaient sauvagement été fusillés par le NKVD.

La guerre fournit presque quotidiennement l'occasion de démontrer que l'Union soviétique « avait évolué ».

Staline avait dissous le Komintern. Il avait donc enfin renoncé à toute activité subversive dans les autres pays. Il n'y avait pas à dire, l' « oncle Jo » était un allié fidèle, qui ne pensait qu'à établir avec l'Occident des relations durables et fondées sur la confiance réciproque.

Staline avait rétabli les pattes d'épaule. Soyons réalistes, Messieurs ! En soulignant le caractère éternel des traditions militaires, il avait voulu fournir des gages à ses maréchaux victorieux et, par là, donner à comprendre que le temps de la toute-puissance de l'appareil du parti et du NKVD était terminé. L'histoire, Messieurs, ne reste jamais immobile ! Assez ruminé sur le passé ! Il était temps de regarder de l'avant !

Staline avait emphatiquement souligné le rôle de la patrie, invoqué les grands hommes défunts : Alexandre Nevski, Minine et Pojarski, Souvorov, Koutouzov. Il avait autorisé les sonneries de cloches, levé sa coupe au peuple russe, encouragé l'antisémitisme d'État, serré la vis aux allogènes et déclaré que les Russes étaient les premiers en tout, dans les domaines technique, scientifique, etc. On ne savait plus où donner de l'enthousiasme !

Les émigrés se sentaient fondre à cette évocation et couraient s'inscrire à l'Union des patriotes soviétiques, imploraient la citoyenneté soviétique. Pendant ce temps, les profonds stratèges du monde occidental jubilaient.

Ainsi donc, une fois la guerre finie, l'influence de l'armée allait s'accroître en URSS. Parfait. Auréolée de victoires, l'Armée rouge était fatiguée et n'aurait plus envie de faire la guerre. C'étaient les gratte-papier des ministères qui rêvaient d'aventures guerrières. Les militaires, surtout ceux des grades les plus élevés, n'étaient pas des aventuriers. En outre, la guerre avait instauré des relations de confiance entre généraux soviétiques et occidentaux. Dernier argument : les militaires pouvaient bien être fatigués, ils allaient quand même réclamer un renouvellement de l'armement. Les exigences de ces dévoreurs d'acier causeraient un surcroît de tension dans l'économie soviétique ruinée par la guerre. C'est dire dans quelle dépendance vis-à-vis de l'Occident Moscou allait tomber ! Hourra !

D'ailleurs, quand on y pense, le chauvinisme, le nationalisme, l'antisémitisme, tout cela ne provient-il pas d'une même origine parfaitement saine, du désir légitime que le peuple soit heureux et fier de lui ? Laissons donc de côté les spéculations fumeuses, ne prenons pas nos désirs pour des réalités et tournons-nous vers les données politiques et économiques. Les faits parlent d'eux-mêmes : *primo,* Staline a décidé de diriger toutes les forces de son pays vers l'industrialisation et la solution de problèmes internes ; *secundo,* on assiste à une renaissance de la politique russe du temps des tsars.

On ne pouvait reprocher à George Kennan, ancien ambassadeur des États-Unis en URSS, de manquer de pénétration lorsqu'il écrivait : « La Russie a davantage changé le communisme que le communisme n'a changé la Russie ! »

Va-t-on dire, après cela, que Staline a profité de la guerre pour étendre considérablement son empire ? Rien de grave. La Russie des tsars, elle aussi, agrandissait son territoire. On peut comprendre les intérêts nationaux de l'URSS, prévoir ses objectifs et, partiellement, les contester. Il sera toujours possible de s'entendre avec Moscou.

Il n'y avait qu'une chose qu'ils ne voyaient pas, et qu'ils ne voulaient pas voir : que chaque nouveau tournant pris par la politique intérieure ou extérieure de l'URSS ne servait qu'à renforcer les structures d'un pouvoir inhumain, sans égal ni précédent dans le monde.

17

QU'EST-CE QUE LE BON SENS ?

« Pourquoi ne voulez-vous pas retourner en Russie ? Si Staline ne vous plaît pas, choisissez-vous un autre président ! »

Tels étaient les propos que tenaient aux réfugiés d'URSS les représentants de l'UNRRA, le comité de l'ONU chargé d'assister les personnes déplacées. Je l'ai entendu raconter à des dizaines d'entre eux. Voilà quelle était l'atmosphère véritable de ces années de l'immédiate après-guerre.

Un Soviétique a quelque peu de mal à y croire, tant cela paraît gros. Mais il n'est pas du tout exclu qu'il se soit trouvé alors, dans les cercles gouvernementaux de Londres ou de Washington, de fins politiciens qui aient fait le calcul suivant : un certain nombre de millions de personnes retourneront en URSS, possédant le droit de vote, ardemment désireuses de demander des comptes pour les échecs du début de la guerre, le cauchemar des camps allemands, toutes les souffrances endurées. Ayant eu tout le temps de voir comment on vivait en Occident et combien les hommes venus du Nouveau Monde débordaient d'un optimisme créateur, ils profiteront des premières élections de l'après-guerre pour envoyer au diable leurs honteux dirigeants. Lisez l'histoire russe, rappelez-vous les « décembristes », que l'Europe par eux conquise avait éclairés sur le problème des libertés [1] !

On les enverra tous dans des camps ? Voyons, mais vous délirez !

Or, les citoyens d'Union soviétique présents en Europe occidentale ne se dépêchaient guère de regagner la Mère-Patrie. D'où venait donc si peu de hâte ?

De la réponse apportée à cette question, et même de la façon dont elle serait posée, dépendaient en fait non seulement le sort des réfugiés russes, mais celui de l'Occident tout entier.

Lorsque fut passée l'ivresse de la victoire, tout comme l'envie de faire plaisir à l'allié d'hier (qui ne manquait pas une occasion de démontrer sa duplicité) en envoyant chez lui à l'abattoir les ressortissants d'hier et les réfugiés d'aujourd'hui, on commença enfin à s'intéresser à ceux qui avaient réussi à rester de ce côté-ci.

Faire leur connaissance n'était pas chose aisée. Ce qui s'était passé n'entrait pas dans les cadres conceptuels auxquels on était accoutumé. On aurait pu trouver l'approche souhaitable en faisant tout simplement appel au bon sens. Mais qu'est-ce que le bon sens ?

Journaliste et écrivain américain, « compagnon de route » des Soviétiques pendant de nombreuses années, ancien correspondant à Moscou, Louis Fischer ne savait pas seulement parfaitement le russe, mais comprenait également à la perfection le système soviétique. Il avait épousé une Russe ; ses fils avaient été à l'école à Moscou.

Voyant ce qui se passait alors en Europe, plus précisément en Allemagne, comprenant où se situait le problème, il décida d'aider ses compatriotes et tous les Occidentaux à comprendre eux aussi ce qui s'était passé. Il recueillit sous le titre *Les Treize qui ont fui* les récits authentiques de treize ex-

---

1. Allusion à l'insurrection avortée de décembre 1825 (*NdT*).

Soviétiques et en fit un recueil qu'il publia[1]. Treize biographies typiques : un militant des Jeunesses communistes, devenu officier ; un ancien paysan devenu colonel de l'Armée rouge ; une jeune femme qui avait achevé ses études secondaires avant la guerre et était passée par toutes les épreuves réservées aux enfants des « ennemis du peuple », etc. Il se trouvait que l'ensemble de ces histoires reflétait les couches les plus variées de la société soviétique et fournissait toute la gamme des principales motivations qui pouvaient, à l'époque, inciter des hommes ou des femmes soviétiques à fuir leur pays et à refuser d'y rentrer.

Pourquoi, demandait Fischer dans sa préface, ne s'est-il trouvé parmi les Anglais, les Américains, les Français, les Polonais captifs des Allemands qu'une poignée d'hommes acceptant de combattre aux côtés de l'ennemi ? Avec les prisonniers soviétiques, en revanche, les Allemands avaient formé *des divisions entières*. Aucun des généraux alliés n'accepta la collaboration, alors que, sur une cinquantaine de généraux de l'armée soviétique faits prisonniers, *dix,* dont le plus important était Vlassov, endossèrent l'uniforme allemand.

D'où cela venait-il ? Du caractère russe ? Des conditions trop inhumaines de détention des prisonniers russes dans les stalags allemands ? De l'efficacité de la propagande allemande ?

Oui, les conditions de détention étaient, pour les Soviétiques, épouvantables. Au cours du premier hiver, il mourut quatre millions de prisonniers. En acceptant de servir les Allemands, on sauvait simplement sa peau. Mais même avant cet hiver terrible, avant toute influence possible de la propagande allemande, en septembre 1941, soit avant la famine et les froids hivernaux, il y eut dans un camp allemand de Lituanie douze mille prisonniers soviétiques sur

1. *Thirteen who fled,* editor Louis Fischer, New York, Harper & Bros, 1949 (NdA).

vingt-six mille pour exprimer leur désir de prendre les armes contre le régime soviétique.

« Si, à la fin de la guerre, écrit Louis Fischer, plusieurs millions de soldats américains avaient refusé de rentrer dans leurs familles et avaient préféré rester en Allemagne, en Italie ou au Japon, nous aurions dû nous poser la question : qu'y a-t-il qui ne va pas aux États-Unis ? »

Voilà la question que le bon sens aurait dû faire poser à propos de l'URSS ; elle ne fut pas posée. C'est pourquoi on ignora également la réponse qui aurait été donnée : que ces hommes et ces femmes avaient fui l'atmosphère étouffante et délétère du « Soviet way of life », qu'ils avaient refusé de rentrer parce que le régime soviétique leur répugnait et les terrorisait.

Fischer soulignait que, parmi ceux qui essayaient d'éviter le « rapatriement », il n'y avait pas que des hommes qui avaient pris les armes contre l'URSS, mais aussi des civils ; soit emmenés en Allemagne pour y travailler, soit venus d'eux-mêmes [1]. En outre, une fois la guerre achevée, on ne cessa de voir des soldats et officiers des troupes d'occupation soviétiques en Allemagne, en Autriche et dans les pays d'Europe de l'Est essayer de gagner l'Occident.

Les treize récits qui s'échelonnent dans le recueil de Louis Fischer font venir à l'esprit une seule et même conclusion : ces gens-là ont fui un pays où il est impossible de vivre, où l'on fait la guerre à tout ce qui est humain, où l'homme lui-même n'est qu'un regrettable malentendu, une gêne sur la voie qui mène au Pouvoir et qui, de victoire en victoire, conduit peu à peu à l'empire du monde.

En dépit des bonnes intentions et des espoirs de l'auteur, le recueil *Les Treize qui ont fui* ne suscita pas en Occident l'intérêt qu'il méritait et qui aurait permis aux Occidentaux

---

1. Voir les deux pièces de Soljénitsyne intitulées *Le Festin des vainqueurs* et *Les Prisonniers* (« L'Année 1945, I et II »), tr. frse. à par., Paris, Fayard (*NdT*).

de comprendre à la fois l'essence du régime soviétique et leur sort à venir, au cas où semblable système se fût instauré chez eux. On suivit néanmoins un des conseils donnés par Louis Fischer. Celui-ci exprimait l'espoir que l'Occident ne laisserait pas passer l'occasion qui lui était offerte d'étudier la masse de réfugiés accumulée chez lui, afin de comprendre le pays qu'ils avaient fui.

Malheureusement, l'étude en coupe de la société soviétique, telle qu'elle s'avérait possible dans ces conditions absolument uniques ne donna pas les résultats qu'on était en droit d'attendre d'elle.

18

... SCRIPTA MANENT
(L' « expédition d'Harvard »)

Au moment où je commençais à constituer mes dossiers sur la seconde émigration, j'eus l'occasion de m'adresser à un Américain qui étudiait professionnellement, depuis des années, l'émigration russe. Lorsque j'en vins à évoquer devant lui ce que l'on appela l' « expédition d'Harvard », il poussa un profond soupir :

« La racine du mal est peut-être là. Il n'est pas d'usage d'en parler, mais même si ces derniers temps une certaine amélioration s'est fait sentir dans ce domaine, je comparerais nos méthodes à une machine qui a été mal construite dès le début. Vous pouvez ensuite essayer de la refaire autant qu'il vous plaira, vous la corrigez, vous la réparez, peine perdue : elle ne marchera jamais... »

Lorsque les bêtes sortent en courant de la forêt, à la suite d'une catastrophe naturelle, on cherche la raison de leur conduite : incendie, inondation, sécheresse, épidémie ?

Et lorsqu'il s'agit d'hommes ?

L'homme, on le sait, est une créature sociale. Le fuyard fait partie de la société qu'il a fuie. En étudiant attentivement les raisons qui l'ont poussé à la fuite, on peut se faire une idée de cette société et en tirer des conclusions utiles.

On peut aussi adopter une autre approche. Peu importent les causes de la fuite. On place les fuyards sous un microscope ; on étudie la société dont ils sont issus sous un angle factuel. Qu'ils gardent pour eux leurs modulations psychologiques, leurs états d'âme, leurs évaluations et leurs points de vue ! Ce qui compte, ce sont les faits, et seulement les faits. L'analyse, c'est à nous de la faire.

Les récits des réfugiés sur les camps, l'arbitraire, le mensonge, la cruauté, l'indifférence, la vie misérable et terne, les queues, les appartements communautaires où s'entassent plusieurs familles, l'effondrement des espoirs et des illusions, la confiance trompée, tout cela ne permet pas de faire des déductions scientifiques, d'élaborer une doctrine ni un programme d'actions pour l'avenir.

C'est pourquoi l'enquête fut menée auprès des réfugiés au moyen d'un questionnaire où l'on tenait compte de tous les acquis de la « pensée scientifique. »

On avait l'avantage de ne pas commencer *ex nihilo*. On avait étudié l'inoubliable marquis de Custine, et aussi le vieux Freud, où il y a toujours à apprendre. On avait étudié tout ce qu'avaient écrit à propos des Russes les historiens, les diplomates et les journalistes.

Comme on avait déjà, à cette époque, l'occasion de se pencher sur les raisons des visées expansionnistes des Soviétiques, le psychologue Robert Payne proposa, entre autres choses, sa théorie. Il trouva la raison de ces visées dans une « volonté de dépasser tous leurs concurrents », une aspiration à l'« autocratie et à la domination universelle », volonté et aspiration s'expliquant selon lui par la présence d'un complexe d'infériorité né de la contemplation de l'infinité des plaines russes. Tout cela, affirmait-il, prenait sa source dans un noyau destructeur : le fameux « instinct de mort » (si perceptible chez les dirigeants soviétiques !)

Je ne parle de ces fariboles que pour rappeler l'atmosphère qui régnait alors et les conceptions qui étaient élaborées au moment où l'on s'apprêtait à étudier les réfugiés d'Union soviétique comme des « objets scientifiques ».

Les maîtres d'œuvre de l' « expédition d'Harvard » se fixèrent l'objectif suivant : établir que les groupes socioprofessionnels existants en URSS étaient en même temps des groupes sociologiques au sens large du terme, avec toutes leurs relations et types de conduite bien formés, tant à l'intérieur des groupes qu'à l'égard des autres groupes, ainsi qu'à l'égard de toute une série de phénomènes et de problèmes. Et que la conduite de ces groupes ou de ces classes ressemblait à celle des groupes ou classes de même type dans les sociétés industrielles contemporaines. Ce dont il était question, au fond, c'était de démontrer que la société soviétique était une société industrielle comme les autres.

La question politique posant problème, les hommes d'Harvard convinrent de la mettre entre parenthèses.

Nombreux furent les spécialistes qui les félicitèrent d'avoir adopté pareille méthode. Leurs mérites, il est vrai, n'étaient pas minces. En étudiant une masse d'hommes et de femmes qui avaient fui un pays pour des raisons politiques, ils réussissaient à évacuer la motivation politique ! C'était là un exploit, il faut en convenir.

Voyons maintenant les conditions de l'enquête.

Celle-ci fut menée, pour l'essentiel, dans les camps pour personnes déplacées à partir de l'année 1950, peu de temps après que l'on eut cessé de remettre aux policiers soviétiques les anciens prisonniers de guerre, les réfugiés civils et les soldats ou officiers qui s'étaient enfuis des garnisons soviétiques de l'Europe centrale et orientale.

Le professeur Outiékhine de St Antony's college, à Oxford, soulignera par la suite un certain nombre de traits caractéristiques de l'atmosphère dans laquelle l'enquête fut menée [1].

Quoiqu'il n'ait pas été soumis à l'enquête de l' « expédition d'Harvard », Outiékhine avait lui-même été un « Ostar-

---

1. Prof. S. V. Utechin, in *Soviet studies, January* 1963 (*NdA*).

beiter » que l'on avait arraché jeune homme à la Crimée pour l'emmener travailler en Allemagne. Il y avait fait des études universitaires aussitôt après la guerre, poursuivies ensuite en Angleterre. Il vit et travaille actuellement aux États-Unis.

Le livre dont avaient accouché les chercheurs d'Harvard s'appelait *Le Citoyen soviétique : la vie de tous les jours dans une société totalitaire*[1]. Lorsqu'il en fit l'analyse, le professeur Outiékhine déclara que cela ressemblait à « la tentative faite par un lapin pour juger des qualités d'une expérience faite sur ses compagnons de cage ».

Outiékhine indique un certain nombre de facteurs dont, à son avis, les organisateurs n'ont « pas tenu compte ».

Les enquêteurs ne s'adressèrent qu'aux réfugiés se trouvant *à l'intérieur* des camps, dont les habitants n'avaient pas le droit de travailler à l'extérieur. Les réfugiés les plus actifs, souffrant de cette existence végétative, avaient depuis long-temps trouvé le moyen de les quitter, en sorte que l'expédi-tion se trouva n'avoir affaire qu'à la fraction la plus amorphe de la population réfugiée, à tendances parasitaires, appréciant ce genre d'existence et, par conséquent, dépendant étroite-ment de l'administration du camp.

Deuxième point. Quoiqu'on ait cessé dès 1947 de livrer par la force les réfugiés aux organes répressifs soviétiques, on avait continué dans les camps à faire la chasse aux « criminels de guerre » et aux « collaborateurs », deux notions parfaite-ment élastiques.

Il n'était resté en fait que la deuxième mouture. Ceux qui avaient réellement du sang sur les mains avaient depuis longtemps quitté le camp, voire l'Allemagne. N'étaient restés que ceux qui n'avaient rien fait de vraiment grave, mais

---

1. *The Soviet citizen : daily life in a totalitarian society*, by Alex Inkeles and Raymond A. Bauer, with the assistance of David Gleicher and Irving Rosow, Cambridge (Mass.), Harvard University Press, and London, Oxford University press, 1959 (*NdA*).

craignaient quand même d'être soupçonnés de quelque chose, accusés et livrés aux policiers soviétiques.

Ensuite, comme les enquêteurs définissaient le plus souvent la gravité des « crimes » antérieurement commis par les réfugiés en fonction du degré d'antisoviétisme de leurs déclarations, ceux-ci préféraient dissimuler ce qu'ils avaient à reprocher au système soviétique.

Ce n'est pas tout. En constituant leurs modèles de questionnaires, les chercheurs d'Harvard partaient du présupposé que les réfugiés tenaient les Américains pour des fanatiques de l'antisoviétisme et s'efforçaient dans leurs réponses d'abonder dans leur sens. Aussi avaient-ils introduit un correctif dans le traitement des réponses pour atténuer des excès prévisibles dans leur critique de la société soviétique. Le résultat fut que les réfugiés interrogés, craignant d'être soupçonnés de sympathies pro-nazies, balbutiaient timidement qu'ils aimaient en réalité le régime soviétique, tandis que les enquêteurs apportaient à ces réponses un correctif supplémentaire pour diminuer le degré d'un antisoviétisme pourtant bien dissimulé.

Outiékhine indiquait aussi ce qu'il appelle « un encouragement excessif à l'esprit de coopération » de la part des enquêteurs, en d'autres termes un appel à la servilité, au désir de complaire à tout prix, et pas même à un Américain abstrait (que l'on s'efforçait de toute manière de tromper en évitant tout « antisoviétisme »), mais à un Américain des plus concrets, celui qui était assis de l'autre côté de la table.

Or, de l'autre côté de la table, c'était le plus souvent un Juif américain qui était assis (qui donc, à part eux, aurait pu parler le russe ?), un homme vraisemblablement peu disposé envers ces hommes qui avaient, hier encore, « collaboré avec les nazis », un homme qui, souvent, venait encore récemment de faire la chasse, pour les livrer au NKVD, aux anciens collaborateurs et qui (les réfugiés le savaient pertinemment) continuait à le faire.

Un tel rapport de forces favorisait peu la sincérité et l'investigation des sentiments véritables. Que l'on commençât à critiquer le pouvoir soviétique et clac ! on se retrouvait à la *komendatura* soviétique. Mieux valait tâcher de plaire.

Il fallait plaire, en outre, à l'administration du camp, ainsi qu'au clan politique émigré qui avait pris le contrôle du camp considéré. Or, à croire que cela avait été fait exprès, on trouvait dans le questionnaire une longue liste de quinze partis, parmi lesquels il suffisait de cocher d'une croix celui dont on se sentait le plus proche. Tout simple ! On ne cochait pas le bon, et après...

Autre élément d'insincérité : les interrogés devinaient qu'ils avaient souvent affaire à des interrogateurs qui étaient eux-mêmes de vieux émigrés et tâchaient de ruser en se faisant passer, selon les circonstances, pour des partisans de l'indépendance de l'Ukraine, ou des enthousiastes de la « Russie une et indivisible », ou encore des monarchistes, des S-R ou Dieu savait quoi.

Au reste, là n'était pas l'essentiel. On ne demandait pas aux réfugiés d'exposer leurs points de vue politiques. Pour obtenir des résultats scientifiques sérieux, ce ne sont pas des jugements politiques qui leur étaient demandés, car on était parfaitement capable d'en porter sans eux, non plus que des descriptions émotionnelles de l'URSS, mais des faits. Des faits, rien que des faits !

Le questionnaire de l' « expédition d'Harvard » comportait cinquante-deux points, sur lesquels quarante et un concernaient la personne interrogée elle-même.

Pour quelle raison ? Le but officiel de l'enquête était « l'étude des conditions de vie en URSS ». On permettait même aux sujets de l'enquête de ne pas dévoiler leur véritable nom : la chose était rigoureusement stipulée dans le préambule.

Or que trouve-t-on ? Non seulement l'âge, le sexe, l'origine ethnique, mais encore l'origine de la femme (ou du mari), ethnique et sociale, le dernier grade occupé dans l'Armée rouge avec la date de la promotion, le degré d'instruction avec la date de fin d'études, les détails circonstanciés et localisés des arrestations éventuelles, etc.

Avec le fichage généralisé du système soviétique, dans la vie courante et au lieu de travail, avec le système des passeports intérieurs, il suffisait de six à huit questions de ce type pour retrouver avec une certitude absolue de qui il était question. Craignant d'être démasqués et livrés, les enquêtés rusaient, modifiaient leurs biographies. Nombreux étaient par exemple ceux qui dissimulaient leur origine russe et se faisaient passer pour des Ukrainiens ou des Biélorussiens des territoires occidentaux, citoyens polonais jusqu'à la guerre.

Ils avaient pourtant tort de ruser. Même un enfant aurait pu comprendre que tous ces renseignements n'avaient aucune chance de jamais tomber entre les mains des autorités soviétiques et que les « organes » de la Mère-Patrie ne pouvaient avoir, et n'eurent jamais, le moindre rapport avec les chercheurs américains auteurs du questionnaire ! Mais le point de vue d'un enfant normal n'est pas celui d'un adulte terrorisé qui, la veille encore, était traqué comme une bête, qui ne comprend pas ces subtilités mais se souvient parfaitement que certains avaient donné à des êtres semblables à lui leurs paroles d'officiers de ne pas les livrer et les avaient pourtant livrés ! Aussi préfère-t-il ruser, à tout hasard.

Et pourtant, si les enquêteurs avaient fait preuve de finesse dans l'analyse, ils auraient pu trouver de l'intérêt même à son mensonge, car il donnait lui aussi un aperçu des recoins psychologiques de l'âme russe.

Après avoir cerné les différents points de la personnalité de l'interrogé, on pouvait enfin passer à la question purement factuelle : la vie dans le pays d'où il était issu. Il n'y avait qu'à le laisser parler.

Page 13, question 21 : « La production de machines agricoles était-elle supérieure, lorsque vous avez quitté la

Russie, à celle d'il y a vingt-cinq ans ? » Deux réponses possibles : « oui », ou « non ». Soulignez la bonne.

Le réfugié ne saisit pas qu'on lui demande une chose très simple, de confirmer avec toute l'objectivité possible le postulat initial selon lequel l'URSS, ancien pays agraire, est devenue en un quart de siècle une nation industrialisée. N'y comprenant rien, il s'efforce de raconter tout un roman. Il aurait envie de dire que, vingt-cinq ans plus tôt, c'était la fin de la guerre civile, que toute référence à cette époque est inévitablement favorable à l'époque présente et qu'en vingt-cinq ans le nombre des machines agricoles a de toute façon augmenté dans tous les pays... Et aussi que s'il y a davantage de machines en URSS, il y a moins de pain et que l'on a ruiné les paysans... Hélas, tout cela, ce serait du « commentaire subjectif » et la science n'en a pas besoin. Il ne lui faut qu'une réponse positive ou négative. Bien sûr, on répond oui.

Question 22 : « L'assistance médicale était-elle plus accessible au citoyen soviétique, lorsque vous avez quitté la Russie, qu'il y a vingt-cinq ans ? »

Le réfugié a envie de répondre ce qu'il pense, en toutes lettres, que l'assistance médicale, en URSS, c'est de la merde, mais l'enquêteur conteste sa réponse : êtes-vous médecin pour en juger ainsi ? D'ailleurs le révérend Hewlett Johnson, doyen de Cantorbéry, a déclaré que la médecine soviétique était la meilleure du monde. En outre, que vous demande-t-on ? De répondre sur son *accessibilité* pour la population. Maintenant, s'il vous plaît, faites vite : oui ou non ? Voilà qui est parfait...

Question 30 : « Le citoyen soviétique actuel a-t-il davantage de possibilités d'aller au théâtre et d'écouter de la musique qu'il y a 30 ans ? »

Question 32 : « Que pensez-vous du système d'éducation soviétique ? » Pas question ici de répondre sur le fond, sur le contenu de l'enseignement, mais sur des données purement techniques, comme par exemple le nombre d'établissements d'enseignement. Et c'est dans ce domaine qu'il faut répondre qu'on est « pour » ou bien qu'on est « contre ». On vous demande donc de porter un jugement uniquement quantitatif sur le système d'éducation en vigueur en URSS. Tout jugement qualificatif serait de la politique et sortirait du cadre de l'enquête. Alors, êtes-vous pour ou contre ?

Si vous êtes contre, vous ne faites que démontrer que vous êtes ennemi de votre peuple, que vous êtes prêt à le maintenir dans les ténèbres de l'ignorance. Mais si vous êtes pour, ce n'est guère mieux : en reconnaissant les mérites du système soviétique, vous aggravez votre faute en tant que non-rentrant. Avoir fui un pays aussi remarquable !

Admettons qu'il vous reste quelques doutes, que vous pensiez à part vous que, malgré l'augmentation du nombre d'écoles en URSS, on y enseigne mal et autre chose que ce qu'il faudrait enseigner, on vous assène des faits tels que celui-ci :

Question 24 : « Pensez-vous qu'au cours des 30 dernières années le nombre de Soviétiques sachant lire et écrire ait augmenté de manière sensible ? »

Une première approche donne ainsi un portrait du réfugié et du pays qu'il a ainsi quitté avec tant de hâte. On lui assène tant de données numériques qu'il est contraint d'admettre que l'URSS a beaucoup fait pour le peuple, que la vie, selon le cliché d'époque, y est devenue « meilleure et plus joyeuse ».

L'enquête, néanmoins, n'était pas tant menée pour le réfugié lui-même, que l'on se serait efforcé de comprendre, que pour les autorités, l'opinion publique et, surtout, les cercles universitaires américains, qui s'étaient fait une idée préalable de la question. Or l'Amérique risquait de se poser la question suivante : les tracteurs, les écoles, les médecins, l'alphabétisation, tout cela c'est très beau, mais qu'en est-il du problème des libertés ?

Bien sûr que la liberté existe en Russie. On la définit

comme « la conscience de la nécessité ». Mais tous les Américains ne seront pas nécessairement d'accord avec une telle définition. En outre, les discussions sur la liberté ont toujours de forts relents de politique. Mieux vaut, par conséquent, les éviter.

On posera la question d'une manière évitant de glisser dans l'antisoviétisme primaire (le prosoviétisme, curieusement, n'est jamais primaire) et permettant d'obtenir une réponse claire et nette. On la situera donc sur un terrain concret, compréhensible de tous, celui de la vie de tous les jours.

Or l'interrogé, lui, ignore que l'expression la plus éclatante de la liberté est la liberté de presse. Le citoyen d'un pays occidental, par contre, en est parfaitement conscient. Si dans un pays donné, la presse et la radio reflètent la vérité des événements, c'est que tout va bien dans ce pays.

De ces différentes considérations découle la question 26, p. 13 : « Êtes-vous d'accord avec l'assertion selon laquelle la presse et la radio soviétiques ne disent *jamais* la vérité ? »

Vous ne pouvez toujours répondre, naturellement, que par « d'accord » ou « pas d'accord ».

Des années durant, lorsqu'il prenait en mains son journal ou tournait le bouton de son poste de radio, l'interrogé se contentait de sauter des articles, ou de penser à autre chose, lorsqu'il tombait une fois de plus sur un article ou une émission de propagande concernant d'idéales trayeuses de vaches, ou encore des mineurs, des chauffeurs tout aussi merveilleux. Parfois, il pestait : « Cela suffit, de nous prendre pour des idiots. » Mais cette fois-ci, le voilà coincé. Il ne peut rien dire. L'adverbe « jamais » le bâillonne littéralement.

La première réaction du lapin objet d'expérience est de répondre sincèrement : « Oui, ils ne font que mentir. » Mais n'est-ce pas de la paranoïa pure ? N'avez-vous *jamais* lu de bulletins météo, de reportages sur le football, de programmes des spectacles ?

Bon, « je ne suis pas d'accord ».

Voilà qui est parfait !

Voilà quelqu'un qui s'est enfui de son pays, mais qui admet que les médias soviétiques disent la vérité.

Nouveau paragraphe. Maintenant, les enfants : on va parler de tonton Lénine !

Question 9, page 10 : « Lénine a-t-il, à votre avis, été utile ou nuisible au peuple russe ? »

Pour que le cerveau de l'interrogé ne fonctionne pas à vide, on lui fournit un certain nombre de réponses toutes prêtes, parmi lesquelles *aucune* ne prévoit la possibilité que Lénine ait pu effectivement être nuisible au peuple russe.

Voici les possibilités : 1. « il a fait beaucoup de bonnes choses » ; 2. « il a fait des choses partiellement bonnes » ; 3. « il a fait des choses bonnes et d'autres mauvaises » ; 4. « il a fait des choses partiellement mauvaises » ; 5. « il a fait beaucoup de mauvaises choses ».

Il suffit de souligner la réponse choisie. Comme la réponse « il n'a fait *que* de mauvaises choses » a été exclue comme non-éthique, non-scientifique et, plus généralement, inutile, vous êtes obligé, quelle que soit la réponse, de répondre que Lénine a eu au minimum un certain nombre de mérites vis-à-vis du peuple russe.

Tout va donc bien pour Lénine. Et le parti ? Les réfugiés d'Union soviétique ont tendance à parler du parti communistes d'Union soviétique avec une certaine ambiguïté. Voyons les choses calmement, en évitant de régler des comptes avec la Mère-Patrie, sur une base scientifique.

L'interrogé étant probablement censé être un crétin complet, on lui explique cérémonieusement que « dans chaque société, chaque groupe social apporte une certaine contribution au bien-être de la société et reçoit de celle-ci une rétribution correspondante ».

Vient alors une énumération des principaux groupes sociaux (ouvriers, paysans, travailleurs intellectuels), suivie de la question-clé : « Estimez-vous que les fonctionnaires du parti (cochez la réponse choisie) reçoivent 1. plus qu'ils ne méritent ; 2. à peu près autant qu'ils méritent ; 3. moins qu'ils ne méritent.

Essayez maintenant de répondre de manière à faire entendre à l'enquêteur que les militants du parti sont un corps parasitaire greffé sur celui de la société, ne créant aucune valeur au profit de cette dernière, etc. !

Toute une série de questions, page 6, oblige l'interrogé à se déclarer partisan du socialisme. Il est, en particulier, conduit à répondre qu'il préfère un système où les libertés sont limitées mais qui garantit du travail pour tous, et aussi que tous les États ont le droit de se défendre.

Après avoir souligné tout ce qui devait être souligné et coché tout ce qui devait être coché, l'interrogé se trouve avoir reconnu à l'URSS d'énormes mérites. Il est donc clair qu'il s'est enfui d'un excellent pays.

Il est vrai que les responsables de l' « expédition d'Harvard » ont oublié quelques détails : tout d'abord, la classe paysanne avec tous ses problèmes, ses « journées de travail » dues au kolkhoze, le « système des passeports » qui asservit le Soviétique à son lieu de travail et de résidence, la misère matérielle. On a également négligé les activistes et les apparatchiks, les responsables des approvisionnements, les syndicalistes. Il n'y a plus soudain dans ce pays ni camps peuplés de millions de détenus, ni collectivisation, ni famine, ni révoltes, ni terreur ni délation organisée à tous les échelons.

Tout cela serait bien inutile pour qui veut cerner les critères d'une société industrielle moderne.

Les chercheurs harvardiens ont, nous l'avons dit, corrigé les réponses des réfugiés en supprimant au fur et à mesure ce qu'ils estimaient être une critique excessive du régime soviétique. Ils vont plus loin encore en corrigeant les conclusions.

Nous avons vu les interrogés pris au piège de questions habilement posées, nous les avons vus obligés de reconnaître au pouvoir soviétique un grand nombre de mérites. Voilà l'ahurissante conclusion que les Harvardiens tirent de cette situation : les réfugiés par eux interrogés soutiennent le *système* soviétique, qui ne coïncide pas avec le *régime* soviétique. Comprenne qui pourra la différence entre ces deux concepts !

Mais pourquoi ces réfugiés ont-ils préféré ne pas rentrer en URSS ? Situation on ne peut plus délicate pour l'enquêteur. Il suffit qu'il pose la question en ces termes et l'interrogé ouvrira le robinet : l'arbitraire, les répressions, les dénonciations, la vie matérielle sinistre qui absorbe toute l'énergie, les appartements où l'on s'entasse, la peur...

La question relative aux causes du départ d'URSS ou au refus d'y rentrer est posée à la page 7. On propose deux réponses. On peut expliquer ce choix par « la crainte des répressions » ou parce que l'on a été « attiré par le niveau de vie supérieur de l'Occident ».

Le mot « répressions » est certes prononcé, mais sans que la notion soit explicitée. On n'a pas le droit de dire qu'en URSS les répressions sont massives, injustifiées, qu'elles frappent aveuglément et ont une valeur de terreur éducative. Admettre sans commentaires que l'on a craint les répressions signifie que l'on a peut-être bien quelque chose à se reprocher. Vaut-il mieux alors avouer que l'on a cédé à l'attrait des biens matériels ?

Que faire de ces gens qui, tout en reconnaissant de grands mérites au système soviétique et en ne niant pas le rôle bienfaisant du parti bolchevique, ont fui le pays par crainte d'une juste punition ou par simple désir de vivre mieux ?

La majorité des interrogés n'a pas montré d'hostilité particulière envers le système soviétique. Nous avons dit les raisons de leur prudence. Néanmoins, en dépit de toutes leurs précautions, nombreux ont été ceux qui ont déclaré « ne pas aimer » les structures de l'URSS. Comment tirer des conclusions valables à partir de telles contradictions ?

Évitant de s'engager sur le terrain glissant de concepts trop mouvants ou extensibles, les chercheurs d'Harvard formulent pour le non-retour des réfugiés une cause compréhensible pour tous : « l'insatisfaction de leur travail ». Voilà qui est on ne peut plus clair. N'importe quel spécialiste occidental, en lisant ces lignes, ne manquera pas de s'exclamer : mais c'est tout à fait comme chez nous !

Il faut aussi, en conclusion, définir la position globale de ces hommes et de ces femmes, porter un jugement sur leur état d'esprit, le caractère de leurs critiques.

Page 13, question 28 : « Soutenez-vous l'idée consistant à lâcher maintenant sur Moscou une bombe atomique afin d'éliminer les leaders bolcheviques, même si cela signifie l'assassinat de milliers d'hommes, de femmes et d'enfants innocents ? »

Les Harvardiens demandent aux réfugiés si leur paranoïa va jusqu'à leur faire envisager un massacre collectif !

Les résultats de l' « enquête » harvardienne, outre l'étude plus haut citée, ont engendré un nombre considérable de livres, d'études et d'articles. On peut dire que l' « expédition d'Harvard » a posé les fondements d'une nouvelle école spécialisée dans l'étude des Soviétiques et de la réalité soviétique.

Les enquêteurs s'étaient exclusivement adressés à la population des camps, c'est-à-dire à des hommes matériellement démunis et dépendants des autres. Ils versaient une petite rétribution aux réfugiés, qui pouvaient aussi se procurer une boîte de café, un déjeuner gratuit, des cigarettes. Selon d'anciens témoins des enquêtes, il se trouva bon nombre de débrouillards pour passer plusieurs fois à la caisse, après avoir raconté aux enquêteurs diverses biographies fictives. Mais tout fut utilisé, étudié scientifiquement, et conduisit à des « conclusions objectives ».

Outre les enquêtes de masse au moyen des questionnaires, il y eut aussi des enquêtes plus individualisées, aboutissant à un certain nombre de « portraits psychologiques » plus affinés.

Voyons maintenant ce qu'est devenue, de nos jours, la pratique du « portrait psychologique » des hommes venus du froid. Y a-t-il eu progrès dans ce domaine ?

19

LE « PORTRAIT PSYCHOLOGIQUE »

Près de quatre cents ex-Soviétiques, avant la venue au pouvoir d'Andropov, ont émigré chaque mois aux États-Unis, s'installant auprès d'émigrés de même provenance afin de former des communautés homogènes dont la plus nombreuse est celle de Brooklyn.

Méfiant par nature, le FBI suppose qu'il peut se trouver parmi eux des agents des services soviétiques, venus d'URSS avec de perfides intentions. D'abord on s'installe, ensuite on espionne !

La pensée inquisitrice des hommes du contre-espionnage américain se voit confortée dans ses soupçons par le fait que New York est devenue aujourd'hui le premier centre mondial de collecte de l'information, tant au plan politique que scientifique ou industriel. C'est précisément cette raison qui explique l'afflux exceptionnel dans la première ville américaine de diplomates soviétiques ou d'autres pays d'Europe de l'Est, ainsi que d'autres personnages officiels travaillant soit à leur quartier général de l'ONU soit à proximité immédiate. L'essentiel de leurs occupations consiste en réalité en vol de secrets en tous genres.

Dans un petit article consacré à ce thème, paru le 17 novembre 1981 dans l'*International Herald Tribune*, Leslie Maitland écrit, entre autres choses, que les services du FBI

new-yorkais essaient, tout d'abord, de recruter des diplomates et représentants officiels soviétiques afin d'apprendre
d'eux pour quelles raisons ils ont été envoyés aux États-Unis.
Ensuite, ils s'efforcent de constituer le « portrait psychologique » de l'agent soviétique qui essaie de se faire passer pour
réfugié.

Ces spécialistes américains n'excluent certes pas que de
véritables émigrés puissent travailler pour les services soviétiques. Parmi les causes qui ont pu inciter ces Soviétiques à
entrer dans l'espionnage, les gens du FBI énumèrent : la
menace de représailles à l'égard de parents restés en URSS,
les menaces dont l'émigré ou sa famille ont eux-mêmes été
victimes, ainsi que diverses formes de chantage.

Une des motivations les plus puissantes semble avoir été ici
oubliée : je veux parler de l'appât du gain. Exemples :
facilités pour faire sortir d'URSS les richesses accumulées par
des candidats à l'émigration, aide financière lors de l'installation en Occident d'émigrés désirant monter une affaire
commerciale, fourniture à prix raisonnables de marchandises
et de produits alimentaires en provenance d'URSS, que ce
soit du caviar, des icônes et autres antiquités, des diamants de
Yakoutie ou des productions cinématographiques. Enfin, on
peut faciliter des liens de contrebande avec des complices
demeurés en URSS.

Mais que la collaboration avec les Soviétiques, autres
motivations mises à part, puisse aussi se révéler *fructueuse* pour
les Soviétiques émigrés, voilà une chose dont il n'est pas
usuel de parler. De telles allusions pourraient inciter à faire
des rapprochements, à suggérer des associations d'idées peu
souhaitables. Il est en effet aisé de se rappeler que la faune
criminelle qui grouille à Odessa ou à Léningrad collaborait,
en URSS même, avec l'OBHSS ou la police judiciaire.
Pourquoi n'en irait-il pas de même à l'étranger avec le KGB,
qui n'a pas besoin de chercher à leur usage de motivations
psychologiques particulièrement sophistiquées ?

D'abord, qu'est-ce qu'un criminel ? C'est un concept flou, extensible. La dernière chose à faire, pour le définir, serait de recourir au Code pénal soviétique. On peut se demander ce qui n'est pas interdit en Union soviétique ! Or si, de surcroît, on laisse l'émigré entamer à sa descente d'avion une activité illégale, même pour une ville comme New York (par exemple le rackett), on tient là un candidat idéal pour l'espionnage, sur qui on peut exercer une pression et qui s'inscrit idéalement dans le paysage d'adoption.

Les bonnes gens diront qu'il ne faut pas confondre criminalité organisée et espionnage. Le renseignement, c'est le renseignement ; la mafia, c'est la mafia !

En fait, les exemples de l'utilisation des grands criminels par les services secrets sont légion. Tout le monde a en mémoire l'aide apportée par la mafia italienne, au cours de la Seconde Guerre mondiale, lorsque les Alliés ont débarqué en Sicile. On connaît des exemples plus récents [1]. Pourquoi refuser d'admettre alors que les nombreux truands arrivés d'URSS, habiles comme personne à se fondre dans le paysage américain (et européen), puissent être parfaitement utilisés par Moscou, pour la poursuite d'objectifs politiques de premier plan ?

Malheureusement, de telles considérations ne permettent pas de rédiger d'instructions permettant à tout fonctionnaire de définir, immédiatement et sans risque d'erreur, qui est espion et qui ne l'est pas. Le moyen le plus sûr consiste à dresser un portrait psychologique, celui de l'émigré venu aux États-Unis en se faisant passer pour réfugié et qui a en réalité le dessein de s'y livrer à l'espionnage. Il suffirait, semble-t-il, de dresser un pareil portrait pour que tous les agents soviétiques se mettent à table sans coup férir.

Ces perspectives semblent d'autant plus prometteuses que les Américains ont une riche expérience dans le domaine du

1. L'affaire Dauzier, par exemple (NdA).

portrait psychologique et de l'analyse des données reçues, expérience qui remonte comme on le sait à l'époque de l' « expédition d'Harvard ».

Quatre hommes, au tout début des années cinquante, avaient étudié pendant une semaine entière un de mes collègues, alors jeune lieutenant soviétique, après que ce dernier eut déserté les troupes d'occupation soviétiques en Autriche.

Outre les réponses à un questionnaire général fort de cent cinquante-deux questions, il dut encore se soumettre à une série de tests psychologiques, expliquer le sens secret de taches d'encre, achever des lignes ou des dessins incomplets. Il passa aussi, naturellement, devant un psychanalyste.

Le résultat de tout cela fut la parution, dans la revue de l'Association de psychologie américaine, d'un article de ce même Raymond Bauer, mais associé à une jeune collègue en psychologie du nom de Helen Beier. Titre de l'article : *Oleg. Un membre de la jeunesse dorée soviétique* [1].

Si je n'avais pas travaillé pendant plusieurs années en collaboration étroite avec l'homme que Bauer et Beier appellent Oleg P., je n'aurais peut-être pas remarqué toutes les incongruités et déformations qui émaillent l'article en question.

Les auteurs considèrent Oleg P. comme un représentant typique de la jeunesse dorée, type social à leurs yeux parfaitement défini. Il s'agit selon eux de la « jeune génération de l'intelligentsia artistique en URSS ».

Les analystes savent tout du milieu auquel ils font

---

1. *Oleg : A member of the Soviet « Golden youth »,* by Helen Beier and Raymond A. Bauer, *The Journal of Abnormal and Social psychology,* vol. 51, July 1955, n° 1 p. 139 (*NdA*).

allusion : « L'intelligentsia artistique partage avec plusieurs groupes privilégiés peu nombreux un type d'existence confortable, dans une large mesure coupé des réalités soviétiques [1]. »

C'est ainsi que l'on introduit subrepticement la notion de privilèges. Or ces derniers ne se résument nullement au concept de bien-être matériel, tel qu'on se le représente en Occident. D'autre part, que signifie, en URSS, « être dans une large mesure coupé des réalités » ?

Voici maintenant ce que les auteurs considèrent comme un trait caractéristique de l' « intelligentsia artistique » : « Si les parents ne parviennent pas à inculquer à leurs enfants un mode de pensée antisoviétique, ceux-ci, au contact du milieu dans lequel ils sont élevés, sont au début des partisans de l'ordre soviétique [2]. »

Oui, mais s'ils y parviennent ?

Rappelons-nous que la jeunesse de cet homme (de ces hommes) s'est déroulée au beau milieu du règne du Coryphée de toutes les sciences. Imaginons une minute que le mioche à qui ses parents « ont inculqué un mode de pensée antisoviétique » arrive à la maternelle et, au lieu de réciter en chœur avec ses petits camarades « Merci, camarade· Staline, pour notre enfance heureuse », se mette à dévoiler la réalité des faits et ensuite explique d'où il tient un tel langage. « Si les parents ne parviennent pas... », nous disent les deux sociologues américains. S'ils y parviennent, ils font de leur enfant un orphelin !

Mais nos chercheurs scientifiques ignorent de telles subtilités et demandent calmement à « Oleg P. » s'il a eu avec ses parents des conversations « au cours desquelles on critiquait l'ordre soviétique ».

Erreur d'appréciation ? Pour comprendre à quel point

---

1. *Op. cit.*, p. 140 (*NdA*).
2. *Ibid.* (*NdA*).

semblable question se trouve hors des limites du bon sens, il faut s'être convaincu au préalable que le régime qui existe en URSS est une dictature policière et totalitaire comme il n'en a encore jamais existé d'exemple au monde. Or le but, on s'en souvient, est de démontrer que l'Union soviétique est une société industrielle moderne caractérisée par la gratuité des services médicaux et l'absence de chômage.

Poursuivons. Si l' « intelligentsia artistique » gagne bien sa vie, cela signifierait qu'elle constitue dans la société un « groupe privilégié ». Encore une erreur de perspective. *Dans les conditions propres à la société soviétique, les privilèges véritables commencent là où la valeur de l'argent d'abord s'estompe, puis disparaît totalement. Les privilèges, c'est lorsqu'il n'est plus besoin d'acheter les biens matériels : ceux-ci vous sont dus.*

« Dus », car ils correspondent à votre place dans la hiérarchie du pouvoir, dans la « nomenclature », et constituent comme la preuve concrète de la parcelle qui vous revient dans la totalité du pouvoir.

L' « intelligentsia artistique », en dehors des responsabilités au sein du parti de certains de ses représentants, ne possède aucun pouvoir. Ses « privilèges » ne sont même pas des privilèges en tant que tels. Simplement, en accédant à une certaine position, elle acquiert la possibilité de bien gagner sa vie et, en payant, de « se procurer » un certain nombre de choses. Mais vivre dans l'opulence sans rien dépenser est pour elle chose totalement exclue.

Autre définition de la situation « privilégiée » d'Oleg P. : dans sa famille, personne n'avait été victime de répressions.

Or, justement, pendant ces années-là, aucun privilège n'était assez fort pour protéger quiconque. Pour ne prendre que leurs deux exemples, Zinoviev et Kaméniev, secrétaires du Comité central, étaient indubitablement des privilégiés. Cela ne les empêcha pas d'être fusillés.

D'autre part, il est impossible de considérer comme faisant partie de l'élite la famille d'un acteur moscovite vivant dans deux des quatre pièces d'un appartement communautaire, même si personne parmi eux n'a été victime de répressions.

Une autre erreur de perspective survient alors. Elle paraît de prime abord totalement secondaire, mais elle acquiert un sens non négligeable lorsque les auteurs en viennent à des conclusions.

« Oleg, écrivent-ils, était le second fils d'un écrivain et de la fille d'un fonctionnaire tsariste »

En réalité, le père d'Oleg était acteur. Raymond Bauer et Helen Beier le transforment en écrivain dans un but apparemment des plus nobles : ne pas attirer sur la famille d'Oleg, demeurée à Moscou, de répressions de la part des autorités.

Or Oleg P. n'est pas une goutte d'eau dans le torrent des Soviétiques emmenés en Allemagne pour le travail obligatoire ; ce n'est pas un prisonnier de guerre dont les autorités soviétiques pourraient théoriquement ignorer l'existence. C'est un officier soviétique qui s'est enfui de Vienne après la guerre. L'état-major où il servait a fait connaître sa fuite à qui de droit et les mesures de rétorsion à prendre contre sa famille ont déjà été prises.

Inutile du point de vue de la sécurité de la famille d'Oleg P., la ruse à laquelle les auteurs ont eu recours a par contre des conséquences extrêmement graves pour l'ensemble de leur analyse.

Il est naturellement indifférent au chercheur américain, et *a fortiori* au lecteur, que le père du sujet étudié soit acteur ou écrivain : c'est de toute façon un « artiste ». Mais la substitution de l'écrivain à l'acteur conduit à une distortion des conclusions ultérieures.

Il est dit en effet que le jeune Oleg P., indifférent aux objectifs fixés par le parti, veut *suivre les traces de son père*, et par conséquent devenir écrivain, pour vivre *hors de la politique* dans le monde de l'art pur. Si les deux chercheurs avaient au moins conservé le désir d'Oleg de devenir artiste-peintre, cela aurait encore pu aller, mais un écrivain soviétique qui voudrait vivre en dehors de la politique, quelle absurdité ! Toujours à propos des privilèges. Le véritable Oleg P. venait d'atteindre l'âge de l'appel sous les drapeaux. La guerre parvenait à son terme, il n'avait pas une envie particulière de la faire, mais il n'avait réussi à entrer dans aucun des établissements d'enseignement supérieur assurant l'exemption du service. Que faire ?

N'ayant pas réussi à éviter la mobilisation, il décide d'affronter celle-ci dans les meilleures conditions possibles.

Il réussit grâce à des amis et connaissances à se faire appeler comme élève de l'Institut militaire de langues étrangères et à y suivre des cours pour devenir traducteur. Il faut dire qu'il n'était pas très difficile, à l'époque, d'entrer à cet institut. On fabriquait les traducteurs à la chaîne, avant tout pour l'Allemagne, la Pologne, la Hongrie, la Roumanie, la Tchécoslovaquie...

Le véritable Oleg P. faisait partie du groupe tchèque. Il acheva ses études, fut nommé sous-lieutenant, entra avec toute sa promotion au parti, puis reçut une affectation au sein des troupes soviétiques d'occupation. Peu de temps après, il passait en Occident.

Dans l'interprétation donnée par Raymond Bauer et Helen Beier, c'est parce qu'Oleg P. avait renoncé au rêve de devenir écrivain et d'échapper ainsi à la politique et à la réalité soviétique qu'il est entré dans une « école d'officiers du renseignement », afin de vivre une vie riche en aventures.

L'ancien Oleg P. m'a dit avoir honnêtement tenté d'expliquer à ceux qui l'interrogeaient que l'Institut militaire de langues étrangères n'avait jamais préparé d'officiers du renseignement. Qu'on me permette de noter ici qu'à l'époque où Oleg P. y faisait des études, j'étais moi-même professeur dans cet institut. Je peux donc confirmer que le programme de ce dernier ne comprenait pas la moindre heure de cours directement ou indirectement liée à ce genre d'activités.

Lorsqu'il relit aujourd'hui l'article qui lui a été consacré, il y a déjà longtemps, sur la base de ses propres récits, Oleg ne peut s'empêcher de pousser un soupir accablé : « Comment leur faire comprendre ?... »

Comment leur faire comprendre, par exemple, la répulsion naturelle à tout Soviétique pour un travail presque toujours remplacé par un pseudo-travail, par de la poudre aux yeux, par un prétexte qui se nomme travail ? Ajoutez à cela l'absence d'intéressement matériel. On « travaille presque » et on est « presque payé ». Comment expliquer tout cela ? Les auteurs de l'article ont une réponse toute prête : le « caractère russe ».

Un mélange de paresse, de propension à la rêverie, d'absence d'autodiscipline. Un hybride d'Oblomov et de Manilov [1]. C'est précisément en raison de sa nature paresseuse et passive et de son indifférence au travail qu'Oleg P., avide de grands privilèges mais homme intérieurement faible et incapable de lutter pour les obtenir, aurait d'abord tenté de passer pour actif puis, n'y parvenant pas, se serait enfui.

C'est ainsi que les auteurs font passer à la moulinette de leur « interprétation » la motivation pourtant la plus naturelle : le désir éprouvé par cet homme d'échapper s'il le pouvait à la grisaille et à l'irréversibilité de son existence soviétique.

Pourquoi Oleg P. fait-il partie de la « jeunesse dorée » ?

Si l'on admet qu'Oleg est quelqu'un d'ordinaire, un représentant de ce que l'on considère en Occident comme la « classe moyenne », l'étude de son cas risque de conduire à des conclusions désobligeantes pour le régime soviétique. On peut alors se demander quels sont les buts poursuivis par un tel régime.

---

1. *Oblomov,* de Gontcharov (1859), brillant portrait d'un aristocrate indolent et inutile — Manilov, personnage des *Âmes mortes* de Gogol (1842), propriétaire terrien sentimental et fade échafaudant des projets grotesquement irréalistes (*NdT*).

Par contre, si on le fait entrer dans la catégorie de la
« jeunesse dorée », cela le rabaisse avant tout au plan moral,
car la « jeunesse dorée », cela signifie des oisifs, des
parasites, chose qui permet à son tour d'effectuer un parallèle
des plus instructifs avec le caractère d'un autre représentant
de la jeune génération soviétique, figurant dans les comptes
rendus de l'expédition d'Harvard sous le pseudonyme de
« Kamièn » (« la pierre »).

« Kamièn » est un homme énergique, discipliné, qui sait
où il va ; c'est le bâtisseur d'une société nouvelle. Tel est au
plan psychologique, selon les chercheurs d'Harvard, l'étalon
de l'homme *soviétique* véritable, un homme qui ne souffre pas
de survivances du caractère *russe*. Les autorités soviétiques,
estiment les enquêteurs, voudraient que tous leurs concitoyens soient semblables à lui. Il y a bien sûr le fait que
« Kamièn » a lui aussi fui son pays, mais cette question est
délicatement escamotée.

L'appartenance d'Oleg P. à la « classe privilégiée » et
l'exemplarité du caractère de « Kamièn » permettent de les
considérer comme les représentants de groupes différents de
la jeune génération de l'élite dirigeante.

Et, par conséquent, de faire des prévisions scientifiquement argumentées sur l'évolution de la structure du pouvoir
en Union soviétique.

« Si les tendances actuelles se poursuivent, écrivent Bauer
et Beier, la classe dirigeante se stabilisera toujours davantage
en Union soviétique et de moins en moins de gens issus des
masses populaires en feront partie. Nous pouvons déduire de
là qu'il y aura de moins en moins de carriéristes dans la classe
dirigeante et de plus en plus d'hommes au caractère voisin de
celui d'Oleg. Cela signifierait que les hommes occupant des
postes de direction ne seraient plus capables de maintenir ce
rythme de travail effréné qui plaît tant aux dirigeants actuels.
La question essentielle est naturellement de savoir si les
dirigeants soviétiques, confrontés à une telle évolution des

événements, sauront dans une mesure suffisante arrêter le processus d'ossification sociale, afin de provoquer un afflux de forces fraîches issues des classes inférieures, non marquées par la passivité que nous observons chez Oleg. »

C'est fou ce que les conceptions mensongères peuvent avoir la vie dure. Aujourd'hui encore, tout comme dans les années cinquante, les spécialistes de l'URSS étudient la « jeunesse dorée » soviétique en supposant que c'est elle qui, dans quelques années, tiendra les rênes du pouvoir.

Les conceptions politiques largement propagées par la presse sont bien souvent éphémères. Même un livre qui a fait à sa sortie un grand bruit ne laissera, le plus souvent, qu'une trace modeste, vite oubliée. Par contre des analyses pseudo-scientifiques tirées par les cheveux, destinées à un cercle étroit de spécialistes, seront susceptibles d'exercer une influence durable, quoique souterraine.

La paresse intellectuelle, le refus de reconsidérer quoi que ce soit oblige à se tourner vers les autorités en la matière. Or celles-ci, comme on sait, expriment non pas un point de vue vulgairement personnel, mais ce que l'on considère comme la « vérité objective ». Pour devenir telle, la vérité doit s'appuyer sur un « appareil scientifique » : citations, renvois, notes se rapportant aux unes et aux autres, bibliographie par chapitres avec renvois les concernant, index des noms propres avec leurs propres remarques, addenda numérotés en chiffres romains, diagrammes et schémas. Toute une partie du texte doit être composée au minimum en corps 8 et si possible en corps 6, dit aussi « non-pareille ».

Mais l'influence la plus profonde et la plus durable exercée sur les esprits provient parfois de travaux qui n'ont même pas été destinés à être publiés.

C'est ainsi qu'un des moellons les plus remarquables du monument d'incompréhension qui a été élevé autour de la seconde émigration a été constitué par un travail effectué par l'historien menchévique Boris Dvinov pour le compte de l'institut Rand : *La politique dans l'émigration.*

Le sujet de ce travail ? Avant tout, le mouvement de lutte armée contre le gouvernement soviétique auquel le général Vlassov a donné son nom.

Son intérêt pour nous ? Le fait que, si la connaissance que l'Occident possède de la seconde émigration détermine, au moins en partie, son attitude envers l'émigration actuelle, il n'est pas moins évident que la connaissance qu'il a de la seconde émigration repose en grande partie sur l'opinion qu'il a du mouvement vlassovien.

Divers facteurs ont concouru à former cette opinion, en particulier l'atmosphère qui régnait dans divers cercles politiques et, surtout, universitaires des États-Unis, où l'on était persuadé que si, en Union soviétique, tout n'était pas idéal, ce n'étaient là que des « phénomènes isolés et atypiques ».

Selon une maxime que l'on entend fréquemment, « poser un problème, c'est le résoudre ». Or, quels résultats les chercheurs d'Harvard ont-ils obtenus en évitant de poser la question la plus naturelle, qui aurait été de se demander pour quelles raisons, *tenant au pays lui-même,* des millions d'hommes avaient fui l'Union soviétique ?

Un processus similaire a joué dans le cas du mouvement vlassovien : on ne s'est pas demandé ce qui avait fait qu'un million d'hommes aient pris les armes contre leur propre pays.

Voici la façon dont Dvinov pose le problème : peut-on considérer le mouvement vlassovien comme un exemple typique de ce que l'on appelle en Russie l' « idéologie défaitiste » ?

Notons qu'il n'utilise pas, comme le fait par exemple George Fischer (fils de Louis), les termes de « résistance » ou d' « opposition ». Ce serait de sa part une sorte de reconnaissance du mouvement vlassovien, ou du moins sa justification morale.

Or qu'est-ce que l'idéologie « défaitiste » ? Un mouvement qui se fixe pour but la défaite de son propre pays afin de parvenir à certains objectifs politiques propres.

Posons maintenant la question : les Vlassoviens avaient-ils au début de la guerre, c'est-à-dire au moment où la majorité d'entre eux fut faite prisonnière par les Allemands, un programme politique posant comme principe la défaite de l'URSS ?

Ils n'en avaient pas.

Y eut-il pendant la guerre des cas de passages organisés d'importantes unités du côté des Allemands, par exemple de régiments ou de divisions ?

Réponse également négative.

Les soldats et officiers soviétiques en question avaient été faits prisonniers au combat et ce n'est qu'ensuite qu'ils décidèrent de poursuivre la lutte du côté allemand : les raisons de cette décision ? Dvinov ne les voit que dans les conditions abominables dans lesquelles ils étaient traités au camp. Il y a bien sûr eu des cas de passage spontané et massif comme celui du camp de Vilnius, relaté plus haut, mais Dvinov les écarte d'un trait de plume comme « atypiques » [1].

La raison pour laquelle il ne les retient pas est évidente : le passage spontané de prisonniers soviétiques dans le camp allemand n'entre pas dans son schéma. Or le schéma affirme que le mouvement vlassovien n'est que le résultat de la propagande allemande, mais en aucun cas la conséquence de la non-acceptation par les masses soviétiques du régime existant en URSS.

Je n'analyserai pas en détail les preuves sur lesquelles s'appuie Boris Dvinov, qui impute de l'antisémitisme à

1. Voir B. Nikolaïevski : *Porajenskoïé dvijénié 1941-1945 godov i general A. A. Vlassov, Novy Journal*, XVIII, New York, p. 212 (*NdA*).

Vlassov, quoiqu'il convienne surtout de s'étonner de la modération de Vlassov dans ce domaine, alors qu'il était entièrement dépendant des Allemands. Dvinov accuse également Vlassov de manquer de patriotisme parce qu'il a, en 1943(!), « cédé l'Ukraine aux Allemands ». Qu'aurait-il écrit s'il leur avait cédé Madagascar ?

Dvinov ne veut remarquer ni les forces qui, à l'intérieur de l'Allemagne, misaient sincèrement sur Vlassov comme sur le représentant de la future Russie démocratique, ni le fait, à mes yeux considérable, que l'armée vlassovienne comprenait des Juifs (certains d'entre eux sont toujours vivants) que leurs camarades n'ont jamais dénoncés aux Allemands. Ce fait compte à mes yeux bien davantage que la déclaration qu'aurait faite Vlassov au beau milieu de la guerre, à Riga, et selon laquelle les Juifs n'auraient pas de place dans la Russie à venir (bruits rapportés par le *Parijski viestnik,* journal parisien de langue russe contrôlé par la puissance occupante). D'ailleurs, puisqu'on en est là, rappelons ce qu'écrivaient en 1944 les dirigeants du NTS (parti des solidaristes russes) : « Ne font pas partie de la Nation russe : les étrangers, même s'ils ont constamment résidé en Russie, et les Juifs [1]. » Le « Schéma » en question proposait aux Juifs deux solutions : ou bien ils quitteraient la future Russie, en abandonnant tous leurs biens, ou bien ils s'installeraient dans une région qui leur serait réservée [2]. Mais dès 1948 les « solidaristes » étaient devenus des démocrates à tous crins : ils supprimèrent les limitations concernant les Juifs.

Rappelons aussi qu'au sein même du parti menchévique, Dvinov se heurta à des opposants (Nikolaïevski, Dalin, Denike, Abramovitch), lesquels considéraient au contraire le

1. *Skhema natsionalno-troudovogo stroïa,* p. 43, Tlačov Knihtlačiarne Andreja, filialka v Prešove, 1944 (*NdA*).
2. *Ibid.,* p. 44 (*NdA*).

mouvement vlassovien comme leur allié dans la lutte commune contre les bolcheviks.

Je n'entrerai pas ici dans l'analyse détaillée d'un mouvement qui fut d'un intérêt et d'une importance considérables. J'espère que ceux qui vécurent cette épopée en feront un jour l'historique.

C'est ainsi que furent élaborés, sous une apparence scientifique, des conceptions, schémas et tableaux de référence qui orientèrent pour les décennies à venir le mode de pensée des hommes désireux d'étudier l'Union soviétique, ainsi que celui des fonctionnaires préparant des documents relatifs aux relations entre l'Occident (essentiellement les États-Unis) et l'URSS.

Mais comme les dirigeants politiques se contentent de prendre les décisions, après les avoir fait préparer par leurs assistants, secrétaires et experts en tout genre, il résulta de cet état de choses que les décisions en question furent la plupart du temps prédéterminées par ces conceptions favorables à l'URSS.

Les auteurs de ces schémas et tableaux de référence étaient des sociologues, des psychologues, des statisticiens, généralement américains. La plupart d'entre eux étaient esclaves d'un état d'esprit qui régnait dès les années vingt dans les milieux intellectuels et universitaires des États-Unis. Consciemment ou non, ils partaient de l'idée que, si tout n'était pas idéal en Russie soviétique, ce ne pouvait être qu'en raison de l'imperfection du matériel humain. La psychologie des masses se modifiant lentement, le jeune régime soviétique n'avait pas encore eu le temps de créer l'homme nouveau. Mais là où celui-ci était déjà apparu, il était supérieur à l'homme du passé, accablé par des traits propres au « caractère russe traditionnel ».

En gros, disons que tout ce qui est lié à l'édification de la nouvelle société soviétique est bon. Tout ce qui peut ressembler à une survivance du passé est mauvais. D'où il découle que toutes les lacunes que l'on peut constater dans la réalisation du Rêve radieux de l'humanité ne sont que des erreurs dans l'accomplissement d'instructions généralement sages.

C'est ainsi que furent définis les critères qualitatifs présidant à l'étude des réfugiés de la seconde émigration, à leur répartition en « bons » et en « mauvais », ou plus exactement en plus ou moins mauvais, selon leur concordance plus ou moins fidèle avec l'idéal de l' « homme soviétique », ou celui que l'on se représentait comme tel.

On alla dans le même sens en supprimant habilement, lors de l'étude du mouvement vlassovien, son caractère de force d'opposition au régime soviétique, tout comme on mit un non moins habile signe d'égalité, presque imperceptible de prime abord, entre réfugiés des années de guerre et « Vlassoviens » (« Ils ont endossé l'uniforme de l'ennemi, combattu les leurs... »). On se demande seulement à qui tout cela profitait.

Toujours est-il qu'une idée s'imposa pour de longues années, dans des cercles occidentaux étendus et influents : la rupture volontaire avec l'Union soviétique était dans son essence un acte criminel, ou du moins moralement suspect. C'était soit un moyen d'éviter un juste châtiment, soit du mercantilisme vil, soit encore une incompréhension de philistins à l'égard des Grands Idéaux. Dans tous les cas, le réfugié montrait son refus de s'accorder avec les hautes normes morales du système soviétique.

20

« J'AI CHOISI LA LIBERTÉ »

L'expression est entrée dans le vocabulaire international courant (comme, plus tard, le mot *goulag*). Mais combien sont ceux qui, dans le monde, ont lu le livre de Victor Kravtchenko, ou connaissent même son existence [1] ?

Mes premiers souvenirs liés à ce livre remontent, si je ne m'abuse, à 1947.

L'inertie des années de guerre avait maintenu des liens d'amitié entre la rédaction française de la Radio de Moscou, où je travaillais, et la représentation (devenue ambassade) de l'ex-France combattante. Jean Cathala, attaché de presse de l'ambassade et futur auteur du livre *Ils trahissent la paix,* où il démasquera ses collègues diplomates, homme que l'on considérait alors à juste titre comme un ami dévoué de l'Union soviétique, venait chaque semaine parler devant notre micro et nous apporter des journaux français.

Un jour, nous venions de défaire le nouvel arrivage et nous étions mis à sa lecture, dans l'immense pièce du Poutnikovski péréoulok où était logée notre rédaction, lorsqu'un silence particulièrement lourd s'abattit dans la pièce. Simulant la plus parfaite indifférence mais les oreilles cramoisies, chacun

1. Une réédition de la traduction française a heureusement été publiée à Paris (Olivier Orban, 1982) (*NdT*).

d'entre nous, même les plus orthodoxes dans leurs opinions, lisait avec une seule idée en tête : ne pas attirer par une parole maladroite l'attention de la direction. Pour que l'on ne nous ôte pas notre lecture...

Plusieurs numéros d'un quotidien de Paris (c'était, je crois, *Carrefour*) avaient publié des extraits du livre de Kravtchenko, qui venait de paraître en français.

En avril 1944, membre d'une commission soviétique d'achats à Washington, l'ingénieur Victor Andreïévitch Kravtchenko avait pris la tangente pour New York et publié dans le *New York Times* une déclaration dans laquelle il dénonçait « les fondements de la politique actuellement suivie par le gouvernement soviétique et par ses leaders ». Il écrivait que le peuple russe « était soumis à une oppression et à des actes de cruauté incroyables, tandis que le NKVD, avec l'aide de ses milliers d'espions, ne cessait d'accroître son empire sur eux », que « les objectifs militaires de l'URSS étaient incompatibles avec ceux des Alliés »...

Tant que la guerre ne fut pas achevée, Kravtchenko en resta là de ses dénonciations.

Les Soviets exigèrent l'extradition du déserteur Kravtchenko. Les autorités américaines répondirent que Kravtchenko était un civil, et non un militaire, et refusèrent de le livrer.

En 1946, Kravtchenko publia *J'ai choisi la liberté*. Le livre fit un bruit énorme. Un an plus tard parut la traduction française.

Parmi les extraits que j'eus alors l'occasion de lire, il en est un qui m'est resté dans la mémoire. Kravtchenko raconte qu'au cours des pires mois de la première année de guerre, il travaillait au Conseil des commissaires du peuple et avait été chargé, à ce titre, d'inspecter une fabrique de meubles des environs de Moscou, reconvertie dans la production de bobines pour les téléphones de campagne. Il aurait fallu fabriquer ces bobines en métal, mais comme on en manquait on les fabriquait en bois.

La fabrique avait rempli le plan à 30 % seulement. Des femmes, des adolescents, des vieillards s'affairaient en vain dans des ateliers à moitié vides. « On manque d'ouvriers qualifiés », se désolait le directeur. Or, dans deux des ateliers, le travail battait son plein. Libérés de leurs obligations militaires, des ouvriers de haute qualification assemblaient en des délais stakhanovistes des divans, des armoires vitrées, des buffets, des lits à deux places, le tout en acajou.

Révolté par ce qu'il voyait, Kravtchenko se précipita chez le directeur, le menaçant de le faire passer en justice. Le directeur lui expliqua qu'il n'y était pour rien. Par décision du président du conseil municipal de Moscou, les meilleurs éléments de la fabrique avaient été affectés en urgence à la fabrication de diverses pièces de mobilier, pour lui, Pronine, pour le premier secrétaire du Comité central Chtcherbakov, pour les appartements et les datchas de gros bonnets de l'armée.

Si j'ai particulièrement bien retenu cet épisode, c'est probablement parce que j'avais entendu, peu de temps auparavant, le récit fait par un ingénieur de ma connaissance, qui travaillait à l'institut dirigé par la femme de Malenkov, alors tout-puissant. On avait sur son ordre retiré du front, au beau milieu des combats, une division de sapeurs que l'on avait affectés à la construction d'un nouveau bâtiment de l'institut dirigé par son épouse.

Cela dit, l'épisode des meubles n'est dans le livre de Kravtchenko qu'une bagatelle, un détail pittoresque. L'essentiel, c'est la description des horreurs de la collectivisation, des répressions de masse, du désordre criminel qui régnait dans l'économie, du mépris dans lequel la population était tenue, de l'atmosphère générale de parfait arbitraire, avec les délations, les trahisons. Tout ce qu'avait pu voir et retenir un

« brave gars » d'origine ouvrière devenu ingénieur et directeur d'usine avant d'accéder aux plus hautes fonctions.

Homme privilégié, bien sûr membre du parti, Kravtchenko avait eu l'occasion d'observer non seulement les drames vécus autour de lui (lui-même avait été épargné par le sort), mais aussi les coulisses du pouvoir et la vie de la « nomenklatura ». Aussi racontait-il en détail les scènes d'horreur dont il avait été témoin, tout en dénonçant le mensonge et l'hypocrisie qui régnaient dans la société soviétique.

Divers analystes occidentaux tiraient à cette époque des conclusions optimistes de la décision des autorités soviétiques de rétablir dans l'armée les pattes d'épaule, d'autoriser les sonneries de cloches et de favoriser l'église orthodoxe. Kravtchenko les mettait en garde en ces termes :

« Les étrangers qui essaient de comprendre la politique stalinienne ou la mentalité soviétique en étudiant la presse soviétique ou les déclarations officielles du Kremlin n'aboutissent guère qu'à une accumulation d'inepties. Il n'y en a pas un sur mille qui ait compris le principe bolchevique des "deux vérités " : une vérité pour les masses et, d'une façon générale, pour le monde extérieur, et une autre pour les fidèles du parti, pour les initiés, pour un cercle restreint. Il arrive parfois qu'au moment même où ils proclament officiellement telle ou telle directive destinée à la propagande, ils adressent aux membres du parti des instructions leur enjoignant de ne pas en tenir compte, ou de penser le contraire [1]. »

Rien qu'aux États-Unis, on vendit trois millions d'exemplaires du livre de Kravtchenko, qui fut traduit en vingt-deux langues. Le scandale prit des dimensions mondiales. La vérité sur l'Union soviétique commençait à s'imposer partout.

---

1. Toutes les citations de Kravtchenko, ou relatives à l'affaire Kravtchenko, ont été directement traduites, ou retraduites, du russe (*NdT*).

La puissante machine de la propagande soviétique s'ébranla alors pour abattre Kravtchenko. En tête des colonnes de tête marchaient les communistes français, les plus nombreux et les plus dévoués à Moscou.

Parmi les principaux communistes français, dispensateurs de la propagande du parti, nombreux étaient ceux qui savaient pertinemment que Kravtchenko avait écrit la vérité. Mais mentir sur l'Union soviétique était depuis longtemps devenu leur profession. Pour expliquer ces mensonges, ils recouraient naturellement à des motivations morales et politiques de la plus haute noblesse, au sens aigu qu'ils possédaient de leurs responsabilités devant l'histoire. Je me souviens de ce que me raconta un jour, précisément à cette époque, mon vieil ami Georges Soria, un homme qui eut des relations d'amitié plutôt complexes avec l'Union soviétique et qui dirigeait alors la rubrique de politique étrangère du quotidien *Ce soir*. Nous évoquions la situation de ce « foutu monde » dans une rue de l'Arbat nocturne, loin des oreilles indiscrètes : « Que toute la vérité sur l'Union soviétique devienne soudain connue à l'étranger et il n'y aura plus demain en France de mouvement ouvrier organisé. » Mon brave Georges avait bien tort de s'inquiéter ! Tout le monde, aujourd'hui, pour peu qu'il en prenne la peine, peut savoir ce qui se passe en Union soviétique, et pourtant le mouvement ouvrier organisé continue à prospérer en France, où les communistes ont même réussi à participer au gouvernement.

Les communistes français de l'époque, avec tous leurs « compagnons de route », se ruèrent sur Kravtchenko. *Les lettres françaises,* organe représentatif des écrivains ex-résistants, hebdomadaire à direction communiste, sonnèrent le hallali.

Le premier article était signé d'un prétendu correspondant du journal à New York, un certain « Sim Thomas » (les organisateurs de l'entreprise reconnurent eux-mêmes plus tard la supercherie). Il s'intitulait : « Comment on a fabriqué Kravtchenko. »

Se basant sur les confidences d'un « homme des services secrets américains », bien sûr anonyme, qui lui aurait révélé un certain nombre de détails noircissant Kravtchenko, le pseudo Sim Thomas affirmait que Kravtchenko n'avait pas écrit lui-même *J'ai choisi la liberté.*

Aussitôt après *Les lettres françaises,* le quotidien communiste *Ce soir* prit le relais en déclarant que le livre de Kravtchenko n'était que la version revue et corrigée d'un faux élaboré autrefois par la propagande nazie « dans l'officine de Goebbels ».

Les communistes français accusaient aussi Kravtchenko de mensonges sur différents points. L'écrivain porta plainte pour diffamation contre *Les lettres françaises.*

C'est alors que se révéla aux yeux de tous, dans toute sa puissance élémentaire, la technique de la propagande soviétique et communiste, primaire mais efficace. Principe numéro un de cette propagande : le matraquage sans preuves. « Sim Thomas » invoque un agent secret américain imaginaire dont il cite les paroles, et cela nous est présenté comme une preuve irréfutable.

Ce soir affirme que le livre de Kravtchenko n'est que la nouvelle version d'un autre livre. *Les lettres françaises* reprennent l'affirmation, ensuite répercutée par la presse soviétique et, de la sorte, le même mensonge tourne en rond, tous se citant à tour de rôle : « l'organe des communistes français dénonce », « un journal du soir influent a fait savoir que... », « comme l'on sait, Kravtchenko », etc. Difficile, pour la victime de telles calomnies, de se défendre lorsque les communistes passent à l'attaque avec la grosse artillerie !

Autre procédé utilisé par la propagande soviétique et communiste : parler, argumenter à côté du sujet.

Le directeur des *Lettres françaises* Claude Morgan n'essaya même pas, dans sa déclaration au tribunal, de justifier ses accusations contre Kravtchenko. Il expliqua en long et en large que le fondateur du journal avait été Jacques Decour, que Decour avait été fusillé par les Allemands comme patriote français. Lui-même, Morgan, ne faisait que poursuivre l'œuvre de Decour et tous ceux qui l'attaquaient attaquaient la France et offensaient la mémoire des héros de la Résistance.

L'autre inculpé, André Wurmser (Sim Thomas, pour des raisons aisément compréhensibles, ne se présenta pas devant le tribunal) s'exclama : « L'histoire nous apprend qu'antisoviétique signifie toujours antifrançais ! »

Ergo : si Kravtchenko affirme qu'il existe en URSS des camps de concentration, où sont enfermés des millions d'innocents, c'est qu'il attaque la France. Comme d'autre part l'Union soviétique lutte (comme on sait) pour la paix, Kravtchenko est un fauteur de guerre et un agent stipendié des services secrets américains : « Quand on défend la vie et l'avenir des enfants du monde, s'exclamait Wurmser, il est impossible de choisir ses expressions [1] ! »

La guerre venait de se terminer et la partie accusée appuyait sans remords de conscience sur la pédale du patriotisme, voire du chauvinisme.

On accordait, à Moscou, une grande importance au procès. Si les *Lettres françaises* perdaient, il serait prouvé que Kravtchenko avait écrit la vérité. Or même Claude Morgan, l'un des inculpés, avait déclaré à l'audience que si l'Union soviétique était telle que Kravtchenko l'avait dépeinte, non seulement les communistes, mais même tous les hommes honnêtes se détourneraient d'elle. On allait au-devant d'une situation des plus embarrassantes.

Il fallait l'éviter à tout prix et Moscou dépêcha à Paris un grand nombre de témoins à la tête desquels se trouvait le

---

1. Voir, pour le texte originel des débats : *Le procès Kravtchenko (compte rendu sténographique)*. Paris, Albin Michel, 1949, 2 vol. *(NdA)*.

général Roudenko, ancien supérieur de Kravtchenko à Washington. Tous, naturellement, nièrent les faits allégués dans le livre. Tous affirmèrent que Kravtchenko était quelqu'un de peu recommandable. Tous tournèrent autour du pot, évitant de répondre aux questions du débat, ne répondant même pratiquement à rien. Chacun d'entre eux avait reçu une mission précise, lui affectant un rôle bien déterminé au cours du procès avec des arguments que lui seul devait développer. Mais lorsque les avocats de Kravtchenko s'efforçaient de poser des questions sur le fond, par exemple sur les répressions de masse décrites dans le livre, sur la collectivisation, sur les camps, sur les méthodes de l'instruction, ils répondaient qu'ils n'avaient pas l'intention de discuter de questions sans rapport avec l'affaire. Quelles questions se rapportaient à l'affaire, dans ces conditions ? Il n'y avait qu'à livrer Kravtchenko à la justice soviétique et tout irait bien.

La défense fit encore citer d'autres témoins. Il y avait parmi eux le député communiste Fernand Grenier ; le général Petit, ancien chef de la mission militaire française à Moscou. L'inévitable Hewlett Johnson arriva spécialement de son pays, tout comme Albert Kahn, écrivain américain grand défenseur de l'Union soviétique. Le général parla de l'humanité exceptionnelle, de la bonté du maréchal Staline ; le doyen de Cantorbéry du bonheur des Soviétiques ; l'Américain fustigea les manœuvres de Washington.

On avait visiblement choisi les témoins en fonction de leur position sociale, en supposant que les avocats de Kravtchenko, et Kravtchenko lui-même, ne pourraient pas, ou n'oseraient pas, acculer et convaincre de mensonges un député ou un général français, un prêtre ou un parlementaire anglais, dire sans ambages qu'au cours de leurs voyages en URSS ils s'étaient volontairement laissés duper.

Dans le camp de Kravtchenko, la très grande majorité des témoins étaient ce que l'on appelle de « petites gens ».

D'anciens citoyens soviétiques ordinaires, devenus réfugiés ordinaires. Des ingénieurs, des médecins, des maîtres d'école, des ouvriers, des paysans. Une assez grande proportion parmi eux avait tâté des camps soviétiques.

Ils étaient venus d'Allemagne, des camps pour personnes déplacées, pour confirmer la véracité des écrits de Kravtchenko. Ils racontèrent comment ils avaient subi la collectivisation, la famine en Ukraine, les arrestations, les camps, reçu des coups pendant les instructions, été envoyés abattre des arbres au plus fort des froids hivernaux.

Les avocats de la défense faisaient semblant de ne rien entendre de tout cela. Ils ramenaient tout le débat aux questions suivantes : « Dans quelles circonstances le témoin s'est-il trouvé en Allemagne ? Et pourquoi, dans le fond, a-t-il refusé de rentrer en URSS ? »

Margarethe Buber-Neuman, veuve de Heinz Neuman, ancien membre du Bureau politique du parti communiste allemand, raconta que les autorités soviétiques l'avaient d'abord emprisonnée et déportée, puis livrée à la Gestapo. Même elle fut abreuvée d'injures par les avocats de la défense. Ses dépositions rappelaient aux communistes français des moments bien trop délicats de leur histoire récente. D'abord, Staline avait exclu du PC allemand et éliminé des hommes et des femmes qui appelaient à la lutte contre le national-socialisme. Puis il y avait eu le pacte germano-soviétique et l'appui sans réserves apporté alors à l'Union soviétique par le PC français.

Kravtchenko gagna le procès et les diffamateurs furent condamnés. Il était impossible de ne pas les condamner : les dépositions des témoins confirmaient qu'il avait bien dit ce qu'il avait vu en URSS. Quant à Wurmser, Morgan et « Sim Thomas », qui l'avaient accusé de mensonge, c'étaient eux les menteurs.

On aurait pu penser que les communistes français, et avec

eux Moscou, ne se fussent pas de sitôt relevés du coup qui leur avait ainsi été porté.

Nouvelle erreur d'analyse. Tout procès politique reflète en effet le rapport des forces politiques dans le pays où il a lieu. Le procès Kravtchenko montra que les communistes français étaient puissants, les partisans de l'URSS aussi et que, même en dénonçant le fond des choses, on ne pouvait guère espérer ébranler sérieusement leurs positions.

Kravtchenko exigeait des dommages et intérêts se montant à plusieurs millions de francs. Le tribunal lui accorda 150 000 francs, somme qui fut même supprimée en appel et réduite à un franc symbolique. On peut imaginer les efforts qui furent déployés en coulisses pour obtenir la condamnation la plus douce possible.

A Moscou, le 13 avril 1949, la *Gazette littéraire* publia un article d'une demi-page signé Vladimir Roudny : « Échec de la provocation américaine à Paris. »

Le lecteur soviétique pouvait y apprendre bien des choses sur les menées des fauteurs de guerre américains, sur l'ignoble profil moral d'un certain Kravtchenko, sur un livre écrit par on ne savait trop qui, sur la noblesse morale des patriotes français et des progressistes anglais et américains, qui avaient élevé la voix pour dénoncer et clouer au pilori (qui ? pourquoi ?). Il y était fait allusion à un « procès », à la complicité de vieille date unissant Washington et les nazis. La seule chose qu'ils ne pouvaient comprendre clairement, c'était que Kravtchenko était partie civile et qu'il avait gagné le procès en démontrant qu'il avait écrit la vérité dans un livre où il dénonçait le système de gouvernement en vigueur en URSS...

Plus de trente ans ont passé et peu nombreux sont ceux qui, aujourd'hui, se souviennent de tout cela. Pour la majorité de ceux qui en ont conservé un quelconque souvenir, c'est le schéma soviétique qui surnage. Un voleur qui s'était enfui. Un procès. Mais qui avait-on jugé ? Sur sept personnes d'un âge voisin du mien, trois se rappelaient vaguement que Kravtchenko avait gagné son procès, deux affirmaient qu'il l'avait perdu et deux ne se rappelaient que le titre du livre incriminé.

Or, aucun des sept ne savait qu'en 1950 Kravtchenko avait publié un second volume intitulé *J'ai choisi la justice*, où il analyse par le menu le procès qui l'a opposé aux communistes français, avec d'abondantes citations des témoins.

Comment cela est-il possible ? Comment expliquer que le premier livre de Kravtchenko, malgré le bruit énorme qu'il fit, n'apporta pas à l'Occident une plus durable compréhension de l'URSS et ne laissa derrière lui que le parfum d'un scandale ambigu ?

Pourquoi le second livre de Kravtchenko, paru peu de temps après le premier, qu'il complétait sur bien des points, un livre qui anticipait d'un quart de siècle sur les révélations de *L'Archipel du Goulag* n'eut-il aucun succès, ne fut-il même pas remarqué ?

Le 24 février 1966, Victor Andreïévitch Kravtchenko, qui vivait à New York sous le nom de Peter Martin, se tira une balle dans la tête. La lettre d'adieu trouvée par les autorités américaines n'a jamais été publiée. Je profite de l'occasion pour poser la question : le FBI ne trouve-t-il pas qu'il serait temps de révéler au public cette lettre ?

Nous sommes réduits à des conjectures au sujet des causes de la mort de Kravtchenko et du désespoir qui l'a précédé. Mais il est nécessaire de tirer un certain nombre de conclusions de son histoire, de comparer les méthodes de la propagande soviétique et ce qu'on essaie de lui opposer en Occident.

Il serait oiseux de démontrer que l' « affaire Kravtchenko » fut une opération de propagande américaine.

D'abord, Kravtchenko a quitté la commission soviétique d'achats à Washington en avril 1944, à une époque où les relations américano-soviétiques étaient encore bonnes et il aurait été naturel de livrer le fuyard à la première demande de Moscou, mais Kravtchenko ne fut pas livré.

Ensuite, un livre ne peut pas se vendre à un aussi grand nombre d'exemplaires sans une publicité adéquate, publicité qui nécessite un grand effort d'organisation. Un novice n'a pas à lui seul la capacité de briser la muraille de Chine des éditeurs et critiques littéraires.

Enfin, Kravtchenko n'aurait pas pu intenter un procès aux *Lettres françaises* sans une aide puissante, financière et politique. Or cette aide, il l'a reçue. Même avec les très gros honoraires apportés par son premier livre, Kravtchenko aurait difficilement pu affronter les frais du procès : avocats de toute première qualité, assistants de toute sorte, énorme caution demandée pour le cas où il aurait été débouté. Je ne parle même pas des frais entraînés par son voyage en France.

J'ajouterait encore ceci : sans une aide politique, Kravtchenko n'aurait pas été protégé et il aurait été ou tué ou enlevé. Les témoins qui déposèrent en sa faveur étaient venus pour la plupart des camps de réfugiés d'Allemagne occidentale, ce qui nécessitait aussi une autorisation des Américains, puissance occupante.

Bref, tout cela aurait été bien au-delà des forces d'un homme ordinaire, surtout ne parlant pas la langue du pays où se déroulait le procès.

Kravtchenko trouva l'aide dont il avait besoin, il gagna son procès, la véracité de son livre fut démontrée et Moscou déshonorée à la face du monde. Au prix il est vrai d'efforts considérables, on assura la victoire de la vérité sur le mensonge.

Ceux qui avaient eu la charge de l'opération se congratulèrent mutuellement, félicitèrent vraisemblablement Kravtchenko pour son succès, le munirent de papiers au nom de Peter Martin, lui trouvèrent une escorte de sécurité et... retournèrent à leurs affaires. Si Kravtchenko voulait exploiter son succès, c'était désormais son affaire personnelle. Kravtchenko n'était plus un *scoop* et l'eau de cette fontaine de propagande vivante pouvait être tarie sans dommage. Elle le fut. Kravtchenko publia son opus 2 : *J'ai choisi la justice*. Personne ne le remarqua.

Or on trouve dans ce second livre des dépositions de témoins contenant des données jusqu'alors inédites. Si ce livre avait été lu et compris comme il aurait dû l'être, le monde aurait appris six ans avant le rapport secret de Khrouchtchov au XXe Congrès, comment Staline s'était débarrassé des délégués du XVIIe Congrès qui avaient eu l'audace de voter en faveur de Kirov.

Si le livre avait été lu et remarqué, le monde n'aurait pas poussé de tels cris d'étonnement et d'horreur un quart de siècle plus tard à la lecture de *L'Archipel du Goulap*, où étaient également relatées les arrestations et les tortures pendant l'instruction, où l'on décrivait les cellules surpeuplées et les camps de la mort, où Soljenitsyne évoquait la généralisation à l'ensemble du pays de la pratique de la délation. Vingt-cinq ans plus tôt, tout se trouvait déjà chez Kravtchenko.

Quand nous lisions, à la rédaction française de la Radio de Moscou, ces extraits du premier livre de Kravtchenko que le hasard avait fait tomber entre nos mains, nous étions moins ahuris (je juge naturellement d'après moi) par les révélations que nous y trouvions, dans la mesure où nous avions tous quelques lumières sur le sujet, que par le fait que quelqu'un avait eu l'audace de *parler* de ces faits. Nous ressentîmes une émotion du même ordre lorsque nous écoutâmes plus tard la lecture collective du rapport secret de Khrouchtchov au club du Comité de la radio. Les tabous étaient renversés ; on prononçait à voix haute ce qui devait jusqu'alors être tu.

Les Soviétiques et les Occidentaux ont une perception différente des révélations sur l'URSS. Pour les Soviétiques, cela signifie une remise en question des fondements mêmes de leur existence ; pour les Occidentaux, il ne s'agit que d'une nouvelle à sensation parmi d'autres. Or les nouvelles à sensation vieillissent vite et ont besoin d'être rapidement, presque quotidiennement renouvelées.

C'est pourquoi les révélations les plus meurtrières pour l'Union soviétique sont en règle générale rapidement oubliées et se noient dans les marécages des incantations répétitives de la propagande soviétique (admirons une fois de plus son efficacité. Prenons l'exemple de l' « intelligentsia ». Le Soviétique moyen peut penser ce qu'il lui plaît à son sujet, mais grâce à la formule léninienne sur les « intellectuels pourris », le concept d'intellectuel sera toujours, inconsciemment, dévalué à ses yeux.

Depuis ces lointaines années, la propagande soviétique a su rendre justice à Kravtchenko. Non pas en livrant son nom à l'oubli, cela eût été trop facile. Bien au contraire, on ne cessa de répéter son nom, devenu aussi banal dans le genre du cliché négatif que celui de Judas Trotski. Sans fournir d'explications, on accolait à son nom des épithètes tels que « traître », « diffamateur convaincu de mensonge », « ivrogne et escroc », etc. Dans les cas où l'on devait user d'analyses un peu plus fines, on formulait ainsi la chose : « C'est un homme qui jouissait en URSS de tous les privilèges et qui a choisi de s'enfuir pour vivre encore mieux. »

Des décennies de propagande soviétique ont fait entrer dans les cerveaux occidentaux l'idée qu'un homme qui a rompu avec l'Union soviétique n'a pas le droit de porter des jugements sur elle. Pour être entendues, les accusations portées à l'encontre de l'URSS ont dû être formulées à l'intérieur du pays. Aujourd'hui encore, pour qu'un livre russe sur l'URSS soit remarqué, édité, compris, il doit venir de là-bas. Je me risquerai même à dire que si Soljénitsyne et Zinoviev ne s'étaient pas trouvés à Moscou au moment de la parution de l'*Archipel* et des *Hauteurs béantes*, ces livres qui ont laissé une trace profonde dans la conscience des hommes n'auraient pas eu une telle résonance. Il est peu probable qu'ils eussent même été imprimés en Occident.

Pourquoi les nouvelles les plus sensationnelles meurent-elles aussi vite, après qu'a été une nouvelle fois mise à nu la nature féroce et inhumaine du système soviétique ?

Pourquoi la vérité sur l'Union soviétique n'est-elle proclamée que par à-coups tandis que le mensonge favorable à ses intérêts ne cesse de résonner à la face du monde ?

Oui, pourquoi, en effet ?

DEUXIÈME PARTIE

LA TROISIÈME ÉMIGRATION

21

UNE VAGUE SUIT L'AUTRE

> « Votre départ n'est pas dans l'intérêt de
> l'État » (formule classique de refus de visa).

« La troisième émigration n'est jamais qu'un appendice,
un fragment de l'émigration israélienne. Par son importance
et ses effectifs, elle ne peut se comparer aux deux premières,
les émigrations russes... J'ai toujours dit que la troisième
émigration n'avait pas fui les balles, comme les combattants
de la première, ni la potence, comme la seconde. Elle a quitté
le pays au moment précis où sont apparues en Russie des
possibilités d'agir, ainsi que les forces dont on avait le plus
besoin là-bas. »

Voilà ce que Soljénitsyne écrivait le 3 février 1979 dans
l'interview accordée par lui à la BBC pour le cinquième
anniversaire de son expulsion d'URSS, du village de Caven-
dish où il réside, dans l'hospitalier état américain du
Vermont [1].

Il nous faut donc admettre que la première et la seconde
émigration furent héroïques (au moins pour une raison, je
suppose : à la différence de la troisième, elles étaient

---

1. Traduit de l'original russe. En français, voir *Message d'exil,* Paris, Le Seuil,
1979, p. 35-36 (*NdT*).

essentiellement russes [1]). Nous par contre, qui n'étions nullement des héros, avons dans notre écrasante majorité quitté le pays pour des raisons de commodité personnelle. Quoique cela manque de panache, je pense que cela fut en effet généralement le cas. Par contre, en ce qui concerne nos effectifs, je rappellerai une fois de plus que nous sommes plus nombreux que ceux qui quittèrent autrefois la Crimée. D'ailleurs, le flux des émigrés des années vingt produisait un effet trompeur.

Lorsque la première vague afflua en 1921, dans une Europe encore sous le coup de la guerre, les sources officielles dénombrèrent d'abord quatre millions d'individus.

Deux ans plus tard, lorsqu'on commença à souffler, on refit le compte : deux millions.

Enfin, quand tout redevint totalement calme et que l'on put appliquer des méthodes de calcul plus précises, on en arriva au chiffre définitif de neuf cent mille âmes seulement.

Le choc psychologique avait d'abord quadruplé, puis doublé la masse des réfugiés. Même plus tard, on continua à exagérer le chiffre des émigrés de la première heure. C'est ainsi que, dans les années trente, alors qu'il y avait à Paris vingt-deux mille chauffeurs de taxi français et deux mille deux cents seulement d'origine russe, les Français ne se faisaient pas faute de clamer qu'ils étaient envahis par les métèques.

La progressivité et la préparation psychologique ont une importance considérable. Si l'on avait dès le début déclaré aux Occidentaux qu'ils auraient, au cours des années suivantes, à supporter l'arrivée de plusieurs centaines de milliers de Juifs soviétiques, la question aurait peut-être été portée devant l'ONU, on aurait fermé les frontières, un scandale international aurait éclaté.

---

1. Quoique presque « judenfrei » (grâce aux Allemands), la seconde émigration n'était pas purement russe. Il y avait un grand nombre d'Ukrainiens, de Biélorussiens, de Géorgiens, d'Arméniens... (NdA).

Mais les Juifs se mirent à sortir comme au compte-gouttes, tout comme ils mirent longtemps à organiser leur lutte pour l'émigration. Les milliers, dizaines de milliers, peut-être même centaines de milliers de personnes qui, à travers le monde, se joignirent au combat pour nos droits s'y insérèrent eux aussi progressivement.

Affirmer d'autre part que toute l'émigration russe de l'époque de la Seconde Guerre mondiale a « fui la potence » simplifie un peu trop, à son sens, la question. Il y avait quand même un peu trop de monde pour cela : pas loin de dix millions de personnes avaient été rejetées vers l'Ouest par la guerre ! Quant à savoir combien parmi elles sont rentrés volontairement en URSS, combien à contrecœur, combien y ont été contraints par la force... Cela fait beaucoup d'émigrés. Si l'on considère par contre l'émigration, au sens restreint du terme, comme l'ensemble de ceux qui ont réussi à s'accrocher, à se cacher, à éviter d'être livrés, malgré l'absence bien compréhensible de statistiques en la matière, on arrivera quand même à environ un million d'êtres humains, probablement même plus, un chiffre considérable et qui laisse la place à un grand nombre de causes et de motivations pour une émigration.

Il est néanmoins incontestable, si l'on compare la seconde et la troisième émigration, que la seconde, à la différence de la troisième, fut spontanée, facilitée qu'elle était par le fait que les candidats à l'émigration se trouvaient déjà hors des frontières soviétiques.

Rappelons-nous qu'il n'y eut pas, au début, de passages massifs de troupes soviétiques au service des Allemands et que si des combattants, des officiers de l'armée soviétique prirent ensuite les armes contre l'URSS, ce fut après être passés à travers l'écluse de la détention et des camps.

Parmi les civils qui suivirent la retraite des armées allemandes, les causes et les motivations étaient elles aussi très diverses. Affirmer que l'énorme masse de la seconde émigration (surtout si l'on décompte avec elle ceux que l'on a fait revenir de force en URSS) était exclusivement composée d'adversaires idéologiques conséquents dans leurs actes me paraît aussi léger que de les considérer tous, globalement, comme d'anciens criminels, complices des Allemands et anciens bourreaux des camps. Le seul point commun à la masse des réfugiés est qu'ils se sont retrouvés en Occident sans que les autorités soviétiques l'aient désiré. Tout le reste n'est que le fruit du hasard.

Il en va tout autrement de nous, la troisième émigration. Il ne sert à rien de le cacher : nous avons *tous* quitté l'URSS avec l'autorisation des autorités. Pour *chacun* d'entre nous, les organes de direction et d'exécution ont porté sur notre dossier la mention suivante : « Départ envisageable, correspondant à l'intérêt de l'État [1] ».

Quoique la très grande majorité de ceux qui ont quitté récemment l'URSS soient juifs, il serait très inexact de considérer notre émigration comme juive, à plus forte raison comme israélienne. Peu nombreux aujourd'hui sont ceux qui se rendent en Israël. Nous aurons l'occasion de voir pourquoi.

Cela se passait approximativement en 1943, chez celui qui était alors mon chef à la Quatrième direction du NKVD, Mikhaïl Borissovich Makliarski [2].

« S'il n'y avait pas eu l'émigration russe, me dit K*, il aurait fallu l'inventer. »

1. La formule russe est particulièrement ambiguë : « ot'iezd *tsélésoobrazen*, sootvietstvouïet intéressam gossoudarstva. » L'adjectif souligné signifie en effet (définition du dictionnaire d'Ojégov) : « correspondant au but fixé, entièrement raisonnable, pratiquement utile » (*NdT*).
2. Voir le livre, déjà cité, de C. Henkine sur Abel et l'espionnage soviétique, à la p. 53 de la traduction française (*NdT*).

K* venait peu de temps auparavant de rentrer d'une mission en Europe occidentale.

« Inventer » un pays privé de maître, un éclat tombé du corps de la Russie, une masse inassimilable, manipulable, créer un milieu nutritif pour les manigances soviétiques, susceptible de remplacer la première émigration [1], morte ou dissoute dans le milieu environnant, voilà à quoi il pensait. Il va de soi qu'il ne parlait pas de la seconde émigration.

Mais inventer une nouvelle émigration, cela signifiait, à la différence des précédentes, créer un mouvement scientifiquement pensé et parfaitement opérationnel.

Cette idée qui tournait déjà dans l'air à l'époque de la guerre ne se réalisa que de nombreuses années plus tard. Mais où prendrait-on la masse humaine nécessaire à une telle entreprise ?

Posons-nous maintenant une question qui n'a plus rien de rhétorique : pourquoi les Juifs furent-ils choisis ?

---

1. La première émigration souffrait d'un complexe de culpabilité à l'égard de la patrie abandonnée et de son peuple et c'est ce qui permit de l'utiliser amplement. Ce trait ne caractérise nullement l'émigration actuelle (NdA).

22

LES RAISONS DU CHOIX DES JUIFS

Pour un Soviétique, la possibilité de vivre hors des frontières du pays, ou du moins d'avoir l'occasion de les franchir de temps à autre, constitue le privilège entre les privilèges.

Le Soviétique devenu *vyezdnoï*, considéré comme candidat possible aux voyages à l'étranger, est aussitôt propulsé vers une catégorie supérieure à celle à laquelle il appartenait. Un voyage de longue durée à l'étranger l'élève déjà de plusieurs degrés. Que dire d'une mission permanente ? Cet homme-là échappe presque à l'attraction terrestre ! L'homme qui réussit à sortir du marais des soucis quotidiens où se débattent les citoyens de l'Union soviétique devient aussitôt un objet de respect, mais aussi de haine féroce, de la part de ses concitoyens.

Le désir éprouvé par le citoyen soviétique de vivre hors des frontières de son pays natal est une arme puissante d'éducation du peuple, et surtout de pression, entre les mains des autorités. Être « là-bas », vivre « là-bas », travailler « là-bas », y a-t-il rêve plus doux ?

On peut affirmer sans risque de se tromper que l'intention des autorités soviétiques de rejeter hors du pays une fraction de la population avait peu de chances de rencontrer de l'incompréhension, les intéressés peu de chance de résister, de refuser de quitter le pays. Le problème, pour les autorités, était plutôt de limiter ce flot humain. Comment lui donner dès le début une orientation cohérente, le rendre maniable ? Comment, dans le même temps, éviter une confusion entre deux concepts : un départ massif et ce « droit à l'émigration » dont il n'avait jamais été question ?

Voyons maintenant pourquoi les Juifs ont été choisis.

Première question : quel critère permet-il de créer un flot humain ? Le critère d'âge, le critère professionnel ?

Le critère ethnique, naturellement.

N'aurait-on pas vu se précipiter hors des frontières soviétiques les Coréens, les Grecs, les Lituaniens, les Lettons, les Estoniens ? Et les Arméniens ? Les Géorgiens ? Les Meskhs et bien d'autres ?

L'impossibilité de laisser sortir des ethnies vivant au sein de communautés homogènes et disposant d'organisations étatiques propres, même dans le cadre de l'URSS, saute immédiatement aux yeux. Mais il y a d'autres ethnies que les Juifs vivant en diaspora à l'intérieur même de l'Union. Avec quel ensemble, quel enthousiasme, les Allemands soviétiques, presque aussi nombreux que les Juifs, se précipitent-ils déjà lorsqu'ils le peuvent hors de l'Empire !

D'ailleurs, laisser sortir massivement les Allemands semble payant sur bien des plans. On peut, ne serait-ce que *via* l'Allemagne de l'Est ou la Pologne, obtenir une rançon de l'Allemagne fédérale, les relations avec Bonn se renforcent, on en vient à des accords bien plus profitables encore. Le bruit fait autour d'un départ massif des Allemands permettrait aussi de faire passer à la moulinette, tous les autres citoyens d'URSS. Personne n'oserait plus prétendre que les « pragmatiques » ne l'ont pas définitivement emporté en Russie sur les « dogmatiques », que les intrépides et dynamiques petites colombes du Kremlin n'ont pas fendu le crâne des vieux faucons. Le monde entier répéterait que l'URSS respecte le droit d'*émigrer*.

Oui, mais la République fédérale d'Allemagne n'a que trop bien montré déjà qu'elle était parfaitement capable de résoudre les problèmes posés par l'*assimilation* de ses compatriotes venus de Russie. Fondus au sein de la population, recevant une aide généreuse, ils occuperaient des postes correspondant à leurs capacités et à leurs connaissances ; la jeunesse renforcerait l'économie du pays ; en évinçant un grand nombre de travailleurs étrangers, ils élèveraient l'homogénéité ethnique de la population. En fin de compte, ne contribueraient-ils pas à augmenter la capacité défensive de l'Allemagne fédérale et de l'ensemble de l'Europe de l'Ouest ? Était-ce bien nécessaire ?

Impossible, on le voit, d'organiser un véritable « flot allemand ». Mais les Meskhs, les Grecs, les Coréens, autres diasporas ?

Tout cela est profondément dangereux. Laisser sortir des hommes et des femmes sur le seul critère ethnique expose d'autre part à l'accusation de discrimination raciale. Il faut donc trouver un autre critère, un autre prétexte.

Par exemple la réunion des familles.

Et cette fois le choix des Juifs s'impose. Chaque Juif, ou presque, a en effet quelque part dans le monde (et même en Isaraël) un parent qu'il sera ravi d'aller retrouver.

En outre, on peut mettre en route les Juifs, en commençant par certains foyers précis, en les laissant cultiver l'illusion que la mesure qui vient de leur être imposée d'en haut est le fruit de leur victoire, le résultat de leurs efforts de tant d'années.

Pour certains Juifs, en effet, la lutte pour l'exode, pour le retour au pays, dans la terre de leurs ancêtres constitue le sens de leur existence et le symbole de leur foi. Ce sont les sionistes.

C'est par eux que l'on commença.

Il faut reconnaître que des Juifs avaient toujours (même sous Staline) quitté l'URSS pour Israël, fût-ce en doses homéopathiques. Les centres de départ étaient généralement Riga ou Vilnius.

A la veille de la guerre des Six Jours, un certain nombre de familles solidement sionistes avaient déjà reçu leur autorisation et attendaient le départ.

La rupture des relations soviéto-israéliennes remit en cause tous leurs plans. On fit savoir aux familles que l'utilisation de leurs visas de sortie ne serait possible qu'après le rétablissement des relations diplomatiques entre les deux pays.

Tout semblait clair. Mais, peu après la fin de la guerre des Six Jours, des Juifs se mirent à harceler les fonctionnaires de l'OVIR [1] de coups de téléphone : « Quand donc pourrons-nous partir ? »

Au début d'octobre 1968, une sioniste de Riga qui téléphonait une fois de plus à l'OVIR se vit répondre qu'elle pouvait, même sans nouvelle « invitation » d'Israël, déposer une demande. Il n'avait pourtant pas été rétabli de relations diplomatiques entre l'URSS et Israël, pas plus qu'elles n'ont été rétablies actuellement...

« J'ai aussitôt téléphoné, raconte Lea Slovine, directrice du département russe de l'Agence juive, dans différentes villes de l'URSS : à Vila Svétchinski (Moscou), à Alik Feldman (Kiev), à Fima Spivakovski (Kharkov). »

Spivakovski se rend en hâte à l'OVIR. L'inspectrice qui le reçut le laissa à peine achever sa timide introduction et lui lança tout d'un trait :

« Pour les citoyens d'origine juive, nous faisons une exception et n'exigeons pas d'invitation des parents. Vous pouvez apporter une « invitation de l'État », c'est-à-dire un certificat du ministère israélien des Affaires étrangères selon lequel, en cas d'obtention du visa de sortie soviétique, vous êtes assuré d'obtenir un visa d'entrée en Israël. Transmettez la nouvelle, je vous prie, à vos amis. »

---

1. Bureau des visas (*NdT*).

Fima sortit de la salle de réception du bureau des visas comme dans un brouillard. Il fallait prévenir tous les autres au plus vite !

C'est ainsi qu'à la fin de l'année 1968, sans la moindre pression de l'opinion publique mondiale et sans nécessité particulière, les autorités soviétiques entrebâillèrent-elles les portes du pays.

Ce fut la ruée !

Préoccupé de voir se réaliser ses propres espérances, chaque élément du « flot humain » se préoccupait peu de remarquer qui tenait les ficelles. Cette décision parfaitement concertée était pour chacun le résultat d'une victoire personnelle.

En incitant les Juifs à partir, on voulait naturellement épurer les arrières dans l'hypothèse d'une situation internationale tendue (mais quand ne l'est-elle pas, aux yeux de l'URSS ?). Peut-être même les autorités s'étaient-elles autopersuadées, en écoutant trop leur propre propagande, que le Printemps de Prague, les manifestations des étudiants polonais (tout comme aujourd'hui Solidarité) n'étaient que le résultat de manœuvres sionistes. Tout est possible.

(Il n'est pas inintéressant d'ailleurs d'observer ce qui se passe dans les autres pays d'Europe de l'Est, et en particulier en Pologne, dont on peut se demander si l'URSS n'a pas transformé ce pays en polygone d'essais pour ses innovations politiques de gros calibre : l'émigration dans le cadre du « socialisme réel », puis la militarisation du pays, aujourd'hui autre chose encore... Toujours est-il que, lorsque les Polonais se mirent eux aussi à expulser leurs juifs, l'opération se déroula sous la haute surveillance d'officiers du KGB, spécialement venus de Moscou à cet effet. Après l'échange de notions théoriques vinrent les travaux pratiques. Le mouvement pour l'émigration prit une forme organisée, le ministre de l'Intérieur Moczar étant lui-même le maître d'œuvre des meetings au cours desquels des manifestants « politiquement conscients » criaient tous en chœur : « Les youpins chez

Dayan ! » Rendons sur ce plan justice à la direction soviétique : ce succédané de pogrome poussant les Juifs à émigrer a,
en URSS, une allure un peu plus civilisée !)

Peut-être, dans la perspective vraisemblable du passage du
national-bolchevisme, avait-on décidé de supprimer toutes
les complications qui pourraient surgir à l'avenir lors de la
« solution finale » ?

Peut-être pensa-t-on aussi à diminuer le chômage larvé, à
sarcler les rangs de professions surchargées, à libérer des
emplois juteux, des appartements confortables ?

Je crois peu, je dois le dire, à ce dernier argument,
quoique je l'ai souvent entendu utiliser. Des considérations
de ce type, assez mesquinement matérielles, peuvent servir,
et servent, à huiler les rouages à des niveaux exécutifs infé-
rieurs, afin de faire tourner plus rapidement les roues de la
machine administrative. Mais les objectifs véritables se
situent à un tout autre niveau et doivent toujours rester
cachés aux yeux de simples exécutants.

Je citerai dans cette optique l'hypothèse suivant laquelle,
en créant le flux d'émigration juive, on aurait voulu susciter à
l'intérieur du pays une robuste et saine aversion pour les
tribus de Judée : « Toujours aussi débrouillards ! », tel est
un « cri du cœur » fréquent au sein du peuple. Car le citoyen
de base, uniquement préoccupé de problèmes et de biens
matériels, ignore tout des innombrables tracasseries que pose
le départ. Il ne voit qu'une chose : les youpins partent, lui
reste.

Quelles qu'aient pu être au début ces considérations
mesquines et particulières, elles se sont rapidement noyées
dans le grandiose dessein d'ensemble, dont la formation n'a
d'ailleurs peut-être pas été immédiate.

Une raison, encore, pour laquelle on a choisi les Juifs : les
dirigeants soviétiques avaient hérité des nazis, leurs frères

spirituels, des procédés scientifiquement élaborés de manipulation d'une masse humaine précisément juive.

Les lois générales de manipulation des foules sont d'une extrême simplicité : les arracher aux lieux auxquels elles sont habituées et, sans leur donner le temps de se ressaisir, les forcer à courir sans arrêt pour atteindre ou fuir quelque chose, en faisant alterner chez elles le désespoir et l'espérance.

Et cela, en étant constamment obligé de *choisir* !

Le dernier point, pour nous autres Juifs, est d'une importance particulière, car personne ne craint comme nous de faire un mauvais choix, de se retrouver le dindon d'une quelconque farce.

Il faut dire que nous avons de bonnes raisons pour cela.

Pendant la guerre, alors que les Allemands avaient pris Vilnius, des pogromes éclatèrent en ville. Des essaims de jeunes Lituaniens, tels des faucons, fondaient sur les Juifs, qu'ils dépouillaient, humiliant, tuaient, après quoi ils disparaissaient. Bien élevés et courtois, les Allemands haussaient les épaules en signe d'impuissance : « Nous ne pouvons pas les forcer à vous aimer ! leur disaient-ils. Nous n'avons pas le pouvoir de vous protéger de la colère populaire ! »

Lorsqu'on fit savoir qu'un ghetto allait être créé, les Juifs respirèrent : ils allaient enfin être protégés par les soldats allemands de la fureur des hordes lituaniennes. « Vous voyez, entendait-on, les Allemands sont des gens réalistes ! Ils ont de l'estime pour nous et sont obligés de nous défendre ! »

Sur le chemin du ghetto, où les Juifs se rendaient de leur plein gré, il fallait prendre une décision, elle aussi libre.

La route descendait une colline et se divisait en deux. On dit aux Juifs : « Ceux qui prendront à droite arriveront au ghetto ; ceux qui prendront à gauche... » Rien ne fut ajouté.

Bien facile, de croire qu'il est aisé de choisir en craignant de se tromper ! Les sceptiques et les aventuriers, environ la moitié, choisirent la route de gauche. Celle-ci les mena, au-delà de la ville, aux bois de Ponary, à un ravin et aux mitrailleuses allemandes.

Ceux qui se retrouvèrent dans le ghetto comprirent qu'ils avaient eu plus de flair. Il n'y avait qu'à faire confiance aux autorités pour gagner ! Leur règle d'or, désormais, était de bien réfléchir et de ne pas faire d'erreur. Surtout, ne pas écouter les alarmistes !

C'est ainsi que les Juifs prirent la voie qui les menait aux chambres à gaz [1].

Enflammant les cœurs, sifflant et crachant des étincelles comme un cordeau bickford, l'espoir de quitter le pays se répandait un peu partout. On n'arrivait pas à y croire : « Ils nous laissent partir ! » On entendait des couplets populaires, comme celui de la bonne paysanne russe de Riazan, qui en a assez de vivre dans la crotte et pousse son Jeannot de mari à « aller s' faire circoncire pour partir en Israël ».

Ceux qui avaient eu le plus grand mal à faire écrire dans leur passeport intérieur qu'ils étaient russes ou ukrainiens, qui avaient changé leur nom de famille de Proupis en Kondakov, ou avaient pris le nom de leur femme, qui avaient dépensé des trésors d'imagination et d'argent pour dissimuler leur origine juive et pouvoir enfin être des citoyens soviétiques à part entière se mordaient maintenant les doigts et se posaient nuit et jour la question : comment redistribuer les cartes, redevenir juif ? On concluait des « mariages mixtes ». Reprenant le slogan des années trente, on affirmait : « Une femme juive n'est pas un luxe, mais un moyen de locomotion [2]. »

---

1. *Treblinka*, de Jean-François Steiner (Paris, Fayard, 1966) décrit de manière brillante et détaillée cette technique d'éducation des masses dociles (*NdA*).

2. Ce slogan (parodié dans *Le Veau d'or* d'Ilf et Petrov, livre populaire entre tous, réédité en 1984 aux éditions Scarabée et Compagnie) concernait les automobiles (*NdT*).

En Géorgie, un tarif s'établit pour les « passeports juifs » et ne cessa ensuite de monter.

Quant aux nouveaux élus, ceux dont le passeport intérieur avec la mention « Juif » était parfaitement en règle, ils se mirent à se laisser pousser la barbe, à se couvrir la tête d'une calotte, à étudier l'hébreu, à se rassembler le samedi auprès de la synagogue.

Par moments, seulement, nous avions la sensation confuse qu'une main invisible dirigeait nos efforts. Il y a en effet une autre règle impérieuse de manipulation des foules : pousser les gens à faire ce qu'ils *ne peuvent pas* ne pas faire !

De notre côté, nous portions de bonne foi des pétitions et des lettres de protestation aux secrétariats de diverses instances officielles, écrivions des lettres au président du Présidium du Soviet suprême, avec copies à la Croix-Rouge, au pape, au secrétaire général de l'ONU, organisions des sit-in et des grèves de la faim, rencontrions en cachette les correspondants étrangers.

Nous luttions, nous nous efforcions d'attirer sur notre lutte l'attention du monde extérieur et il y avait dans cette lutte un sens et une logique.

Nous ne pouvions pas faire autrement.

Autour de nous s'était développé un jeu politique, qui continue de nos jours. A cause de nous, des lois sont promulguées, et des amendements à ces lois, les législateurs se disputant entre eux à qui résoudra le mieux notre problème ; nous provoquons la création de comités, la convocation de conférences et de congrès. Nos problèmes nourrissent quantité de gens.

Et quoique les origines de ce que nous avons sous les yeux soient au plus haut point suspectes, il est impossible de douter de la sincérité de ceux qui, en Occident, soutiennent notre droit à l'émigration, tout comme il est, *a fortiori*, impossible de ne pas croire que nous avons, ou avons eu très sincèrement envie de quitter le pays.

« Nous faisons une exception pour les citoyens d'origine juive. » Tout n'était-il pas très simple, désormais ? Hélas...

En faisant passer les invitations en provenance d'Israël sur la chaîne de montage des visas, les autorités soviétiques introduisirent une certaine diversité ; la chaîne devint presque une loterie... Tantôt on acceptait les « invitations d'État », tantôt on les refusait. Tantôt on n'accordait pas d'importance au degré de parenté des membres de la famille qui invitaient en Israël, tantôt on commençait soudain à chipoter, voire à refuser, en raison de la faiblesse de ces liens. A certains (la majorité) on réclamait la *kharaktéristika* de l'employeur, à d'autres on ne demandait rien [1].

Il y avait aussi le « degré de secret » de la profession du demandeur et dans ce domaine régnait la plus parfaite confusion. Des gens aux professions pourtant stratégiques partaient quelquefois sans difficulté, tandis qu'un vendeur qui avait tenu une échoppe à proximité d'un institut de recherches classé secret se voyait refuser le visa de sortie.

Et la rançon ! Les règles de paiement du visa de sortie et de la renonciation à la citoyenneté soviétique variaient chaque fois, tout comme le remboursement exigé pour les diplômes de fin d'études. Tantôt on exigeait des sommes astronomiques, tantôt on ne demandait rien du tout. Même chose pour l'autorisation écrite de départ donnée par les parents restés en URSS. On la demandait en principe à tout le monde mais, en fait, seulement à certains.

Bref, personne ne pouvait dire d'avance en fonction de quelles règles sa demande serait examinée, quels papiers lui seraient demandés, dans quel délai satisfaction lui serait accordée ou pour quelles raisons on lui refuserait.

En outre, on entretenait une atmosphère de peur. De

---

1. Je connais nombre de cas d'intervention directe des autorités (l'OVIR) auprès des chefs d'entreprise qui refusaient de délivrer la « kharaktristika » et que l'on forçait à le faire. La main du gouvernement était, selon les cas, encourageante ou décourageante (*NdA*).

temps à autre, quelqu'un était arrêté, jugé, envoyé dans un camp. Et ce n'était pas toujours celui qui avait le plus défié les autorités qui était puni. D'autres en faisaient parfois autant, ou même plus, mais ce qui importait était d'en punir un pour faire peur aux autres.

Nous pensions qu'en nous faisant peur on voulait nous faire renoncer à nos projets de départ. Mais si l'on juge d'après les conséquences, il est clair que la peur servait au contraire à renforcer en nous notre détermination.

C'était une forme particulière de pogrome, qui nous incitait par divers moyens à ne pas rester, le pogrome de l'époque du « socialisme réel ».

Comment se comporter ? Être calme, ou provocant ?

« Ils ne respectent que la force ! lançaient les uns, méprisants. X a arboré une étoile à six branches et déployé dans l'antichambre du Présidium du Soviet suprême une affiche avec " Laissez mon peuple partir ! " Eh bien, il est parti hier.

— Sottises, répliquaient les partisans de la diplomatie en coulisses. Hier Y est également parti. On ne savait même pas qu'il avait fait une demande. Et pourtant il était chef d'un département, avec un *droit d'accès* élevé [1] ! »

Maudite incertitude !

Dans cette double imprévisibilité de notre situation, tant au regard des règles qu'à celui des réactions à nos actes, j'avais toujours entrevu un système dissimulé aux observateurs superficiels. Je supposais néanmoins que le principal objectif des autorités était de nous maintenir dans un perpétuel état

---

1. Un des privilèges socioprofessionnels essentiels : le « droit d'accès » (*dopousk*) aux documents secrets, aux catalogues des bibliothèques, etc., dont le pouvoir augmente en fonction du rang du personnage, et du degré de confiance qui lui est fait (*NdT*).

de tension, de nous user les nerfs, de nous démoraliser. Bien sûr, cet aspect des choses existait également. Mais maintenant que j'ai réussi à émigrer en Occident, j'ai découvert d'autres conséquences de l'élévation de l'absence de tout système à la dignité d'un véritable système.

En faisant de l'absurdité la norme et de l'imprévisibilité la règle, on peut faire sous le nez des gens des choses qui auraient autrefois attiré l'attention. Car lorsque n'importe quelle absurdité devient possible, rien ne paraît plus invraisemblable.

Le résultat, c'est que le chef d'un département d'un institut secret obtient son autorisation de départ dans un délai de *trois jours* ; un homme que le Comité central consultait pour des questions d'idéologie reçoit son visa d'émigration vingt jours après avoir déposé sa demande ; une dissidente moscovite fait de fréquents voyages en Occident, où elle reste presque une année de suite, tandis qu'une autre dissidente vivant en Occident se rend en Union soviétique, et personne n'y prête attention. Les gens gobent tout. On a même trouvé une formule commode : « C'est un signe d'hystérie. Les *guébéchniks* sont devenus fous et ne savent plus eux-mêmes ce qu'ils font. »

Nous vivions dans un ghetto invisible. Ayant perdu notre travail dès le moment où nous avions déposé nos papiers, nous nous insérions dans une masse d'hommes et de femmes sans autre source d'intérêt que leur désir de partir. Les « déposeurs » et les « refuzniks » se renfermaient sur eux-mêmes, sur de petites communautés homogènes dont ils se refusaient à sortir, se rencontrant exclusivement entre eux et ne parlant que de départ.

Nous ne pouvions plus revenir en arrière ; nous sauver par la fuite, nous ne le pouvions qu'au moment où nous partirions enfin « là-bas ». Nous avions brûlé nos vaisseaux, nous n'avions plus de quoi vivre et la lutte quotidienne que nous menions, quelque comique que cela puisse sembler à un observateur étranger ou après coup, toutes ces lettres au Soviet suprême, au Comité central et à l'ONU, toutes ces démarches auprès du secrétariat du ministère de l'Intérieur, toutes ces grèves de la faim, tout cela créait entre nous une sorte de lien et nous protégeait efficacement contre un « retour à la normale ».

Qu'il était aisé pour les autorités disposant, dans ce milieu possédé par la fièvre, d'hommes à eux (même peu nombreux) de nous user encore plus les nerfs en répandant des bruits insensés qui semaient alternativement en nous le désespoir et l'espérance !

Était-il difficile pour eux de répandre parmi nous la méfiance et la haine réciproques ?

Était-il difficile, enfin, de tirer hors du lot les gens un à un et, selon le caractère de leurs « clients », de tenir devant eux des propos menaçants, cordiaux ou flatteurs pour les inciter à telle ou telle forme de collaboration, tout en leur promettant comme récompense un départ rapide et discret ou bien, au contraire, mouvementé et dramatique ?

« En URSS je travaillais dans la viande et souffrais d'antisémitisme », trace à grand-peine une main calleuse couverte de poils roux. Un nouvel émigré venu d'URSS remplit le formulaire d'immigration du consulat américain à Rome.

Dans les locaux du HIAS, via Regina Margherita, les Juifs parlent à voix basse. On sent, rien qu'à regarder les grands gaillards en costumes de jean qui ne quittent pas les émigrés de l'œil, qu'il y a ici intérêt à filer doux. Il suffit que l'on passe son nez par la mauvaise porte : aussitôt une armoire à glace surgit et vous siffle au nez : « Vous n'avez pas entendu ce que j'ai dit, de ne pas entrer ? Il faut vous le répéter ? »

Ceux-ci ne sont pas des Américains. Ce sont eux aussi des émigrés. Si l'on peut se permettre une telle analogie, ce sont des sortes d'aide-miliciens ou de « kapos ». Ils sont jeunes, avec des poings énormes, et baragouinent plus ou moins l'anglais.

Ce sont des intermédiaires, des tampons amortissant les chocs entre les « ploucs », tous ces « travailleurs de la viande » arrivés d'URSS et les Juifs américains, employés à plein temps du HIAS et de la Joint, dont nous reparlerons.

On voit bien à quoi ils peuvent servir : les Américains évitent ainsi de se tacher les doigts, tout comme ils peuvent user indirectement avec eux de méthodes de conversation plus musclées que ne les y autoriseraient les convenances.

Et les « kapos », qu'est-ce que tout cela leur rapporte ?

Un petit supplément à leurs rations ordinaires de réfugiés, quelques lires pour leurs cigarettes, l'expérience de ceux qui agissent dans l'ombre et comprennent plus vite que les autres (expérience qui leur sera capitale par la suite), l'espoir d'obtenir plus vite que d'autres leur visa d'entrée aux USA. Le plus important, peut-être, ou tout au moins le plus doux à leur cœur : l'empire, même momentané, qu'ils ont sur leurs frères émigrés.

En outre ils font partie de l'énorme machine qui fait passer annuellement en son sein des dizaines de milliers de personnes. On m'a cité, à l'Agence juive, le chiffre des émigrés en transit dans les seuls centres de Rome, Ostie et Ladispoli : six mille. Le HIAS ne m'a donné aucune évaluation chiffrée, mais chez le père Nil, au centre œcuménique de Rome, on m'a dit qu'il y avait toujours, en moyenne, huit mille émigrés en transit, ce chiffre s'étant déjà élevé à quinze mille, au même moment. Une véritable invasion [1] !

Le train de banlieue qui va de Rome à Ostie ou Ladispoli rappelle n'importe quel train de banlieue d'Union soviétique : on joue aux cartes, on parle de football, les dominos claquent sur les banquettes, quelqu'un crie : « Du poisson ! » Les Italiens se détournent avec des mines dégoûtées. Mais les habitants d'Ostie et de Ladispoli, vides en hiver, sont heureux de recevoir ces barbares privés de toit qui habitent chez eux en basse comme en haute saison et laissent en Italie quelque quarante millions de dollars par an. Tel est le chiffre que l'on m'a cité à l'Agence juive, valable il est vrai avant l'invasion de l'Afghanistan, puisque le flot a, depuis, notablement diminué et s'est même presque tari...

---

1. Les choses se sont modifiées depuis l'invasion de l'Afghanistan : diminution brutale de l'émigration, puis remontée du chiffre, nouveau coup de frein ensuite. Notons un phénomène curieux : au moment même où l'on freinait brutalement la sortie des Juifs d'URSS, les Arméniens et les Allemands soviétiques se mirent soudain à recevoir massivement des visas de sortie, puis ce fut l'autorisation donnée par Castro aux éléments indésirables de quitter Cuba (d'où la transformation de la Floride en un dépotoir, désormais champion des États-Unis pour la criminalité), puis l'émigration polonaise (jusqu'à vingt mille par mois)... Dieu me garde de tirer de ces faits des conclusions ! (*NdA*).

23

ISRAËL OR NOT ISRAËL ?

Tout le monde sait qu'au début la très grande majorité des Juifs émigrés d'URSS partait pour la patrie de leurs ancêtres. Les spécialistes affirment que les Juifs étaient alors mus par l'enthousiasme, par le souvenir orgueilleux de la guerre des Six Jours ou par celui de la guerre du Kippour, encore plus récente.

Les partisans de cette conception affirment, tel le professeur Branover dans le *Jerusalem Post*, que « l'un des motifs les plus puissants pour l'émigration des Juifs d'URSS a été la volonté d'éviter l'assimilation [1] ».

Ils indiquent aussi qu'en novembre 1973, aussitôt après la guerre, les défections à Vienne étaient presque nulles, après quoi la courbe s'est mise à monter en flèche, parallèlement à une forte augmentation du nombre des vieillards parmi ceux qui choisissaient quand même Israël. Ajoutons à cela un petit détail supplémentaire : parmi ces derniers, il y en a encore un certain nombre qui quittent ensuite Israël, nombre qui peut atteindre 7 %, quoique les patriotes optimistes le limitent à 4 %.

Parlons maintenant des « défections à Vienne » et de certaines des causes qui sont à leur origine. Un certain

1. *Jerusalem Post*, 21 juillet 1978 (*NdA*).

nombre de facteurs permanents, que nous ignorions naturellement en Union soviétique mais que les « organes compétents » ne peuvent pas ne pas connaître, permettent de
calculer sans difficulté particulière dans quelle direction
s'orienteront telles ou telles proportions de Juifs émigrés. Et
cela avec une précision bien plus grande qu'en se fondant sur
le degré de ferveur du mouvement sioniste.

Voyons maintenant les facteurs qui rendent ces « défections » pratiquement inévitables.

Le plus élémentaire pour commencer. On laisse entrer
toute une famille en Israël, mais elle n'y trouve aucune
occupation. La notion de patrie devient alors formelle. On
dispose de tous les droits qui vous reviennent et l'on
commence même à en grappiller d'autres, à droite et à
gauche, mais on risque de rester longtemps un réfugié plus
ou moins parasitaire.

Partir aux États-Unis ? On a davantage de chance de s'y
établir sérieusement, sans compter que le niveau de vie y est
bien plus élevé qu'en Israël. Malheureusement, on n'y laisse
entrer ni les malades ni les vieillards. On voit alors se
développer une pratique passablement monstrueuse, avec des
familles juives arrivées à Vienne qui abandonnent leurs vieux,
ne veulent plus en entendre parler. Les pauvres grands-pères
et grands-mères assistent, impuissants, au départ de leurs
enfants et petits-enfants outre-Atlantique tandis qu'eux-
mêmes n'ont d'autre solution que d'aller s'installer seuls en
Israël. Pas très joli, mais que faire ? Ce ne sont pas les émigrés
qui ont imaginé les règles américaines d'immigration !
Reconnaissons, pour être juste, que ce phénomène n'est
apparu qu'assez récemment.

Autre facteur : la décision du Congrès américain, datée
d'octobre 1972, accordant le statut de réfugiés aux Juifs
soviétiques désireux de s'établir ailleurs qu'en Israël. Or le
statut de réfugié signifie, entre autres choses, que l'on peut
entrer aux États-Unis hors quota d'immigration.

Pourquoi donc ce facteur n'a-t-il pas joué immédiatement, pourquoi tout le monde ne s'est-il pas fraternellement précipité vers les États-Unis ?

Il y a à cela plusieurs raisons. On faisait alors beaucoup de bruit autour de l'amendement Jackson, adopté à la même époque. Les Juifs qui obtenaient leur visa de sortie n'avaient pas encore parfaitement saisi toutes les possibilités qui s'offraient désormais à eux. Mais peu à peu, au fur et à mesure que ceux qui arrivaient à Vienne, comprenant ce dont il était question, se dirigeaient vers le centre de tri de Rome et non plus vers Tel-Aviv, au fur et à mesure que la poste apportait en URSS des lettres expliquant ce qu'il fallait faire et comment le faire, où l'on était bien et où l'on était moins, on vit grossir rapidement le fleuve italo-américain. Les émigrés rusés comprirent dès cette époque où était leur intérêt. L'un des leaders du « Mouvement juif pour le retour dans la patrie », sorti peu de temps avant moi d'URSS, ne cachait pas sa pensée : « Ne soyez pas idiot ! me dit-il. De quelles obligations morales peut-il être question ? Qui peut bien avoir besoin de votre *Israël de merde ?* »

Lui-même, notons en passant, sut admirablement s'en servir puisqu'il tira quelques bénéfices substantiels de la « patrie historique » avant de s'établir outre-Atlantique.

Aujourd'hui tout le monde est malin, tout le monde sait ce qu'il faut faire et le samedi, sur le parvis de la synagogue de Moscou, au 10 de la rue Arkhipov, à ce que m'a raconté un émigré récent originaire de Riga qui s'était rendu à Moscou avec une délégation scientifique israélienne, ce n'est pas souvent que l'on entend les gens parler d'Israël comme but de leur voyage. Ils discutent plutôt des mérites comparés des États-Unis, de l'Australie ou du Canada.

Il y a un pays dont on ne parle pas ouvertement, quoiqu'il constitue le rêve secret de bien des Juifs soviétiques : la République fédérale. Si l'on y arrive en prouvant que l'on a perdu toute sa famille de la main des nazis, on peut obtenir une compensation matérielle, après quoi on attend un certain temps, pour recueillir des témoignages selon lesquels on est un authentique « Volksdeutsch », un homme de culture germanique, et l'on obtient la citoyenneté ouest-allemande avec tous les avantages matériels, privilèges, compensations et dédommagements qui en découlent pour un Allemand rapatrié. Mais rares sont ceux qui réussissent à mettre en œuvre ce schéma de rêve.

Autre chose : il n'y avait pas encore, aussitôt après qu'ait été prise la décision du Congrès, l'appareil indispensable pour diriger outre-Atlantique un flux véritablement puissant. Surtout, il n'y avait pas d'organisme matériellement intéressé par cette émigration massive. Or il n'est pas besoin de souligner que, dans des cas semblables, l'intérêt matériel soulève des montagnes. Mais avant de parler de ces questions matérielles, il faut encore rappeler un certain nombre de facteurs d'ordre politique.

Pourquoi, à proprement parler, le gouvernement des États-Unis favorise-t-il l'entrée dans le pays des Juifs soviétiques ? Le statut de réfugié est en effet un privilège considérable.

Les sceptiques affirment que le gouvernement américain n'a pas particulièrement besoin des Juifs soviétiques et que les États-Unis se passeraient bien des truands léningradois et de la « fleur » de la Moldavanka ou du Podol.

Aux États-Unis, les anciens droit commun soviétiques semblent s'être particulièrement bien intégrés à Chicago, où règne la mafia polonaise, mais ils ont également réussi à se faire accepter à New York, où la pègre est sous la domination des Italiens. A Brighton-Beach [1], l'arrivée de nos compatriotes a complètement transformé la physionomie de cette petite ville balnéaire. La réussite a ici été totale. La population de couleur a été évincée, des magasins russes sont apparus un

1. Dans le sud de Brooklyn (*NdT*).

peu partout et la courbe des viols, assassinats, trafics de drogue a baissé vertigineusement pour faire place à celle, tout aussi vertigineuse mais plus innocente, de la saoulographie et des cassages de gueule sur la voie publique. Et Brighton-Beach est devenu un lieu où les Blancs peuvent s'installer, mais non sans obtenir la protection des caïds russo-juifs de la ville.

Cette parenthèse colorée refermée, puisqu'il est évident que ce n'est pas pour créer des Brighton-Beach que le gouvernement américain favorise l'entrée des Juifs soviétiques, quel intérêt réel peut-il donc y avoir ?

Le premier est assez évident. Dans certains états américains, le poids des voix juives est déterminant lors des élections. Les communautés exercent sur le gouvernement une pression pour qu'il sauve les frères juifs d'URSS. Le gouvernement jette un os aux électeurs influents en accédant à leur désir et peut ensuite tranquillement mener comme il l'entend sa politique à l'égard d'Israël.

En second lieu, la défense des droits de l'homme et, en l'occurrence, du droit à la liberté de l'émigration et à la liberté du retour dans le pays constitue un des piliers de la politique extérieure des États-Unis.

On peut penser aussi que les employés des services d'immigration penchent dans une forte mesure dans la même direction, désireux qu'ils sont d'équilibrer avec quelques Blancs les quelque cent mille hommes et femmes de couleur que le pays laisse entrer chaque année.

Ajoutons qu'en vertu de certaines réminiscences historiques, les Juifs russes ont une réputation bien acquise de travailleurs appliqués et de commerçants habiles.

Cela dit, quelle que puisse être la flatteuse réputation des Juifs soviétiques, certaines communautés juives américaines commencent à connaître de sérieuses difficultés concernant l'intégration de ces nouveaux Américains. Pour obtenir le droit d'entrée dans certaines villes, il est indispensable d'y

avoir un membre de sa famille ou bien un garant, sans quoi la
population ferme ses portes à l'intrus.

Mais l'hospitalité des Juifs américains ne va pas s'assécher
d'un seul coup ; elle possède sa force d'inertie propre.
L'immigration soviétique a suscité l'apparition de comités et
de sociétés, de cercles et de « groupes d'initiatives ».
L'établissement social et professionnel des Juifs soviétiques
devient l'affaire de toute la collectivité. C'est un motif à
réunions, à collectes d'argent et de vieux vêtements, à soirées
à tombolas, à pique-niques ou « parties » en tout genre. Les
arrivants sont l'objet d'interviews publiques, du genre :
« Que signifie être juif en Union soviétique ? Parlez-nous de
la renaissance du judaïsme dans ce pays. » Ces formes de
contacts mondains sont irremplaçables pour les habitants, qui
approfondissent avec leurs hôtes les valeurs impérissables du
judaïsme dans le même temps qu'ils font avec eux, une fois
de plus, l'expérience concrète de l' « American way of life ».

Mais il est temps maintenant de parler de la question
financière, ce puissant moteur de toutes les initiatives
sociales.

De tout temps, les Juifs ont aimé et su collecter de l'argent
pour différents objectifs nobles, voire philanthropiques. Le
travail étant particulièrement délicat et susceptible d'induire
en tentation, toutes les organisations juives du monde ont
décidé en 1921 de créer un fonds unifié, l' « Appel juif
unifié » (United Jewish appeal). Tous les versements y
aboutissent, de même qu'il finance toutes les organisations
juives mondiales, en Israël ou hors d'Israël, sionistes et non
sionistes.

C'est le cas, par exemple, du HIAS (Hebrew international
assistance service), organisation qui s'est vouée, depuis le
début des années vingt, à l'installation des Juifs dans les
divers pays du monde, à l'exception d'Israël, ou encore de
l'organisation philanthropique Joint (Joint distribution com-
mittee), comité unifié de répartition de l'assistance finan-

cière : l'une comme l'autre reçoivent de cette caisse commune les fonds indispensables à leur fonctionnement.

Les critères déterminant la nécessité d'une subvention, définissant le bénéficiaire, réglant la quantité des fonds alloués sont très simples : l'urgence, l'importance, le poids social.

Plus une de ces organisations a de travail, plus les fonds alloués sont importants ; plus sa résonance est profonde dans le monde et plus son responsable peut influer sur la répartition des fonds en sa faveur. Mon schéma simplifie un peu les choses, mais en gros cela se passe ainsi.

Avant que les Juifs soviétiques ne repartissent pour un nouvel exode américain, la HIAS s'étiolait, périclitait. C'est aujourd'hui une organisation florissante au nombreux personnel, aux États-Unis et dans les autres pays du monde. Elle compte un appareil particulièrement puissant à Vienne et à Rome [1].

J'ai essayé sans succès de savoir quelles étaient les rémunérations des employés permanents de la HIAS à Rome. Mais si je compare à des organisations américaines similaires de ma connaissance fonctionnant à l'étranger, j'ai l'impression qu'ils ne sont pas dans la misère. Ces rémunérations, les frais de mission, de représentation, les privilèges fiscaux, les allocations de congé qui s'y ajoutent sont une motivation suffisante pour qu'ils défendent leurs fonctions comme des lions, persuadés qu'ils sont d'être dans le vrai et d'être indispensables à leur tâche. Persuader ces hommes que les Juifs qui sortent d'URSS devraient aller en Israël est une tâche impossible : ils sont trop intéressés à ce que la situation actuelle se prolonge le plus longtemps possible.

Il y a aussi les communautés juives d'Australie, du Canada et de Nouvelle-Zélande. Elles aussi ont pris l'habitude d'aider

---

1. Depuis la chute de l'émigration des Juifs d'URSS, la HIAS prête son « savoir-faire » à la migration d'autres peuples (*NdA*).

les Juifs venus d'URSS. Outre le chant choral et les cours de danses populaires juives, elles apportent une aide matérielle aux émigrés, ce qui leur donne l'assurance concrète d'être de bons Juifs agissant pour le bien public. Ainsi que des amis d'Israël, quoiqu'ils n'y vivent pas et ne s'apprêtent pas à y aller. Mais ils ont conscience qu'au fin fond de la Nouvelle-Zélande ils sont capables de faire, de mauvais Juifs soviétiques qu'ils étaient, d'excellents Juifs néo-zélandais.

Voici, à propos de ce dernier pays, comment le voit un dépliant de la HIAS :

« La Nouvelle-Zélande est un très beau pays situé non loin de l'Australie. Il compte deux petites communautés juives désireuses de s'agrandir. Elles ont accueilli jusqu'à maintenant cent familles juives en provenance d'Union soviétique et sont prêtes à en accueillir d'autres cette année. Elles accordent la préférence aux jeunes couples à professions manuelles (non intellectuelles) et aux Juifs purs, prêts à observer les coutumes juives. »

Derrière ces communautés de la diaspora, désireuses de s'agrandir, il y a toute une structure avec une bureaucratie, des partis politiques, des organisations sociales, des parlementaires ou des rabbins influents. C'est une force considérable.

Nous avons déjà cité le chiffre des dépenses effectuées par les émigrés en Italie : quarante millions de dollars par an. Une goutte d'eau dans le budget du pays. Mais pour Ostie et Ladispoli, c'est un véritable fleuve, une prébende que les commerçants et propriétaires d'appartements de ces deux villes ont pris l'habitude de considérer comme leur. Or, derrière eux, il y a les municipalités, les députés, les partis.

On pourrait multiplier les exemples, parmi lesquels Washington ne serait pas le moindre. Il est hors de doute qu'il n'est guère aisé aujourd'hui de s'opposer au fonctionnement de cette énorme machine, dont il faut à nouveau rappeler qu'elle n'a de justification matérielle et morale que tant que la grande masse des Juifs se rend de Vienne à Rome, et de là de l'autre côté de l'Atlantique. Ainsi se noue un écheveau d'intérêts matériels, politiques et moraux.

On objectera qu'il y a aussi Israël et l'Agence juive d'Israël (Sokhnout), dont l'unique souci consiste à veiller à ce que les Juifs se rendent dans la terre de leurs ancêtres.

Je n'en disconviens pas. Mais j'ai devant moi le texte d'un accord conclu en avril 1973 entre le gouvernement des États-Unis d'Amérique, représenté par le Département d'État (« Département ») et l'Appel juif unifié (« la partie intéressée »).

Il y est question de l'octroi à l'Appel juif unifié d'un prêt spécial, sans intérêts, d'un montant de trente et un millions de dollars, à utiliser entre le 1er janvier et le 31 décembre 1973 et permettant la sortie d'URSS, le trajet, l'entretien pendant le trajet et l'établissement en Israël de trente mille émigrés d'URSS.

Ce ne sont pas les différents chapitres des dépenses qui nous intéressent ici, mais d'autres détails.

Ceci : il ressort de tout cela que, sur la base d'un chiffre communiqué par Moscou de manière non officielle [1], on avait planifié *début 73* un départ de Juifs soviétiques chiffré à 30 000. Le chiffre réel le dépassa même de 5 000. Mais ce que je trouve particulièrement intéressant, c'est qu'Israël reçoit, par l'intermédiaire de l'Appel juif unifié, une aide de l'Amérique sur la base des chiffres du plan prévisionnel concernant la *sortie d'URSS*. Or personne ne sait, sur ces 30 000 émigrés, combien arriveront réellement en Israël.

Je ne parle même pas du fait que le montant en dollars de l'allocation par habitant est calculé sur la base de l'accueil en Israël de chaque émigré dans un *ulpan*, c'est-à-dire un centre d'absorption, où on lui apprend l'hébreu et où il se familiarise

---

1. « Fuite » lors d'une réception diplomatique, ou autre moyen utilisé ? (*NdA*).

avec la vie en Israël. En réalité tous sont loin de passer par des ulpans. Ce n'est le cas que de ceux qui ont une instruction supérieure. On a prévu pour tous les arrivants des cours de recyclage, que personne ou presque ne fréquente. Une bonne partie des fonds est destinée à la construction, mais personne ne construit rien.

Tout fonctionnaire israélien qui se respecte vous parlera de la nécessité de stimuler l'émigration en provenance d'Union soviétique. C'est un thème fréquent chez les hommes politiques. Mais le système de financement de l'établissement des nouveaux arrivants est conçu de telle sorte que, dans les faits, les Israéliens qui participent à ce financement ont moins intérêt à l'arrivée en Israël de Juifs soviétiques qu'à leur simple sortie d'URSS.

Certes, il y a en Israël le ministère de l'Absorption. On pourrait penser qu'il a directement intérêt, s'il veut justifier son existence, à soutenir l'arrivée effective en Israël de Juifs soviétiques !

Incontestablement. Mais le ministère de l'Absorption fait partie du gouvernement israélien et on voit ici jouer les lois de la lutte politique et de l'équilibre des forces en présence.

Du point de vue des électeurs, les ressortissants originaires d'Union soviétique ne représentent en Israël aucune valeur particulière.

Les ressortissants originaires des États-Unis ou d'Afrique du Sud, moins nombreux dans le pays, ont des députés à la Knesseth, tandis que les ex-Soviétiques n'ont personne pour les représenter.

Pourquoi, demandera-t-on, les Israéliens venus d'URSS ne sont-ils pas devenus dans ce pays une grande force politique ? Il y a bien parmi eux des citoyens parfaitement assimilés, connaissant bien la langue, possédant une solide situation sociale ? Sans doute est-ce parce que les relations entre leaders de l'*alia* russe n'ont jamais pu être spontanées. Chaque fois que commençait à baisser la tension de leur dénigrement réciproque ou que se refroidissait un tant soit peu le feu des passions qui les opposaient, on a tout fait pour que les zizanies se rallument, en sorte que l'Union des ressortissants originaires d'URSS est restée ce qu'elle était : un centre de parlottes.

L'expérience historique a appris à Moscou qu'elle avait intérêt à maintenir dans le monde une présence russe disséminée, numériquement importante et permanente. Les envoyés en mission ne suffisaient plus. La décision prise à un niveau élevé d'expulser hors du pays une fraction de la population n'a acquis une forme rationnelle qu'au bout d'un certain temps.

Le désir instinctif de se débarrasser d'un corps étranger, source de troubles et menace diffuse, s'est ici accompagné d'un solide antisémitisme viscéral que l'on a justifié à ses propres yeux par le désir de se garantir contre les attaques d'antisémites encore plus féroces au sein de la direction.

Au fur et à mesure de l'opération, son sens devint plus clair. Ce qui n'était au début qu'un élan devint une opération pour épurer les arrières de l'État et renforcer son unité morale et politique « à la lumière des événements récents, qui ont montré ce qu'il fallait en penser, et en prévision des événements à venir, qui le montreraient tout aussi bien ».

La ligne stratégique principale s'enrichit alors de compléments tactiques ou de considérations opérationnelles, selon les objectifs des échelons de l'appareil où elle était arrivée. Ces considérations tactiques acquirent ensuite parfois une vie autonome.

Quelle ironie ! Il arrive que nous devenions une particule d'un dessein général qui nous échappe au moment même où nous prenons, en toute indépendance et en parfaite liberté, une décision qui fut parfois la plus douloureuse et la plus importante de notre vie.

24

LE SYSTÈME

« Vous n'arrêtez pas de me demander comment il
se fait qu'une réalité soit véritable et l'autre
soviétique. Et pourtant je ne cesse d'essayer de
vous le faire entrer dans la caboche : c'est Satan
qui, désespérant de ses tentatives pour tuer d'une
manière ou d'une autre la conscience qui relie
l'Ame à la réalité créée par Dieu, Satan, jaloux de
Dieu, qui a complètement perdu la tête et décidé
de créer une nouvelle réalité, la réalité soviétique,
après quoi apparaîtront d'elles-mêmes des âmes
mortes et privées de conscience du genre de la
vôtre, citoyen Gourov. Et ce système sans âme
vous liera tous de liens universels... »

Youz Alechkovski, *Le Poing*

Dans une école maternelle du quartier des Prolétaires, à
Moscou, une institutrice demanda à un petit Arik à la
tignasse rousse, à qui papa et maman avaient bien dit de ne
rien révéler de l'invitation reçue d'Israël ni des démarches et
des préparatifs : « Arik, pourquoi ne dors-tu pas ? — Je
pense, répondit l'enfant. — Et à quoi donc penses-tu ?
demanda l'institutrice. — Vous croyez peut-être que je n'ai
pas à quoi penser ? » répliqua Arik avec un gros soupir.

Des milliers, des dizaines de milliers de Juifs soviétiques

se sont retournés des nuits entières dans leurs lits en repensant toujours à la même chose : « Si je ne laisse pas passer l'occasion, si je ne suis pas en retard, si je ne fais pas l'imbécile, si je prends la décision irrévocable de brûler mes vaisseaux et de détruire une existence odieuse, mais assurée, alors nous pourrons partir ! »

La peur de l'inconnu et l'avant-goût voluptueux de la nouveauté déchiraient les âmes.

C'est le temps des premières hésitations, de la première décision libre et libératrice d'une importance vraiment vitale, des premières angoisses sérieuses.

Pensant encore que les autorités étaient pour de bon préoccupées par la sincérité de notre intention de nous « réunir avec notre famille », ainsi que par la pureté de notre sang juif, nous dépensions des trésors d'astuce à composer des biographies cohérentes où l'on pût faire entrer l'oncle qui aurait quitté avant la guerre le pays pour l'Occident, puis pour Israël.

L'invitation de la famille ?

Rares étaient alors ceux qui savaient qu'en cas de nécessité on trouverait à Moscou des « formulaires d'invitation » vierges dans les tiroirs des « organes compétents ». Je sais que l'on a proposé de tels formulaires, que l'on remplissait sur-le-champ, à des gens dont on voulait se débarrasser et que ceux-ci ont accepté de partir « selon le régime général », c'est-à-dire soi-disant pour Israël. Cela ne s'est pas produit, à vrai dire, tout de suite. Aujourd'hui, on donne parfois le visa pour Israël à des citoyens soviétiques purement russes, et sans même d'invitation. Pourquoi s'en choquer ? Ce sont les autorités soviétiques qui exigent cette « invitation » ; c'est donc à elles de décider quand on en a besoin et quand on peut s'en passer !

Mais à mon époque, alors qu'on ne parlait pas encore de départs pour Israël « selon le régime général », les règles du jeu étaient différentes.

Un homme qui avait décidé de « se réunir avec sa famille », suivant l'expression officielle, cherchait parmi ses connaissances un Juif sur le point de « partir se réunir », ou bien allait voir un « refuznik », activiste de l'*alia*. Ce dernier était le meilleur conseiller pour savoir comment et par qui faire envoyer la requête en Israël. Ayant été moi-même et « refuznik » et « activiste de l'alia », j'ai fait plus d'une fois ce genre de choses.

Il y avait toujours foule autour des Juifs en partance et autour des activistes, en sorte qu'on peut présumer que les organes de sécurité faisaient des annotations dans votre dossier avant même que les données officielles vous concernant n'arrivent en Israël.

Je ne vois pas de raisons sérieuses empêchant les autorités, à ce stade des opérations, de couper court à toute intention de départ. Il n'est absolument pas nécessaire, dans les conditions d'existence de l'URSS, d'expliquer à quelqu'un comment ses intentions sont parvenues à la connaissance des autorités. Si un homme qui a ainsi sollicité une invitation était convoqué « où il se doit » et se voyait affirmer d'emblée qu'il ne partirait nulle part, dans 99 % des cas ce risque-tout renoncerait à son entreprise.

Ce cas se présentait rarement.

Il arrive cependant un moment où les autorités savent officiellement que vous avez reçu une invitation. La lourde machine administrative et policière s'ébranle lentement. C'est à ce moment, à mon avis, que se précise (si cela n'a déjà été fait) l'attitude générale des autorités envers votre intention de quitter la Mère-Patrie.

C'est avec le sentiment d'accomplir un acte d'héroïsme, et toutes les fibres de votre être qui se dressent à l'intérieur de vous contre le totalitarisme, que vous vous rendez à l'OVIR. S'il vous venait à l'esprit que les autorités ont depuis longtemps décidé de se débarrasser, pour le moins, de quelques centaines de milliers de Juifs et que l'on vous mettra dehors par tous les moyens bons ou mauvais, vous ne seriez pas comme vous l'êtes mort de peur et vous vous poseriez même des questions.

Mais votre existence passée, cette vie morne, grise et fade, vous a appris à considérer le départ d'URSS comme un miracle salvateur et un immense privilège. Et vous avez une peur bleue d'effaroucher la chance qui vous a souri.

Ceux, extrêmement peu nombreux, qui ont compris le fond des choses, discutent comme des marchands de tapis et obtiennent des autorités différents privilèges, comme des conditions de départ avantageuses, avec un certain tapage publicitaire.

Or si vous voulez simplement partir, il ne *peut pas* vous venir à l'esprit que votre désir coïncide avec celui des autorités. Et vous ne remarquez pas que l'inspectrice de l'OVIR qui reçoit vos documents parcourt d'un œil rapide et indifférent le papier composé par vous avec tant de minutie, où vous décrivez d'une manière si convaincante la parenté qui vous lie à la tante de Tel-Aviv... Vous ne pensez d'ailleurs qu'à une chose : à ne pas oublier, surtout, le nom de la brave dame !

Mais l'inspectrice de l'OVIR se fiche éperdumment de votre degré de parenté avec votre famille d'Israël. En effet, de deux choses l'une : ou bien l'on vous laissera sortir et vous pouvez dans ce cas écrire ce qu'il vous plaît, être russe à 100 % et déclarer que le président israélien est votre frère, ou bien on a décidé de vous refuser et dans ce cas même si votre propre mère habite Israêl, vous ne la rejoindrez jamais.

En outre, l'OVIR en tant que tel ne décide rien.

Mais voici que tous les papiers exigés par les règlements du moment sont enfin réunis. Vous donnez à l'OVIR votre déclaration d'intention, la *kharaktéristika* de votre employeur, le certificat de votre office de logement, l'invitation, la quittance bancaire attestant que vous avez effectué votre premier versement pour le visa.

Que se passe-t-il alors ? Ce sont des détails que j'ai appris après mon départ. (L'homme qui me l'a raconté s'occupait de ces affaires. Il s'est décidé depuis à passer en Occident.)

A l'intérieur de l'OVIR, votre déclaration passe de la réception au secrétariat, qui la transmet au directeur des services. Celui-ci y appose un avis favorable et transmet à son tour la déclaration, avec tous les papiers qui vont avec, à un fonctionnaire de la police, un « collaborateur opérationnel ». Ce dernier commence alors à réunir votre dossier d'émigration.

Premier stade : la constitution d'un DOPR, ou « dossier de contrôle opérationnel [1] ».

Le « collaborateur opérationnel » commence son travail en donnant à votre dossier une forme réglementaire. Cela signifie qu'il doit être dûment enregistré, puis sanctionné par le chef hiérarchique immédiat du « collaborateur opérationnel », lequel le transmet au-dessus de lui et ainsi de suite jusqu'au chef de la direction locale ou au vice-ministre de l'Intérieur. Lorsque la dernière signature, le dernier cachet ont été apposés, le processus de contrôle opérationnel peut commencer. Je rappelle que cela ne concerne, pour l'instant que le MVD, l'Intérieur.

Tout d'abord, on vérifie par l'intermédiaire de la première section spéciale, ou par celui de la section d'enregistrement des agents, que l'intéressé n'appartient pas au personnel du MVD, ni à ses agents ordinaires ou spéciaux. On vérifie également s'il a un casier judiciaire ou s'il a eu des liens avec des personnes qui auraient pu intéresser les instances répressives du MVD.

On fait la même chose, parallèlement, pour tous les proches parents de l'intéressé. La chose est un peu plus simple quand il s'agit de la demande collective de toute une famille.

Rien de particulier pour l'instant. Dans bien des pays

---

1. En russe : « diélo opérativnoï provierki » (*NdT*).

autres que l'URSS, l'obtention d'un passeport permettant de se rendre à l'étranger ou la sortie du territoire national sont liées à un contrôle du casier judiciaire et du dossier de police vous concernant. En quittant Israël, j'ai moi-même reçu de la police de ce pays un certificat selon lequel je n'avais commis aucun délit et ne cherchais pas à fuir des dettes ou une convocation au tribunal.

Mais en Israël il s'agit du simple contrôle du fichier de police et, si vous êtes vierge au regard de la loi, vous obtenez sans problèmes le certificat dont vous avez besoin ainsi que le passeport qui lui fait suite. En Russie, ce n'est que le début.

Lorsque le premier contrôle de ce type a été effectué, on met en branle un mécanisme « opérationnel par informateurs ». Cela signifie que des renseignements vous concernant, ainsi que vos proches parents, vont maintenant être collectés en interrogeant vos voisins, vos amis, vos collègues de bureau. Toujours naturellement, dans le plus parfait secret.

Tout cela reste encore un lieu commun, un contrôle minimal, dans le cas bien sûr où votre profil est transparent pour les autorités et où vous ne les obligez à se poser aucune question particulière à votre sujet.

Si par contre certains points restent obscurs, on met en train un nouveau dossier. C'est ce que l'on appelle le DOR ou DOAR, c'est-à-dire le « dossier d'étude opérationnelle », ou d'« étude opérationnelle par informateurs [1] ». Vous êtes maintenant l'objet d'une attention particulière. On recrute des agents dans votre entourage immédiat ou bien l'on utilise ceux qui existent déjà autour de vous. On peut monter des filatures extérieures de vos activités et prendre des « mesures-lettres [2] », comme de brancher votre téléphone sur écoutes ou de perlustrer votre correspondance, etc.

---

1. « Diélo opérativnoï (op-aguentournoï) razrabotki » (*NdT*).
2. Désignées par des lettres de l'alphabet (« literniyé miéropriyatié ») (*NdT*).

Les matériaux sont enfin réunis. On sait en principe tout sur vous. Le « collaborateur opérationnel » qui a été désigné synthétise les renseignements obtenus, porte l'appréciation correspondante et clôture le dossier. Serait-ce la fin ?

Pas le moins du monde. Le « collaborateur opérationnel » donne ses conclusions et votre affaire passe maintenant au contrôle de la « section des départs » ou (dans les républiques fédérées) du « département » du KGB. Il n'était en effet question jusqu'à maintenant que du MVD.

Fini de rire. Les choses sérieuses peuvent commencer.

Tout d'abord, comme précédemment pour l'Intérieur, on vérifie que l'intéressé n'appartient ni au personnel ni aux agents du KGB. On vérifie qu'il n'appartient pas, ou n'a pas appartenu, aux organes de sécurité de l'armée. La question du casier judiciaire se pose également différemment. En effet, vous avez peut-être été inculpé, voire mis en prison à une époque quelconque et vos antécédents peuvent, pour une raison ou pour une autre, avoir été rayés au moment du contrôle. Ou bien vous avez été jugé par un tribunal militaire, ou condamné pour une affaire politique, ou encore jugé par une « Conférence spéciale » (OSO).

Tout cela n'a laissé aucune trace dans les archives du MVD, comme on n'y trouve aucune trace de vos petits péchés de caractère politique : contacts avec des étrangers, correspondance avec l'étranger, parents vivant hors des frontières de votre cher pays. Or les archives du KGB, elles, gardent tout cela dans les plus petits détails.

Maintenant, si la chose est nécessaire, le KGB constitue sur vous un DOR, ou un DOAR, c'est-à-dire que ce sont les mouchards du KGB qui vont vous suivre dans la rue, ses agents qui entameront avec vous des « conversations à cœur ouvert », son matériel qui espionnera vos communications téléphoniques, ses collaborateurs qui vous photographieront quand vous sortirez, etc.

Si vous n'étiez pas au berceau à l'époque de la guerre, on interrogera encore les Archives principales du KGB, à Novosibirsk. C'est là que l'on conserve les dossiers de tous ceux qui ont été inculpés pour « crimes d'État » ou « crimes militaires », certains d'une particulière gravité : s'être trouvé sur le territoire occupé par l'ennemi ou avoir fait de la résistance !

Ce doit être tout ? Hélas... On pourrait avoir encore oublié quelque chose ! Aussi les données collectées jusqu'à présent sur l'intéressé sont-elles encore reproduites sur des imprimés spéciaux et envoyées en autant d'exemplaires qu'il est nécessaire aux différents membres de la « section des départs », cela au cas où l'un d'entre eux aurait sur vous des renseignements complémentaires. Si ce n'est pas le cas, le destinataire inscrit sur l'imprimé, dans la rubrique correspondante, qu'il « ne possède pas de renseignements » et appose sa signature, chose qu'il ne fait pas sans avoir mûrement réfléchi et laissé encore passer du temps.

Est-ce bien tout ? Bien sûr que non ! Il faut maintenant que le dossier soit clôturé par un « responsable opérationnel » du KGB, après quoi il doit recevoir la sanction de la direction de la « section des départs », ou du « département », de la Seconde direction du Guébé.

Et ce n'est qu'après cela que... Non, on ne vous donne pas votre visa. Mais votre dossier peut enfin être envoyé à la commission des départs du Comité central du parti, qui décidera définitivement dans quelle mesure votre départ est « opportun » et « correspond à l'intérêt de l'État ». Et s'il ne correspond nullement à cet intérêt, eh bien ! vous n'irez nulle part.

Peut-on vraiment dire, comme certains, qu'on « est sorti parce qu'on a été plus malin qu'eux », ou que le Guébé « a fait une bourde » ? Essayez un peu dans ces conditions de vous faire passer pour un autre que vous, ou de dissimuler des détails de votre passé !

Mais de semaine en semaine, de mois en mois, d'année en année, des hommes et des femmes commandent en Israël des invitations et personne ne les empêche de le faire.

Parfait, direz-vous. Mais les difficultés ? Les persécutions ? Elles existent bien ?

Les difficultés sont destinées à un cercle relativement restreint de personnes et n'ont qu'un sens : servir de succédané aux bons vieux pogromes d'autrefois. Il faut que ceux qui partent, et le monde entier, comprennent que la souricière peut à tout moment se refermer, le flot se tarir. Stimulés par l'exemple amer de ceux qui n'ont pas eu leur chance, ceux qui vont partir poussent encore plus fort pour faire ouvrir les portes.

Les conditions du départ ! Ce n'est pas uniquement le départ lui-même, ni un exemple et un enseignement donnés aux autres. C'est parfois aussi le destin futur d'un homme en Occident qui se décide alors.

Lorsque j'ai reçu mon visa de sortie, on m'avait fait subir le contrôle standard, qui avait duré deux mois et dix jours, une durée absolument normale. Mais deux jours avant mon départ on me retira mon visa.

En me communiquant cette décision, l'inspectrice de l'OVIR Margarita Kochéliéva, surnommée Elsa Koch, ajouta : « Et pas d'excès ! Tous les postes frontière ont été prévenus [1] ! »

J'ai vérifié plus tard : il en est bien ainsi. Dès que votre visa de sortie est annulé, l'ordre de ne pas vous laisser sortir est immédiatement transmis à tous les postes de contrôle des passeports.

J'ai passé environ un an dans la situation de « refuznik ». C'est une longue histoire, que j'ai racontée dans mon précédent livre. Il s'agit ici d'autre chose. Au cours des mois où, par diverses manœuvres, je m'efforçais de convaincre

---

1. Voir C. Henkine, *op. cit.*, p. 321 (*NdT*).

indirectement les autorités qu'il était plus avantageux et plus opportun pour elles de me laisser partir, un certain nombre de personnes (j'en connais personnellement deux) ont quitté le pays après que l'OVIR leur eut fait savoir que leurs visas avaient été annulés.

Dans les deux cas connus de moi, ces hommes pleins d'ingéniosité, de courage et de résolution se sont immédiatement rendus, entourés d'une foule d'amis, à l'aéroport d'où ils ont décollé le jour même, frappant tous ceux qui les entouraient par leur présence d'esprit et leur audace.

De même que le procès soudain intenté contre un « activiste », la veille même de son départ, attire sur lui l'attention de l'Occident et décide de l'accueil qui lui sera réservé une fois arrivé, de même le truc du départ ridiculisant les autorités peut difficilement être considéré comme une bévue de celles-ci. C'est bien plutôt un procédé concerté, la dernière touche apportée au portrait du partant.

Ne pas oublier : ce sont les autorités qui décident si l'on partira avec fracas et panache ou bien à la sauvette, en se faisant tout petit et en se hâtant.

Autre point essentiel que nous devons constamment garder à l'esprit : toute la nouvelle émigration, du Juif ordinaire parti « selon le régime général » aux caïds de la dissidence, est sortie après un examen minutieux de chaque cas particulier, une étude attentive de chaque dossier. Pour chacun de ces départs et à chaque étape de la procédure, la décision a été prise compte tenu de toutes les circonstances et de l'intérêt du régime.

Le résultat, c'est que, même sans prendre d'engagements personnels particuliers, ces hommes et ces femmes demeurent prisonniers du caractère de leur émigration et de leurs propres relations avec les autres parcelles du flux émigré, en particulier les autres représentants de la pensée « non-conformiste ».

L'Okhrana tsariste veillait déjà à ce que des hommes à elle se substituassent aux révolutionnaires émigrés ou arrêtés. Pourquoi en irait-il autrement aujourd'hui, quand le processus de sortie du pays est devenu massif et qu'il est entièrement contrôlé et réglé par les autorités ?

D'autant plus qu'en quittant l'URSS nous y laissons tous des parents, des amis, des relations...

On voit sans cesse apparaître de nouveaux procédés, la technique déjà existante ne cesse de se perfectionner.

Je mettais déjà la dernière main à ce livre lorsque j'ai appris l'histoire suivante.

Dans un pays d'Europe occidentale, que je ne nommerai pas dans la mesure où la presse n'en a pas encore parlé, un Soviétique qui venait d'être nommé adjoint du « résident » officieux du KGB dans ce pays avait fait défection. Les services de contre-espionnage qui lui avaient donné asile l'interrogèrent soigneusement. Un homme qui avait eu accès à ces renseignements me fit part de celles de ses dépositions qui concernaient l'émigration. Un récit de troisième main ne saurait être d'une parfaite exactitude, mais je pense que l'idée d'ensemble reste correcte.

D'après ce que racontait le défecteur, voici une des méthodes que l'on pratique aujourd'hui en URSS.

Des agents triés sur le volet, généralement membres d'un institut de recherches ou professeurs de l'enseignement supérieur (hommes, en règle générale, déjà infiltrés dans les milieux dissidents), sont mutés en province, réellement ou fictivement. C'est la disgrâce. Après quoi, prudemment d'abord puis avec de plus en plus d'audace, l'agent entreprend une correspondance, directe ou par l'intermédiaire d'un courrier (qui souvent ne se doute de rien), avec une maison d'édition émigrée. Il laisse entendre que leurs points de vue politiques sont proches, donne des conseils prudents et amicaux, fait allusion à son désir de collaborer régulièrement avec elle. Avoir un correspondant personnel en URSS est le rêve de toute publication émigrée. Un tel correspondant est non seulement un auteur appréciable, mais encore un conseiller irremplaçable, toujours prêt à corriger le tir de la propagande.

Bientôt arrive d'Occident, pour rencontrer le nouveau sympathisant, un émissaire chargé de la liaison. Un rendez-vous clandestin a lieu à Moscou, où le sympathisant arrive spécialement de sa province (son « limogeage » ne pouvant naturellement s'expliquer que par ses idées dissidentes). Quelque temps plus tard, l'émissaire repart, fatigué mais satisfait d'avoir mis sur pied les conditions des liaisons à venir.

Par des canaux sûrs, des articles du nouveau correspondant commencent à arriver d'URSS. Fondés sur des documents des plus sérieux, ceux-ci analysent les grands problèmes du jour, critiquent la réalité soviétique et proposent des solutions qui, bien sûr, coïncident avec la ligne politique de la revue, qu'ils confirment dans la justesse de ses vues. Il faut vraiment les lire à la loupe pour remarquer qu'on a introduit, çà et là, des idées correspondant aux objectifs globaux du Comité central du PCUS. Parfois même ce n'est pas le cas : les articles sont incolores, inodores et parfaitement académiques, ce qui fait leur valeur. Mais écrits dans l'antre de l'ennemi ! En revanche, dans ses lettres d'accompagnement, le correspondant prodigue les conseils : écrivez ceci, n'écrivez pas cela, n'oubliez pas que nous sommes, nous, en Union soviétique... Et il arrive parfois que, sur telle ou telle question pour laquelle il semblerait que tout soit parfaitement clair, la publication émigrée adopte soudain une position qui va dans le sens des intérêts de Moscou. « On nous l'a conseillé de là-bas ! Eux y voient plus clair ! »

On comprend aisément pourquoi ces correspondants vivent, en général (réellement ou fictivement), en province.

Outre le personnage de dissident persécuté qu'ils contribuent ainsi à accréditer aux yeux de l'Occident, il y a à cela une raison pratique. Moscou est presque une ville ouverte. Même à Léningrad et à Kiev il y a des moyens, pour des Occidentaux, de vérifier avec qui ils correspondent en réalité. Les petits trous de province n'ont pas cet inconvénient. Essayez un peu de découvrir le véritable visage d'un homme vivant et travaillant dans une ville où, de mémoire d'homme, on n'a jamais laissé entrer un étranger ! Impossible de lui tomber dessus à l'improviste.

Ce sont peut-être là de petits détails, mais ils montrent l'intérêt constant que les Soviétiques manifestent pour l'émigration russe...

La véracité de cette histoire (et de toutes celles que le défecteur raconta alors) est encore accrue, à mes yeux, par un petit détail. L'homme qui est à son origine fut tué quelques mois après son passage à l'Ouest.

25

LE DOSSIER

Le rêve de toute police politique : avoir sur chaque citoyen du pays un dossier complet.

Le dossier ! L'affaire, la chemise cartonnée, la carte perforée ou la bande magnétique où sont enregistrés tous les renseignements, tout ce qui est arrivé à un individu depuis qu'il est né, et même avant. Il n'est pas sans intérêt en effet de connaître son hérédité, ainsi que les traditions, sympathies ou antipathies propres à sa famille.

Il est presque impossible d'expliquer à un Occidental combien de fois, au cours de son existence, un citoyen soviétique est l'objet de contrôles, combien de questionnaires il se voit obligé de remplir. Et chaque fois qu'il est l'objet d'un intérêt particulier, on interroge à son sujet ses voisins, ses amis, ses parents, ses médecins traitants, ses maîtresses s'il en a.

Non seulement nous sommes tous le produit du même milieu, formés par le même régime, ce qui nous rend transparents, mais les autorités savent aussi sur chacun de nous qui est d'une honnêteté scrupuleuse et qui est un arnaqueur, qui est un grippe-sou et qui un gaspilleur, qui est un cynique et qui un romantique facile à duper, qui est avare et qui a les poches percées, qui est un menteur et qui un fanatique de la vérité.

Nos sympathies et nos antipathies, nos attachements, nos secrets de famille, nos préférences gastronomiques et nos habitudes sexuelles, tout est noté dans le dossier. La dioptrie de nos lunettes, la taille de nos chemises, la pointure de nos chaussures, ainsi que nos dimensions les plus intimes !

Aux dires des personnes compétentes, environ 60 % de ceux qui partent laissent également dans leur dossier une promesse écrite de collaborer loyalement avec les services de renseignement soviétiques. Mais c'est là, quand on a le visa en poche, une vétille sans importance. Une fois arrivé dans le monde libre, qui va encore vous contraindre à quoi que ce soit ?...

Aucune crainte à avoir. Le papier que l'on a signé n'est que la manifestation concrète du dernier contrôle avant le départ, une sorte de test psychologique d'adieu.

Mais lorsque le citoyen ex-soviétique qui a rejoint sa tante à Tel-Aviv ou bien a débarqué à New York se trouvera occuper des fonctions où il peut être utile, et que le fonctionnaire du Guébé à qui l'on a confié le soin de vérifier dans son dossier la présence ou l'absence du fameux papier pourra écrire dans la note de renseignements qu'il enverra à la « résidence » locale que l'intéressé « est susceptible d'être recruté », ce sera l'affaire du « résident » de décider comment en user avec lui : par la menace, la persuasion ou l'argent.

Ces malencontreuses signatures conduisent parfois à de pittoresques anecdotes.

Un émigré récent n'avait pas dépassé Rome qu'il souffrait déjà du mal du pays. Il se rendit aussitôt à l'ambassade d'URSS pour demander l'autorisation de rentrer. Le fonctionnaire qui le reçut montra de la compréhension pour sa requête mais, tirant d'un coffre-fort l'engagement écrit que son visiteur avait signé avant son départ, il lui proposa de rendre un petit service afin de mériter son retour. Il lui fallait établir le contact avec une organisation émigrée et donner des informations à son sujet.

L'émigré, que nous nommerons O*, prit les contacts demandés et fit bientôt son apparition au QG de l'organisation, dans un autre pays.

La visite de O* provoqua l'étonnement. Il ne pouvait, à l'époque, posséder de papiers l'autorisant à circuler librement d'un pays à l'autre. On apprit ensuite que O* était venu avec un passeport français falsifié, qu'il s'était engagé à renvoyer immédiatement par la poste. Il n'avait pas l'intention de retourner à Rome. On le reconduisit néanmoins et on rompit les ponts.

De retour à Rome, O* réclama à nouveau à l'ambassade soviétique le droit de rentrer en URSS. On le félicita de son patriotisme et on lui « proposa » à nouveau de rendre un « petit service ». Il devait cette fois se rendre en Israël, ce qu'il fit. Il en revint cette fois avec un autre passeport.

On l'envoya ensuite en Afrique, avec un passeport des plus respectables et une somme d'argent assez considérable.

Une idée audacieuse vint à O* au cours de son voyage. Disposant de papiers de bonne qualité, ainsi que de moyens financiers, il décida de se rendre en URSS à ses risques et périls. Clandestinement, s'il le fallait.

La première étape de son voyage fut la Yougoslavie, la seconde la Bulgarie. Au cours de cette dernière, il suffit aux autorités locales de jeter un rapide coup d'œil à ses lettres de créance pour qu'on l'arrête, le flanque en prison pour 48 heures et le remette à la disposition du consulat soviétique, qui le réexpédia... à Rome !

En gros, tout recommença à zéro. Mais cette fois, il lui fallait, pour mériter son rapatriement, se rendre à Berlin-Ouest, sous son propre nom, et y travailler pour les services secrets soviétiques, en passant de temps à autre en zone orientale pour rendre compte.

Le temps passait et rien ne laissait présager un retour dans la mère patrie. O* comprit qu'on le menait par le bout du nez et tenta un coup d'éclat.

Il se présenta devant les autorités berlinoises de l'Ouest pour faire amende honorable. Il raconta tout ce qu'il avait vécu depuis son départ d'URSS et exigea d'être expulsé en direction de ce pays.

Nouvel échec. Il ne parvint pas à être expulsé mais, comme il avait quand même fait de l'espionnage contre Berlin-Ouest, on le garda quelque temps en prison avant de le mettre à la rue en lui proposant d'aller où bon lui semblait.

Ensuite, les traces de O* se perdent. Je l'ai personnellement perdu de vue au moment où il disparut de Radio Liberté, pour laquelle il avait envoyé durant un certain temps des articles de Berlin-Ouest, en russe. Mais je ne connaissais pas à l'époque ses aventures si passionnantes, que l'on ne m'a racontées que récemment...

Tout le monde ne donne pas de tels gages. Une petite moitié des émigrés est sortie d'URSS, de ce point de vue, vierge. Mais le Guébé sait aussi à leur sujet comment on peut les pousser à se brûler la cervelle, comment détruire leurs familles, comment les intimider.

Des gens dont le KGB sait tout ce que l'imagination peut suggérer, il en est sorti vers l'Occident près de 300 000.

Aussi, comme l'écrivait Tchékhov : « Ne t'en fais pas, gendarme [1] ! »

La publication dans *Continent* [2] d'un extrait du présent livre, où j'évoque le cas de ces 60 % d'émigrés qui signent avant leur départ un engagement de collaboration avec les « orga-

1. Voir Tchékhov, *Le Registre des réclamations, Œuvres*, Lausanne, Éd. Rencontre, 1984, t. I, p. 284 (*NdT*).
2. Revue de langue russe publiée à Paris (directeur : Vladimir Maximov) (*NdT*).

nes », a suscité des réactions inattendues. Je ne pensais pas qu'autant de gens se sentiraient mis en cause et à l'étroit dans le cadre pourtant confortable des 40 % restants. Et pourtant, si j'avais écrit que parmi les émigrés il y avait 60 % d'imbéciles, les mêmes m'auraient tourné en ridicule, en affirmant qu'il y en a bien plus !

En réponse à ceux qui m'ont menacé par écrit, verbalement ou par des tiers, en déclarant qu'en avançant ce pourcentage de 60 % je les avais personnellement offensés, je ne dirai rien, ce serait inutile. Mais pour les autres, je suis prêt à donner quelques éclaircissements.

Ce chiffre m'a été donné de deux sources différentes, tout d'abord par un homme qui s'occupait à une date encore récente directement de ces choses-là, ensuite en Israël, où l'on m'a fourni, dans une administration des plus sérieuses, une évaluation du même ordre.

Mes deux sources m'ont indiqué en même temps la chose suivante : ceux qui s'occupent de recruter les candidats au départ, tâche purement mécanique qui leur est imposée d'en haut, estiment que, parmi ceux qui leur ont donné des assurances écrites, *au maximum 2 %* pourront un jour trouver une utilité opérationnelle. Les autres, pour une raison ou pour une autre, resteront au fond du panier, ou bien se révéleront sans intérêt.

Autre détail : il faut également tenir compte de l'atmosphère dans laquelle tout cela se produit souvent. Notre homme a vendu ou distribué tout ce qu'il pouvait et fait ses paquets. Il est maintenant, comme on dit, « assis sur ses valises ». Et voilà qu'on lui dit qu'on lui retirera son visa s'il ne signe pas... Jetez-lui la pierre si le cœur vous en dit, personnellement je m'y refuse. L'exemple que je cite ne caractérise pas ceux qui ont signé, mais le régime qui rend cette chose-là possible. Si près de 100 % de ceux qui partent, et non plus 60 %, graissaient sous une forme ou sous une autre la patte aux douaniers de la Mère-Patrie, pour qu'on ne leur impose pas de nouvelles vexations inutiles et qu'on ne leur ôte pas au dernier moment le peu d'énergie qu'il leur reste encore, en découlerait-il que la quasi-totalité d'entre nous achète les fonctionnaires de l'État soviétique ?

En outre, sincèrement, il me semble que des contacts de cet ordre entre futurs émigrés et KGB ont extrêmement peu d'importance. Il n'y a qu'à se représenter la vaste gamme des possibilités autres d'utiliser les émigrés, sans qu'ils y soient pour quelque chose ni qu'ils le sachent, ou encore en les payant.

En fait, le principal profit que les autorités tirent de ces contacts de dernière heure avec les émigrés en partance, et qui n'est pas mince, est d'un ordre un peu différent.

Les autorités, à mon sens, partent du postulat qu'à peine arrivés à leur nouveau lieu de résidence, les « signataires » se rendront dans leur très grande majorité auprès des services de contre-espionnage local, si même ils ne l'ont pas déjà fait au cours du voyage lui-même. Ils y feront amende honorable (« Excusez-nous, on nous a forcés, menacés... »)

Dans son livre *Jeu de dupes*[1], l'ancien vice-directeur de la section Désinformation des services d'espionnage tchécoslovaques Ladislav Bittman raconte comment sa maison utilisait le rapatriement en Allemagne fédérale de quelques dizaines de milliers d'Allemands.

Le plan était simple, assuré de marcher et ne coûtait pas cher : pas besoin de dépenser des devises fortes ! On se contentait d'effectuer un recrutement massif parmi eux, au moment du départ. La question était posée en des termes très simples : « Si tu ne signes pas, tu ne pars pas ! »

L'offre était faite à des hommes dont on savait préalablement deux choses. Tout d'abord, que l'intéressé ne le prendrait pas de haut et ne se lancerait pas dans des discussions de fond. Ensuite, qu'il ne pouvait pas sentir les

1. Ladislav Bittman : *The deception game,* New York, Ballantine books, 1981 (*NdA*).

Tchèques et ne perdait pas une seconde à aller se confesser devant les services de contre-espionnage ouest-allemands.

Tout cela nécessitait cependant une préparation minutieuse. L'objet du recrutement ne devait pas se douter qu'il s'agissait d'une machination. C'est pourquoi on élaborait à son usage un projet détaillé concernant son futur « travail » (sans porter atteinte, bien sûr, au véritable réseau d'espionnage tchécoslovaque en RFA, ni démasquer de vrais agents), on convenait avec lui des contacts à venir et on le lâchait.

Pour vérifier tout ce tissu d'inepties, les Allemands durent perdre un temps fou et mobiliser tout leur personnel. Ils comprirent assez rapidement que les braves Schweick d'à côté les faisaient marcher, mais cela ne leur permit pas pour autant de faire une croix pure et simple sur tous ceux qui venaient se confesser à eux. Il leur fallut en dépit de tout vérifier une à une les liaisons qu'on leur citait, les lieux de rendez-vous prévus, les prétendus « objectifs à surveiller », au choix le plus fantaisiste...

D'après Bittman, pendant plusieurs mois d'affilée, les véritables espions tchécoslovaques se promenèrent en Allemagne fédérale comme en terrain conquis : leurs adversaires passaient leur temps à contrôler les confessions d'agents imaginaires.

Encore faut-il ajouter que les ennuis provoqués par les faux agents n'étaient pas l'unique résultat obtenu par les Tchèques. Il y avait en effet des Allemands rapatriés qui ne se présentaient à aucun organisme fédéral de contre-espionnage, ne faisaient nulle part d' « aveux sincères ». Comment faire, avec eux ? Et si justement ceux-là...

En ce qui concerne la perte de temps, elle est la même, que l'on vérifie les déclarations d'un homme qui déclare qu'on l'a recruté ou celles d'un autre qui dit qu'on a eu avec lui des conversations sur ce thème mais qu'il a refusé, ou encore celles d'un troisième, affirmant qu'il ne sait même pas de quoi on parle. Votre bonne foi personnelle, dans le cas présent, n'a aucune espèce d'importance.

Les fonctionnaires qui travaillent en Occident dans ce genre d'organismes font leur travail avec beaucoup de conscience professionnelle et consacreront le temps qu'il faudra à vérifier tout ce qui concerne les nouveaux émigrés en question. Et comme il leur est matériellement impossible d'être partout à la fois, cela facilitera considérablement le travail des véritables espions soviétiques. Ce qui était naturellement le but premier de l'opération.

Les gens qui « pensent scientifiquement » considèrent qu'il n'est pas possible de nous manipuler : nous serions trop nombreux.

« Le KGB, écrit un émigré récent [1], a beau manipuler les dossiers de sortie des émigrés, lorsque des dizaines et des centaines de milliers de personnes quittent un pays, la loi des grands nombres se met à jouer. La masse émigrée est si considérable que l'on trouvera en fin de compte en son sein la même proportion d'intellectuels, d'escrocs, de mouchards, d'unijambistes, d'enfants en bas-âge et de personnes à instruction secondaire courte que dans n'importe quelle ville soviétique. »

Cet homme doit avoir raison, puisqu'il a l'air aussi sûr de lui ! Et pourtant, si l'on prend un exemple similaire, celui des bureaux de recrutement militaire d'URSS, qui eux aussi manipulent un nombre considérable de dossiers individuels — plus grand encore : les conscrits sont des millions — on parvient à réduire à zéro le nombre de nourrices, d'enfants au sein, d'unijambistes ou de centenaires. Car si l'on y réfléchit, dans toute masse humaine qui ne s'est pas formée spontanément mais a été soumise dès le début à une sélection rigoureuse, la loi des grands nombres perd son caractère absolu.

---

1. Marc Popovski, *Novoïé rousskoïé slovo*, 19/10/1980 (*NdA*).

Impossible pour nous de connaître le dessein général dans toute son ampleur. Mais on devine aisément certains de ses aspects.

En se débarrassant d'un groupe ethnique importun et en constituant à l'étranger une émigration russe (formellement juive) bien connue, étudiée dans les détails, avec un dossier individuel pour chacun de ses membres, les autorités soviétiques se sont assuré encore d'autres avantages.

Tout d'abord, cela leur fournit la possibilité d'être plus souples dans leur attitude envers les « non-conformistes » à l'intérieur même du pays. Il n'est plus indispensable de se limiter comme avant à la répression, en les enfermant ou en les exilant en Sibérie. On peut les forcer à partir en Israël, voire aux États-Unis. Ou leur proposer le choix : la valise ou la prison.

Quelle vaste gamme de possibilités cela ouvre au pouvoir ! Il peut maintenant non seulement choisir quel sort réserver aux dissidents à l'intérieur du pays (liberté ou prison), mais encore choisir s'il les maintient à l'intérieur des frontières ou s'il les boute dehors, les conditions de départ faisant encore de sa part l'objet d'un choix particulier : de lui dépend qu'ils fassent parler d'eux ou restent dans l'ombre, qu'ils partent rapidement et occupent en Occident des situations avantageuses ou n'arrivent qu'après la distribution, qu'ils parlent en leur nom propre ou représentent un mouvement constitué. C'est encore lui qui choisit à qui ils obéiront, qui ils refuseront d'écouter et qui, d'une façon plus générale, décidera du destin des autres.

Les possibilités de contrôle de la littérature non officielle, de part et d'autre de la frontière, deviennent pratiquement illimitées. Le pouvoir décide maintenant souverainement de ce qui parvient en Occident et de ce qui reste en URSS, du rythme des arrivées, de l'identité des destinataires : ceux qui ne plaisent pas à Moscou ne recevront rien ou presque ! Cela permet de contrôler la dissidence par des moyens qui ne sont plus toujours répressifs mais qui la paralysent tout autant ; cela permet aussi de la manipuler indirectement en favorisant ou en décourageant telle ou telle de ses tendances, en assurant parfois à l'étranger un succès éclatant à l'une ou à l'autre de ces manifestations extérieures, généralement écrite. Par là même, on oriente à l'intérieur du pays le développement de telle ou telle forme de pensée.

Ce n'est là qu'un des aspects de la situation entièrement nouvelle créée par le processus de la nouvelle émigration. Dire que son importance ne se compare pas à celle des deux émigrations précédentes me paraît pour le moins léger.

Soulignons donc à nouveau, au risque de nous répéter, ce qui fait la spécificité et l'utilité de la troisième émigration : à la différence des deux précédentes, elle conserve des liens vivants avec le pays. Les Soviets contrôlent maintenant, infiniment mieux qu'auparavant, un flux d'information s'exerçant dans les deux directions. Ils tiennent entre leurs mains deux vases communiquants : celui des habitants de l'URSS, sur lesquels ils ont plein pouvoir, et celui des émigrés, sur lesquels ils savent tout.

Grâce au nouveau flux, se mêlant à lui et se dissimulant derrière lui, on voit se développer à vive allure, ces dernières années, une couche intermédiaire de demi-Soviétiques, demi-émigrés, tout comme augmente rapidement le nombre des fonctionnaires privilégiés ex-soviétiques qui ont soudain changé de lieu de résidence et de passeport.

Le courant qui nous entraîne rend aujourd'hui innocentes un certain nombre de pratiques qui, récemment encore, auraient sauté aux yeux. Un important fonctionnaire du front idéologique, un homme étroitement lié au Comité central du parti et aux échelons supérieurs du KGB, qui possède naturellement le droit d'aller à l'étranger à volonté et a d'ailleurs un nombre considérable d'amis et de collègues en Occident, cet homme effectue soudain une demande pour aller s'installer en Israël et, tout en continuant à travailler au même endroit que précédemment, pratiquement jusqu'au dernier jour, obtient son visa d'émigration le vingtième jour suivant sa demande, et cela n'étonne plus personne. On ne s'étonne pas non plus que cet homme ait, tout prêt en Occident, un travail qui l'attend et qui ressemble en tous points à celui qu'il exerçait à Moscou.

Phénomène parallèle, dont le nombre lui aussi s'accroît : les maisons et appartements des grandes villes occidentales où les nouveaux émigrés de haut rang reçoivent les ex-citoyens soviétiques tout juste déchus de leur citoyenneté, la fleur du monde occidental, les diplomates soviétiques (sur lesquels on s'extasie, en trouvant qu'ils « ne ressemblent plus du tout à ceux d'avant ») et les écrivains moscovites venus une fois de plus en Occident pour un « voyage d'études ». Rien de plus normal !

Une telle pratique permet de jouer sur un grand nombre de niveaux simultanés, à un jeu où les chances que l'Occident a de gagner me semblent bien problématiques, comparées à celles de l'URSS.

Un autre processus rejoint étroitement le premier. Les fonctions propagando-représentatives des fonctionnaires soviétiques de la science et de la culture, qui ont commencé à se morceler il y a quelques années, ne cessent de le faire davantage. Il y eut un temps où Ilya Grigoriévitch Ehrenbourg allait et venait presque seul à travers le vaste monde, suscitant l'admiration et l'envie de ses amis de l'intelligentsia soviétique. Ses fonctions sont aujourd'hui réparties au sein de toute une équipe.

Victor Louis est devenu un phénomène de masse.

Mais le changement auquel je fais allusion n'est pas seulement quantitatif. Il n'y a rien d'étonnant à ce que les écrivains soviétiques, qui ont la vie belle et sont déjà chouchoutés à domicile, se promènent de surcroît à travers le vaste monde. Ce qui est nouveau, c'est qu'ils ont cessé d'être des « missi dominici » surchargés de missions et accablés d'obligations morales. S'ils ont peu de temps à eux, au point même de ne pas avoir toujours le temps de faire un tour à l'ambassade de leur pays, c'est qu'ils ont quantité d'affaires à régler, mais des affaires qui ne sont guère épuisantes. Ils vivent à leur guise, rendent visite à leurs anciens camarades de beuveries de Moscou, leur racontent avec plaisir les derniers potins « de la maison », en leur demandant seulement une discrétion qu'ils souhaitent eux-mêmes toute relative.

Eh bien ! me direz-vous, parfait ! L'URSS devient une société ouverte !

En fait, ces imbrications complexes d'émigrés et de non-émigrés n'ont jusqu'à présent réussi qu'à créer un réseau à peine visible mais très efficace d'autocensure.

Que de fois j'ai entendu des chuchotements « amicaux » qui me mettaient en garde en ces termes :

« Ne faites pas ce que vous vouliez faire ! X a déjà failli avoir son visa pour les États-Unis annulé au dernier moment. On l'a convoqué au Comité central, il s'est fait taper sur les doigts. C'est lui-même qui me l'a raconté. Dieu vous garde d'écrire des choses pareilles ! »

Une autre fois :

« Y* a eu le plus grand mal, cette fois-ci, a obtenir son autorisation pour être imprimé... »

Les liens amicaux, dans ce milieu d'intermédiaires, se transforment le plus souvent en chaînes paralysantes. Je ne parle même pas de la désinformation qui va avec.

La catégorie des « émissaires » a connu un développement foudroyant. Il y en a deux types.

Le premier se distingue à peine des « missi dominici » de la culture dont nous avons parlé plus haut. Il est vrai que l'émissaire peut ne pas être (et c'est généralement le cas) une célébrité.

Le second est un étranger et j'ai également évoqué ce cas dans un chapitre précédent.

Dans les deux cas, il s'agit d'un homme entièrement dévoué à la cause sacrée de la pensée « non-conformiste », « autrement-pensante », « dissidente » (comme on l'appelle en Occident). Il est toujours disposé à rendre un petit service, à transmettre quelque chose à quelqu'un. Il utilise pour cela les visites qu'il fait à l'étranger (s'il est Soviétique) ou les missions de travail qui le conduisent en URSS (dans le cas d'un étranger). L'un comme l'autre, le plus souvent, viennent « sur invitation » de leurs amis. Et personne, dans l'affolement général causé par l'exode, ne remarque que ces charmantes personnes quittent vraiment la Russie fréquemment et pour longtemps, au mépris de toutes les règles établies (« une fois tous les deux ans dans un pays capitaliste »). Mais, qu'il s'agisse de Soviétiques ou d'étrangers, les uns comme les autres vous conseillent d'être bien prudents : on pourrait, la fois suivante, ne pas leur donner le visa !

Le milieu des intermédiaires, pendant ce temps, ne cesse de s'élargir. Certains salons moscovites réputés se sont tout simplement transférés en Occident, en conservant dans l'ensemble le même cercle de visiteurs, russes et non-russes. Exactement comme à Moscou. Jusqu'à la vodka qui est la même. Et pourquoi pas, pendant qu'on y est, l'appareillage d'écoute ?

Mais pourquoi nous intéresser à des détails aussi mesquins ? D'ailleurs, ces « salons », existent-il vraiment ?

26

LES SALONS, LES FEMMES,
LES MARIS

« Où sont ces salons ? Nous exigeons des adresses ! » (cri du cœur blessé d'un journal de l'émigration).

Pour l'essentiel, dans la « province émigrée » : Rome, Paris, Londres, Francfort... Mais aux États-Unis aussi, si l'on y regarde de près...

Comme dans un conte de fées, le torrent de la troisième émigration a revêtu d'un manteau magique et rendu invisibles un certain nombre de phénomènes qui, dans d'autres circonstances, auraient crevé les yeux. Mais lorsque ces choses-là se voient tous les jours, on ne les remarque plus.

Je commencerai par la bande.

Communiqué de l'agence TASS, en date du 15 décembre 1975 :

« A la conférence fédérale des syndicats, qui s'est tenue aujourd'hui à Moscou, a été décidée la création de *Rodina*[1], société soviétique pour les liens culturels avec les compatriotes à l'étranger. »

Selon les statuts qui ont été adoptés ce jour-là, la société « La Patrie » est « une organisation à la fois fédérale et représentée dans chacune des quinze républiques. Un conseil a été élu qui, lors de sa première réunion, a désigné un

---

1. *La Patrie (NdT).*

présidium, lequel a élu à son tour comme président Vsiévolod Stoliétov, président de l'Académie des sciences pédagogiques ».

Par conséquent, aux côtés des représentants du mouvement blanc, des ex-« braves » des généraux Kornilov, Markov ou Drozdovski, aux côtés des anciens officiers de SS et de ceux qui ont servi dans les rangs de l'Armée de libération russe du général Vlassov, nous tous, les anciens dissidents, demandeurs de visas, refuzniks, activistes de l'alia et autres combattants des droits, serions en plus des « compatriotes à l'étranger » !

Intéressant, et digne d'être retenu.

Il y a autre chose qu'il ne faut pas oublier. Les autorités soviétiques ont toujours considéré leurs anciens compatriotes comme des citoyens *provisoirement* sortis de leur dépendance et à qui, en cas de besoin, il serait loisible de demander des comptes avec toute la rigueur de la loi.

Cela peut d'ailleurs aussi concerner des hommes ou des femmes qui n'ont jamais été citoyens de l'URSS. Lorsque les forces du NKVD, après le partage de la Pologne entre Staline et Hitler, mirent en 1939 la main sur un certain nombre de Juifs sionistes parmi lesquels Menahem Begin, le futur Premier israélien, elles n'eurent aucun scrupule à les accuser de « trahison de la patrie » et de « tentative pour passer illégalement les frontières de la patrie ». On peut se demander de quelle patrie, de quelles frontières il s'agissait alors : la preuve du crime venait de ce qu'ils possédaient des visas d'émigration *de Pologne en Palestine*.

Qui, parmi les émigrés récents, ne rêve, d'ici un certain temps et après s'être bien installé à l'étranger, de revenir « faire un tour à la maison », de se promener avec chic dans les rues de Moscou, un passeport étranger en poche ? Ou d'inviter en Occident ses parents résidant encore *là-bas ?*

Le consulat d'URSS invite ceux qui habitent les États-Unis à fournir pour commencer les renseignements suivants :

dimensions de votre appartement, état de votre compte en banque. Qu'est-ce que cela peut bien leur faire ? On comprend à la rigueur que les autorités du pays où l'on vit se préoccupent de semblables détails : ils n'ont pas envie de multiplier les personnes à charge. Mais les Soviets ?

En Allemagne occidentale, on mène des enquêtes sociologiques d'un autre type.

Une de nos amies qui avait l'intention d'inviter sa mère, restée en Russie, avait à peine eu le temps d'appeler au téléphone le consulat d'URSS pour savoir quelles étaient les formalités à accomplir que deux diplomates soviétiques firent irruption à l'improviste à son lieu de travail. Ils allaient à Salzbourg et s'étaient arrêtés en passant. Ils ne le dirent pas carrément, mais la suite des événements le montra. Tous deux étaient jeunes et parlaient parfaitement l'allemand. Ils affirmèrent être venus pour « lui donner un coup de main ». Quoiqu'on ne leur eût demandé qu'un renseignement, ils étaient prêts à aider la femme à organiser le voyage. « Nous n'oublions jamais, lui dirent-ils, les Soviétiques à passeports ouest-allemands. » (Intéressante définition !) « Ah, lui dirent-ils, n'avez-vous pas l'intention d'y aller vous-même ? Venez donc nous voir au ciné-club de l'ambassade. »

Difficile de dire si c'était de la muflerie ou de la serviabilité enjouée, mais quelle importance ? L'essentiel, c'était de bien faire comprendre qu'on ne peut se cacher nulle part, qu'on demeurera toujours citoyen de l'Union soviétique, même avec un autre passeport. Épisode fort instructif !

Apprenant que notre amie avait un passeport israélien, et non ouest-allemand, ils décampèrent. Elle n'avait plus d'intérêt pour eux, puisqu'elle relevait d'un autre service.

A ce propos, lorsque nous sommes partis « dans les conditions générales » pour Israël, on nous a tous obligés (en fait, pas tous) à payer des sommes élevées pour « renoncer à notre citoyenneté ». Mais essayez d'obtenir des autorités soviétiques un papier officiel, certifiant que vous n'êtes plus citoyen de l'URSS ! Certains ont essayé : on ne donne pas un tel certificat.

Aux yeux des autorités soviétiques, un citoyen de l'URSS n'échappe à l'autorité de son commissariat de quartier que pour une durée limitée. Qu'il obtienne une autre citoyenneté ne change rien à l'affaire. Cette notion s'étend (parfois) à des personnes sans rapport aucun avec l'URSS.

Ce dont je veux parler, pour l'instant, c'est de phénomènes que l'émigration actuelle a dissimulés aux regards indiscrets. Les femmes, pour commencer. Ou, comme on les appelle parfois, celles qui ont « épousé un visa de sortie ».

Quoique les mariages avec des citoyens d'autres pays (pays socialistes compris) n'aient été formellement interdits que pendant la période allant du 15 février 1947 (par décret du présidium du Soviet suprême de l'URSS) au 26 novembre 1953 (date du nouveau décret du Présidium annulant le précédent), ils n'ont jamais été très bien vus en URSS. Ces mariages n'ont jamais été non plus un phénomène très répandu.

En URSS, la fréquentation de ressortissants d'autres pays a toujours davantage relevé du domaine politique que de celui du droit. Cette pratique, en principe, est contre-indiquée. Même si elle n'est pas formellement interdite, elle n'est autorisée que sous une surveillance adéquate. Fréquentez donc les autres peuples, nous aimons tout le monde et sommes hospitaliers ! Paix et amitié entre les peuples ! Mais à condition que cela ne dépasse pas le cadre du service qui vous a été affecté et en rendant obligatoirement compte aux autorités.

Il n'est probablement pas exagéré d'affirmer que les étrangers venus en URSS pour un délai quelconque sont entourés à 80 % par des individus spécialement chargés de cette fonction.

Il découle de là qu'un étranger arrivant en URSS, quel que soit son sexe — et même s'il est porté sur les amitiés particulières — a des chances pratiquement nulles de partager le lit, à plus forte raison d'obtenir la main, d'un ou d'une indigène sans que les autorités locales soient mises au courant et donnent le feu vert.

Les autorités ont toujours détesté la fantaisie dans ce domaine. Il suffit de se souvenir de ce qui se passait en 1957, lorsque se tint à Moscou le premier Festival international de la jeunesse et que de charmantes jeunes Soviétiques entendaient pratiquer dans les buissons des parcs moscovites avec les délégués étrangers la réalité des slogans sur la paix et l'amitié entre les peuples. Staline était mort depuis six ans et le décret du Présidium avait été abrogé : et pourtant on leur rasait la tête et on les exilait au diable vauvert.

La doctrine se modifia ensuite peu à peu dans ce domaine. On cessa d'emprisonner les gens qui avaient eu des relations sexuelles avec des étrangers ou avaient tenté d'en épouser un ; on se mit à autoriser de plus en plus fréquemment le départ à l'étranger des jeunes mariés. L'honnêteté oblige à dire qu'au plus fort de l'époque stalinienne, on avait parfois fait preuve de compréhension. C'est ainsi qu'en quittant Moscou après plusieurs années d'exercice sans nuages de ses fonctions, l'ambassadeur d'un pays étranger, adorateur exclusif des charmes masculins, à qui le BUREAUBIN (bureau des services pour les étrangers, devenus depuis OUPÉDÉKA) avait fourni un domestique bien soviétique, demanda en partant que l'on autorisât son domestique à quitter avec lui pour toujours l'Union soviétique. Sa demande fut adressée directement à Staline et immédiatement agréée. Ne soyons donc pas injustes...

Cela signifie que, lorsque les relations sexuelles d'un Soviétique et d'un étranger ou d'une étrangère pouvaient être considérées comme « opportunes » et « répondant aux intérêts supérieurs de l'État », les autorités surent faire des exceptions et montrer finesse et compréhension.

Oui, mais quel était le résultat de tout cela ? Sur le fond

général de l'excessive sévérité des peines, dans les cas où les autorités ne voyaient pas d'utilité pour elles, chaque exception faite prenait une apparence quelque peu suspecte. Il devint indispensable de tempérer les cas « opportuns » de quelques cas qui ne l'étaient pas. Il fallait troubler quelque peu la netteté du tableau qui commençait à sauter aux yeux. Le mieux pour cela était de transformer la lutte pour le départ des conjoints en un objectif pas complètement irréaliste, un jeu dont l'issue était maintenant moins incertaine. Il y eut bien sûr d'autres éléments, mais il convient de ne pas oublier ceux-ci.

Coïncidence ou pas, le changement de tactique sur le front des mariages survint immédiatement avant qu'on ne commence à lâcher la bonde de la troisième émigration : vers le milieu des années soixante. Disons, en gros, après la chute de Khrouchtchov et la venue au pouvoir de Brejniev.

A cette époque, chose qu'il ne faut pas non plus oublier, le nombre des étrangers venant travailler ou étudier en URSS venait lui aussi d'augmenter radicalement et il était maintenant devenu difficile d'assurer à chacun d'entre eux la surveillance et l'isolation qui lui étaient dues.

Pour cette raison ou pour une autre, le nombre des femmes soviétiques « ayant épousé un visa de sortie » se mit à croître à vue d'œil. Ce n'étaient plus obligatoirement des cas exceptionnels, avec épreuves interminables, intervention d'instances gouvernementales et échange contre des espions soviétiques pris sur le fait, ou autres procédures concevables dans les conditions soviétiques. Non, on vit partir en masse des filles employées à l'Intourist, à Sovexportfilm, à l'université Lumumba, dans différentes branches de ministères ou d'autres organisations qui ne disent généralement rien à un observateur occidental mais qui, lorsqu'on en fait partie, suffisent comme carte de visite aux yeux du Soviétique un tant soit peu informé : son possesseur est lié, à un degré plus ou moins grand, aux « organes compétents ». Ces charmantes créatures épousaient hardiment des étrangers, le plus souvent des représentants d'entreprises industrielles ou commerciales occidentales en poste dans la capitale, et partaient à l'étranger sans la moindre difficulté.

Je vais donner un exemple particulièrement édifiant de ce genre d'opérations : celui d'Alla, une jeune Moscovite dont une de mes relations m'a raconté l'aventure. J'y ai modifié de légers détails sans importance, ainsi que le nom de la principale intéressée.

Alla était née à Moscou d'une mère concierge d'immeuble et d'un père alcoolique. Il y a des miracles de la nature et Alla en était un. Tout comme sa sœur aînée, elle était d'une beauté radieuse. Elle avait onze ans lorsqu'un écrivain moscovite l'initia aux mystères de l'amour.

La maman concierge et le papa poivrot pouvaient dès ce moment exploiter la situation dans un certain nombre de directions. Ils pouvaient naturellement se rendre chez le procureur et faire enfermer dans un camp l'ignoble dévoyeur. Mais on tint un conseil de famille et la décision qui fut prise fut d'une autre nature. En guise de compensation à l'honneur flétri de l'enfant, on proposa à l'écrivain d'entretenir désormais toute la famille, le droit d'user de la fillette étant désormais frappé d'une taxe complémentaire. L'argent de l' « ingénieur des âmes humaines [1] » permit dès ce jour à la famille de la concierge de vivre dans l'aisance.

Alla commença à se livrer régulièrement à la prostitution à l'âge de quinze ans. Cette activité causa son arrestation et son envoi dans un camp, en compagnie de sa sœur que nous appellerons Xana.

Alla ne resta pas longtemps en camp. Elle trouva rapidement un terrain d'entente avec l'administration et, une fois libérée, se consacra exclusivement aux étrangers, dans les hôtels de l'Intourist. Les autorités ne l'inquiétaient plus.

---

1. C'est ainsi que Staline appelait les écrivains (NdT).

Il fallut moins d'un an à Alla pour qu'elle fasse la connaissance d'un représentant d'une firme commerciale occidentale, l'épouse et le suive dans son pays. Supposons que ce pays était la France. Son mari ne tarda pas à mourir. Mais avant de le perdre, Alla avait eu le temps de faire la connaissance de son chef qu'elle épousa, à peine devenue veuve.

Les circonstances étaient maintenant toutes nouvelles : Alla n'entrait plus dans le monde privilégié et aisé de son nouveau mari comme une personne plus ou moins douteuse que l'on venait de faire sortir de Moscou, mais comme la veuve d'un homme appartenant au même monde que lui. Ses nouveaux amis savaient aussi que, dans son ancienne patrie, la belle Alla avait fait du camp. Personne ne se demandait pourquoi : cela ne pouvait être que pour cause de dissidence.

Alla possédait une nature très active. Outre une activité sexuelle intense, qui ne pesait guère sur le temps ni l'énergie de son mari, elle menait une vie indépendante de femme d'affaires à poigne.

Ses débuts furent modestes. Avec la voiture qu'elle avait naturellement achetée, son passeport soviétique et la bienveillance des autorités, elle se mit à faire des aller-retour toutes les deux ou trois semaines entre, disons, Paris et Moscou. Dans le sens Europe-URSS, elle transportait ce que l'on appelle des « chiffons », d'URSS elle exportait vers l'Europe des bijoux et des antiquités. Les annales ont conservé l'histoire de la croix ancienne qu'elle rapporta de Russie via le poste-frontière de Brest : celle-ci était de dimensions telles que la partie inférieure était serrée entre ses jambes et le siège de la voiture, tandis que la partie supérieure s'appuyait pratiquement à son menton.

Nous n'avons pas de moyen de savoir pourquoi les douanes soviétiques considéraient tout cela avec une parfaite indifférence. Mais cela dura plusieurs années.

Un détail vécu pittoresque : une de mes connaissances, qui

habitait à Moscou le même immeuble qu'Alla, fut d'abord sa cliente *là-bas*, en ce sens qu'elle lui achetait des « chiffons » étrangers, puis, lorsqu'elle sortit d'URSS avec la vague d'émigration juive, elle devint sa cliente... en Occident, Alla lui vendant parfois un peu de caviar.

Mais le caviar est une bagatelle. Il y eut aussi des choses nettement plus sérieuses.

Alla amena avec elle à Moscou un jeune étranger, disons un Français. Un homme qui n'était pas riche, mais travaillait dans une des capitales européennes dans une grande « organisation internationale ». Elle lui fit épouser sa sœur Xana, laquelle, abandonnant les revenus que lui rapportait à Moscou le plus vieux métier du monde, s'installa à son tour en Occident.

Les voyages d'Alla à Moscou avaient porté des fruits : elle s'était constitué une énorme collection de bijoux et d'objets d'antiquité. Le commerce était en plein essor. Un petit accroc se produisit néanmoins alors.

C'était le moment où la troisième émigration battait son plein. Les Juifs soviétiques se rendaient encore en Israël, où un nombre considérable d'objets de valeur s'entreposaient pour rien. Alla fit un saut à Tel-Aviv.

A peine arrivée, Alla fut convoquée au siège du contre-espionnage et immédiatement expulsée, quoiqu'elle fût arrivée dans ce pays avec son passeport de femme mariée, disons français.

De quoi Alla avait-elle parlé avec les officiers du Chinbeth ? Elle ne le raconte même pas au lit, ni à ses proches. Elle se contente de dire qu'Israël est « un pays fasciste ».

Elle ne s'y rendit naturellement plus ensuite. Mais ce qui est curieux, c'est qu'elle cessa aussi à cette époque de faire des voyages à Moscou. Sa maman aussi cessa de venir la voir de Russie. Par contre toute la famille se mit à se rassembler chez Xana, dans un autre pays d'Europe occidentale.

Alla n'a d'ailleurs plus besoin de faire de voyages en URSS, ni de s'encombrer de commerce d'objets précieux : elle s'occupe maintenant d'affaires d'un autre type, mais de très gros calibre. Lesquelles exactement ? Bien peu le savent. Tout ce que l'on sait, c'est qu'elle a maintenant beaucoup d'argent. Elle tient un salon où se réunissent ses compatriotes. Une vingtaine ou une trentaine d'amies, des Moscovites comme elle, à qui elle a trouvé des maris commodes et dont elle a facilité le départ, d'anciennes connaissances moscovites, de nouvelles relations faites en Occident, russes ou étrangères. Tous prennent plaisir à boire la vodka et à manger les zakouski de l'ex-dissidente Alla. Celle-ci tient table ouverte. Son hospitalité typiquement russe exerce un charme fascinant sur les riches indigènes à relations. On peut aussi souvent rencontrer chez elle des célébrités soviétiques, ainsi que des émigrés de fraîche date.

Si l'on considère les amies d'Alla et les « dames » encore récemment soviétiques, maintenant étrangères, qui fréquentent ce genre de salons à Rome, Francfort ou Londres, on découvre d'intéressantes coïncidences.

Toutes ces femmes ont à peu près le même âge, entre 35 et 45 ans, et sont toutes à peu près de même origine : d'anciennes prostituées moscovites ou léningradoises, d'anciennes employées de l'Intourist, de Sovexportfilm, des étudiantes diplômées des instituts de langues étrangères, d'anciennes enseignantes de l' « université de l'amitié des peuples du nom de Lumumba ».

Par une non moins étrange coïncidence, on constate que justement vers cette époque, c'est-à-dire à la fin des années soixante et au début des années soixante-dix, une petite vague de « non-retours » affecta les jeunes femmes soviétiques, souvent presque encore enfants, qui étaient parties en mission en Occident. Des traductrices, des guides, des secrétaires qui avaient toutes, en règle générale, subi une préparation dans diverses écoles spécialisées du KGB, choisirent la liberté à peine arrivées en Occident. Autre point commun avec la catégorie des « épouses » : le prétexte pour le non-retour était, là aussi, une déchirante histoire d'amour, suivie d'un mariage avec un étranger et, en règle générale, aussitôt après l'installation en Occident, d'un divorce et d'un changement de mari.

Parmi les « non-rentrantes » solidement fixées en Occident que je connais personnellement, toutes ont « choisi la liberté » au même moment. Depuis, le fleuve semble s'être curieusement tari. Il suffirait, semble-t-il, à de nouveaux émigrés arrivés de Moscou, de Léningrad ou de Kiev, de raconter ce qu'ils savent sur ces catégories de femmes et tout serait dit. On verrait se dissiper comme fumée les fables de leur prétendue dissidence, de leurs parents issus de la meilleure société cultivée, de leurs quêtes d'une liberté intérieure et extérieure. Et la vérité éclaterait au grand jour !

Rien de semblable ne se produit cependant. Solidement fixées en Occident, et, souvent, fabuleusement et inexplicablement enrichies, les dames ex-moscovites tiennent non seulement salon, mais aident souvent les nouveaux arrivants à s'établir, jouent les mécènes, protègent leurs connaissances moscovites. Essayez donc de demander à un peintre non conformiste fraîchement arrivé de Moscou s'il ne pense pas que son amie, qui assurait encore récemment le service très intime des étrangers des hôtels de l'Intourist, ne collaborait pas, comme il eût été logique, avec le KGB, tout comme il serait logique qu'elle continuât à le faire ici : il s'esclaffera, avec un geste de dérision : « Mais non, vous dira-t-il, c'est une fille épatante ! A Moscou, nous nous la tapions tous ! »

Irréfutable argument !

Les femmes qui ont « épousé un visa d'émigration » constituent un phénomène en voie d'extinction. Les hommes ont pris la relève.

Ce nouveau flot est particulièrement sensible en RFA. Sans doute est-ce parce que la République fédérale est noyée sous les agents des services est-allemands et que la méthode a été inventée par ces derniers.

La presse ouest-allemande avance des chiffres monstrueux : onze ou douze mille agents auraient été envoyés de RDA en RFA, sous les prétextes les plus divers. Le nom de Marcus (« Micha ») Wolf, le célèbre chef des services secrets est-allemands, n'est évoqué en Allemagne fédérale qu'avec crainte et déférence. Les journaux fédéraux ne cessent de décrire les mille et un procédés par lui inventé pour faire passer ses agents d'une Allemagne à l'autre, et de là dans les vastes espaces du monde libre.

Voici un de ces procédés, que les services soviétiques semblent avoir repris ces temps derniers à leur compte.

La méthode est simple et sûre car elle repose sur un calcul psychologique élémentaire et sur une bonne connaissance du terrain.

En Occident, particulièrement en RFA, les femmes ambitieuses, au début de leur carrière, comptent sur deux voies principales pour les mener au succès : le lit et le travail personnel.

La première voie demande des qualités purement physiques et aussi une certaine absence de sentimentalisme. La seconde, des qualités intellectuelles et du courage au travail. Ainsi se constitue peu à peu toute une couche de secrétaires et d'analystes brillantes, souvent assistantes des ministres, des grands hommes politiques ou des magnats de la finance.

Le jour vient pourtant où, la quarantaine approchant, elles se disent que, si leur carrière professionnelle est à son apogée, elles n'ont pas encore connu le bonheur personnel.

Les liaisons courtes ou durables, qu'elles ont nouées dans leur pays ou au cours de vacances en Espagne, au Portugal, en Grèce, n'ont débouché sur rien. Or, elles souhaiteraient quelque chose de durable, de sûr, de tendre. Et c'est alors que, grâce au bon tonton Micha (Wolf !) apparaissent au tournant de leur existence, des hommes qui sembleraient prêts à devenir les compagnons d'âge mûr de ces femmes solitaires.

La suite est trop primitive pour qu'on la décrive en détail. Pour retenir l'être aimé et transformer l'heureuse aventure (et l'on peut être assuré qu'elle l'est) en liaison permanente ou même (et l'on crache trois fois derrière son dos pour effrayer le mauvais sort) en mariage, la femme dont la jeunesse commence à s'enfuir est prête à tout. Prête, en tout cas, à transmettre à l'être aimé des copies des documents hypersecrets qu'on lui confie au travail, et qui l'intéressent. De plus, personne ne lui demande de se livrer à l'espionnage. On l'associe simplement à la « lutte pour la paix » !

C'est ce schéma qui est à l'origine d'un certain nombre d'histoires qui ont défrayé la chronique ces dernières années et qui impliquaient les secrétaires de divers hommes politiques d'Allemagne fédérale. Il y eut même une secrétaire ouest-allemande employée au quartier-général de l'OTAN à Bruxelles.

Un détail intéressant : on a arrêté un grand nombre d'agents est-allemands en RFA ces dernières années et peu d'agents soviétiques. Peut-être est-ce parce qu'à l'intérieur du bloc est-européen, les services secrets se partagent le travail et que la République fédérale allemande est, plus que les autres pays, le terrain d'élection pour le travail de ses voisins, les Allemands de l'Est, chose parfaitement naturelle par ailleurs. Le maître, ici, est Micha Wolf. Mais ses camarades soviétiques utilisent maintenant son expérience de travail en RFA, avec quelques modifications ou compléments.

Les rives de l'Allemagne fédérale sont aujourd'hui battues par le flot des « maris soviétiques », dont un bon nombre, là aussi, conserve le passeport extérieur soviétique, délivré pour « un séjour permanent à l'étranger ». Tous ces maris qui, eux aussi, épousent un visa plutôt qu'un être vivant se ressemblent comme des frères. Ce sont généralement des hommes grands, sportifs, de belle prestance, d'un âge compris entre

35 et 45 ans. Parfaitement cultivés, avec une formation universitaire généralement issue des sciences humaines. Si pourtant on évoque devant eux l'université ou la grande école dont ils sont censés être sortis, on risque fort d'être déçu. Notre interlocuteur n'y connaît personne, ou bien il vous abreuve de détails sans rapport avec la réalité.

Un tel « mari » a habituellement un certificat attestant qu'il est *kandidat* ès-sciences dans le domaine dont il se prévaut. On lui donne aussitôt une chaire dans l'une des nombreuses universités ouest-allemandes (il y en a 58, dont 20 ont un département de slavistique).

La chose est d'autant plus naturelle que l'épouse, fréquemment, prépare une thèse dans la même université. Parfois dans une autre. Ils ont fait connaissance soit en URSS, où elle s'était rendue avec une bourse d'études, soit en RFA, où lui-même a d'abord fait un stage, après quoi il a pris l'habitude d'y revenir « sur invitation ».

Les femmes de ces « maris soviétiques » ont elles aussi fréquemment la même apparence et ressemblent aussi aux secrétaires et analystes déjà trop mûres que nous avons évoquées plus haut. Ce sont des femmes d'allure modeste, pâlies par leurs longues heures de veille dans les bibliothèques ou à leurs tables de travail. Ivres de bonheur : elles ont trouvé un mari ! Si beau, si fort en plus ! Peu importe s'il se rappelle difficilement le contenu des analyses qu'il a rapportées avec lui d'URSS, puisque sa femme est là pour rédiger sa thèse à sa place. Et le voilà à son tour docteur, pourvu d'une chaire !

On trouve ce type de futurs docteurs ou professeurs dans presque toutes les universités d'Allemagne fédérale.

L'autorisation d'épouser une étrangère, le visa pour quitter l'Union soviétique leur ont été accordés dans le minimum de temps : généralement un mois ou deux. Mais si, par décence et pour faire vraisemblable, les autorités soviétiques ont un tant soit peu fait traîner les choses, les milieux scientifiques ont pris fait et cause pour les amoureux : l'opinion publique a obtenu qu'on les réunisse.

Or Moscou, on le sait, respecte parfois le principe de réunion des familles. C'est un succédané admirable du principe, absolument irrecevable, du droit à quitter librement l'URSS.

On peut certes objecter qu'une université n'est pas un objectif militaire. Qui peut bien avoir besoin de ce réseau d'agents universitaires ?

Question purement rhétorique. Tout le monde comprend qu'à travers les universités on peut non seulement obtenir une masse considérable d'informations, mais encore (et cela est bien plus important) influencer la formation de l'opinion publique, en particulier les travaux théoriques concernant les relations avec l'Union soviétique et les pays du bloc de l'Est.

Rappelons-nous combien ces cercles universitaires furent utiles en Amérique, au moment où l'on composait les questionnaires de l' « expédition d'Harvard » [1].

« Comme vous nous fatiguez, à la fin ! me dit un jour un ami occidental qui avait consacré de nombreuses années de sa vie à l'étude de la " dissidence " soviétique. Vous ne cessez pas de vous chamailler, vous ne vous arrêtez devant aucune offense pourvu qu'elle porte, tous les moyens vous semblent bons. Ayez au moins honte devant vos propres enfants ! Vous ne pouvez pas retourner d'où vous êtes venus ? Alors, partez au moins en Israël ! »

J'espère, ami occidental, qu'il y avait dans vos paroles plus

1. En Suède, il paraît qu'il y a plusieurs centaines de professeurs soviétiques de ce type dans les diverses universités. Certains vont et viennent, d'autres résident en permanence dans le pays. Dans une des universités du Danemark, le recteur lui-même serait citoyen soviétique ! (*NdA*).

d'amertume née d'un amour déçu que de dégoût véritable. Mais qu'attendiez-vous donc ?

Que des hommes et des femmes qui s'étaient si longtemps tus se mettraient soudain à parler avec modération, courtoisie, retenue et seraient tous, miraculeusement, du même avis ?

Que des hommes et des femmes dont les principales vertus, celles précisément qui leur avaient permis de tenir le coup, étaient l'obstination et l'intransigeance, deviendraient soudain accommodants et tolérants ?

Que d'un pays où toute pensée authentique était par définition hérétique et toute pensée hérétique *a priori* considéré comme authentique, viendraient soudain des penseurs ?

Et ne savez-vous pas que l'amour du prochain est proportionnel à la distance qui vous sépare de lui ? Voilà des choses dont nous étions parfaitement conscients à Moscou, lorsqu'on nous apprêtait au départ !

« Dans vos rangs, nous disent ceux qui pensent " rationnellement ", règne la plus parfaite confusion. Vous êtes incapables de vous entendre. Ah, si vous étiez capables de vous unifier ! »

Après chaque nouvelle discussion entre émigrés, après que l'on a une fois de plus défini qui refuserait de serrer la main de qui et pour quelles raisons, que l'on a conclu pour la énième fois qu'il n'y aurait ni parti unique, ni centre de direction unique, ni conception, ni direction uniques, il arrive que quelqu'un lance : « Encore un coup du KGB ! Moscou craint comme la peste que l'émigration ne s'unisse et ne le permettra jamais. »

L'idée s'est ainsi imposée : seule la main de Moscou nous empêche de trouver une plate-forme politique commune

monarchico-marxiste et orthodoxo-judaïque, alors qu'il suffirait que nous unissions nos forces, en nous inspirant des
grands principes du pluralisme socialiste et de la démocratie
autoritaire, pour mettre au point de valables alternatives
politiques et sociales pour la société postsoviétique !

Le principal argument en faveur de l'unité est que Moscou
en aurait une peur mortelle. Or y aurait-il rien de plus
avantageux pour Moscou que de nous rassembler tous en un
seul tas et de nous contrôler à partir d'un centre unique ?

27

NOTRE GRANDE MISSION

Venons-en maintenant aux raisons profondes qui font que notre départ d'URSS a pu être jugé avantageux.

N'est-ce pas pour désinformer et désorienter l'Occident, renforcer les positions de l'URSS à l'extérieur, influer sur ce dernier ?

Balivernes, répondent certains : notre départ est totalement défavorable aux Soviets ! Et d'avancer pour appuyer leur thèse un certain nombre de « bonnes raisons ».

Je mettrai tout de suite la première entre parenthèses, dans la mesure où elle ne mérite à mes yeux ni réfutation ni discussion : « En privant le pays des cerveaux juifs, *ils* (ces nigauds de dirigeants, voyons !) diminuent son potentiel intellectuel. »

Il y a la théorie de la vapeur que l'on a voulu relâcher. On nous aurait laissés sortir parce que nous avions créé une pression dangereuse à l'intérieur du pays. J'ai entendu dire à un homme, qui n'était pourtant pas bête, qu'en laissant sortir par paquets entiers, par exemple, les représentants de l'industrie légère clandestine de Tbilissi ou les accapareurs de biens de consommation de Kharkov, les cambrioleurs de Léningrad, les tenanciers de tripots d'Odessa, toute la fleur du milieu, les autorités soviétiques se seraient débarrassées d'une opposition potentielle. Mais la milice et l'OBHSS n'auraient-elles pas suffi pour cela ?

Un dissident résidant en Israël m'a dit, sans entrer dans les détails, qu'il savait pertinemment que les autorités l'avaient personnellement laissé sortir par crainte de gros désagréments. Échappant constamment aux limiers du KGB lancés à ses trousses, il ridiculisait ses responsables, ce qui exposait ces derniers au risque d'être « libérés de leurs fonctions pour incompétence ».

Autres argumentations.

« Votre déduction relative à l'existence d'un nouveau *trust,* me dit un émigré relativement récent, est originale, logique et, extérieurement, convaincante. Mais elle est bâtie sur du sable. Le problème, c'est que l'époque des *trusts* est révolue. A la fin des années vingt, au début des années trente, les départements Étranger et Contre-espionnage de la Guépéou avaient à leur tête des gens hypercultivés, émigrés politiques de la veille, et qui pour cette raison connaissaient parfaitement l'Occident. Eux étaient capables d'imaginer des plans aussi astucieux et de les mettre en œuvre. Ces hommes ont disparu. A tous les échelons de l'échelle hiérarchique siègent des carriéristes obtus dont l'imagination ne va pas au-delà d'intrigues minables de caractère personnel, des hommes sans culture ni instruction, au niveau intellectuel extrêmement bas. Vous ne connaissez tout simplement pas ces gens-là, tandis que moi, je les connais. »

Il m'était difficile de discuter avec cet homme d'un niveau culturel et intellectuel extrêmement élevé, à l'instruction brillante, qui connaissait l'Occident comme sa poche, spécialiste éminent des questions internationales.

Il était d'autre part certain qu'il connaissait le milieu dont il parlait, car lui-même y avait appartenu jusqu'à une date récente, quand il donnait des conseils aux niveaux les plus élevés de la « nomenklatura ». En s'installant définitivement en Occident, mon interlocuteur s'est probablement donné à lui-même la preuve qu'il ne restait plus en URSS après son départ un seul homme intelligent et compétent.

Il y a cependant des arguments plus sérieux.

Comment pourrions-nous servir d'outil pour la désinformation, alors que toute notre masse est porteuse d'une information considérable, quoique disséminée ? Nous avons tous travaillé quelque part, nous savons tous beaucoup de choses, nous avons tous vu ou entendu des détails intéressants. Il suffirait de questionner les arrivants avec intelligence pour recueillir une abondante moisson de renseignements sur ce pays fermé qu'est l'URSS.

Exact. Mais le système soviétique des *dopousks,* ou accès graduel aux sources d'information, limite la quantité de renseignements que nous emportons avec nous. En outre, il est clair qu'il y a quelque chose de plus important que ces connaissances, puisque les Soviets n'hésitent pas à laisser sortir un certain nombre de personnes au degré de « dopousk » élevé.

Il y a bien sûr des renseignements dont le simple citoyen dispose par hasard, sans que les autorités soient au courant. Mais c'est, tout d'abord, une goutte d'eau dans la mer et, ensuite, peu utilisable : si cette information est entrée en votre possession absolument par hasard, personne ne viendra vous la demander. Et il est peu probable que vous couriez chercher le spécialiste intéressé : vous avez autre chose à faire.

On nous dit encore : vous êtes si nombreux que de simples parcelles de l'information la plus innocente peuvent permettre d'apprendre bien des choses.

Non moins exact. Mais au-delà d'une certaine limite, l'abondance de renseignements devient paralysante et obscurcit le tableau, tant les impressions contradictoires s'accumulent.

N'oublions pas non plus qu'en envoyant à l'étranger des centaines de milliers de personnes, il n'est guère difficile de disséminer entre elles (sans même qu'elles le sachent ou y participent) une très grande quantité de faux renseignements minuscules et complémentaires, lesquels, lorsqu'ils émaneront de sources en principe indépendantes les unes des autres, ne feront de doutes pour personne. Il suffira alors de les faire digérer par un ordinateur pour qu'ils prennent figure de vérités irréfutables.

En outre, avant d'enregistrer l'information apportée par les nouveaux émigrés, on la contrôlera plusieurs fois soigneusement auprès de personnes ayant depuis longtemps gagné une solide réputation de sérieux en Occident. Des personnes dont l'installation a coûté des trésors d'efforts, d'imagination et de moyens matériels.

C'est ainsi, me semble-t-il, qu'il faut aborder les renseignements factuels sur l'URSS qui filtrent au-dehors, dans les domaines militaire, économique, politique ou scientifique.

Certains disent : en quittant l'URSS, parce que nous ne voulons plus y vivre, nous portons à ce pays une condamnation morale. D'où cette conclusion : les autorités soviétiques n'ont pu consentir que sous la pression à notre départ, qui les démasquait aux yeux du monde civilisé.

Ceci encore : mus comme nous le sommes par notre refus du modèle soviétique du « socialisme réel », nous renforcerons par notre départ les « forces antisocialistes » puisque nous raconterons la vérité sur l'URSS, ou du moins notre vision de cette vérité. Le monde saura et il frémira d'horreur !

Tout ce qui pourrait faire frémir d'horreur l'Occident au sujet de l'Union soviétique lui a depuis longtemps été dit. Et il le saurait s'il avait pris la peine de l'écouter. N'y a-t-il pas eu Kravtchenko et *J'ai choisi la liberté* ? Soljénitsyne et *L'Archipel du Goulag* ?

Bon, j'admets que le livre de Soljénitsyne a fait un bruit énorme à sa sortie. A la fois par lui-même et par les circonstances qui accompagnèrent sa publication. Et depuis ?

Depuis, l'expression « goulag » est solidement entrée dans le vocabulaire des journalistes politiques occidentaux. On parle aujourd'hui sans plus de façons de goulag vietnamien, cambodgien ou même chilien. On nomme ainsi n'importe quel système de camps, ou même une manifestation d'autoritarisme policier. Je me souviens d'une expression apparue dans un journal français à l'époque où les autorités ouest-allemandes faisaient la chasse aux terroristes gauchistes responsables de la mort de l'industriel Hans-Martin Schleyer : « Une atmosphère de goulag règne en Allemagne fédérale. »

C'est nous, et non les Occidentaux, qui avons été sidérés par la « vérité sur la réalité soviétique », ou plus exactement par la levée des tabous sur le sujet. Comme des illuminés, nous ne cessons de répéter cette vérité et nos nouveaux amis nous écoutent en étouffant des bâillements. Cela fait combien de fois qu'on leur rabâche les mêmes histoires ! Par pitié, changez de disque !

Il nous faudrait, pour transmettre à l'Occident notre expérience dans les conditions de cette réalité occidentale nouvelle pour nous, un talent, une langue, des possibilités que nous n'avons pas. Impossible, par exemple, de leur faire comprendre que les jeunes gens qui luttent contre la construction des centrales nucléaires font sans le vouloir le jeu des maîtres-chanteurs arabes détenteurs des puits de pétrole. Sakharov l'a pourtant dit : sa voix n'a pas été entendue.

Nos prédictions apocalyptiques concernant l'avenir de l'Occident ne conduisent nos interlocuteurs qu'à une seule conclusion logique : on n'a pas tort, en URSS, de fourrer les dissidents au cabanon !

Mais tous ces hommes et toutes ces femmes qui ont quitté la Russie par répugnance envers l'ordre qui y règne ne vont-ils pas, par centaines de milliers, renforcer considérablement le front commun de la lutte anti-totalitariste ?

Ils ne renforceront rien du tout. Il n'y a qu'en Israël qu'ils auraient pu s'intégrer à la vie politique du pays, l'influencer et, par conséquent, modifier à un certain degré, microscopique certes, le rapport des forces dans le monde. Dans les autres pays, ceux de la diaspora, nous ne nous intégrons absolument pas (à quelques exceptions près) à la vie politique. Une étude attentive des émigrations précédentes montre d'ailleurs que, si nous avons soif d'activité politique (chose qui est loin de préoccuper l'ensemble de ceux qui sont sortis), c'est à la solution des problèmes concernant l'avenir de la Russie que nous consacrons nos forces.

Or, sur cette voie, des pièges solides ont depuis longtemps été tendus et nous menons une lutte inégale.

Nous produisons une telle cacophonie avec nos cris et nos accusations réciproques que les voix calmes et assurées de ceux parmi nous qui disent à l'Occident *ce qu'il a envie d'entendre* trouvent immédiatement une oreille attentive et reconnaissante. Ce sont justement ces hommes, et seulement eux, qui obtiennent en Occident, avec une efficacité et une rapidité peu communes, des postes élevés les rapprochant au maximum des instances où sont élaborées les décisions politiques.

Que disent ces hommes aux Occidentaux ? Ils leur répètent, chacun à sa manière, qu'en URSS la direction a changé, que les vieux dogmatiques obtus sont progressivement remplacés par des pragmatiques, jeunes et intelligents, que l'on peut et doit s'entendre avec eux, qu'en faisant des concessions à Moscou dans les questions militaires et économiques l'Occident y gagnera car il renforce la position des militaires et des technocrates au détriment de celle du PCUS (ou inversement !), qu'il ne faut pas écouter les dissidents ni les émigrés.

Or, même dans ce domaine, nous sommes utiles aux Soviétiques. *Ce n'est en effet que sur le fond de notre chœur discordant, de nos conflits et de notre intolérance, si odieuse aux Occidentaux, que ces paroles peuvent rendre un son convaincant.* Nous sommes donc nous aussi, au moins sur ce point, un élément de désorientation et d'intoxication. Nous contri-buons à accréditer par notre conduite l'idée qu'il n'y a pas en Russie d'autre interlocuteur valable que le pouvoir.

Lorsqu'on écrit, en URSS, un article sur les dissidents, on commence par les discréditer « en général ». Ainsi, si par exemple un étudiant a été exclu de l'université en raison de ses audaces de langage, la presse soviétique lui attribuera pour le restant de ses jours l'épithète d' « étudiant raté », d'où elle tirera le maximum d'effets possible : « Fatigué de ronger le granit de la science, le jeune paresseux, dès la deuxième année d'études... », « Comme on sait, notre héros a interrompu ses études supérieures pour des raisons indépen-dantes de lui... », etc.

Mais tous ces procédés pâlissent et tombent dans l'oubli lorsqu'on a la chance de pouvoir citer un auteur occidental. Il ne reste plus alors au journaliste soviétique qu'à écrire : « Même Untel, qu'il est difficile de soupçonner de sym-pathies pour le marxisme, reconnaît que... »

Les « Untels qui reconnaissent », les « politiciens pleins de bon sens, contraints de tomber d'accord » et qui permet-tent à l'éditorialiste moscovite de feindre le plus parfait étonnement (« si même en Occident on écrit ainsi ! ») ont toujours hautement été appréciés et honorés en URSS.

Une nouvelle catégorie est apparue aujourd'hui : les « Occidentaux pleins de bon sens », prêts à affirmer que l'Union soviétique respecte totalement les droits de l'homme et que les dissidents n'ont que ce qu'ils méritent. Ils ne sont d'ailleurs pas si nombreux, ces Untels désireux d'être cités en URSS parce qu'ils ont répété, à peu près sans y changer une virgule, les principaux arguments de la propagande soviéti-que. Mais si un de ces amateurs se présente, on ne laisse pas passer l'occasion de l'utiliser pour la bonne cause.

Voici ce que nous pouvons lire dans un livre par ailleurs très documenté, *La CIA contre l'URSS*, de N. Yakovliev : « Le directeur du département des études soviétiques du

Centre pour l'étude des questions stratégiques et internationales de l'université de Georgetown, D. Simes, a indiqué, à
titre d'exemple, quel abîme il y avait entre les actes de ceux
qui s'opposent à l'ordre soviétique et l'idée que l'on s'en fait
en Occident. Il a illustré ses propos en citant l'activité
d'Orlov et de ses complices [1].

D. Simes est visiblement en faveur auprès de Yakovliev,
qui ne lui consacre pas moins d'une page et demie de
citations. C'est ainsi que D. Simes, toujours « à titre
d'exemple », explique au public américain pourquoi Orlov et
les autres membres du groupe moscovite de surveillance de
l'application des accords d'Helsinki ont été justement arrêtés : « ... En réalité si le groupe... fut cité en justice, ce ne
fut pas du tout à cause de cette activité... La vérité, c'est que
ce groupe s'apprêtait à saboter les positions de l'URSS dans
l'arène internationale... Les dissidents ont jeté un défi aux
fondements essentiels de l'ordre soviétique. »

En conclusion de sa longue citation du docteur Simes, tirée
de l'article écrit par ce dernier pour le recueil *La menace
soviétique : mythes et réalité* [2], Yakovliev écrit : « Voilà qui est
juste, bien saisi et bien dit. Mais dit pour un cercle restreint
et non pour un vaste auditoire. »

Mais ce n'est pas grave, car N. Yakovliev au su assurer à
D. Simes un « vaste auditoire ». Le tirage de son livre, dans
sa seconde édition (Éd. Jeune Garde), est déjà de cent mille
exemplaires. Mais surtout il suffit d'ouvrir les *Izvestia* ou le
Crocodile pour trouver des Citations du docteur Simes. Or ces
journaux ont des millions de lecteurs. On donne Simes en
exemple chaque fois qu'il faut fournir un exemple de « bon
sens » à Washington, montrer que l'on trouve, même dans la
tanière de l'ennemi, des politiciens qui ont une pensée

---

1. Sur le martyre de ces combattants de la liberté, voir par exemple Marie
Samatan, *Droits de l'homme et répression en URSS,* Paris, Le Seuil, 1980 (*NdT*).
2. *Soviet threat. Myths and realities,* Academy of political science, New York,
1978, p. 140-141 (*NdA*).

« réaliste » et qui comprennent que, s'il y a quelque chose qui ne va pas dans le monde, toute la faute en incombe aux États-Unis, qui « aident peu et mal Moscou » (article de Simes dans *Newsweek*), tandis que la direction soviétique avance des exigences et des protestations on ne peut plus légitimes. Et lorsqu'il faut stigmatiser les dissidents, on sollicite encore Simes. On sait qu'on peut compter sur lui.

On se demande seulement pourquoi les éditorialistes soviétiques, qui citent à l'envie le « docteur Simes », omettent de préciser à leurs lecteurs qu'il s'agit d'un émigré soviétique récent, le moscovite Dmitri Konstantinovitch Simès, qui a fait des études par correspondance à la faculté d'histoire, puis a été nommé assistant à l'Institut moscovite d'économie mondiale et de relations internationales (MIMO), un ancien militant de l'Union des organisations de jeunesse, où il a travaillé sous la direction d'un chef aussi illustre que Yarovoï, ancien secrétaire du Comité central des jeunesses communistes.

Malheureusement pour lui, Simès se heurtait en URSS à deux obstacles pour faire carrière : son origine juive et l'honorabilité morale de ses parents. Sa mère, Ida Kaminskaïa, est une avocate bien connue pour défendre les dissidents.

Simès, à Moscou, ne pensait pas « hétéro », ou tout au moins pas ouvertement. A l'époque où sa mère défendait Siniavski, son fils, qui jouissait de la possibilité de consulter le dossier, faisait des missions pour le compte du *gorkom* ou du *raïkom* du Komsomol et prononçait dans les usines ou les clubs ouvriers des discours où il flétrissait les « deux girouettes », Siniavski et Daniel [1]. Mais lorsque la vague de l'exode juif se mit à prendre brusquement de l'ampleur, on vit soudain Simès changer de visage. Il se lança dans la lutte

1. Écrivains (procès : 1965-1966). Le premier enseigne aujourd'hui à l'université de Paris-IV (*NdT*).

avec une énergie farouche. En quelques mois, il trouva le temps de se faire condamner à quinze jours de prison, de se heurter plusieurs fois à la milice, d'apposer son nom sous diverses pétitions. J'eus un jour l'occasion de me rendre en délégation en même temps que lui au ministère de l'Intérieur : Simès y fit une intervention impeccable, exigea avec beaucoup de sang-froid la liberté d'émigrer en Israël. Il ne se passait pas de jour qui n'enrichît encore le portrait de l'indomptable dissident. Il était clair que les autorités ne résisteraient pas à l'offensive incessante d'un adversaire aussi énergique et se dépêcheraient de se débarrasser de lui.

Admettez pourtant qu'un départ trop rapide et trop facile est le lot des médiocres. Les natures d'exception partent autrement. Le jour où il devait partir, on téléphona chez Simès de la part de l'OVIR en le priant de s'y présenter avec son visa : celui-ci était annulé.

A la différence des brebis de mon genre, qui rendirent leur visa, Simès jeta un nouveau défi aux autorités et sut le faire avec ingéniosité, audace, astuce. Sans prendre lui-même l'écouteur, il fit dire qu'il était sorti mais qu'il téléphonerait dès son retour. Après quoi, entouré de ses amis et connaissances, Simès prit la route de l'aéroport de Chérémétiévo.

Après avoir enregistré ses bagages, et juste avant le contrôle des passeports, il téléphona d'une cabine à l'OVIR et, devant des témoins béats d'admiration, dit à l'inspectrice qui l'avait convoqué qu'il allait bientôt se présenter à elle avec son visa. Elle n'avait qu'à attendre un peu car il était retenu.

Après quoi Dmitri Simès se dirigea superbement vers son avion, laissant les autorités soviétiques ridiculisées aux yeux de tous.

Il faut donc admettre que les autorités ridiculisées ignoraient quel avion Simès devait prendre, à quelle heure il avait fait enregistrer ses bagages, passé le contrôle douanier et celui des passeports !

Après son départ d'URSS, Simès fut un des nombreux

émigrés à donner une interview pour le livre d'Irina Kirk, *Portraits de résistants russes*[1]. Le nouvel émigré, qui ne voulait plus rien avoir en commun avec son ancien pays, y expliquait les raisons pour lesquelles il avait refusé l'ordre existant en URSS et décrivait le chemin de son évolution interne.

Bientôt, Dmitri Simès travaillait à l'Institut d'études stratégiques de l'université de Georgetown, avec pour spécialité les relations américano-soviétiques. Pour un émigré, c'était une rapide et belle carrière.

Lorsque, de passage à Munich, Simès y fit une conférence devant les journalistes de *Radio Liberty*, le conférencier fut nommé dans le carton officiel d'invitation « conseiller spécial du secrétaire d'État ».

Vous êtes étonnés qu'ait pu échouer à *Radio Liberty* un homme qui écrivait qu'on avait bien raison de mettre les dissidents soviétiques en prison et que n'importe quel pays civilisé les punirait de même pour leurs crimes ?

Étonnement bien naïf. Dmitri Konstantinovitch Simès collabore régulièrement avec la station, dont il est le correspondant extraordinaire à Washington. Sous pseudonyme, naturellement.

On affirme parfois que, si la troisième émigration n'a pas exercé une action bénéfique sur l'opinion publique occidentale dans son ensemble, elle a quand même modifié l'optique de l'intelligentsia libérale en l'éloignant de ses positions systématiquement prosoviétiques.

Cela n'est vrai qu'en partie. L'opinion publique occidentale, surtout américaine et surtout juive, était déjà devenue plus réceptive à l'influence des faits après le rapport

1. Irina Kirk, *Profiles in Russian resistance. Quadrangle*, New York, The New York Times book company, 1975, p. 178 (*NdA*).

Khrouchtchov, au XXe Congrès, et elle le devint encore davantage lorsqu'il ne fut plus possible de dissimuler l'antisémitisme régnant en URSS.

Or on découvre aujourd'hui, aux USA et ailleurs, que les frères juifs d'URSS se sont conduits comme de mauvais Juifs. On les a tirés d'URSS pour qu'ils aillent en Israël et ils s'arrangent pour gagner les États-Unis et s'y incruster. On les prenait pour des Juifs assoiffés de vie culturelle juive, et on trouve difficilement parmi eux un homme qui parle même le yiddish. On les a laissés sortir en tant qu'hommes désireux, même sous un régime socialiste, de demeurer juifs, et voilà que, même sous un régime capitaliste, ils ne font guère d'efforts pour l'être.

Originaires d'un pays fermé, nous le représentons, volontairement ou non, devant le monde extérieur soit en qualité d'émissaires (si nous nous considérons nous-mêmes comme tels), soit en qualité d'objet d'étude. En d'autres termes, nous constituons pour les Occidentaux une image de l'URSS et de la relation que l'on peut avoir avec elle, tant au niveau du quotidien (perception individuelle) qu'à celui de la science (étude de l'espèce).

De là nous pouvons conclure que la place que les autres assignent à nos efforts involontaires se trouve située dans l'un des trois domaines suivants, étroitement imbriqués et, dans les faits, interdépendants : la propagande, la désinformation, l' « influence sur les esprits [1] ».

---

1. Ou « subversion », suivant le terme généralement adopté en Occident (*NdT*).

28

LA PROPAGANDE

La propagande, donc ! Soviétique, naturellement.

Mettons-nous bien d'accord : il ne s'agit pas ici de la diffusion au sein des masses des idées immortelles du marxisme-léninisme, mais de l'action systématiquement exercée sur les esprits dans un sens favorable à l'État soviétique.

Autre chose. Lorsqu'on parle de la propagande soviétique, on oublie le plus souvent qu'elle est menée, en règle générale, dans au moins deux directions principales. La propagande du premier type concerne l'opinion intérieure et s'appuie sur les déclarations officielles du gouvernement soviétique dans l'arène internationale ; la propagande du second type, complémentaire de la première, est presque entièrement réservée au monde extérieur. Les méthodes de ces deux propagandes diffèrent elles aussi radicalement.

La propagande intérieure et officielle est de type déclaratif et incantatoire. La combinaison verbale utile au pouvoir soviétique, que ce soit un slogan ou une déclaration plus élaborée, est dans un premier temps proclamée puis, dans un second, répétée aussi souvent qu'il est nécessaire pour qu'elle se loge définitivement dans le cerveau du ou des sujets visés.

C'est ainsi que, de même que les innombrables « jubilés » sans joie, les « dates mémorables », les « jours du cheminot, du milicien, du mineur », etc., ont pour fonction de créer l'illusion que le temps, depuis longtemps figé, s'est remis à bouger et que l'histoire, qui s'était arrêtée, a repris du service, de même les formules toutes faites, bonnes pour toutes les circonstances de la vie, tous les événements intérieurs et extérieurs, ont pour but de servir d'ersatz à une pensée absente.

L'action de la propagande officielle, déclarative et incantatoire, est double. Dans le domaine international, domaine où le citoyen soviétique ne connaît parfois pratiquement rien, elle sert à combler automatiquement les vides de l'information. Dans le domaine intérieur, où chacun ou presque a une claire conscience du mensonge inhérent aux déclarations officielles, la propagande éduque la population en la forçant à répéter publiquement des jugements auxquels elle ne croit pas. Que la population le fasse en rechignant, en gromelant même *in petto,* n'a d'autre part qu'une importance assez réduite.

Le rôle éducatif de la propagande déclarativo-incantatoire peut dépasser les limites de l'Union soviétique. Exemple : la « campagne de lutte pour la paix. »

Mais il existe un second type de propagande, presque entièrement construite sur l'explicitation.

Sans entrer dans une analyse exhaustive des différentes méthodes utilisées par cette propagande du second type, disons qu'elle se résume à peu près au schéma suivant. Supposons qu'un rugissement menaçant soit descendu des hauteurs de l'Olympe soviétique : des hommes spécialement désignés pour cela expliqueront qu'en réalité le Secrétaire général est d'une humeur on ne peut plus pacifique mais qu'il est l'objet de pressions constantes de la part des doctrinaires, dits aussi « faucons ». On ne neutralisera ces derniers qu'en faisant des concessions aux colombes. Ou bien supposons que l'URSS fasse je ne sais quelles concessions de pure forme dans un domaine quelconque, par exemple qu'elle promette de retirer de RDA un certain nombre d'unités, les mêmes « expliciteurs » tâcheront de convaincre l'Occident qu'il utilise la chance qui lui est offerte et réponde généreusement à cette initiative.

Qui sont-ils, ces analystes ?

Tout d'abord une catégorie très particulière de journalistes soviétiques, spécialisés dans les contacts avec le monde extérieur, puis leurs amis et collègues occidentaux, enfin un grand nombre d'hommes et de conseillers politiques, parfois ex-soviétiques comme le « docteur Simes » dont nous avons parlé un peu plus haut.

Il serait au reste inexact de se figurer que la propagande déclarativo-incantatoire concerne exclusivement la vie intérieure de l'URSS et la propagande « explicatrice » sa politique internationale. A l'intérieur des frontières nationales, le bourrage de crânes par formules et slogans est lui aussi complété par tout un système de rapports et d'exposés faits à huis clos au bénéfice d'un certain nombre d'heureux élus à qui l'on explique ce qu'ils doivent penser des événements en question, et sous quelle forme, et à qui l'on communique un certain nombre de faits supposés cachés aux simples mortels.

Les mots sont une grande chose. En obligeant l'adversaire à accepter votre phraséologie, votre lexique, vous avez déjà fait plus de la moitié du chemin. Le jour où l'OLP, grâce à la terreur et au chantage systématiques, a réussi à obliger les médias du monde entier à appeler « partisans » ou « guerilleros » les terroristes à sa solde, on peut considérer qu'elle avait gagné la partie. A une époque un peu plus reculée, ne peut-on pas dire que la Chine nationaliste fut condamnée, et perdue pour l'Occident en tant qu'alliée et amie, à partir du moment où les diplomates américains en poste en Chine continentale se mirent à envoyer des dépêches où ils qualifiaient Mao Zedong et ses pairs de « réformateurs agraires », ou bien les nommaient des « soi-disant communistes » ?

On a tout à fait tort, en Occident, de considérer le bourrage de crânes (« propagande déclarativo-incantatoire ») comme sans influence aucune sur le monde extérieur et de le séparer par un mur de béton de la propagande extérieure, que l'on envisage d'autre part sous un angle un peu trop étroit.

Je m'explique. Les multiples ramifications de l'appareil de propagande soviétique dans le monde n'ont certes pas échappé à l'attention des observateurs occidentaux.

Le 6 février 1980, le vice-directeur de la CIA chargé du renseignement a présenté, devant la sous-commission de la Chambre des représentants chargées de superviser les services secrets, un rapport concernant l'activité de la propagande soviétique. D'après les calculs des spécialistes américains, la masse monétaire affectée à ce poste par le gouvernement soviétique (l' « argent du peuple » étant, en outre, converti en devises fortes) se décomposait de la manière suivante :

Département Étranger du Comité central
   du PCUS . . . . $ 100 000 000
Département de l'Information internatio-
   nale du CC 50 000 000
Agence TASS 550 000 000
Agence APN-Novosti 500 000 000
La *Pravda* 250 000 000
Les *Izvestia* 200 000 000
Novoïé vrémia et autres journaux et revues . . 200 000 000
Émissions en langues étrangères de *Radio*
   Moscou. 700 000 000
Services de presse des ambassades soviéti-
   ques 50 000 000
« Radios clandestines » 100 000 000
Organisations internationales contrôlées
   par Moscou. 63 000 000
Aide aux partis communistes étrangers . . . 50 000 000

Service « A » de la Première direction
principale (KGB) 50 000 000
Opérations des résidents du KGB 100 000 000
Aide aux « fronts de libération natio-
nale » 200 000 000
Campagne spéciale contre la modernisation
des forces de l'OTAN (1979) 200 000 000

C'est ainsi que les Américains en sont arrivés à un total de 3 363 000 000 dollars. Somme à première vue impressionnante, mais qui est pourtant clairement inférieure à la réalité.

Il est certes maladroit de polémiquer avec la CIA. Mais si la liste indique les départements Étranger et de l'Information internationale du Comité central du PC soviétique, pourquoi ne tient-elle pas compte du département de l'Agitation et de la Propagande ? Pourquoi ne nomme-t-on pas la Direction politique de l'armée soviétique, qui a rang de département au sein du Comité central ? La mise en condition systématiquement anti-occidentale de la population et des forces armées soviétiques est-elle séparable du travail méthodique de décomposition de l'Occident, d'affaiblissement de ses capacités de résistance morale ?

Pourquoi n'indique-t-on pas dans la liste la station radio « Paix et Progrès » qui, quoique située dans le même bâtiment que le Comité de radio et télédiffusion, (Piatnitskaïa 25), n'en fait pas officiellement partie ? Ses dépenses de fonctionnement sont-elles comptabilisées sous le poste « émissions en langues étrangères », au modeste budget de sept cent millions de dollars, ou doit-on la rechercher sous la rubrique « radios clandestines » ? Et la station « La Voix de la patrie », pour les « compatriotes à l'étranger » ? Émarge-t-elle au budget du KGB ? On ne parle absolument pas non plus des émissions destinées à l'intérieur, quoiqu'elles remplissent elles aussi des fonctions de propagande. Et les stations « périphériques », qui émettent pour les pays limitrophes ?

Il est fort juste, à mon sens, que l'on ait inclus dans la liste le « service A » de la Première direction principale du KGB. Mais que dire de la Cinquième direction, qui est chargée de « la lutte contre la diversion idéologique » et, entre autres choses, des pauvres de nous, ex-citoyens soviétiques qui émigrons en Israël, ou ailleurs qu'en Israël ? Si cela ne se rapporte pas à la propagande soviétique, à l' « influence sur les esprits », quelle peut bien être son utilité ?

Et le deuxième service de la Deuxième direction principale du KGB, chargé de surveiller les Soviétiques à l'étranger et, en particulier, de veiller à la qualité de la propagande prosoviétique qu'ils sont censés y répandre ?

Et où rattacher la propagande effectuée par le canal du ministère de la Culture de l'URSS, du Comité pour la culture physique et le sport et, d'une façon générale, de toutes les institutions officielles reliées d'une manière quelconque au monde extérieur ?

Admettons que les écrivains, par exemple, se promènent en Europe aux frais du Comité central et du KGB. Mais les académiciens ? Et les membres des instituts étroitement spécialisés, comme l'Institut du mouvement ouvrier international, ou celui des États-Unis et du Canada, à qui se rattachent-ils, eux aussi ?

Pourquoi, parmi les organes de propagande majeurs, n'at-on pas cité la revue *Problèmes de la paix et du socialisme*, éditée à Prague [1], ou encore l'Institut des « systèmes de direction », fonctionnant à Laxenburg, à proximité de Vienne, avec pour vice-directeur le camarade Gvichiani, gendre de feu Kossyguine et, dit-on, général du KGB ?

L'aide aux partis communistes étrangers est une question fort délicate. Il y en a, bien sûr, qui dépendent entièrement de Moscou. Mais certains se sont tellement enrichis en

---

1. Cette revue est l'objet d'une analyse détaillée aux p. 266 et sq. du livre de C. Henkine précédemment cité (*NdT*).

prélevant leur quote-part du commerce Est-Ouest ou en pompant, au bénéfice de la caisse du parti, le budget des municipalités où ils sont majoritaires qu'ils peuvent aisément prendre à leur charge une part des dépenses effectuées par l'URSS au titre de la propagande extérieure.

Évaluer d'autre part en dollars l'efficacité de la propagande soviétique me paraît une aberration.

Voici un petit exemple. Les employés du service russe de *Radio Liberty*, station *américaine* émettant depuis Munich, reçurent un jour une note leur rappelant une fois de plus qu'il devaient absolument éviter de donner à leurs émissions un « ton antisoviétique » et qu'ils devaient, par-dessus tout, « être objectifs ». Le prétexte à cette note était une enquête d'opinion qui venait d'être effectuée par un institut spécialisé et d'où il découlait que 77 % des auditeurs reprochaient à la station d'être « antisoviétique » et « non objective ».

Or qui avait-on interrogé ? Quarante-deux Soviétiques venus en Occident pour un bref séjour, généralement de quelques jours. Parmi eux : une hôtesse de l'Aéroflot, une huile du parti, un rédacteur attitré, un ouvrier qualifié, etc. Tous membres du parti.

Les réponses avaient été de deux types. Ou bien : « Je n'écoute pas vos émissions et je n'ai pas l'intention de les écouter car elles sont antisoviétiques et ne sont pas objectives », ou bien : « Vos émissions sont antisoviétiques et ne sont pas objectives, mais je les écoute parfois pour connaître l'ennemi. »

Si l'on sait qu'en URSS tout travail lié à des sorties régulières en direction des pays capitalistes n'est confié qu'à des individus qui ont mérité cet honneur par des années de conduite irréprochable et, naturellement, de dénonciations, et que l'on peut dire à peu près la même chose des envoyés en mission, dont chacun est étroitement « vérifié » avant le départ et sait qu'il se trouvera sous le contrôle constant du contre-espionnage soviétique et de ses propres camarades, si l'on sait qu'il suffit d'une parole maladroite pour briser une carrière, enquêter auprès d'un pareil « public » est une absurdité. Et folie pure de tirer de leurs réponses des conclusions paralysant un organisme aussi important que *Radio Liberty*.

Maintenant la question : qu'ont coûté au Trésor soviétique ces « réponses d'auditeurs » ? Pas un sou ! Le résultat ? La note distribuée par la direction de la seule station diffusant 24 heures sur 24 en direction des peuples d'URSS et dont la fonction, comme il est inscrit dans ses statuts, est de compenser les insuffisances des moyens d'information soumis à censure.

Je rappelle que les émissions de *Radio-Moscou* en langues étrangères bénéficient d'un budget de 700 millions de dollars. Celui de *Radio Liberty* et de *Radio Free Europe* [1] pris ensemble, n'atteint pas les cent millions !

Autre outil de propagande gratuit, les visas d'entrée.

Chacun comprend qu'un spécialiste de l'Union soviétique qui ne se rend pas dans ce pays a moins de valeur sur le marché scientifique de son pays que ceux de ses collègues qui, eux, y vont.

Pour obtenir un visa d'entrée en URSS, le spécialiste en question doit être rangé par les autorités soviétiques au nombre des « chercheurs objectifs ». Il doit pour cela construire ses raisonnements à partir de sources soviétiques et en tirer des conclusions favorables (dans un sens large du terme) à l'URSS. Faute de quoi il n'obtiendra pas le visa et restera un soviétologue de second ordre.

1. Station-sœur de la précédente, diffusant à l'intention des autres pays d'Europe de l'Est. Toutes deux sont sévèrement brouillées par l'URSS, la Pologne, etc. (*NdT*).

On objectera qu'il n'est pas obligatoire de publier dans la grande presse ses impressions de voyage en URSS. Certes, mais nous parlons ici de l'*effet de propagande*. Et dans ce domaine on voit que la soviétologie occidentale est largement dépendante de la propagande soviétique la plus officielle. Il y a des gens qui passent leur vie à décortiquer les déclarations des dirigeants soviétiques, à étudier leur style (!), la durée des applaudissements après chacune de leurs phrases, l'ordre dans lequel les dirigeants se tiennent debout sur la tribune du mausolée de Lénine, ou se préoccupent de savoir qui sourit et qui fait une sale tête.

Non, décidément, calculer le budget de la propagande soviétique est une occupation privée de sens. Ce budget n'existe pas. *Toutes* les ressources du pays sont affectées à l'armement et à la propagande.

29

LA LUTTE POUR LA PAIX

« Quand on défend la vie et l'avenir des enfants du monde entier, s'exclamait en 1949 André Wurmser, il est impossible de choisir ses expressions ! » Nous avons rappelé plus haut cette phrase, par laquelle le journaliste communiste français s'efforçait de démontrer au tribunal qu'il était en droit de calomnier Kravtchenko.

Que viennent ici faire les enfants ? Ceci : l'appel (hors de propos) aux instincts humains les plus simples (qui ne sont pas nécessairement vils) a toujours été un procédé d'élection de la propagande soviétique.

Nous sommes pour la paix, pour l'avenir heureux des enfants, pour une vieillesse paisible, pour les champs et les forêts, pour un air non pollué !

Premier avantage : la répétition de telles formules crée peu à peu chez l'interlocuteur l'impression que la défense de tous ces bienfaits est un monopole absolu de l'URSS et que tous ceux qui sont en désaccord avec Moscou sont des ennemis de la paix, du bonheur des enfants, de l'air pur, etc.

En second lieu, cela complique la position de ceux qui étaient prêts à se référer à la situation intérieure de l'Union soviétique, avec la militarisation croissante de la société, la destruction du milieu naturel, la dégénérescence de la population, le rachitisme des bébés empoisonnés par la mauvaise qualité du lait en poudre ou l'alcoolisme de leurs parents.

Que l'on essaie, pourtant, de sortir de ses bagages un compteur Geiger, même en plein centre de Moscou ! On sera aussitôt arrêté pour espionnage. Que l'on essaie d'analyser le lait qu'on donne à boire aux enfants soviétiques : on sera poursuivi pour calomnie à l'égard de l'État et de la société soviétiques !

Le résultat, c'est que si l'Union soviétique arrive facilement à dépasser l'Occident pour un grand type d'armements, c'est parce qu'elle est toujours en avance d'un slogan pacifiste.

Rappelons-nous le premier appel de Stockholm : « Nous exigeons l'interdiction inconditionnelle de l'arme atomique, arme de terreur et de destruction massive de l'humanité... Nous appelons tous les hommes de bonne volonté du monde entier à signer cette proclamation ! »

L'appel fut signé le 19 mars 1950. A cette époque vivait encore ce champion incontestable de la « lutte pour la paix » qu'était Yossif Vissarionovitch Staline.

Un an auparavant, le 27 janvier 1949, la *Pravda* avait dépeint en ces termes la situation à Berlin-Ouest :

« Toute la ville est détruite, on manque de nourriture, les enfants souffrent de la faim... Le manque de combustible est encore plus grave. Le soir, à Berlin-Ouest, on ne donne de lumière que pendant deux heures. Dans le secteur soviétique de Berlin il y a de la lumière, de la nourriture, du combustible... »

La belle affaire ! Tout venait de ce que les troupes soviétiques bloquaient alors les différentes routes menant aux secteurs occidentaux et ne laissaient passer vers la ville assiégée ni vivres ni combustibles. Enfants, pauvres enfants...

On connaît la suite et l'échec du chantage stalinien grâce au pont aérien mis au point pour les approvisionnements par les Américains, les Soviétiques ne se risquant pas à abattre leurs avions.

A la fin des années quarante, Staline pouvait faire le bilan : prise de pouvoir (fût-elle parlementaire) par les communistes en Tchécoslovaquie, pressions militaires sur la Turquie et l'Iran, ingérence dans la guerre civile en Grèce. Grâce aux partis communistes locaux, les Soviets aggravaient, dans une Europe ravagée par la guerre, les difficultés des différents pays.

C'est pour répondre à cette situation que les Occidentaux créèrent au printemps 1949 l'union défensive de l'Atlantique Nord, l'OTAN. A l'automne de la même année, les zones d'occupation occidentales se réunifièrent en un État unique avec système monétaire et gouvernement communs et Bonn pour capitale. Nous laissons imaginer quelles clameurs hystériques se déchaînèrent à ce propos dans la presse soviétique.

C'est également en 1949 que se produisit l'événement auquel Khrouchtchov fait allusion dans ses Mémoires :
« Gim il Seong vint à Moscou pour conférer avec Staline. Les Nord-Coréens avaient envie de tâter le Sud avec leurs baïonnettes. »

Assurés de l'appui de Staline et de Mao Zedong, les Nord-Coréens franchirent le 38e parallèle et se mirent à progresser victorieusement. Mais, malgré leurs succès initiaux le débarquement américain à Incheon-Chemulpo les mena à deux doigts de la catastrophe. Seuls les « volontaires » chinois les sauvèrent de l'extermination dont les menaçait le général MacArthur.

Deux facteurs assurèrent l'échec des aventures berlinoise et coréenne : la supériorité militaire de l'Occident et son unité, au moins relative. Au lieu d'écraser les anciens alliés, l'attaque frontale décidée par Staline les avait rapprochés.

Même la bruyante et grossière campagne menée par les moyens de propagande soviétiques et chinois, accusant les

Américains de mener en Corée une guerre bactériologique, échoua.

On en vint alors à une arme plus efficace : la lutte pour la paix. On créa le Congrès mondial de la paix. Le 19 mars 1950 fut signé par des communistes et des sympathisants de différents pays ce que l'on a appelé le « premier appel de Stockholm ».

Une quantité énorme de signatures fut collectée à travers le monde. Dans les pays « socialistes », signer relevait de l'obligation. Dans les autres pays, les communistes firent un travail de persuasion gigantesque.

Contrôlées par les communistes, les organisations de lutte pour la paix se multiplièrent. A l'abri de cette propagande, l'URSS continua à se surarmer.

Un quart de siècle passa. Le 24 février 1976, Léonide Ilyitch Brejniev déclarait depuis la tribune du XXVe Congrès :

« Grands sont aujourd'hui le rôle et la responsabilité des mouvements sociaux de masse pour le renforcement de la paix... Nous continuerons à ne pas ménager nos efforts pour faire participer les masses les plus larges à la cause du renforcement de la paix... »

Peut-on raisonnablement ménager ses forces pour le bien d'une bonne cause ?

« On peut, écrit le professeur Ericsson, éminent spécialiste des questions de stratégie et d'armement soviétiques à l'université d'Édimbourg, établir un lien étroit entre la politique soviétique dans le domaine de la production des armes et celui de la lutte de propagande pour la paix. En voici un exemple. Toutes ces dernières années, le commandement militaire soviétique a manifesté un intérêt particulier pour l'Europe Nord. Il a considérablement renforcé ses bases navales dans cette région. Immédiatement, le gouvernement soviétique a renouvelé ses appels pour créer une zone dénucléarisée dans cette même Europe Nord. »

Ces lignes datent de la fin 1976. Aujourd'hui, la création

d'une zone dénucléarisée dans le nord de l'Europe est pratiquement devenue une « exigence populaire » qui va d'elle-même dans l'esprit de bien d'Européens non prévenus.

Gros avantage : les communistes et les organisations nettement procommunistes peuvent aujourd'hui rester dans l'ombre. Car, comme l'a dit Léonide Brejniev : « Grand est aujourd'hui le rôle des mouvements sociaux de masse pour le renforcement de la paix... »

C'est pourquoi on voit Olof Palme, ancien (et nouveau) Premier ministre suédois, poser devant l'ONU la question de la dénucléarisation de l'Europe du Nord. Des hommes et des femmes venus des pays scandinaves effectuent à travers l'Europe une grande marche de la paix, envoient un message chaleureux à Brejniev et reçoivent de celui-ci une réponse non moins chaleureuse. Un peu plus tard, 300 000 personnes manifestent pour la paix à Bonn, le même nombre à Amsterdam. En tout, à la fin de l'année 1981, près de 2 millions d'Européens avaient pris part à des manifestations pour la paix.

Celles-ci avaient commencé en 1979 (rappelons-nous le chiffre cité : 200 millions de dollars avaient été affectés à cette campagne par l'URSS !). Le premier et principal objectif des pacifistes avait été, dès le début, d'empêcher le déploiement en Europe, dès la fin 1983, des fusées américaines à moyenne portée.

Tout d'abord, les pasteurs se mirent à évoquer doucement, dans leurs sermons, les bienfaits de la paix. Puis les prêtres catholiques leur emboîtèrent le pas. Les écologistes se joignirent à eux, suivis des mères nourricières, des anarchistes, des étudiants sans logis, des défenseurs des droits les plus divers, des adversaires du chômage. Le mouvement était devenu mouvement de masse. Dans les écoles, les jeunes maîtres répétaient aux élèves : « Vous êtes une génération condamnée, les futures victimes de la folie nucléaire du Pentagone. »

A qui peut vraiment déplaire un tel programme : la paix sur terre, plus d'impôts ni de service militaire, des appartements gratuits, plus besoin de travailler !

Lorsqu'il fallut organiser une manifestation contre la venue à Berlin-Ouest d'Alexander Haig, alors secrétaire d'État, 80 000 personnes sortirent dans la rue, davantage encore lorsque ce fut Reagan. Tous étaient venus pour des raisons différentes et avaient des exigences divergentes mais le résultat unique fut une puissante manifestation contre l'Amérique et le réarmement de l'OTAN. A eux tous, ils faisaient évoluer les événements dans le sens souhaité par Moscou.

Et quoique les liens entre ce mouvement et le Kremlin sautent aux yeux, rares sont ceux qui les dénoncent publiquement.

Toutes les agences de presse ont annoncé, le 4 novembre 1981, l'expulsion du Danemark du deuxième secrétaire de l'ambassade d'URSS à Copenhague, Vladimir Merkoulov, « pour activités incompatibles, etc. » Entre autres choses, cet homme avait transmis des fonds à l'un des dirigeants du mouvement pacifiste danois, un certain Petersen. En un an et demi, Merkoulov l'avait rencontré vingt-trois fois. Petersen lui fournissait des renseignements d'espionnage, Merkoulov le payait. Ensemble, ils luttaient pour « l'avenir heureux » des enfants de la planète.

Le 7 octobre 1981, la deuxième chaîne de télévision ouest-allemande avait diffusée, au cours de son émission *ZDF-Magazin*, une interview du journaliste néerlandais Van Nieuwenhuysen. Celui-ci révéla alors qu'il avait noué des relations avec le correspondant à La Haye de l'agence TASS, un nommé Léonov, lequel lui avait confié, un jour qu'il était ivre, qu'outre le journalisme il s'occupait du mouvement pacifiste sous la direction du résident du KGB aux Pays-Bas, un membre de l'ambassade d'URSS à La Haye nommé Koupriyanov. Léonov s'était vanté entre autres choses de pouvoir, si cela était nécessaire, faire sortir le lendemain même dans la rue cinquante mille partisans ardents de la paix, chrétiens de toutes tendances.

Van Nieuwenhuysen écrivit un article sur le sujet, qu'il eut le plus grand mal à placer dans un quotidien catholique. Et lorsque, pensant les frapper par la nouveauté de ses informations, il s'adressa aux services de contre-espionnage néerlandais, ceux-ci lui dirent que les liens entre le Comité interéglises pour la paix et les services de renseignements soviétiques avaient déjà fait l'objet d'un rapport détaillé et que c'était de l'histoire ancienne. On le remercia poliment de ses informations.

Le correspondant de TASS et son patron Koupriyanov furent peu après expulsés des Pays-Bas.

Mais le plus étrange, comme le raconta ensuite Van Nieuwenhuysen, fut que le ministre de l'Intérieur néerlandais, Ed van Thijn, convoqua le chef du contre-espionnage et lui ordonna d'abandonner l'enquête sur les liens avec le KGB du Comité interéglises pour la paix. En outre, le ministre fit une déclaration officielle au Parlement : il n'y avait, dit-il, aucune preuve concrète de l'existence de liens entre le Comité et Moscou.

Nous avons donc, en octobre, l'interview sur la deuxième chaîne de télévision ouest-allemande puis, au début de novembre, le scandale au Danemark avec Vladimir Merkoulov. Or, le 30 novembre 1981, *Time* (édition européenne) consacre la « cover story » de son numéro 48 au mouvement pacifiste. Thème principal de l'article : l'Europe vit dans l'angoisse de la guerre atomique.

« La peur ressentie par l'Europe, écrit Henry Muller, auteur de l'article vedette, a mûri à un point tel pour son exploitation par le Kremlin qu'il serait tout à fait naturel de soupçonner ce dernier de financer certains groupes pacifistes européens. Il semblerait que ces soupçons se soient vus confirmés lorsqu'au début de ce mois, un *petit* fonctionnaire soviétique à Copenhague a été expulsé par le gouvernement danois parce qu'on l'*aurait* surpris au moment où il transmettait de l'argent à une organisation pacifiste. *Il n'y a néanmoins pas de preuves concrètes que Moscou ait financé les groupes pacifistes sur une grande échelle.* » (Les italiques sont de moi.)

Et un peu plus loin : « Les services néerlandais de renseignements ont fait savoir cette année que les communistes *ne s'étaient pas* infiltrés au sein du Comité interéglises pour la paix ; le ministre néerlandais de l'Intérieur Ed van Thijn a déclaré au Parlement néerlandais qu'il n'y avait pas « l'ombre d'une preuve » que le Comité interéglises reçût de l'argent du KGB, c'est-à-dire des services de renseignements soviétiques.

A qui ira-t-on ensuite prouver que le *deuxième secrétaire* d'une ambassade soviétique n'est pas un « petit fonctionnaire », que Merkoulov a été pris la main dans le sac, que l'enquête sur les liens du Comité interéglises néerlandais avec le KGB a été abandonnée sur ordre du ministre lui-même, etc. ?

Après avoir lu l'article objectif et documenté de *Time*, le lecteur se verra conforté dans son opinion que l'Europe est actuellement secouée par un mouvement pacifiste parfaitement spontané, sans rapport avec de l'argent soviétique ni avec des dirigeants soviétiques quelconques. Une réaction de peur devant la guerre atomique et les déclarations irresponsables de Haig, Reagan et Weinberger ! D'ailleurs, c'est un mouvement à direction essentiellement ecclésiastique : quel rapport cela pourrait-il avoir avec les Soviets ?

Peut-on parler de la « propagande » soviétique sans parler de la désinformation ? Ces deux aspects de la question sont intimement liés.

Parlons donc maintenant de la désinformation.

30

DÉSINFORMATION OU ÉDUCATION

> « Angleton (chef du contre-espionnage de la CIA) ne doutait pas que les Soviets ne fussent en mesure de mener des opérations de désinformation et considérait le *Trust* des années vingt comme leur prototype... Les matériaux fabriqués reçus du *Trust* se voyaient confirmés par les rapports d'autres groupes antisoviétiques fictifs, créés par les services soviétiques... Cette campagne de désinformation admirablement coordonnée, menée par l'intermédiaire des services soviétiques, permit à Moscou de persuader l'Occident qu'elle avait renoncé à ses plans de révolution mondiale et s'éloignait du communisme en direction du nationalisme. (L'argent que les douze services de renseignements occidentaux versaient pour ces fausses informations couvraient non seulement toutes les dépenses de *Trust*, mais constituaient presque tout le budget des opérations de renseignements soviétiques à l'étranger).
>
> Edward Jay Epstein, *Legend : The secret world of Lee Harvey Oswald*, Londres, Arrow books ltd, 1978, p. 296-297.

Après l'entrée en guerre des États-Unis, au cours de la Seconde Guerre mondiale, la tâche du colonel Bevan, qui coordonnait depuis Londres toutes les opérations de désinformation des Alliés, devint à la fois plus étroite et plus lourde de responsabilités. Il convenait en effet de dissimuler aux Allemands le lieu et le moment précis du débarquement sur le continent européen.

Il était impossible de cacher que l'invasion était devenue inéluctable, tant elle s'inscrivait dans une perspective historique. Il était également impossible de cacher les caravanes de bateaux qui transportaient troupes et armements d'Amérique en Angleterre. Impossible de cacher le lieu approximatif du débarquement, car il était défini par la plus courte distance entre la Grande-Bretagne et les côtes du continent propices à cette opération. Le moment, les Allemands pouvaient aussi le deviner approximativement puisqu'il dépendait du temps, des marées hautes et basses, des phases de la lune, etc.

L'objectif stratégique fixé fut de faire croire aux Allemands que l'offensive principale n'était qu'une manœuvre de diversion et le début de l'invasion un leurre.

Cet objectif précis commanda toute une guerre de désinformation faite de ruses, de leurres, d'opérations de diversion. Les péripéties de cette guerre secrète ont été minutieusement analysées par l'historien anglais Anthony Cave Brown dans son travail monumental, *Bodyguard of lies*[1].

Le livre de Cave Brown est intéressant non seulement par la masse de renseignements qu'il nous donne, mais aussi et surtout parce qu'il nous permet de suivre le développement des différentes opérations dans leurs liens réciproques et de dégager ainsi les conditions essentielles ayant permis le succès de toute l'entreprise.

Quelles étaient les conditions présentées par l'Angleterre de l'époque ?

Tout d'abord, la clarté absolue de l'objectif.

Lorsqu'on sait exactement ce qu'il faut précisément dissi-

---

1. Londres, Harpen and Row, 1975. Trad. fr., *La Guerre secrète : le rempart des mensonges*, Paris, Pygmalion-Gérard Watelet, 1981, 2 vol. (*NdA*).

muler à l'adversaire et ce qu'il faut lui faire croire, les hommes menant cette guerre secrète peuvent décider rapidement et de manière sûre de ce qui est bon pour eux et de ce qui est mauvais.

Ensuite, la presque complète isolation du pays.

Une isolation telle que celle de l'insulaire Angleterre permet de créer sur son propre territoire n'importe quelle fiction destinée à tromper l'ennemi, tout en lui compliquant au maximum la vérification des renseignements à obtenir.

La vigilance de la population (dans le cas présent, subordonnée aux conditions concrètes de la guerre).

Une centralisation absolue dans la direction de toutes les opérations de désinformation, l'existence d'un Centre n'ayant à rendre de comptes qu'au chef du gouvernement et habilité à donner sans explications des consignes obligatoires pour tous.

La présence sur le territoire de l'ennemi d'un réseau de renseignements exceptionnellement actif ; une connaissance parfaite de toutes ses intentions (c'était le cas pour les Anglais, puisqu'ils disposaient de tous les codes chiffrés principaux des Allemands).

Enfin : à l'intérieur même de l'Allemagne, les Alliés pouvaient compter non seulement sur leurs agents, mais sur des officiers allemands sympathisants qui, lorsqu'ils analysaient les renseignements reçus, pouvaient les présenter comme dignes de foi même s'ils soupçonnaient une supercherie.

La guerre achevée, les collaborateurs du colonel Bevan regagnèrent leurs comptoirs bancaires, leurs barreaux, leurs chaires d'universités, leurs propriétés, leurs recherches scientifiques, leurs affaires, leurs chasses au renard. De célèbres agents doubles qui avaient travaillé à la fois pour les Anglais et pour les Allemands reçurent la récompense de leurs efforts et purent se retirer. L'Angleterre redevint un pays ouvert. Ses services sont probablement encore capables de mener une opération subtile bien déterminée, de rouler un adversaire quelconque, mais recommencer une guerre de désinformation stratégique et globale est pour eux complètement exclu.

On peut dire la même chose de n'importe quel pays occidental, ou bien de tous ces pays pris ensemble.

Il en va autrement de l'URSS.

Seule l'URSS vit et agit aujourd'hui, en temps de paix, dans des conditions très spécifiques qui ne se présentent en Occident qu'en temps de guerre.

Seule l'URSS possède un objectif stratégique bien net : mettre sous son contrôle le monde entier et dissimuler le plus longtemps possible ses intentions.

Seule l'URSS, depuis sa naissance, s'est isolée du monde extérieur et n'a cessé de perfectionner l'étanchéité de ses frontières, dont la garde est assurée par un corps frontalier particulier, numériquement plus important (250 000 hommes armés de chars, d'avions, d'hélicoptères, etc.) que ne le sont les troupes de nombreux pays membres de l'OTAN et équivalant à l'effectif des troupes du pacte de Varsovie utilisées en août 1968 pour l'invasion de la Tchécoslovaquie.

Seule l'URSS, après avoir couvert de « villages à la Potiomkine » un sixième des terres émergées, est capable de créer sur son territoire, par les moyens parfois les plus grossiers, n'importe quelle fiction. Dans quel pays autre que l'URSS pourrait-on, au siècle de la conquête de l'espace, dresser des façades fictives à deux étages devant les misérables baraques des habitants, tout au long de l'immense rue principale d'une ville où l'on doit, deux fois par jour, faire passer en autobus des ouvriers étrangers ? C'est pourtant ce qui s'est passé il n'y a pas très longtemps, au milieu des années soixante, dans la ville de Tchistiakovo, rebaptisée à cette occasion Thorez, à un moment où l'on s'apprêtait à y installer une usine automobile avec l'aide des Français[1].

1. Voir You. Miloslavski, *Zavodskiyé khroniki* (« Chroniques d'usine »), dans la revue *22*, Tel-Aviv n° 21 (*NdA*).

S'il n'y a que l'Union soviétique où l'on puisse de nos jours véhiculer des étrangers dans une rue fabriquée de toutes pièces, c'est parce que l'Union soviétique est le seul pays où l'on puisse compter sur le silence absolu de la population. Parce que l'Union soviétique est la patrie de Pavlik Morozov [1], du garde-frontière Karatsoupa et de son fidèle chien Ingoul, et que toute la population, des pionniers aux retraités, est maintenue en état de vigilance permanente.

Outre la « vigilance » visible en tous lieux, un autre facteur empêche les étrangers se trouvant en URSS de faire preuve de trop de curiosité : à la différence de bien des pays occidentaux, *aucun service* de maintien de l'ordre public et de la légalité ne peut ni n'ose se retrancher derrière le prétexte que le phénomène suspect dont il vient d'avoir connaissance « n'est pas de son ressort » et refuser de transmettre l'information à qui de droit. Si, par exemple, les policiers de l'OBHSS, au cours de leurs opérations de routine liées à la « défense de la propriété socialiste » découvrent une activité qui pourrait ressembler à de l'espionnage (lequel relève du KGB), la non-dénonciation de ladite activité aux instances intéressées signifierait pour eux, dans le meilleur des cas, un licenciement immédiat.

En Occident, par contre, on se réfère constamment à l'excuse de l'incompétence.

Parce qu'il y a probablement peu de pays au monde où, comme en URSS, la divulgation des faits les plus simples de la vie de tous les jours est sanctionnée par la loi comme « dénigrant l'ordre politique et social soviétiques ».

Et où, à la fin d'une longue liste de renseignements constituant le « secret d'État » et dont la diffusion à l'extérieur est considérée comme un crime particulièrement

1. Cet enfant qui dénonça aux Rouges ses parents et grands-parents pendant la collectivisation (et les fit fusiller) est donné en exemple dans les écoles soviétiques (*NdT*).

grave, liste où a été consigné absolument tout ce que peut suggérer au juriste l'imagination bureaucratico-policière la plus débridée, on trouve encore cette clause de style : « et les autres données qui seront considérées par le Conseil des ministres comme relevant du secret d'État [1] ». En sorte que le touriste étranger qui visite l'URSS n'emporte le plus souvent de ce pays que les impressions qu'on a bien voulu lui suggérer.

Dans l'immense majorité des cas, les étrangers qui viennent en URSS circuleront dans des rues et sur des routes qui leur auront été fixées, tandis que les indigènes veilleront à ce qu'ils ne regardent pas ce qu'ils n'ont pas à regarder.

Seule l'URSS dispose sur le territoire de l'adversaire, c'est-à-dire dans toute le monde non communiste, d'une immense armée d'agents et, en plus, d'un nombre considérable d'auxiliaires à demi conscients ou totalement inconscients.

Il y a encore un trait de l'État soviétique qui apparente ce dernier à l'Angleterre des années de guerre et lui donne la possibilité de mener une guerre secrète de désinformation à l'échelle du globe. Il s'agit de la totale centralisation de la direction de ses services secrets et de la tout aussi complète centralisation du pouvoir étatique.

Lorsque l'on parle des « services soviétiques », on fait souvent une erreur d'optique en pensant à un concept à la fois beaucoup plus étroit et, sur un autre plan, beaucoup plus vaste que ne l'est la réalité. Je m'explique.

Pour autant que l'on puisse en juger, le travail de renseignements proprement dit est mené en URSS suivant les axes suivants : Première direction principale du KGB, Direction principale des renseignements de l'état-major,

---

1. Voir M. V. Tourietski, *Osobo opasniyé gossoudarstvienniyé prestoupliénié* (« Les crimes les plus dangereux contre l'État »), Éd. de l'université de Moscou, 1965, p. 44 (*NdA*).

c'est-à-dire les services d'espionnage militaires (GRU), le ministère des Affaires étrangères et, enfin, le département des Affaires générales du Comité central du PC, qui a son propre service de renseignements lié aux questions politiques les plus considérables, tant à l'intérieur qu'à l'extérieur du pays, et contrôle par la même occasion l'appareil du parti, le département du Comité central chargé des organes administratifs, le KGB et l'Intérieur [1].

L'expression « services de renseignements » est donc trop générale, appliquée à un pays comme l'URSS. A quels « services » doit-on par exemple, rapporter la surveillance des citoyens de son propre pays à l'étranger, surveillance exercée en fait par le contre-espionnage ? Et les rapports faits pour leurs supérieurs par *tous* les Soviétiques envoyés en mission à l'étranger ? L'écrivain, l'académicien, l'ingénieur, le musicien, le joueur d'échecs, l'acrobate ou le touriste qui se sont rendus à l'étranger avec un bon de séjour de leur syndicat ou parce que des parents les y ont invités doivent, à leur retour, se rappeler toutes les rencontres qu'ils ont faites et les consigner par écrit. On ne doit pas s'étonner qu'ils ne parlent pas publiquement de cette obligation : ils se fermeraient définitivement toute nouvelle possibilité de voyage à l'étranger. Pour agir ainsi, il n'est donc nullement besoin d'être officier de renseignements, il suffit d'être un simple citoyen soviétique.

Grande est la tentation de dire : il n'y a en fait plus de services de renseignements en URSS car il y a longtemps qu'ils se sont fondus avec toutes les autres formes d'activité dans le cadre d'une structure étatique qui englobe maintenant tout.

Un jour, à Moscou, j'ai eu l'occasion d'être l'interprète

---

1. Le poste capital de directeur du département des Affaires générales avait été confié par Brejniev à Constantin Tchernenko (cf. A. Avtorkhanov, *La méthode Brejniev*, Paris, Fayard, 1981, *Appendice*, p. 395 et sq.) (*NdT*).

personnel du ministre de la Santé, Petrovski, au cours d'un congrès international de chirurgie, et d'accompagner plusieurs fois l'un de ses assistants, lui aussi excellent chirurgien, à qui l'on avait confié le soin d'organiser la reproduction fidèle, par un institut moscovite spécialisé, de l'appareillage et des instruments de chirurgie exposés dans le même temps par des firmes étrangères sur le territoire du VDNH, à Ostankino.

Ce genre de choses se produit, je suppose, partout. Mais demande-t-on dans d'autres pays à des grands patrons d'assumer de telles besognes ?

Comme on voit, la collaboration de la population, si indispensable à la désinformation globale, avec les différentes formes de recherche du renseignement, a atteint en URSS un niveau dont l'Angleterre du temps de guerre pouvait à peine rêver.

L'activité de toutes les branches du renseignement aboutit par différents canaux à un centre unique : le Comité central du PCUS.

Pas de problème non plus en ce qui concerne la centralisation des organes étatiques.

31

LE CONSEIL DE DÉFENSE DE L'URSS

> « Il serait absurde d'introduire dans la philoso-
> phie de la guerre un principe de modération : la
> guerre est un acte de violence porté à ses limites
> extrêmes. »
>
> Clausewitz, *De la guerre*

> « L'essentiel dans la guerre, c'est d'attaquer la
> stratégie de l'ennemi. »
>
> Sun Tzu, *L'Art de la guerre*

En Union soviétique, le pouvoir a toujours été centralisé à
un degré inconcevable pour la conscience occidentale. Et
pourtant, les années soixante-dix ont vu se produire dans ce
domaine un nouveau saut qualitatif. On a fait à cette époque
un grand pas sur la voie « du développement du principe
léniniste de l'unité de direction politique et militaire ».

En novembre 1977, dans son rapport sur la conférence de
théorie militaire qui avait eu lieu au ministère de la Défense
de l'URSS, l'*Étoile rouge* cita les paroles du chef de la
Direction politique principale de l'Armée et de la Flotte
soviétiques, le général d'armée Alexeï Alexeïévitch Yépichev.

Parlant de ce principe immortel du léninisme, Yépichev
déclara :

« On trouve des exemples de la mise en application

systématique de ce principe dans l'activité du Conseil de défense pendant la guerre civile, du Comité de défense de l'État pendant la grande guerre patriotique. A l'époque actuelle, on trouve une illustration éclatante de l'évolution féconde de ce principe *dans l'activité du Conseil de défense de l'URSS, qui a à sa tête le Secrétaire général du Comité central du PCUS, président du Présidium du Soviet suprême de l'URSS et maréchal de l'Union soviétique, le camarade Brejniev.* » (Les italiques sont de moi). Ajoutons à ces paroles de Yépichev que le camarade Brejniev, comme le fit savoir en cette même année 1977 le *Courrier militaire*, était également « commandant en chef suprême [1] » !

Si l'on se souvient du rôle modeste joué par Léonide Ilyitch Brejniev dans la direction des forces armées de l'URSS pendant la guerre, tous ces titres ronflants qui lui sont accolés, le grade de maréchal, sa nomination au poste de commandant en chef suprême, la présidence du Conseil de défense, tout cela peut faire naître le sourire. Le petit vieux était devenu gâteux ! C'était comme le prix Lénine de littérature qu'il s'était auto-attribué, ou le prix littéraire italien totalement inconnu qu'il avait reçu !

Oui, mais Brejniev prix de littérature, cela relève de l'anecdote, tandis que Brejniev maréchal de l'Union soviétique, commandant en chef suprême et président du Conseil de défense de l'URSS, cela ne prête plus à rire. Le prix littéraire attribué à l'auteur de la *Petite terre* [2] ne change rien à l'ordre des choses, tandis que l'énumération des fonctions plus haut citées modifie la structure du pouvoir dans le sens d'une centralisation encore plus grande.

Même si Brejniev mort a dû renoncer à ses fonctions, le

---

1. Voir A. Avtorkhanov, *op. cit.*, p. 263-264 (*NdT*).
2. L'œuvre « littéraire » de Brejniev est étudiée avec beaucoup d'humour par A. Avtorkhanov (*op. cit.*), p. 275-329 (*NdT*).

Conseil de défense précédemment dirigé par lui lui a survécu [1].

Quel est cet organisme ?

Le Conseil de défense de l'époque de la guerre civile (président : Lénine, 1918-1920) avait reçu « les pleins pouvoirs concernant la mobilisation du personnel et du matériel pour la défense de l'État soviétique ». « A la différence du Conseil de défense, écrit P. Kroujine, qui a étudié cette question [2], le Comité de défense de l'État (GKO) créé le 30 juin 1941 sous la présidence de Staline (y entraient initialement les seuls Molotov, Vorochilov, Malenkov et Béria ; ensuite y furent ajoutés Boulganine, Vozniéssenski, Kaganovitch et Mikoyan [3]) possédait déjà *toute la plénitude du pouvoir* ».

Le GKO « guidait l'activité de tous les départements et institutions de l'État ; il dirigeait leurs efforts vers l'utilisation maximale des ressources matérielles, spirituelles et militaires du pays afin d'obtenir la victoire sur l'ennemi... Chacun des membres du GKO était à la tête d'un groupe de questions bien précis. Les décrets du GKO avaient la force des lois du temps de guerre. Tous les organes étatiques, militaires, économiques et syndicaux étaient dans l'obligation d'exécuter rigoureusement les décisions et dispositions prises par le GKO ».

Telle est la définition que donne de l'activité du GKO la très officielle Grande Encyclopédie soviétique.

Or Yépichev évoque une « évolution féconde » du principe de « l'unité de direction politique et militaire ». Quelle peut bien être son expression aujourd'hui, en temps de paix ?

Avant tout, le Conseil de défense n'est plus une organisation extraordinaire créée pour diriger le pays dans des circonstances exceptionnelles. Il n'y a pas eu de détails

---

Andropov et Tchernenko en ont pris, ensuite, tout naturellement la présidence (*NdT*).

2. Bulletin de la section d'études de *Radio Liberty* (*NdA*).

3. Voir aussi A. Avtorkhanov, *Staline assassiné (Le complot de Béria)*, Paris, Presses de la Renaissance, 1980 (*NdT*).

publiés sur son activité. Mais on sait d'après le texte de la nouvelle constitution que le Présidium du Soviet suprême de l'URSS, présidé jusqu'à sa mort par Brejniev [1], forme ce dernier, puis confirme officiellement sa composition.

Il convient probablement d'ajouter à cela que si, auparavant, le haut commandement des forces de terre et de mer était nommé par le Conseil des ministres, aujourd'hui cette fonction est dévolue au Présidium du Soviet suprême de l'URSS, soit encore à Brejniev, Andropov puis Tchernenko.

Comme on voit, le Secrétaire général du Comité central et le président du Présidium du Soviet suprême, surtout lorsque ces deux titres sont portés par le même homme, concentrent entre leurs mains un pouvoir considérable. On serait tenté de s'arrêter à cette conclusion de fait. Or Staline aussi disposait d'un immense pouvoir personnel, qui plus est incontrôlé. Ce qui est nouveau, dans le cas considéré, c'est l'introduction de ce pouvoir personnel dans la structure même de l'État, la légalisation systématique de ce pouvoir personnel absolu du Secrétaire général (et du président du Présidium du Soviet suprême et commandant en chef) et l'élimination de tout ce qui pourrait le limiter. On exclut par exemple d'avance tout changement, toute innovation.

Les résultats du XXVI° Congrès du PCUS [2], où la haute direction du parti n'a subi aucune modification, ont confirmé cette même tendance.

Qui entre au Conseil de défense? Outre le secrétaire général du parti, probablement le ministre de la Défense [3], le président du KGB [4], le ministre des Affaires étrangères [5], le

---

1. Puis, bien sûr, par Andropov et Tchernenko (*NdT*).

2. 1981. La fréquence de cinq ans institutionnalisée depuis 1961 (XXII° Congrès) fixe le prochain rendez-vous (le XXVII°) à 1986 (*NdT*).

3. Dimitri Oustinov, nommé par Brejniev, est resté en poste sous Andropov puis Tchernenko (*NdT*).

4. Victor Tchébrikov, depuis décembre 1982, succédant à Andropov et Fédortchouk (*NdT*).

5. Andreï Gromyko (même remarque que pour Oustinov) (*NdT*).

ministre de l'Intérieur [1], certains dirigeants économiques.

Retenons donc ce fait : l'Union soviétique possède, en temps de paix, un gouvernement de temps de guerre. Ce gouvernement est composé d'hommes qui dirigent aussi le parti, donc la propagande [2]. Et aussi, naturellement, les différentes formes de recherche du renseignement.

Parfait ! Toutes les conditions sont réunies. Mais a-t-on besoin de nos jours d'un vaste système de désinformation ? Nous ne sommes plus dans les années vingt ni trente.

C'est exact, mais regardons un peu en arrière.

Dans les années vingt et trente, la désinformation possédait un caractère surtout défensif. Un paravent de mensonges dissimulait au monde l'extermination de la meilleure partie de la paysannerie, du clergé, des officiers, de l'élite génétique du pays. Les exécutions, les camps, la famine, la délation, l'effondrement des bases familiales et sociales, tout comme celui de l'éthique ouvrière et professionnelle, tout cela concourait à la naissance d'un homme d'un type nouveau, l' « homo sovieticus ». On posait les fondements du système soviétique.

La désinformation était protectrice et embellissante. L'objectif était de cacher ce qui se passait derrière la haie, afin que les autres ne vissent pas prématurément quelle menace pesait sur eux. Il est encore trop tôt pour que l'on puisse parler, à l'époque, d'une puissante *influence* sur la conscience du monde extérieur ou de *manipulation* des esprits.

Cela dit, on ne se faisait pas faute, dès cette époque, de désagréger ledit monde extérieur, dans un processus préludant à sa conquête future.

---

1. Vitali Fédortchouk (décembre 1982) (*NdT*).
2. Certains analystes comme Cariatidis (*Devant la guerre*, Paris, Fayard, 1981) considèrent que le pouvoir est dès maintenant concentré en URSS entre les mains des militaires ; le Comité central joue à leurs yeux le rôle d'une sorte de département de la propagande de l'état-major général (*NdA*).

Cette dernière était envisagée, dans l'optique clause-witzienne classique, comme une « continuation de la politique par d'autres moyens ». Il suffisait en somme d'attendre que l'Union soviétique prît suffisamment de forces pour voir la vaillante Armée rouge voler au secours du prolétariat mondial, qui se débattait dans les fers de l'exploitation et de la misère. C'est alors, pour reprendre la terminologie de l'époque, qu'elle frapperait « sur le territoire d'autrui » et avec « des pertes minimes » (en raison de sa supériorité écrasante), et tout irait bien. L'objectif politique serait atteint. Il suffisait, au moment de « l'acte de violence porté à ses limites extrêmes » (Clausewitz), de se prémunir contre toute surprise.

Même si cela a déjà été dit cent fois, répétons que l'apparition de l'armée atomique a radicalement changé les données du problème. Il devenait inconcevable d'envisager un « acte de violence porté à ses limites extrêmes ». Un conflit nucléaire total menaçait également tous les peuples de la terre.

Que faire ? Capituler honteusement, renoncer à cet empire du monde prescrit par l'Histoire ? Bien sûr que non.

La doctrine militaire fut progressivement révisée en fonction des circonstances nouvelles. La formule de Clausewitz fut comme inversée. C'était maintenant la politique qui devenait la continuation et l'expression de la guerre de fait que l'URSS menait contre le monde extérieur. C'était désormais sans actions militaires que l'on allait vers la victoire et l'écrasement de l'adversaire.

Sun Tzu, ce penseur chinois qui vivait il y a plus de vingt-cinq siècles, a même posé les bases théoriques de cette doctrine nouvelle. Toute la conception soviétique a été par avance exposée par lui dans le petit traité qui s'apelle *L'Art de la guerre*.

« Ceux qui sont experts dans l'art de la guerre, écrivait-il, soumettent l'armée ennemie sans combat. » Et aussi :

« ... L'armée qui vaincra sera celle qui remportera la victoire avant d'avoir engagé le combat. »

On peut trouver chez Sun Tzu un ensemble de formules et de maximes qui semblent avoir été spécialement inventées pour décrire la politique soviétique et ses méthodes de désinformation.

Bref, comme elle est dans l'incapacité de s'assurer sans risques pour elle-même la victoire militaire sur le monde extérieur, l'Union soviétique s'est vue contrainte de se tourner vers l'arme de l'influence psychologique, de la manipulation de l'opinion publique, du mensonge, de la désinformation.

Autre chose.

Une des conditions essentielles du succès de la désinformation soviétique a toujours été l'étanchéité des frontières de l'URSS. En créant dans ces frontières des fissures imaginaires, les services soviétiques n'ont pas eu de mal à attirer et abuser leurs adversaires.

Il serait naturellement léger d'affirmer que des agents étrangers authentiques n'ont jamais travaillé sur le territoire de l'Union soviétique, mais n'importe quel citoyen soviétique vous dira que le système des questionnaires, des « sections spéciales », des « vice-directeurs » dans les instituts de recherches, des laissez-passer, des « dopousks », des contrôles et des super-contrôles et, surtout, de la délation généralisée a créé à de tels agents une multitude de difficultés. Aussi le résultat a-t-il été que, pendant des décennies, la connaissance que l'URSS a eue de l'Occident et celle que l'Occident a pu avoir de l'URSS n'ont pas été du même ordre de grandeur.

Des événements se sont cependant produits, à la charnière des années cinquante et soixante, qui ont modifié les règles du jeu.

Tout d'abord, pour une série de raisons que nous n'énumérerons pas ici, l'Union soviétique s'est vue obligée d'entrouvrir légèrement ses portes aux touristes, aux commerçants, aux chercheurs et aux étudiants venus en URSS dans le cadre des échanges scientifiques et culturels.

En second lieu (et c'est peut-être là l'essentiel), il y a eu un bond qualitatif dans l'utilisation par l'Occident des techniques d'observation. On a vu d'abord apparaître des avions volant hors de portée des moyens soviétiques de défense, puis il y a eu les satellites d'observation et différents systèmes d'écoute électronique.

Le rideau de fer qui entourait l'URSS se souleva un peu.

L'Occident se mit à recevoir régulièrement une abondance de renseignements factuels qu'il était difficile de contrefaire. On vit apparaître des données crédibles servant à recouper les renseignements recueillis par voie d'espionnage. Le rôle de l'agent de renseignements se modifia. Auparavant, lorsqu'il était envoyé en URSS, il y mourait le plus souvent, ou bien était retourné contre ses propres employeurs.

Comment empêcher la fuite d'une information qui s'écoulait par des voies échapppant au contrôle du KGB ? Que faire lorsque l'adversaire se voyait soudain doté de la possibilité de regarder derrière les façades peintes des « villages à la Potiomkine » ?

Peut-on considérer comme un hasard que, précisément à cette époque, en 1959, ait été créé au sein de la Première direction principale du KGB un département Désinformation dirigé par Ivan Ivanovitch Agayants ?

Peut-être n'est-il pas non plus fortuit qu'ait été également menée vers cette époque (un peu plus tôt, en 1957) une opération de désinformation symptomatique, avec l'arrestation provoquée du résident soviétique à New York, le « colonel Abel », de son vrai nom William Guenrikhovitch Fisher et mon ami [1].

Si cette histoire me semble symptomatique, c'est parce

---

1. Voir C. Henkine, *op. cit.*, *passim*, et James Britt Donovan, *L'affaire Abel*, Paris, Fayard, 1965 (*NdT*).

qu'au procès à grand tapage qu'on fit au colonel, homme absolument sûr pour le KGB, on en profita pour fabriquer aux yeux de l'Occident une vision fausse des services soviétiques, de leurs agents, de leurs méthodes et objectifs, de leur cercle de préoccupations.

Mais ce n'est là qu'un exemple isolé de désinformation, tout proche de la vérité, à proximité immédiate de cette dernière. Tout comme les cornes du taureau, lorsqu'on les a limées de quelques millimètres seulement, rendent ce dernier inoffensif pour le matador.

Mais ne nous écartons pas du thème. Que pouvait-on faire, comment pouvait-on abuser l'adversaire à qui il était maintenant pratiquement impossible de dissimuler tous les faits ?

La réponse s'impose d'elle-même : ce qu'il fallait, c'était pénétrer jusqu'aux centres d'analyse des renseignements et de prises de décision liées à ces renseignements, influer sur ces analyses, sur ces décisions. Afin que l'adversaire ne vît plus ce qui était évident, ne comprît plus ce qui allait de soi. Influer sur l'interprétation de la vérité.

D'où l'on peut légitimement tirer la conclusion que les services soviétiques, aujourd'hui plus que jamais, sont mus par des conceptions stratégiques globales, que toutes leurs opérations sont évaluées en fonction de l'objectif stratégique principal fixé par la haute direction du parti, objectif que le pays doit atteindre sous la haute direction du Conseil de défense. Cet objectif a été rappelé ouvertement un si grand nombre de fois que plus personne ne le prend au sérieux. Il porte divers noms : conquête du monde, empire universel, etc. Mais l'Occident refuse d'y croire.

Quel peut donc être, en lien avec cela, l'objectif stratétique de la désinformation soviétique ? Quel est le secret principal de l'Union soviétique ?

Si l'on poursuit la comparaison que nous avons faite avec l'Angleterre au moment où cette dernière menait une guerre secrète contre le Troisième Reich, on peut dire que le secret stratégique de l'URSS, c'est l'essence de son système, de son ordre politico-social. C'est un ordre où le pouvoir fonctionnant en circuit fermé, capable de s'autorégler et de se suffire à lui-même, signifie tout, tandis que le peuple n'est qu'une masse provisoirement utile pour l'existence du pouvoir, mais en réalité un fardeau. Si l'on n'a pas compris la nature particulière du pouvoir et de l'État soviétiques, il est impossible de comprendre ses initiatives ou de prévoir ses intentions. De même est-il impossible de prendre au sérieux son expansionnisme.

La nature même du système soviétique indique quels sont ses objectifs ultimes. Ceux-ci ne sont hélas pas loin d'être atteints et il ne reste plus qu'à assoupir la vigilance du monde extérieur dans une mesure suffisante pour qu'il n'ait pas le temps de conjurer sa perte.

Pour que l'Occident devienne partie du système socialiste mondial, il n'est nullement besoin qu'il soit conquis militairement par l'Union soviétique, il suffirait qu'il se mette à vivre sans s'en rendre compte lui-même selon ses lois, qu'il accepte progressivement sa langue, ses concepts, ses règles du jeu. Si cela se réalise, Moscou n'aura plus besoin de mettre ses troupes en mouvement.

Nous avons parlé de la façon dont la propagande soviétique impose au monde entier ses formules, et par là ses pensées, dont elle *éduque* l'Occident. Mais il y a un postulat de base auquel se résume tout le reste. Il suffit de l'accepter pour aboutir à toutes les conclusions nécessaires à la propagande, à la désinformation, ou à l'expansion (choisissez votre formule) de l'Union soviétique.

Ce postulat est le suivant : *l'Union soviétique serait un pays comme les autres !*

C'est de ce présupposé qu'étaient partis les chercheurs de l' « expédition d'Harvard ». En déclarant dès l'abord que l'URSS était une société moderne industrialisée comme toutes les autres, ils en étaient venus aux conclusions dont Moscou avait besoin. Ils avaient oublié en chemin les camps, le système des délations, l'inhumanité du régime. En prétendant être « objectifs », ils avaient fait passer un monstre pour une société normale et civilisée.

C'est ce même postulat qui conduit de nombreux spécialistes occidentaux à dépenser des trésors d'imagination et de talent pour calculer les dépenses militaires de l'URSS et à en venir aux résultats les plus invraisemblables. Ces hommes s'étonnent que l'Union soviétique puisse « ne pas augmenter son budget de défense », alors que le seul développement de sa flotte de guerre lui coûte plus que ne prévoit l'ensemble du budget militaire. Ces spécialistes se refusent obstinément à admettre que le budget de défense de l'URSS est une fiction et que c'est toute l'économie du pays qui travaille à l'effort de guerre.

32

L'INFORMATION A DISSIMULER

> « Je forcerai l'ennemi à prendre ma force pour
> de la faiblesse et ma faiblesse pour de la force,
> tout en m'efforçant de transformer sa force en
> faiblesse. »
>
> Sun Tzu, *L'Art de la guerre*

On dit au sujet de la troisième émigration qu'en laissant le flot de quelques centaines de milliers de citoyens mécontents déborder hors du pays, les autorités soviétiques ont fait une concession à l'Occident et involontairement dévoilé à ce dernier bien des faiblesses de l'URSS, que l'émigration a été consentie par elles à contrecœur et que Moscou n'aurait jamais accepté d'elle-même que la vérité sur le pays fût, grâce aux émigrés, colportée à travers le monde. On sait avec quel soin les autorités soviétiques ont toujours veillé à dissimuler aux yeux du monde extérieur les faiblesses de leur système.

L'argument paraît indiscutable. L'Union soviétique s'est effectivement présentée à l'époque de ses plus terribles famines comme le pays de l'abondance, tout comme elle a claironné à tous les vents au plus fort de la terreur stalinienne combien ses citoyens étaient libres et heureux.

Cependant la désinformation, la désorientation de l'adversaire ne sont pas toujours, et ne doivent pas nécessairement être, fondées sur l'enjolivement et le mensonge direct. Des faiblesses habilement présentées et adroitement analysées peuvent constituer une arme efficace de mensonge stratégique [1].

Dans le passé, l'Union soviétique voulait dissimuler ses faiblesses parce qu'elle supposait qu'elle pouvait induire en tentation des adversaires plus puissants qu'elle. Elle enjolivait aussi ses propres réalités pour conserver la confiance des adorateurs du premier État ouvrier et paysan.

De l'avis de bien des gens informés, le rapport des forces militaires entre l'URSS et l'Occident est tel que, si l'on fait aussi entrer en ligne de compte un certain nombre de facteurs extra-militaires, l'URSS est capable, à n'importe quelle minute, de rayer de la face du globe tous les pays civilisés.

Pourquoi ne le fait-elle pas ? A quoi peut bien lui servir de lanterner ? Certes, Moscou n'obtiendra pas la victoire sans essuyer des pertes, mais il y a pertes et pertes. Quelques dizaines de millions de citoyens, ce n'est pas un problème : la guerre est faite pour cela. Les destructions et la famine, entraînant la disparition de nombreux autres millions, sont aussi un risque que l'on peut considérer comme acceptable.

Mais il existe un autre risque, bien plus important, un risque que n'acceptera aucun chef d'État ou homme politique responsable, surtout s'il représente un pays socialiste : le risque de perdre le pouvoir.

Si, au cours des ébranlements causés par la guerre nucléaire, les dirigeants actuels de l'URSS, qui ont atteint leur position présente par de nombreuses années passées « au service du peuple », se retrouvent soudain dépossédés du pouvoir, avouez que l'histoire perdra ce jour-là le sens qu'elle avait jusqu'alors. Il faudra tout recommencer à zéro.

---

1. Exemple : le chantage politique, l'extorsion financière sous le prétexte de la misère, comme en Pologne (*NdA*).

Entreprendre une guerre dans de telles conditions serait de l'aventurisme pur et simple. Et pour que l'adversaire ne soit pas le premier à l'entreprendre, soit par un sursaut d'énergie pendant qu'il a encore une petite chance, soit par désespoir (mourir pour mourir...), il faut le forcer à conserver quelque espérance, à patienter, à céder progressivement ses positions et à faire constamment des projets. Il faut le rééduquer. Il sera alors devenu sans s'en apercevoir partie intégrante du système soviétique.

Il faut pour cela faire entrer dans les cerveaux du monde extérieur une idée fausse et consolatrice, susceptible de les endormir, d'y loger l'espoir, de les entraîner dans le labyrinthe des illusions.

Lorsqu'ils comprenaient qu'ils étaient condamnés, même les Juifs des camps de la mort se jetaient sur leurs bourreaux. Mais seulement lorsqu'ils avaient compris qu'on ne les menait pas à la douche. Il est exclu de tolérer une telle révolte de la part de l'Occident. Il est également exclu qu'ayant compris le danger, l'Occident se mette à rattraper le temps perdu. Si l'écart monstrueux qui sépare la puissance militaire de l'URSS et celle de leurs adversaires occidentaux se met à se réduire, les Soviets sont capables de frapper par crainte de perdre leur supériorité. Naturellement, ils sont pour la paix, mais pas au prix d'une renonciation à l'empire du monde.

C'est pour cette raison que la faiblesse économique de l'URSS, l'espoir mis en son effondrement paralysent l'Occident et permettent aujourd'hui à Moscou de jouer un jeu des plus habiles.

Si l'on admet le postulat selon lequel l'URSS serait un pays comme les autres, aussi dépendant de son économie, on peut faire des plans à dix, quinze ans d'échéance. On attend que l'URSS s'intègre progressivement à l'économie mondiale et accepte ses règles du jeu [1]. Ou bien que l'Occident et sa puissance économique soient capables de prendre les dirigeants soviétiques à la gorge. Oui, mais que fera l'Union soviétique à ce moment-là ? Par quelle partie du corps tiendra-t-elle ses « partenaires » occidentaux ?

Considérant l'URSS comme un pays semblable aux autres, certains politiciens occidentaux contemplent tranquillement le surarmement et les conquêtes territoriales de Moscou. Peu importe ! Ils seront bientôt incapables de nourrir leur propre peuple !

On oublie que le pouvoir soviétique a des relations très particulières avec son peuple. Le système soviétique n'a pas besoin de la bienveillance de la population et tolère son mécontentement et ses grognements dans des limites beaucoup plus larges qu'on ne le pense. Le pays vit selon les lois des camps de concentration. Rien à bouffer ? Ils s'en passeront !

Posons-nous une question naïve.

Les dirigeants de l'URSS ont réussi à créer une machine militaire comme l'histoire n'en a encore jamais vues et qui n'a pas de rivale au monde. Leurs services d'espionnage se sont infiltrés partout. Ils peuvent influencer dans les faits la politique de n'importe quel autre pays. Leurs diplomates l'emportent régulièrement sur ceux des pays occidentaux. Pourquoi donc ces hommes ne peuvent-ils pas résoudre les questions les plus élémentaires de leur économie, nourrir leur peuple, l'habiller, le chausser ? S'ils ont prouvé leurs capacités dans d'autres domaines, peut-être alors n'est-ce pas faute de pouvoir, mais de vouloir ? Ou indifférence pure ?

Les chercheurs de l' « expédition d'Harvard » affirmaient déjà que la médecine gratuite symbolisait presque aux yeux du monde entier l'Union soviétique. Depuis que l'URSS est

1. C'est la thèse de Samuel Pisar dans *Les armes de la paix,* éd. Denoël, 1972. (*NdA*).

l'URSS, les plus grands succès dans ce domaine ont toujours été un des thèmes de prédilection de la propagande moscovite. Et en effet les effectifs du service de santé ne cessent de se renforcer ; en cas de guerre, les hôpitaux de campagne n'auront pas de problème de personnel. Or quel est actuellement, en temps de paix, le résultat de ce fougueux développement ? Qu'en est-il de la santé du peuple ?

Sur ce plan, cela ne va pas très bien. L'espérance de vie des habitants *diminue ;* la mortalité infantile progresse de manière particulièrement menaçante. La population s'étiole, dégénère.

En respectant toutes les règles de « l'objectivité », c'est-à-dire en utilisant les statistiques officielles soviétiques et en ne faisant aucune extrapolation personnelle, le spécialiste anglais des questions de santé Christopher Davis et l'Américain Murray Feshbach, qui s'est spécialisé de son côté dans les questions de démographie soviétique, ont rédigé pour le compte du département des Recensements du ministère du Commerce américain une étude intitulée *Croissance de la mortalité infantile en URSS dans les années soixante-dix* [1].

Dans leur étude des données officielles soviétiques concernant la santé publique et la mortalité, Davis et Feshbach n'ont introduit aucun correctif, quoique l'on puisse aisément supposer que tout ce qui touche le développement de l'aide médicale a été surestimé et tout ce qui concerne la mortalité sous-évalué. Mais il existe visiblement une limite au-delà de laquelle le tripatouillage des chiffres ne joue plus.

Selon les données officielles soviétiques, la mortalité infantile a augmenté d'un tiers entre 1970 et 1975. A cette date, l'URSS a cessé de fournir des chiffres. Murray Feshbach a calculé qu'en 1980 il était mort 40 enfants sur mille de

1. *Rising infant mortality in the USSR in the 1970's.* By Christopher Davis & Murray Feshbach. Series P-95 (nr. 74) U.S. Department of Commerce. Bureau of the Census (*NdA*).

moins d'un an. Chiffre pour l'Allemagne occidentale et les États-Unis : 13 pour mille.

Pourquoi les enfants meurent-ils aussi nombreux en URSS ?

Les auteurs voient la première raison dans la qualité infecte du lait en poudre mis en vente, la deuxième dans l'état constamment maladif des femmes, qui font en moyenne de six à huit avortements au cours de leur vie (chiffres officiels, ne l'oublions pas !). Chiffre moyen pour les États-Unis : 0,5 avortement par femme.

De plus, au cours de leur grossesse, de nombreuses femmes continuent à effectuer des travaux physiques pénibles. Vivant dans des conditions matérielles monstrueuses, privées de l'hygiène la plus élémentaire, épuisées par leurs fausses couches en série, elles mettent au monde des avortons.

Mais la croissance de la mortalité infantile n'est pas un phénomène isolé. Il est lié à la croissance de la mortalité en général. Quelles en sont les causes ?

La première est évidemment l'alcoolisme. Si l'on convertit en alcool à 40 degrés, les Soviétiques boivent en moyenne deux fois plus de spiritueux que les Américains et les Suédois, peuples pourtant gros buveurs. La famille d'un Soviétique moyen (dans les villes) dépense par semaine autant pour la vodka qu'une famille américaine équivalente dépense pour la nourriture. Même les statisticiens soviétiques n'ont pas eu l'idée d'expliquer ce fait par l'aspect riche en festivités de la vie soviétique.

En outre, l'alcool est la cause la plus fréquente de maladie chez les femmes. En Lituanie, par exemple, l'alcoolisme des mères et futures mères est cause de 50 % des morts d'enfants.

Le gouvernement soviétique ne peut-il vraiment rien faire pour lutter contre l'ivrognerie ? Le gouvernement tsariste, qui possédait lui aussi le monopole des alcools, a bien réussi à décréter la prohibition pendant la Première Guerre mondiale !

Mais en URSS la vodka est le moyen principal pour forcer la population à dépenser ses économies. L'État n'a encore rien trouvé d'autre à lui proposer.

Seconde cause de la mortalité élevée de l'Union soviétique : la pollution, sous ses différentes formes.

Troisième cause, les accidents, tant sur les lieux de travail que dans la vie de tous les jours. Et les accidents de la route ? Il y a dix fois moins de voitures en URSS qu'aux États-Unis, mais le nombre d'accidents de la route est le même. Le plus souvent à cause de l'alcool.

Davis et Feshbach parlent de l'effondrement du système de santé soviétique. Ils citent en exemple la grippe, qui n'est plus considérée comme une maladie grave dans aucun pays industrialisé et cause chaque année la mort de dizaines de milliers d'enfants. Les enfants meurent de pneumonie, que l'on soigne sans problème en Occident. Les pays industrialisés ont oublié ce qu'était le rachitisme : il fait rage en URSS.

Les auteurs de l'étude soulignent que la protection de la santé connaît en URSS une progression quantitative mais non qualitative et que son budget diminue au moment où il s'accroît aux États-Unis.

Il y a par contre deux fois plus de médecins ou d'infirmiers en URSS qu'aux États-Unis. Comme nous le disions, pas de problème en cas de guerre.

En temps de paix, les hôpitaux soviétiques manquent de draps, d'instruments chirurgicaux, de médicaments. Dans les hôpitaux pour enfants, c'est la saleté, le froid, les maladies contagieuses.

Lorsque ma femme rédigeait pour le compte d'un studio de cinéma moscovite le scénario d'un film de vulgarisation sur le lait, elle apprit de la bouche de spécialistes de ces questions que le lait que l'on donne à boire depuis l'enfance aux petits Soviétiques contenait des produits de décomposition dans une proportion qui dépasse de plusieurs fois les normes admises.

Pendant ce temps, l'Union soviétique construit dans les

pays du tiers monde des hôpitaux militaires qu'elle équipe de toutes les fournitures indispensables : instruments, médicaments, linge, et naturellement médecins.

Qu'est-ce à dire : avons-nous là la générosité naturelle des Russes ? Ou bien la crainte traditionnelle devant le monde extérieur ? Ou encore des impératifs économiques ? Rien de tout cela. La seule explication, c'est que l'URSS n'est pas un État comme les autres, mais une sorte de monstre pour lequel la santé et l'avenir de ses propres citoyens n'a pas la moindre importance.

« Nous voulons le bonheur des enfants, nous voulons la paix ! »

Et pourtant, nombreux sont les soviétologues qui continuent la même chanson, au lieu de regarder ce que suggère le simple bon sens. Attention : il y a aussi, parmi ceux qui s'occupent de l'URSS, des hommes parfaitement informés et dignes d'estime, comme Davis et Feshbach.

33

REVENONS A NOS MOUTONS !

Je résume à nouveau, au risque de lasser.

L'Union soviétique, comme la comparaison avec l'Angleterre de l'époque de la guerre l'a montré, dispose (et dans une mesure bien plus grande qu'aucun autre pays ne l'a jamais fait) de *toutes* les conditions indispensables à la conduite d'une désinformation stratégique globale. Son objectif est évident : cacher au monde extérieur ses intentions exactes sans lui laisser deviner à temps la véritable nature du système soviétique. L'Union soviétique est un pays fermé, à l'intérieur duquel on peut créer n'importe quelle fiction. Or, pour l'étudier, l'Occident doit s'en remettre à des spécialistes souvent soumis au contrôle direct ou indirect des Soviets. Autre importante source de renseignements sur l'URSS : les agents doubles. A ce jeu, la supériorité de l'URSS est évidente.

Ensuite, la population de l'Union soviétique est maintenue en état de veille ; ses différents services de sécurité collaborent entre eux au lieu de se faire la guerre ; la direction de toutes les formes de recherche du renseignement et de propagande est concentrée en un centre unique : le Comité central du PCUS. Le pouvoir de l'État soviétique, déjà centralisé auparavant, se trouve maintenant *de facto* entre les mains d'un gouvernement du temps de guerre, le Conseil de défense de l'URSS. L'Union soviétique dispose dans le monde d'un nombre d'agents inconnu dans l'histoire. Si l'on sait que les services de la RDA, de Cuba et des autres pays satellites travaillent dans une large mesure sous la direction stratégique commune des services soviétiques, le tableau est encore plus imposant. L'URSS dispose d'un système global, coordonné à partir d'un centre de propagande unique. Cette propagande s'appuie dans le monde entier sur une multitude de serviteurs des media, qui soutiennent et renforcent, par intérêt personnel ou non, le point de vue de l'URSS sur les événements. Et les partis communistes étrangers ! Et les sociétés d'amitié ! Et la mainmise sur les organisations internationales ! Impossible de tout énumérer.

Est-il pensable dans ces conditions qu'un pouvoir qui dispose de telles possibilités, un pouvoir entièrement policier, capable d'élever une provocation policière au niveau de la politique internationale, un pouvoir qui a enregistré de brillantes opérations de bluff et de désinformation du monde extérieur avec l'aide de l'émigration, un pouvoir qui est incapable de pousser le moindre soupir s'il n'y trouve avantage, est-il pensable que ce pouvoir ait fait cette fois-ci une exception et laissé sortir sans autre forme de procès trois cent mille têtes de bétail de son troupeau national ?

La crainte d'une explosion du mécontentement juif ? L'appréhension des récriminations du Congrès américain ? La peur que les entreprises commerciales ouest-allemandes n'interrompent leurs relations avec l'URSS ? Absurdités.

Il est certes possible (encore que peu probable) que notre « troisième émigration » ne soit pas le résultat d'un plan spécifique et concerté. Admettons-le. Mais comme n'importe quelle autre initiative des autorités soviétiques à l'étranger, même l'installation d'un pavillon de vente d'eaux minérales de Borjom ou de vins géorgiens, à une exposition internationale, une entreprise comme celle dont nous parlons doit obligatoirement recevoir l'aval des « organes compétents » et de la « direction », tout comme elle doit correspondre à leurs intérêts. En d'autres termes, « travailler pour les Soviets ».

Les sentiments personnels ou les intentions de ceux qui ont quitté l'URSS n'ont rien à voir ici.

34

LE MONDE OÙ NOUS VIVONS
(Fédora)

Au début de l'année 1974, alors que j'effectuais aux États-Unis une tournée où je prenais la parole dans les synagogues et défendais le droit sacré des Juifs d'émigrer en Israël pour « se réunir avec leurs familles », j'appris par des amis américains qui m'avaient pris en charge que des pourparlers secrets avaient lieu entre l'Union soviétique et Israël pour le rétablissement des relations diplomatiques. On parlait d'un certain Victor Lessiovski, membre de la mission soviétique à l'ONU, comme futur ambassadeur d'URSS à Tel-Aviv.

Voici ce que nous lisons dans le dictionnaire diplomatique publié en URSS :

« Victor Métchislavovitch Lessiovski (né en 1920) : diplomate soviétique, a rang de plénipotentiaire extraordinaire de seconde classe. Dans la carrière diplomatique depuis 1947. En 1961-1966, collaborateur principal du secrétariat de l'ONU à New York. Depuis 1968, directeur du secrétariat de l'ONU à New York. »

D'autres sources signalent qu'avant cela Lessiovski avait servi en Birmanie, où il avait été remarqué par U Thant, qui fit ensuite entrer Lessiovski au secrétariat de l'ONU.

Sous Waldheim, Lessiovski devint le bras droit du

secrétaire général. Lorsque Lessiovski eut soixante ans et qu'il fut temps pour lui de prendre sa retraite, Waldheim adressa aux Soviétiques une demande pour qu'ils permissent à Lessiovski de demeurer dans l'appareil de l'ONU.

En 1977, Lessiovski fut nommé adjoint du secrétaire général pour les questions de tourisme. La revue *Foreign Report,* commentant cette nomination, parla de Lessiovski comme d'un important membre du KGB travaillant sous la couverture diplomatique à l'ONU, un homme à qui l'Angleterre, quelques années auparavant, avait refusé, pour cette raison, le visa d'entrée.

Arkadi Chevtchenko, diplomate soviétique de haut rang et ancien adjoint du secrétaire général de l'ONU qui passa à l'Ouest en 1979, signala lui aussi en Lessiovski un membre des services de renseignements soviétiques.

Fin 1981 parut dans la presse soviétique un certain nombre d'articles annonciateurs d'un nouveau scandale lié aux services américains. Les hommes de la CIA n'avaient pourtant forcé cette fois-là aucune porte, ni renversé aucun gouvernement et ne s'apprêtaient à tuer aucun dictateur. Simplement, certains faits indiquaient qu'ils avaient misé sur le mauvais cheval.

Avant même la mise en vente du numéro d'octobre du *Reader's digest,* la presse entière reprenait le contenu de l'article de Henry Hurt, lequel reprenait de son côté le contenu d'un livre encore inédit. L'hebdomadaire *Newsweek* compléta ensuite les renseignements donnés par le *Digest.*

A la fin des années cinquante ou au tout début des années soixante, un officier du KGB nommé Anatoli Golitsyne avait fait défection vers l'Ouest. Aux officiers de la CIA qui l'interrogeaient, il avait communiqué d'intéressants renseignements concernant la pénétration des milieux gouvernementaux de nombreux pays occidentaux, en particulier des

États-Unis, par les services soviétiques. Il affirma qu'un agent du KGB profondément camouflé s'était même incrusté au sommet de la CIA.

Selon les renseignements transmis par Golitsyne, un important agent soviétique devait prochainement passer à l'Ouest afin de capter la confiance de l'Occident, de le désinformer et, en particulier, de réfuter ce que lui-même, Golitsyne, venait de communiquer.

En outre, Golitsyne affirmait que Moscou avait l'intention d'envoyer en Occident toute une série de faux défecteurs afin de déployer une vaste campagne globale de désinformation.

Golitsyne avait à peine eu le temps de faire passer son message que la CIA était contactée par un certain Youri Nossenko, membre de la Deuxième direction principale du KGB, qui exprima le désir de collaborer à la condition qu'on ne lui demandât pas de s'installer en Occident. Il avait, affirmait-il, ses raisons de désirer travailler pour les Américains tout en demeurant à Moscou.

Voilà qui comblait les vœux de la CIA ! Un officier de la Deuxième direction principale, un agent de haut rang, presque directeur du service qui s'occupait des USA et qui recrutait, en particulier, les Américains venus en URSS et surveillait les activités de l'ambassade américaine à Moscou, cet homme venait leur proposer lui-même ses services !

Les hommes chargés de lui n'eurent même pas le temps de se réjouir tranquillement de leur « acquisition » car les événements se précipitèrent. Nossenko arriva en catastrophe à la conférence sur le désarmement, de Genève, et prit ses nouveaux amis à la gorge : il voulait, il devait rester en Occident ! S'il retournait dans son pays, il risquait le pire !

Voyant que cette perspective ne suscitait aucune panique chez ses amis américains, Nossenko sortit son atout principal. Il révéla qu'il avait eu à s'occuper à Moscou de l'affaire Oswald.

C'était un coup de maître. L'Amérique était tout entière

plongée dans l'enquête sur les circonstances de l'assassinat du président Kennedy. La commission Warren se dépêchait de ficeler le dossier, en arrondissant bien des angles.

Comme tout le monde s'en souvient, Lee Harvey Oswald, ancien marine américain, s'était enfui en URSS où il avait vécu plusieurs années, s'était marié, avait renoncé à la citoyenneté américaine et, assez peu de temps avant l'attentat, était revenu aux États-Unis.

Le séjour d'Oswald en URSS, son mariage avec une Russe, ses liens avec les ambassades d'Union soviétique et de Cuba à Mexico, tout cela avait placé les services chargés de l'enquête dans une situation assez délicate.

Premier point : pourquoi ne l'avait-on pas filé, pourquoi n'avait-on pas prévenu son geste en le retirant des voies où le président devait passer ?

Deuxième point : si l'on établissait ouvertement les liens de L. H. Oswald avec Moscou ou La Havane, comment éviterait-on des conséquences politiques peut-être catastrophiques ?

En sorte qu'au moment où l'on pressait la commission Warren de rendre ses conclusions et où les services qui préparaient les matériaux de cette enquête y travaillaient sans perdre une minute, il se trouva un nombre plus que suffisant de personnages influents pour souhaiter pour diverses raisons que l'on ignorât et tût les liens d'Oswald avec Moscou et les services soviétiques. Or c'est là, précisément ce que leur offrait Nossenko. Il déclara qu'il pouvait affirmer en toute connaissance de cause que les services de renseignements soviétiques ne s'étaient jamais intéressés à Oswald et que, pendant tout son séjour en URSS, il n'avait pas une seule fois été interrogé par eux !

Nossenko fut immédiatement envoyé à Washington.

James Jesus Angleton, le chef du contre-espionnage américain, à qui l'on avait confié le soin de s'occuper spécialement de Nossenko, ne crut pas un seul mot de ce que leur racontait le prétendu défecteur. Il estimait que l'Union soviétique ne pouvait pas ne pas avoir, pour le moins, interrogé un marine américain qui avait travaillé aux radars de commande de vol des avions de reconnaissance U-2, un homme qui avait déclaré à peine arrivé à Moscou qu'il renonçait à la citoyenneté américaine et désirait servir l'URSS !

Il est inutile d'énumérer tous les points sur lesquels Angleton confondit Nossenko. Celui-ci n'était d'ailleurs pas lieutenant-colonel, mais simplement capitaine. Lorsqu'il affirmait qu'il avait eu pour fonctions de s'occuper de la surveillance de l'ambassade des États-Unis à Moscou, il se trompait dans le nombre des micros qui y étaient placés. De même, le télégramme menaçant lui ordonnant de rentrer immédiatement à Moscou n'avait jamais été envoyé à Genève.

Il est vrai qu'il révéla aux Américains un certain nombre d'opérations des services secrets soviétiques. Mais Angleton démontra que les Soviétiques avaient toutes raisons de considérer ces opérations soit comme ayant échoué, soit comme ayant perdu tout intérêt pour eux.

En revanche Nossenko mit du baume au cœur de Hoover, le chef du FBI, en donnant des listes de touristes, journalistes ou chercheurs américains que le KGB prétendait avoir recrutés, ou qu'il s'apprêtait à recruter. Hoover fondit sur ceux-ci comme un oiseau de proie, montrant combien il était indispensable. Mais Angleton était de marbre : il ne faisait pas confiance à Nossenko ! Résultat, il fut mis à la retraite anticipée, tandis que Nossenko était nommé conseiller de la CIA !

Un tel coup de théâtre s'expliquait, au moins partiellement, par le fait que les ennemis d'Angleton s'appuyaient sur une source d'information nouvelle et, à ce que l'on disait, « absolument fiable », laquelle confirmait que Nossenko était un défecteur sincère. Certes il était capitaine et non pas colonel, certes il n'avait pas un profil moral très reluisant et aimait bien mentir, poser, jouir de la vie. Mais, dans l'ensemble, on considérait qu'il disait la vérité.

A ce que racontait le nouvel agent, la fuite de Nossenko avait créé une telle panique à Moscou que l'ordre était venu d'interrompre immédiatement toutes les opérations de la résidence soviétique à New York. Pourquoi à New York ? demandait Angleton, qui refusait de lâcher prise. Nossenko n'y avait jamais travaillé. Pourquoi pas plutôt à Genève, où il ne cessait de venir ? Mais personne ne voulait écouter « le vieux ». Ses soupçons empêchaient les autres de dormir, tandis que les renseignements reçus de Nossenko arrangeaient tout le monde.

Le nouveau superagent qui confirmait les renseignements de Nossenko avait pour pseudonyme « Fédora » et n'était autre que Lessiovski.

Tous les faits alarmants signalés par Golitsyne furent un à un rejetés par « Fédora », tandis qu'il confirmait, directement ou indirectement, tout ce que Nossenko avait raconté.

Golitsyne, par exemple, avait dit que Kovtchouk, chef du service États-Unis du KGB, était venu en 1957 aux USA pour y rencontrer un agent très haut placé et très camouflé.

Il est bien exact, répondait Nossenko, que Kovtchouk est venu aux USA en 1957 ; je le sais d'autant mieux qu'il était mon supérieur. Mais il y est venu pour rencontrer un tout petit agent, un officier subalterne de l'armée américaine recruté à Moscou où il était responsable du garage de l'ambassade. Fédora confirma à son tour les affirmations de Nossenko.

Comme cette explication était apaisante, et plus commode que les avertissements de Golitsyne ou les raisonnements d'Angleton, qui affirmait que jamais un chef de service n'aurait traversé l'océan pour rencontrer un agent mineur ! Et que, par conséquent, il fallait chercher l'agent soviétique quelque part au sommet !

Cette histoire du garage de l'ambassade me rappelle un

épisode du procès de mon ami Willy Fisher, arrêté en 1957 à New York et condamné à trente années de prison pour espionnage sous le nom de Rudolf Abel, épisode dont j'ai parlé dans mon précédent livre [1].

Au cours de ce procès, on fit beaucoup de bruit et de battage autour du nom du sergent américain Roy Rhodes, démasqué comme s'étant mis aux services des Soviétiques alors qu'il travaillait à l'ambassade où il était responsable du garage. On prétendit que cette histoire avait une importance énorme, et pourtant elle ne déboucha sur rien. Au moins parce qu'à son retour aux États-Unis Roy Rhodes avait rompu avec les services soviétiques et ne travaillait plus pour eux.

Il est visible que les méthodes de désinformation ont des procédés et des traditions bien établis.

Quelques mots encore sur Fisher-Abel.

Si le contre-espionnage américain tomba sur la trace du colonel Abel, qui vivait à New York sous le nom d'Emil Goldfus, ce fut seulement parce que son adjoint Reino Heihannen l'avait donné. Abel avait lui-même commis une erreur en amenant, une seule et unique fois, le lieutenant-colonel Heihannen à son appartement, que celui-ci aurait dû ignorer.

Tel était le schéma officiel. Mais en relisant les matériaux du procès, et en me rappelant certaines confidences faites par Abel lui-même, j'ai remarqué un certain nombre de détails étranges. Dès le moment où il était arrivé aux États-Unis, Heihannen s'était conduit comme un homme qui veut attirer sur lui l'attention des autorités. Bagarres avec sa femme en état d'ivresse, accidents d'automobile se terminant au poste, disputes avec ses voisins, dépenses excessives sans sources de revenus apparentes, etc.

Notons qu'une conduite « amorale » de ce type correspondait parfaitement au portrait psychologique, tel que les

---

1. Voir C. Henkine, *op. cit.*, p. 260 (*NdT*).

Soviétiques se le représentaient, de l'homme qui avait « choisi la liberté », c'est-à-dire fui en Occident. Telle était alors (et est peut-être encore aujourd'hui) l'attitude que devait adopter le défecteur pour accréditer son personnage. Tout d'abord, cela correspond à l'idée que les Soviétiques se font d'un traître, ensuite cela facilitait (et facilite toujours) les contacts avec les représentants du contre-espionnage occidental, cela flatte leurs sentiments de supériorité et leur inspire confiance en rendant compréhensibles le caractère et les motivations du défecteur. Jamais un officier de renseignements occidental n'imaginera qu'il puisse se faire avoir par un ivrogne, un débauché, un dilapidateur de fonds, une nullité intellectuelle, un être moralement abject.

Sur ce plan, Heihannen avait été taillé sur mesures. Cependant, tout le temps qu'il fut aux États-Unis, ses efforts pour attirer sur lui l'attention du FBI restèrent vains. Son chef Abel l'envoya alors à Moscou. En passant par Paris, l'ivrogne se présenta à l'ambassade des États-Unis et demanda l'asile politique.

Si l'on s'en tient aux faits, Heihannen avait coincé les Américains, qui n'avaient plus aucun moyen de s'en débarrasser. Ils ne pouvaient plus l'employer comme agent double puisqu'en quittant l'Amérique il avait rompu avec la résidence soviétique. Il ne restait plus qu'à profiter de son aide pour s'emparer d'Abel, son chef.

Ensuite, si l'on confronte les dates, on s'aperçoit qu'entre le moment où Heihannen s'est présenté à l'ambassade américaine à Paris et celui où il est rentré aux États-Unis, où il devait mettre les Américains sur la trace de son chef, il s'est passé tellement de temps que Moscou aurait dû de toute manière s'apercevoir que Heihannen mettait bien trop de temps à arriver. Et le Centre ne pouvait pas ne pas prévenir Abel de la disparition de son adjoint.

Ajoutons qu'à cette époque Abel vit à New York à une adresse dont Heihannen n'a aucune idée, et sous un nom que ce dernier ignore. Mais Abel, que l'on a prévenu, revient pourtant sans raison particulière au studio où il a un jour amené son adjoint. Ensuite, comme il me le racontera lui-même, il remarque qu'il est suivi et sème ses suiveurs. On pourrait penser que, mis au courant de la fuite du défecteur et ayant remarqué la filature, Abel va se planquer, en attendant des jours meilleurs et, surtout, ne plus se montrer à son ancien appartement. Mais il y revient à plusieurs reprises, jusqu'au moment où il amène des agents du FBI à l'hôtel où il a paisiblement habité pendant des années.

Ensuite, comme il me le raconta plus tard, en rentrant à son hôtel la veille du jour où il devait être arrêté, il remarque l'embuscade qui lui a été montée dans la chambre voisine. Quoiqu'on attende le matin pour l'arrêter, il ne détruit aucune des pièces à conviction qui jonchent sa chambre. Lors de la fouille à son autre appartement, on trouvera aussi abondance de preuves matérielles de son activité d'espion : réceptacles les plus divers pour microfilms, comme des clous creux, des pièces de monnaie ou des boutons de manchette évidés ; des tables de chiffrement, les horaires de ses liaisons radio avec Moscou, des lettres de sa femme et de sa fille, en partie codées, en partie claires...

Il n'y avait par contre *rien* qui pût mener sur une quelconque piste. Le résultat, c'est qu'il y avait à la fois trop d'indices et trop peu de traces utilisables.

Ajoutons qu'à son retour à Moscou, Willy me confia qu'en prenant le nom d'Abel, il « avait mis le Suédois à l'épreuve », nom sous lequel il désignait un homme bien connu de nous deux : Alexandre Orlov, ancien chef des services secrets soviétiques en Espagne, passé à l'Ouest dès 1938.

Autre chose étrange. Lorsque d'autres espions soviétiques tombaient entre les mains des services de contre-espionnage occidentaux, ils avaient comme règle générale de ne rien dire ; c'est même tout à fait à contrecœur qu'ils donnaient leurs noms et reconnaissaient leurs liens avec Moscou. Nous voyons par contre Abel donner immédiatement son nom (peu importe si ce n'est pas le bon) et souligner autant qu'il le peut son appartenance aux services soviétiques. Ainsi, lorsque son avocat Donovan évoquera devant lui le livre où Walter Schellenberg parle du grand nombre d'éclaireurs radio capturés et retournés par les Allemands pendant la guerre, Abel réplique : « Oui, mais il ne dit pas combien de radios allemands *nous* avons fait travailler pour nous ! »

Retenons ces contradictions.

Par contre, lorsque le colonel fut échangé contre l'aviateur Gary Powers [1] et qu'il rentra à Moscou, il fut décoré de l'ordre de l'Étoile rouge, spécialement pour son attitude pendant l'instruction et le procès. C'est donc que ses aveux ne lui avaient pas été reprochés, bien au contraire.

Or, tous les auteurs soviétiques qui ont écrit sur Abel ont souligné à l'envie que, ni pendant l'instruction ni au procès, ni même avec ses avocats, le colonel n'a jamais fait la moindre allusion à ses liens avec Moscou.

C'est naturellement un pur mensonge. Mais, aux yeux du lecteur soviétique, le compliment n'est pas mince. D'où une seule conclusion possible : du début jusqu'à la fin, la conduite d'Abel avait été programmée. Des hommes qui, dans des circonstances analogues, avaient fait preuve d'un courage égal et adopté une attitude beaucoup plus classique, comme par exemple Konon Molodiy, jugé en Angleterre sous le nom de Gordon Lonsdale, qui ne desserra pas les dents pendant tout son procès, ne reçurent aucune récompense pour leur attitude exemplaire. Ajoutons à cela un lapsus de Willy lui-même, qui me dit un jour après son retour que, même en prison, il avait réussi à maintenir le contact avec « les nôtres ».

---

1. En 1963, après l'affaire de l'U-2 et l'échec de la conférence de Paris. Voir Donovan, livre cité (titre anglais : *Strangers on a bridge*) et, pour le procès Abel, le livre de C. Henkine, notamment aux chapitres 15, 16 et 17 (*NdT*).

Si l'on relie tous ces faits, on comprend que, de la conduite scandaleuse de Reino Heihannen, avec son « passage aux Américains », à l'arrestation et au procès de Rudolf Abel, son incarcération et son échange contre Gary Powers, toute l'histoire de l'espion prétendument nommé ainsi n'a été qu'une mystification, une entreprise de désinformation des services secrets soviétiques.

J'ai émis dans mon livre l'hypothèse que cette désinformation était avant tout liée au personnage d'Orlov, *alias* Nikolski, *alias* le Suédois, qui vivait alors depuis longtemps aux États-Unis, où il était conseiller des services secrets américains. Je supposais que l'affaire Abel avait eu pour objectif de renforcer d'une manière extrêmement subtile l'autorité d'Orlov et la confiance des Américains à son égard. Orlov, j'en étais profondément convaincu, travaillait depuis longtemps et avec fruit pour ses patrons moscovites.

Sans renoncer entièrement à cette interprétation, que justifient les paroles de Willy selon lesquelles il « mettait le Suédois à l'épreuve », je suppose quand même maintenant que l'affaire Abel n'était qu'une partie d'une entreprise beaucoup plus vaste, une petite pierre dans l'édifice grandiose de la désinformation soviétique et de la pénétration de l'URSS dans les services de sécurité et les milieux politiques américains.

Rappelons les faits. En 1955, Heihannen s'enfuit. En 1957, on arrête et on juge Abel. On échange ce dernier contre Powers en 1963.

Abel est encore en prison lorsque, vers 1960, Anatoli Golitsyne prévient les Américains que l'URSS entame une vaste campagne globale de désinformation. On va voir arriver, affirme-t-il, toute une vague de faux défecteurs [1].

---

1. J'avais déjà achevé ce chapitre lorsque je trouvai dans *Le jeu du mensonge,* livre de Ladislav Bittman (l'agent tchèque passé à l'Ouest en 1968), la précision suivant laquelle un nouveau département fut créé en 1959 au sein des services soviétiques, celui de la Désinformation (*NdA*).

C'est en 1961 qu'arrive à New York, pour y occuper des fonctions au secrétariat de l'ONU, le diplomate soviétique Victor Métchislavovitch Lessiovski.

En 1962, les services américains sont contactés par un officier de haut rang du KGB, Youri Nossenko (il « passera à l'Ouest » en 1963 ou 1964).

En cette même année 1962, Victor Lessiovski établit à sa propre initiative des contacts avec le FBI. On lui donne le pseudonyme d'agent de Fédora.

Au début, il se contente de renforcer auprès des Américains la crédibilité du personnage de Nossenko. Mais il ne s'en tient pas là.

Fédora fournit de tels renseignements au FBI que son chef Edgar Hoover s'empresse de les communiquer à la Maison-Blanche.

Selon Henry Hurt, c'est précisément Fédora qui fit savoir aux Américains que l'ancien fonctionnaire militaire Ellsberg transmettait des papiers secrets (les « documents du Pentagone ») non seulement aux rédactions des journaux américains (ce qui ne tombait pas sous le coup des lois sur la sécurité de l'État), mais aussi à l'ambassade de l'URSS. Cela donnait au président Nixon le droit d'agir de la manière appropriée. Un groupe d'agents opérationnels spécialement constitué (ils recevront plus tard le surnom de « plombiers ») cambriola l'appartement du psychanalyste Ellsberg et mit la main sur les documents enfermés dans son coffre-fort. Plus tard, toujours selon Hurt, les renseignements obtenus de Fédora poussèrent Nixon à entreprendre les actions qui conduisirent au scandale du Watergate et à sa démission comme président. Les « plombiers » jugés dans l'affaire du Watergate gardèrent le silence, pour couvrir Fédora, et furent emprisonnés pour offense au tribunal.

D'ailleurs Nixon garda lui aussi le silence sur l'origine des renseignements qui avaient entraîné de sa part les fatales décisions que l'on sait.

Et tout cela, un seul homme en avait été la cause !

Un seul homme, c'est en apparence. Il avait derrière lui une puissante organisation. Chacune de ses paroles était en effet vérifiée par les Américains et trouvait une confirmation dans des sources parfois totalement inattendues. Un de ceux qui apportaient à l'affaire l'aide la plus efficace était un certain Igor (nom de code), un Soviétique de l'ambassade qui travaillait (soi-disant) pour les Américains.

Fédora révélait aux Américains certaines opérations, leur livrait parfois des agents : telles sont les règles du jeu. Mais pour que Fédora-Lessiovski ne perdît pas de sa crédibilité auprès de la direction soviétique, pour laquelle il effectuait des missions d'espionnage scientifique et technique, toute une commission composée de représentants des différents départements américains du renseignement passait son temps à élaborer des réponses subtiles aux questionnaires envoyés depuis Moscou. Sur certains points, naturellement, ils noyaient le poisson. Mais ces blancs ou ces imprécisions suffisaient pour que le KGB déterminât sans difficulté ce que les Américains voulaient dissimuler et dans quelle direction ils travaillaient.

De la sorte, même dans l'exercice direct de son activité d'espionnage, Fédora était utile à ses chefs. Mais l'essentiel de son utilité venait naturellement de ce qu'il intoxiquait systématiquement l'inconscient de ses partenaires américains, orientait leur pensée dans un sens avantageux pour Moscou, suggérait des décisions insensées, confortait l'autorité des autres agents désinformateurs, aidait à discréditer les hommes nuisibles à Moscou et à ôter toute valeur aux renseignements par eux obtenus.

Les choses durèrent ainsi pendant près de vingt ans.

Lorsque vint, pour le haut fonctionnaire Lessiovski, l'heure d'une retraite bien méritée, ses amis américains espérèrent probablement qu'il préférerait passer le restant de ses jours en Occident.

Matériellement, il était parfaitement à l'aise. Avec les 70 000 dollars qu'il gagnait annuellement, il avait pu mettre un peu d'argent de côté. D'ailleurs, les Américains n'auraient pas refusé de donner un coup de main à un homme qui les avait aussi fidèlement aidés pendant une aussi longue période. Lessiovski ne risquait pas de mourir de faim.

La nostalgie du pays natal ? Comment l'invoquer, alors que Lessiovski avait lui-même proposé ses services aux Américains ? Il n'y a d'ailleurs pas de raison de penser qu'il se sentait mal en Occident. Quant à l'URSS, cela faisait un quart de siècle au moins qu'il n'y avait pratiquement pas remis les pieds.

En outre, s'il avait, pendant toutes ces années, œuvré honnêtement pour les Américains, rentrer en URSS eût été de la folie. Il était bien placé pour connaître le système soviétique des vérifications et contre-vérifications, de la dénonciation et de l'espionnage généralisés, et la passion de ses concitoyens pour les crocs-en-jambe et les tours de cochon. Comment aurait-il pu penser que rien n'avait filtré de son double jeu ? S'il avait été sincère dans sa volonté de collaboration avec les Américains, il aurait dû comprendre que, quelque part dans l'appareil du contre-espionnage américain, il y avait forcément un agent soviétique camouflé qui, au cours d'une aussi longue période, avait deviné son jeu. Fédora-Lessiovski avait beau être un super-professionnel, un tel délai aurait causé sa perte. Même s'il avait fait un parcours sans faute, il était exclu que l'un ou l'autre de ses partenaires américains ne l'ait pas involontairement trahi. Il suffit de lire pour s'en convaincre le livre de Greville Wynne, *Contact on Gorky Street* [1], où ce dernier raconte comment il rencontrait à

---

1. Robert Hale, 1967. Trad. fr. : Greville Wynne, *l'Homme de Moscou (Oleg Penkovsky),* Paris, Fayard, 1971 (*NdT*).

Moscou le colonel Penkovski. On ne peut que s'étonner que le malheureux ait tenu un an et demi. Or, ici, nous avons une vingtaine d'années !

En vérité, la longueur même d'une telle collaboration sans nuages aurait dû mettre en garde les amis américains de Fédora. Mais il est probable qu'il ne vint à l'esprit de personne qu'un jeu d'une telle durée était impensable dans les conditions soviétiques.

C'est ainsi que Victor Métchislavovitch Lessiovski rassembla tranquillement ses affaires, prit congé de ses collègues de l'ONU et rentra au bercail.

Tout est clair, semble-t-il. Pendant vingt ans, Fédora intoxiqua habilement les services spéciaux américains avec de faux renseignements. Sur la foi de ces renseignements, des décisions furent prises qui eurent parfois des conséquences dramatiques pour l'Amérique. Des hommes qui croyaient agir pour le bien de leur pays lui firent en réalité un tort considérable.

On s'étonne que cela ait pu être possible. Les partenaires occidentaux de Fédora ne disposaient-ils vraiment pas de la moindre pierre de touche, ou d'une question aussi élémentaire que celle-ci : à qui cela profite-t-il ? Dans quel sens, positif ou négatif, nos intérêts évolueront-ils si nous acceptons les renseignements fournis par Fédora comme axe de notre stratégie ?

Il faut croire que cette question ne fut pas posée. Ou que, si elle le fut, il était déjà trop tard. Pendant de nombreuses années, exploitant les contradictions internes de la politique américaine, Fédora put influer sur le destin des États-Unis, donc du monde. Ce n'est malheureusement nullement une exagération.

Peut-être même que, depuis son départ, certains, aux États-Unis, regrettent ses conseils !

Je dois confesser une mauvaise pensée. Je crois peu, d'une façon générale, en la sincérité, ou en la possible sincérité d'un agent du KGB qui prétend vouloir travailler pour l'Occident. S'il se contente de quitter les services, admettons-le à la rigueur. Mais un véritable agent double, qui demeurerait dans le dispositif de renseignements soviétique et y ferait carrière, et dans le même temps travaillerait pour les services d'un autre pays, voilà à quoi je ne puis croire. Bien sûr, il n'y a pas de règle absolue, ne souffrant pas d'exceptions. Mais le simple bon sens suggère que c'est une chose, sinon totalement impossible, du moins hautement improbable.

Voici pourquoi. Représentons-nous le chemin accompli par Lessiovski, qui a commencé sa carrière pseudo-diplomatique en 1947. Six ans avant la mort de Staline ! Pensons à la sélection qui a précédé sa première nomination, aux épreuves, secrètes ou apparentes, qu'il a dû subir, aux pièges qui lui ont été tendus. A toutes les opérations qu'il a menées au cours de toutes ces années pour avancer dans le service.

A chaque nouvelle étape franchie dans l'ascension hiérarchique, il ne pouvait que se convaincre davantage de la force, de l'astuce et du professionnalisme de l'organisation dont il faisait partie. Ses mérites furent finalement reconnus. Son dévouement, largement récompensé. Il n'est pas ici question d'argent. Comme tous les fonctionnaires soviétiques, Fédora-Lessiovski remettait une partie de son important salaire à l'ambassade d'URSS. Mais la situation qu'il occupait, le sentiment de puissance, d'appartenance à une élite, de participation aux affaires du monde qui l'emplissaient, ce sentiment de confiance en lui, cette certitude qu'il appartenait au camp des vainqueurs !

Comment aurait-il pu se sentir attiré par l'Occident, qu'il connaissait bien et qu'il avait peu de raisons, étant donné son système de valeurs, d'estimer ?

Ce que, toute sa vie, notre homme avait respecté, c'était le savoir-faire des services secrets, la puissance, la force.

Où étaient les brillants succès militaires qui lui auraient prouvé la force et l'invincibilité de l'Occident, les stupéfiantes opérations secrètes qui auraient ridiculisé le KGB et le GRU ? Où étaient les indices de la chute inéluctable de l'URSS, les signes qu'il fallait se hâter de quitter le navire en perdition et prendre sa retraite en Amérique ?

Il arrive qu'un Soviétique perde confiance dans la future victoire de son système, ou perde le désir d'y participer. Mais on peut être sûr que cet état d'âme sera immédiatement perçu par un de ses collègues et qu'il sera immédiatement renvoyé du poste de responsabilité qu'il occupait. Ceux qui guettent l'occasion de lui prendre sa place ont le nez trop fin pour la laisser passer.

S'il est bien une chose impossible, c'est que le dénommé Fédora ait dissimulé ses sentiments pendant vingt ans.

Mais le rêve de recruter un haut responsable du KGB n'abandonnera probablement jamais les fonctionnaires des services occidentaux et l'hameçon continuera à servir.

On peut supposer qu'après le départ de Fédora, les fonctionnaires intéressés auront entrepris le réexamen de nombreuses décisions et opérations à l'origine desquelles s'est trouvé cet inestimable agent déterminé, quels dégâts il était encore possible de réparer, quelles pertes étaient irrémédiables. Ils ne pourront naturellement pas faire en sorte que le scandale du Watergate n'ait pas eu lieu, que la guerre du Vietnam n'ait pas été perdue, que les États-Unis n'aient pas été déshonorés à la face du monde lors de la démission de Nixon. Qu'il n'y ait pas eu, dans la vie interne des États-Unis, des changements de cap aussi incompréhensibles que brutaux. Cela fait aujourd'hui partie de l'histoire.

Mais ils ne vont pas, ils ne pourront pas réexaminer *toutes* les décisions auxquelles, directement ou indirectement, parfois sans doute sans laisser de traces, Fédora a pris part. D'ailleurs, ceux à qui l'on confiera ce travail agiront avec la plus extrême prudence. On peut réparer une erreur évidente et, dans le même temps, nuire par ricochet à un homme sûr, ou dont on a besoin. A ce petit jeu, on devient vite un être insupportable, un paranoïaque. Soyons surtout prudents, si nous ne voulons pas jeter l'enfant avec l'eau du bain.

Un homme comme Angleton aurait pu être utile dans une affaire aussi compliquée. Mais on ne fera pas appel à lui. Il a mauvaise réputation : pensez donc que cet homme s'est cru autorisé à décacheter les lettres d'espions soviétiques. Formellement interdit par la loi ! Personne ne pourrait d'ailleurs admettre qu'un homme mis sur une voie de garage, qu'un « vieux » comme lui ait, en fait, raison sur tous les plans. Ces choses-là ne se font pas. Il peut avoir raison sur certains points, mais pas sur d'autres. Tout doit rester en teintes douces, flou, imprécis. Soyons objectifs, Messieurs !

Je le regrette beaucoup en ce qui me concerne, mais il est bien peu probable que l'on demande à James Jesus Angleton, cet homme à mes yeux génial, de nettoyer les écuries d'Augias.

Ce que réclame l'opinion publique, c'est : une « enquête objective » et des « preuves formelles ».

On connaît la vieille blague sur le mari trompé. Il a suivi sa femme, l'a vue s'enfermer avec un autre homme. Il regarde par le trou de la serrure : voilà qu'ils se sont déshabillés, qu'ils se sont mis au lit. Mais soudain on éteint la lumière. Encore cette maudite incertitude !

Comment savoir la vérité, se convaincre de ce qui a eu lieu ? Admettons que l'on fasse une enquête, que l'on calcule en gros les dégâts causés par Fédora. Et voilà soudain que des sources, « cette fois absolument sûres », vous font savoir qu'un procès à huis clos vient d'avoir lieu à Moscou et que Lessiovski a été passé par les armes dans les caves de la Loubianka !

Il faudra tout recalculer à zéro. Et lorsque le travail sera achevé, on verra Lessiovski réapparaître à une quelconque réception diplomatique moscovite, à moins que les *Izvestia* ne publient un décret du Présidium du Soviet suprême lui décernant le titre de héros de l'Union soviétique, avec ordre de Lénine et Étoile d'or.

Question n° 1 : un autre pays que l'Union soviétique, pays fermé, est-il capable de mener à bien une telle opération ?

Question n° 2 : Mikhaïl Voslenski, auteur de *La Nomenklatura*, avait-il raison lorsqu'il m'affirmait que l'époque des *trusts* est révolue, que le niveau intellectuel des responsables des services secrets soviétiques ne leur permet plus de concevoir ni de mener à bien des opérations de désinformation telles que celles qui ont eu lieu dans le passé ?

Question n° 3 : alors qu'elles organisent des opérations de désinformation à l'échelle planétaire (le monde entier est inondé de défecteurs et d'agents doubles soviétiques), les autorités soviétiques peuvent-elles, en laissant sortir du pays, *de leur propre chef,* quelques centaines de milliers de citoyens, ne pas poursuivre un objectif quelconque ?

Question n° 4 : cet objectif est-il la désinformation ?

Question n° 5 et dernière : si cet objectif n'est pas la désinformation, que peut-il bien être ?

35

LA DROGUE ET LA PÈGRE

Il est temps d'achever ce qui n'a été qu'à moitié dit, de compléter, de préciser ce qui nous a laissés sur notre faim. Non que quoi que ce soit ait été dissimulé, mais trop de choses n'ont pas été conçues ni pensées jusqu'au bout, trop d'autres ne se sont vues expliquées ou confirmées que par des événements postérieurs, ou encore par des connaissances nouvelles.

Montrant sur la carte, presque à deux pas de l'Asie centrale soviétique, un endroit où la frontière afghano-pakistanaise, à peu près à égale distance de Kaboul et d'Islamabad, fait un certain nombre de circonvolutions, un de mes amis ouest-allemands me dit :

« Voilà une des deux principales régions du monde pour la production de l'opium et du haschich. Des données récentes ont indiqué qu'on y produisait plus de 55 tonnes d'héroïne par an. On a du mal à se représenter combien cela peut faire d'existences bousillées. Et la production a encore augmenté depuis !

N'en faites pas état dans la presse, ajouta-t-il (sinon on va se moquer de moi), mais je suis profondément convaincu que, si Moscou s'est emparée de l'Afghanistan, ce n'est nullement pour se rapprocher des champs pétrolifères du golfe Persique. La venue des Soviétiques dans cette région du monde serait risquée et pourrait entraîner la guerre. Non, il fallait mettre la main sur cette source de stupéfiants. La drogue, de nos jours, c'est la bombe atomique du temps de paix! Et quels bénéfices! Il y a trois ans, le congressiste américain Wolf disait déjà que « ce *business* vaut 57 milliards de dollars ». Je pense qu'il s'agit en fait de sommes encore supérieures.

Voici quelques exemples. Un paysan pakistanais vend le kilo d'opium, au maximum, 70 dollars. Après sa transformation en héroïne, cet opium vaut déjà de 9 à 21 000 dollars. En Europe, il sera vendu 35 000. A New York, un grossiste en donnera de 150 à 200 000 dollars et le revendra deux millions.

Autre aspect de la question.

En 1978, un groupe spécialement constitué de membres du Congrès américain, avec Glenn English à leur tête, a étudié la question de l'abus des stupéfiants dans les forces armées américaines. Ils ont établi que, dans certaines unités casernées en Allemagne occidentale, le nombre de drogués chroniques à l'héroïne atteignait de 20 à 30 %, tandis que la proportion de fumeurs de haschich était de 80 à 90 %.

Pas étonnant! En Allemagne, l'héroïne et le haschich sont de qualité infiniment supérieure à ce que l'on trouve aux USA. Ensuite, si une dose d'héroïne coûte 10 dollars en Allemagne fédérale ou à Berlin-Ouest, en Amérique la même dose en coûte 300!

Le Pentagone a contesté les chiffres avancés par les congressistes, mais sans nier le fond du problème : on s'efforce de pourrir l'armée, d'abaisser sa combativité.

La police ouest-allemande estime que *toute* l'héroïne consommée par les militaires américains en poste à Berlin-Ouest, et plus de 65 % de celle qui est consommée par eux en

République Fédérale, provient de RDA, qui a introduit, pour la seule année 1977, 498 kilos d'héroïne à Berlin-Ouest et 2 718 kilos en Allemagne fédérale. Environ 85 % de l'héroïne vendue en Allemagne occidentale vient d'Afghanistan et du Pakistan, via l'Allemagne de l'Est. C'est d'autre part un phénomène relativement récent. Il n'y a pas longtemps, c'était par Amsterdam que la drogue arrivait en Europe.

Je me suis intéressé à la question. Pourquoi ne prend-on pas de mesures ? La réponse ne m'a pas étonné. Comme je m'y attendais, on craint à Bonn de provoquer le mécontentement des autorités est-allemandes, tandis que le Département d'État américain estime maladroit de demander un renforcement du contrôle douanier interallemand puisque c'est précisément de la RDA que « l'on essaie d'obtenir un adoucissement des règles du contrôle frontalier ».

La RDA n'a naturellement rien adouci à ses frontières, mais le flot des stupéfiants ne cesse de prendre de l'ampleur.

Or, d'où la RDA tire-t-elle son haschich et son héroïne ? Ensuite, est-il pensable que les Allemands de l'Est aient entrepris une telle opération sans la sanction ni l'aide de leurs grands frères soviétiques ?

Ce n'est naturellement pas une initiative à l'origine est-allemande, ni une opération locale (en dépit des profits rapportés par l'intoxication des troupes américaines en RFA). C'est une opération globale. Cela fait en effet environ cinq ans que les experts ont annoncé qu'une nouvelle vague de stupéfiants d'origine afghane, transitant par l'URSS et la RDA et traversant Berlin-Ouest et la République Fédérale, atteindrait les États-Unis au début des années quatre-vingts.

C'est fait ! La voilà arrivée.

... Associated Press, New York, 1er juillet 1982 :

« Mercredi dernier, la police et les services fédéraux ont arrêté huit émigrés soviétiques soupçonnés d'appartenir à un groupe faisant la contrebande des stupéfiants et des armes.

Deux des membres du groupe ont été arrêtés sur un quai de

Brooklyn, dans les rues de laquelle la police a confisqué pour 150 000 dollars de cocaïne pure.

« En vérité, nous a déclaré le capitaine William Handerson, ils importaient n'importe quoi, de la cocaïne et de l'héroïne de qualité supérieure à des types d'armes interdits ; il y avait des pistolets et même une mitraillette munie d'un silencieux. Les pistolets, achetés en Floride, étaient de fabrication américaine. »

Un des huit émigrés arrêtés affirma qu'il était citoyen américain ; les autres déclarèrent qu'ils se trouvaient légalement dans le pays. Deux d'entre eux dirent qu'ils étaient citoyens israéliens.

Ont été arrêtés sur le quai de Brooklyn : Evguéni Fromer, 22 ans, accusé de recel et de vente de cocaïne, ainsi que de détention illicite d'une mitraillette, et Vladimir Stein, 28 ans, accusé de recel et de vente de cocaïne.

David Cooper, 22 ans, originaire d'URSS, a été arrêté à son appartement de Brooklyn. Il a déclaré avoir obtenu il y a six mois la citoyenneté américaine. Son demi-frère Alex Fiterson, 21 ans, a lui aussi été arrêté. Tous deux sont accusés de recel et de vente d'armes.

Ont également été arrêtés chez eux : Hanoni Ben-Moché, 29 ans, et Alex Granpolskiy, 30 ans. Tous deux sont originaires d'URSS et affirment qu'ils sont citoyens israéliens. Ils sont accusés de vente d'héroïne.

Yakoub Simantov, 32 ans, a été arrêté dans sa boutique de fruits et accusé de recel et de vente d'héroïne, de cocaïne et d'armes. Guéorgui Chapovalov a été arrêté chez lui à Brooklyn et accusé de trafic d'héroïne.

Voilà un joli complément à ce que j'écrivais plus haut au sujet de l'énergie et de l'activité déployées par les anciens droits communs soviétiques dans les pays européens, en particulier en Allemagne occidentale, d'où l'on constate qu'ils se rendent volontiers en vacances dans les pays socialistes, en particulier en Bulgarie. Et de Bulgarie à leur Odessa natale, il n'y a qu'un pas à faire !

Serait-ce vraiment pour cela ?

On ne peut pas appliquer à l'envol en Europe de truands soviétiques, par le biais de la troisième émigration, le qualificatif de massif, mais il est difficile de nier que cet envoi poursuive un but précis. Il est possible que ce soit pour pénétrer le « milieu » occidental avec des hommes à eux. Mais bien plus probable que ce soit pour créer un milieu à eux, parallèle, à peu près suivant le schéma qui régit leurs relations avec le terrorisme international, c'est-à-dire que les liens sont indirects. Peu de chefs des Brigades rouges sont directement liés à Moscou ou à l'un des services secrets des pays socialistes ; assez peu nombreux sont ceux qui reçoivent directement de ces sources des armes, des consignes, de l'argent, ou qui s'assurent une aide technique et politique. Mais en gardant la haute main sur les sources d'approvisionnement en armes, en argent et en stupéfiants, en surveillant la sélection à l'entrée des camps d'entraînement, en assurant une assistance diplomatique, ainsi que d'autres services du même ordre, Moscou peut aisément, sans se compromettre dans des aventures terroristes et sans risquer de se faire prendre la main dans le sac, diriger en sous-main leurs activités.

Les truands doivent à mon sens jouir d'une plus grande confiance. La plupart d'entre eux savent probablement, ne peuvent pas ne pas savoir, d'où viennent les marchandises qui leur permettent de prospérer. Tout d'abord, on leur confie des icônes, des objets d'art anciens, de faux dollars, puis des armes et des diamants et enfin, le plus important, au plus haut degré de confiance faite, des stupéfiants.

Car s'il y a dans ces sombres machinations un double fond, c'est essentiellement en ce qui concerne les stupéfiants. Voyons pourquoi.

On a tout dit, semble-t-il, sur l'impuissance économique

de l'Union soviétique, l'incurie qui règne dans le pays, la pagaille monstre, la pénurie des produits de première nécessité, les moissons impitoyablement insuffisantes.

Nombreux sont les Occidentaux qui s'imaginent que la croissance économique soviétique est égale à zéro et font à partir de là des plans appropriés.

Ils estiment en particulier que les désordres économiques de l'URSS conduisent inéluctablement à un effondrement du *système* et s'appuient sur le raisonnement suivant : tout d'abord, en raison des pénuries de tous ordres, le marché noir et les liens officieux entre les entreprises ont fini par créer une « contre-économie », qui secoue l'appareil du pouvoir et a pour fonction de le remplacer progressivement ; ensuite, en recourant de plus en plus fréquemment à l'aide des pays développés du monde non communiste, Moscou tombe sous leur dépendance, laquelle, dans un laps de temps qui n'a pas encore été totalement défini, finira par être complète.

Une telle vue des choses me semble contestable. Ne serait-ce que parce que la débilité économique de l'Union soviétique va de pair avec une puissance militaire colossale et une stabilité de l'appareil politique unique dans l'histoire du monde, qui réussit à tirer parti même de ses propres faiblesses.

Il me semble que l'Union soviétique, dans ses relations avec le monde non communiste, joue aujourd'hui, si l'on peut s'exprimer ainsi, la carte de sa faiblesse économique. Je m'explique.

L'aide économique de l'Occident permet de rapiécer l'habit de Jocrisse de l'économie soviétique et renforce l'URSS sans que les pays apportant cette aide en tirent le moindre avantage militaire ou politique, pour la simple raison que l'Occident ne fait aucun effort pour cela. Quant à l'aide, elle est apportée pour de toutes autres raisons : désir de remplir son escarcelle, de doubler un concurrent, de vendre à Moscou au meilleur prix la fameuse « corde » promise par Lénine.

C'est ainsi que, pour que tous les ressorts favorables à Moscou jouent dans la bonne direction, il faut permettre aux commerçants occidentaux de s'enrichir.

Une partie des transactions peut s'effectuer sur la base du troc. Que peut proposer la partie soviétique ? Essentiellement des matières premières ou semi-finies, dont la liste est néanmoins limitée : pétrole et produits dérivés, gaz naturel, bois, fourrures... Ajoutons encore les automobiles Lada, et différentes bricoles : vodka, caviar, poupées gigognes...

D'autres transactions nécessitent par contre un paiement en liquide. Où se procurer des devises convertibles ?

Il semble bien, à ce point du raisonnement, qu'on ne puisse plus se passer du commerce de contrebande, non contrôlé et non taxé, concernant les antiquités, les icônes, les diamants, et aussi les stupéfiants.

Nous avons déjà parlé des icônes et des antiquités. Malheureusement, les unes et les autres font l'objet d'une demande limitée. Et comme le marché est saturé, leur prix ne cesse de baisser. En outre, si l'on sait contrefaire des icônes et autres objets d'art ancien à Moscou, il est difficile d'empêcher les intermédiaires débrouillards auxquels on a recours de faire la même chose en Occident. C'est ainsi que, depuis que l'on a commencé à fabriquer à New York des objets d'art russe en émail cloisonné de couleur, la cote de ces porte-verres, de ces salières, de ces tabatières, de ces services de cuillers si agréables à l'œil a brutalement dégringolé. C'est vraiment bien peu convenable de la part des émigrés récents, qui sabotent ainsi la vente par l'État soviétique de faux objets d'art anciens !

Pour les diamants, cela va nettement mieux. La gentille petite dame qui transporte pour les polir des pierres à Tel-Aviv (en les cachant dans la partie la plus intime de son corps) ne peut pas, comme ses autres collègues, aides et complices, envoyer au diable son fournisseur initial et commencer à travailler toute seule. Ni elle ni ses amis ne possèdent de diamants bruts de Yakoutie, ni même de diamants artificiels soviétiques. Impossible d'en fabriquer par des procédés artisanaux, comme pour l'émail cloisonné.

Les faiblesses de la contrebande des diamants sont d'un autre ordre : étroitesse relative du marché et vigilance de la De Beers, qui a passé un accord avec l'URSS interdisant à Moscou d'exporter directement ses diamants sur le marché mondial.

Les stupéfiants, par contre, offrent des possibilités illimitées. Personne ne prouvera jamais quoi que ce soit contre Moscou, même si l'on réunit toutes les pièces à conviction, tout simplement parce que personne n'osera.

L'Asie centrale soviétique et l'Afghanistan (et, par lui, le Pakistan tout voisin) permettent un approvisionnement continu en opium, en haschich, en héroïne. On peut purifier et traiter tout cela sans s'enterrer dans les caves de villas de banlieue : il suffit d'utiliser les usines pharmaceutiques de l'Union soviétique et de la République démocratique allemande ! De là, le transport vers Berlin-Ouest ne pose aucun problème. Et c'est la porte ouverte sur le monde.

La demande, dans ce domaine, loin de se réduire, ne cesse de s'accroître, de gonfler. En outre, on peut agir sur elle. Il suffit d'organiser petit à petit la distribution gratuite de haschich et d'héroïne à la sortie des discothèques, des écoles, des universités : voilà une clientèle toute trouvée.

C'est ainsi que l'on recueille sans taxes, sans traces, dans comptes à rendre à personne, ces devises convertibles que l'on va utiliser sur place, en Occident, sans leur avoir fait connaître les coffres de la Gosbank, sur le territoire de l'URSS, ni même aucun des comptes bancaires officiels de l'URSS en Occident.

Le marché mondial des stupéfiants est vaste et différentes personnes, aux réactions parfois brutales, y règnent en maîtres. Elles n'abandonneront pas leurs positions sans combat, et ont des troupes pour cela. Aussi a-t-on vu apparaître dans le monde non-communiste des gaillards aux larges épaules originaires de Léningrad, de Riga, d'Odessa, de Kichiniov, de Tchernovtsy, capables de se servir d'armes blanches ou à feu, et aussi de leurs poings.

Certains penseront que, maintenant qu'ils ont déchiré le rideau de fer qui les séparait du monde libre, ces chevaliers de la libre entreprise qui gémissaient sous le joug socialiste vont immédiatement envoyer paître leurs maîtres d'hier, les policiers de l'OBHSS, et s'intégrer au milieu criminel occidental.

Pourquoi agiraient-ils ainsi ? En demeurant fidèles à leurs maîtres du jour, ils sont sûrs de recevoir régulièrement une marchandise de première qualité (n'oublions pas que personne ne leur donnera accès aux sources occidentales) et une aide indirecte de toute sorte. Alors que toute aventure inconsidérée leur vaudrait, dans le meilleur des cas, d'être livrés pour de nombreuses années de prison aux autorités locales. Quant au pire... n'y pensons pas !

D'où l'on déduit que, s'il a peu d'importance numérique en chiffres absolus (quoique le pourcentage relatif soit anormalement élevé), le poste « truands » de la troisième émigration a peut-être, stratégiquement, une importance considérable.

36

LA DÉLATION

« Bien plus tard, en terre étrangère, que ce soit dans le brouhaha de la rue, dans un restaurant russe, à des réunions de dissidents ou des veillées entre émigrés, il devait voir plus d'une fois se dresser devant lui des visages marqués du sceau de Caïn... Il était aisé de les reconnaître à l'agressivité provocante de leurs yeux de chien battu, à leurs prétentions à représenter la démocratie, à leur perpétuel empressement à se mettre « sous la protection de la loi » lorsqu'ils risquaient d'être démasqués et réclamaient, la bave aux lèvres, des démonstrations formelles et des preuves juridiques, comme si l'ancien *zek* devait continuer à deviner qui était son voisin et s'il avait droit à recevoir une ration supplémentaire ou à sortir librement des limites du camp... »

Vladimir Maximov
La coupe de la fureur [1].

« Allons, assez, Cyrille, ce ne sont pas eux qui ont tué Ossia [2] » fit Nadiejda Yakovlievna Mandelstam avec un

1. Trad. fr., Paris, Fayard, 1984 (*NdT*).
2. Ossia : Ossip Mandelstam (1891-1938), un des plus grands poètes russes du XXe siècle, et l'une des nombreuses victimes du stalinisme. Morte récemment, sa veuve a fait paraître à l'étranger deux livres de Souvenirs d'un exceptionnel intérêt littéraire et documentaire (Trad. fr., Paris, Gallimard, 1972 et 1975) (*NdT*).

grand geste de dénégation lasse, alors que je voulais, après avoir lu le manuscrit de son premier livre, lui conseiller de ne pas parler avec autant de chaleur de deux célèbres acteurs dont je savais qu'ils avaient joué un rôle d'informateurs. Le colonel Makliarski, mon chef au Guébé pendant la guerre, m'avait envoyé chez eux avec des missions de service.

Elle ne voulut rien changer à son livre et notre discussion se poursuivit. Je m'efforçais de démontrer à Nadiejda Yakovlievna qu'on n'avait pas le droit d'ignorer ce système de délation généralisée qui avait empoisonné le pays, tout comme on n'avait pas le droit de dire que les répressions de masse ne reflétaient pas une certaine époque et n'avaient pas estropié la conscience de tout un peuple. Je lui rappelais ses propres paroles au sujet de ces deux crétins, qui affirmaient que, même lorsqu'on parlait des camps, on ne devait pas oublier qu'en ces mêmes années Eisenstein tournait des films géniaux, Tchkalov volait, Oulanova dansait, Alexis Tolstoï écrivait et l'on construisait un métro ! Nadiejda Yakovlievna avait bien raison de dire que ces « réalisations » ne valaient pas un clou quand il se passait de telles choses à côté. Comment, insistais-je, pouvait-on ne pas parler de l'atmosphère de trahison que le pouvoir soviétique avait cultivée depuis qu'il était en germe ? Elle avait tout fait pourrir : l'amitié n'était plus l'amitié, l'amour n'était plus l'amour, la sincérité était devenue une forme de mensonge. Et ce dont il était question, ce n'était pas tant de déclarer que deux acteurs soviétiques très connus, alors décédés, avaient bien été des mouchards, mais de commencer à réfléchir sérieusement à un phénomène qui, à mes yeux, n'avait pas moins mutilé le peuple au plan moral que les répressions de masse. Ce n'était pas pour régler des comptes, mais pour chercher à comprendre ce qui s'était passé.

Lorsque les prisonniers réhabilités commencèrent à revenir des camps, Anna Akhmatova eut cette parole : « Les prisonniers vont maintenant rentrer et deux Russie se regarderont les yeux dans les yeux : celle qui a envoyé l'autre en prison et celle qui a été envoyée en prison [1]. »

Cette image poétique n'était pas immédiatement devenue réalité. Même la dichotomie victimes-bourreaux ne fut pas toujours sentie comme évidente. Tout le monde ne reconnut pas que, dès le début, la terreur stalinienne avait pour objectif froidement conçu la destruction d'un peuple. Nombreux étaient ceux qui cherchaient au malheur qui les frappait une explication particulière. Même parmi ceux « que l'on avait envoyés en prison », il y en avait beaucoup qui expliquaient les répressions par des causes rationnelles. Or n'y en eut-il pas un grand nombre qui changèrent de catégorie et qui, de la catégorie des bourreaux, passèrent dans celle des victimes ? Il n'y avait pas alors de frontières nettement définies.

Comment ne pas évoquer les anciens taulards « libéraux », à « orientation de pensée objective », qui considéraient les répressions comme une nécessité historique ? N'y en avait-il pas aussi qui buvaient de la vodka avec leurs anciens policiers instructeurs en estimant que leur titre d'anciens bagnards leur permettait n'importe quelle lubie ? Ils étaient comme ces Juifs au snobisme très particulier, persuadés que leur physique dénué de toute ambiguïté les oblige presque à utiliser le terme « youpin », à proclamer la justesse de la cause palestinienne et à exiger la destruction de l'État d'Israël.

De tels cas pathologiques n'ont quand même pas empêché, même s'ils l'ont retardée, la polarisation du pays en deux groupes : « nous » et « eux », les victimes et les bourreaux, le pouvoir et le peuple. Et, comme l'avait prédit Akhmatova,

---

1. Lydia Tchoukovskaïa, *Notes sur Anna Akhmatova*, I-11. Éd. russe : YMCA, 1980, p. 137 (*NdA*). Anna Akhmatova (1889-1966), très grande poétesse russe, contemporaine de Goumiliov (fusillé), de Pasternak (comme elle persécuté), de Mandelstam (mort en camp) et de Tsviétaïéva, Maïakovski et Essénine, qui tous trois se suicidèrent (*NdT*).

même si cela prit un certain temps, une certaine Russie se mit à regarder une autre Russie dans les yeux en pensant aux camps.

Par contre, en ce qui concerne la délation, le mécanisme ne joua pas. La Russie qui en avait été victime ne regarda pas l'autre Russie dans les yeux, avant tout parce qu'elle n'en avait pas envie.

Pourquoi donc, me demandai-je (et je continue à me poser la question), même des gens qui ne peuvent pas envisager sans un frisson de répulsion la simple idée qu'ils moucharde-raient, pourquoi donc se mettent-ils à se tortiller et à radoter lorsqu'on se met à évoquer sérieusement le problème de la délation, envisagé comme phénomène de masse et institution de l'État soviétique sans précédent dans l'histoire, au même titre que les camps staliniens ? Il ne faut pas, disent-ils, c'est dangereux, cela fait le jeu du KGB ! Il faut simplement ignorer l'existence des délateurs et vivre comme s'ils n'exis-taient pas, et le phénomène disparaîtra de lui-même !

Pourquoi cette réaction ?

Il y a à cela, naturellement, de nombreuses raisons. Il n'y a pas eu dans ce domaine de choc psychologique émancipateur, comme ce fut le cas avec le rapport de Khrouchtchov devant le XXe Congrès. Par sa dénonciation du passé, fût-elle partielle, par sa condamnation, même hypocrite, du stali-nisme, Khrouchtchov a levé un tabou. Or nous aimons que quelqu'un nous donne la permission de penser et de juger la réalité qui nous entoure. S'y ajoutaient la réalité concrète du retour de bagnards réhabilités et la condamnation de certains bourreaux.

Il n'y eut rien de pareil en ce qui concerne la délation et les délateurs. C'est tout juste si l'on trouve, dans les biographies des victimes réhabilitées, une phrase pudique : « Fut condamné sur fausse dénonciation. » Mais qui donc avait rédigé cette dénonciation, pourquoi, sous la pression de qui, dans quelle atmosphère cela s'était-il passé ? Le dénonciateur avait-il été puni ? Cela ne nous regarde pas !

Bon, l'État peut avoir de solides raisons de ne pas détrôner la délation et de ne pas rebuter les délateurs à venir en dénonçant publiquement leur activité. Cela ne se fait pas. Mais nous, les Soviétiques ou ex-Soviétiques ?...

Notre silence pudique sur ce thème délicat a d'autres causes, profondes. Et si l'on en revient à la phrase d'Akhmatova, qui doit regarder qui dans les yeux ? Comment tracerons-nous une frontière nette entre ceux qui dénonçaient et étaient eux-mêmes enfermés dans un camp peu de temps après leurs victimes, ceux qui évitaient de moucharder lorsqu'ils étaient libres et se faisaient informateurs en prison, ceux qui avaient dénoncé, parfois involontairement, avant d'être arrêtés, mais qui demeuraient fermes et dignes une fois incarcérés, ceux qui, par bêtise ou par insouciance, avaient fait confiance à un délateur et causé la perte d'un tiers, ou ceux qui, sachant qu'un de leurs proches était un délateur, avaient omis de prévenir leurs amis, par timidité, indifférence ou au nom de leur confort personnel ?

Lorsqu'il est question de la machine répressive, les choses sont relativement simples et l'on s'y retrouve assez bien entre les victimes et les bourreaux. Nous avons tous été victimes de la machine répressive. Mais en capitulant devant la machine de la délation généralisée, nous en devenions trop souvent les complices ou les instruments involontaires. Qui regardera son voisin dans les yeux si nous tous, ou tout au moins l'écrasante majorité d'entre nous, Soviétiques qui vivions dans un monde pénétré par la délation, nous sommes tant bien que mal adaptés à son existence ?

Lorsque nous décidâmes définitivement de partir, au début de 1972, Nadiejda Yakovlievna nous dit qu'elle voulait partir avec nous. Dans sa minuscule cuisine de la rue Tchériomouchkine, nous échafaudâmes des plans géniaux : Nadiejda Yakovlievna, selon l'un d'entre eux, devenait mère adoptive de mon épouse et nous partions officiellement comme ses enfants. Ou bien nous la prenions sous notre tutelle. Il y avait encore d'autres possibilités.

Mais, au cours de l'été 1972, elle décida soudain qu'elle n'irait nulle part. Elle ne pouvait pas abandonner le seul membre de sa famille encore vivant, son frère malade Génia. Nous fîmes notre demande sans elle.

Il se passa un peu plus de deux mois et, en novembre de la même année, nous obtînmes notre autorisation. On nous avait laissé dix jours pour faire nos paquets. Complètement traumatisés, désespérés et en même temps emplis du sentiment que nos espoirs s'étaient réalisés, pleins de crainte devant l'inconnu (ceux qui sont passés par là me comprendront aisément ; l'expliquer aux autres n'aurait pas de sens), nous nous précipitâmes chez Nadiejda Yakovlievna, pour lui annoncer la nouvelle.

« Je pars avec vous ! » déclara-t-elle.

Un vent de folie passa. Nadiejda Yakovlievna n'était pas en état de rassembler et de faire authentifier toutes les pièces nécessaires, de remplir tous les questionnaires, de courir sans cesse à l'OVIR. Ce fut ma femme qui se chargea de tout cela. Sur les dix jours que l'on nous avait donnés pour faire des préparatifs qui n'avaient rien de simple, elle en passa quatre à ces démarches.

Il avait été décidé que nous attendrions Nadiejda Yakovlievna à Rome, d'où nous prendrions avec elle l'avion pour partir chez ses amis, aux États-Unis.

Nos billets avaient été achetés pour le 4 décembre. Le 2, l'inspectrice de l'OVIR Kochéliéva nous fit savoir au téléphone que nos visas étaient annulés.

J'ai raconté en détail dans mon précédent livre comment tout cela se passa et ce qui se cachait sous cette décision des autorités et ne répéterai donc pas tout ici. En bref, à un dîner donné pour le premier anniversaire de la mort de mon ami Willy Fisher-Abel, l' « espion du siècle », j'étais tombé sur tout le gratin du KGB et c'était lui qui, visiblement, avait pris des dispositions pour que je ne quitte plus le pays. Mais il n'est pas actuellement question de cela.

Revenons en arrière. Notre visa venait d'être annulé. « Vous ne partirez jamais », nous avait-on dit. Nous n'avions plus de papiers, d'argent ni de travail. Pendant deux jours nous restâmes prostrés. Puis nous fîmes un énorme effort pour nous traîner, complètement brisés, jusque chez Nadiejda Yakovlievna.

Nous ne l'avions pas encore quittée qu'arriva chez elle une certaine N*, femme énergique et volontaire, ancienne « taularde » de l'époque stalinienne, une personne en vue dans les milieux dissidents de Moscou.

« Vous voyez, dit-elle en posant sur la table les papiers que nous avions déposés pour Nadiejda Yakovlievna à l'OVIR avec notre demande de visa, j'ai bien fait de retirer vos papiers à temps ! Où seriez-vous partie toute seule ? »

Il s'avéra qu'elle l'avait en effet fait « à temps », et largement. De sa propre initiative, sans consulter Nadiejda Yakovlievna, elle avait retiré ses papiers de l'OVIR *la veille* du jour où nous avions nous-mêmes appris notre annulation !

Nous ne comprîmes pas sur le coup cet étrange ordre de succession des événements. Les premiers jours, nous étions en état de choc et guère tentés par des analyses comparatives de ce type. Ensuite, le tableau devint d'une clarté aveuglante.

Je suppose que personne, dans les instances supérieures, ne s'apprêtait à retenir Nadiejda Yakovlievna. Elle n'aurait pas causé par son départ un dommage supplémentaire au pouvoir. Tout ce qu'elle avait pu faire, elle l'avait déjà fait en faisant publier ses deux remarquables tomes de Souvenirs. Mais en faisant publier ses deux remarquables tomes de Souvenirs. Mais son départ n'arrangeait plus les instances inférieures. Je suis profondément convaincu que sa présence à Moscou était nécessaire à N* et à ses chefs. La petite cuisine de la rue Tchériomouchkine était l'un des premiers salons de la ville. Autour de la maîtresse de maison, qui présidait depuis son canapé en bouleau de Carélie où elle était mollement allongée, se réunissait la société la plus hétéroclite, de la « nomenclature » scientifique et littéraire plus ou moins frondeuse aux dissidents de tous poils et à des étrangers de toutes sortes : correspondants de journaux occidentaux, slavistes de passage, écrivains, étudiants. L'autorité morale absolue de Nadiejda Yakovlievna, qui disait sans aucune précaution tout ce qu'il lui passait par la tête, déliait les langues. On parlait librement. En outre, si l'on faisait la connaissance de quelqu'un dans la petite cuisine de Nadiejda Yakovlievna Mandelstam, il allait de soi qu'on pouvait lui faire confiance.

Pour la femme dont il est question, qui avait repris sans rien demander à personne les papiers de Nadiejda Yakovlievna déposés à l'OVIR, le « salon » de la veuve du poète était une de ses bases opérationnelles. N* était une sorte de mentor en apparence tendre, en réalité sévère, pour la vieille dame impotente et privée de tout sens pratique. Ancienne « taularde stalinienne », dont personne ne s'était jamais demandé pourquoi, condamnée au titre de l'article 58, elle avait passé toute la durée de sa peine à échanger une planque pour une autre et avait été libérée en 1947 (année pourtant peu favorable à ce genre de choses), elle jouait auprès de la cour mandelstamienne le rôle d'une sorte de représentante en chef de l'hétérodoxie de niveau supérieur. Elle était en effet tout aussi active au sein d'une autre « cour ». Son appartement moscovite servit longtemps de quartier général aux provinciaux en renom.

C'était de N* que venait le samizdat le plus récent, par elle qu'il prenait le chemin de l'Occident (j'ai écrit ailleurs de quelle main de fer elle censurait tout ce qui passait la frontière par son intermédiaire). C'était elle qui apportait toutes les nouveautés du samizdat [1] occidental. Tout cela se faisait complètement ouvertement et impunément. N* était d'une intrépidité absolue (« Je n'ai tout simplement pas l'intention de tenir compte de je ne sais quels mouchards », « C'est le fruit de l'imagination, de l'hystérie, c'est le Guébé qui veut nous le faire croire » : tels étaient ses aphorismes préférés). Des « amis d'enfance » ne cessaient de venir la voir de l'étranger, où ils pouvaient faire passer si elle le désirait une lettre ou un manuscrit. Elle recevait de ses amis de pleines valises de cadeaux, qu'elle acceptait de vendre à ses connaissances pour un prix décent.

Je me mis à faire devant Nadiejda Yakovlievna des allusions de plus en plus transparentes. Celle-ci prenait un air perdu. Tout ce qu'elle était capable de dire était : « Mais dans ce cas, il y a longtemps que nous aurions tous été arrêtés. »

Nadiejda Yakovlievna, qui était une femme fort intelligente, jouait à mon sens les naïves. Elle comprenait parfaitement que, tant que N* continuerait à intriguer en sa présence, rien de grave ne lui arriverait, ni à personne de son entourage, car le rôle de N* ne consistait pas à faire enfermer des gens au plus vite mais à les relier entre eux selon des combinaisons permettant d'ultérieures utilisations opérationnelles. Nadiejda Yakovlievna comprenait probablement tout cela, mais gardait N* auprès d'elle.

C'était bien là une preuve d'intelligence. Et, dans les conditions soviétiques, la seule décision sensée. Instinctivement, ou à la suite d'un raisonnement logique, Nadiejda Yakovlievna en était venue de toute évidence à la conclusion que m'avait inspirée mon expérience du temps de guerre : « Si quelqu'un moucharde dans ton entourage, ferme les yeux, laisse-le faire. On t'en saura gré et on te laissera tranquille. Fréquente des mouchards notoires, tu te mettras

---

1. Rappelons qu'il s'agit des livres interdits autoédités, ici publiés à l'étranger (*NdT*).

en sécurité. On ne voudra pas les compromettre et, du coup, personne ne te touchera. » Ce sont là des ruses élémentaires de la vie de tous les jours, de la série « Nage tout seul ». Au début, à Moscou, elles me permirent de survivre, puis de conserver grâce aux autres la blancheur de lis de mon profil moral.

Est-ce une vie ? direz-vous. Pourquoi pas ? Une vie, mais à la soviétique.

Je n'avais pas encore raconté l'histoire de N*. Mais je n'ai plus de raison aujourd'hui de me taire. Nadiejda Yakovlievna est morte après avoir évité le camp, qu'elle craignait par-dessus tout. Une des très rares personnes à avoir connu à Moscou toutes les circonstances de cette affaire en a fait un récit qu'elle a publié dans un supplément au *New York Times*. N* est aujourd'hui vieille et personne ne la privera des privilèges « matériels et moraux bien mérités » qu'elle a réunis sur sa tête chenue. Dissidente en vue, elle partage son temps entre Moscou et Paris, passant dans chacune des deux capitales environ six mois de chaque année. Ici comme là, on la reçoit au plus haut niveau d'une société mi-soviétique, mi-dissidente et jamais le moindre soupçon n'ose l'effleurer.

Lorsque mes soupçons prirent une forme définitive et que j'en fis part à ma femme en la priant de garder le silence, elle n'accorda qu'un intérêt purement formel à mes adjurations et un petit crêpage de chignon eut lieu, au cours duquel N* apprit la nature de mes cogitations malheureuses. Nos relations prirent fin. Mais qui sait, peut-être cette impru-dence de ma part nous fut-elle en fin de compte profitable dans la mesure où elle convainquit un peu plus les autorités qu'il valait mieux nous voir débarrasser le plancher et nous donner le visa ? Tout est possible.

Une petite sanction vint néanmoins me punir de mes mauvaises pensées, alors que j'étais déjà en Occident : à la demande catégorique d'un des protecteurs moscovites de N*, alors sorti d'URSS, on me refusa un travail intéressant qui m'attendait ici.

Pourquoi parler de la délation comme d'un phénomène soviétique ? N'existe-t-elle pas partout ? N'est-elle pas en outre propre à la nature humaine ? On n'a pas besoin d'apprendre à un enfant à rapporter, à piailler « Ce n'est pas moi, c'est lui ». Au contraire, il faut lui faire entrer dans la tête que ce n'est pas beau d'agir ainsi et que chacun doit répondre soi-même de ses actes.

Mais outre le désir naturel d'échapper à une punition, de la faire retomber sur un autre, il y a dans l'habitude qu'ont les enfants de rapporter, de « cafarder », un trait qui les rapproche de la délation adulte. C'est le désir de rétablir dans ses droits une justice qui a été bafouée. En effet, ce qui est juste, c'est ce qui est bon pour moi, tandis que ce qui est bon pour un autre ne peut être qu'injuste.

Pour que l'on en vienne à reconnaître les mérites d'autrui et le droit d'autrui à posséder quelque chose en raison de ces mérites, il faut tout d'abord posséder le sens de la responsabilité et le respect des opinions et des qualités des autres et, ensuite, appliquer certains critères de valeur indépendants des relations de l'homme avec le pouvoir, puisque ce dernier décide seul, en haut lieu, de ce qui est bon et de qui est mauvais, et de ceux qui seront du bon ou du mauvais côté.

La dénonciation est toujours un moyen de prouver avec profit pour soi aux yeux du pouvoir supérieur, dispensateur de tous les biens et de la justice, que la victime de la dénonciation sert le pouvoir en question moins bien que ne le fait le dénonciateur. La dénonciation est avant tout un moyen de lutte pour obtenir la bienveillance du pouvoir.

Plus la dépendance du pouvoir est grande, plus la tumeur de la délation ronge profondément l'âme.

On ne peut rien avancer de rationnel contre la délation ou contre la trahison. Impossible de démontrer qu'on n'a pas intérêt à trahir. Les arguments avancés sont soit moraux, soit dictés par les règles du contrat social, le plus souvent à l'intérieur d'une communauté bien délimitée. La trahison, la délation sont un crime grave envers ceux de notre clan, mais un moyen normal de lutte contre ceux du clan opposé.

Telle est la loi de la mafia, du monde de la pègre.

Telle est aussi celle de la société socialiste.

Lorsque les circonstances extérieures sont favorables, la délation prend le caractère d'une épidémie, susceptible d'éclater n'importe où.

L'historien et chroniqueur Henri Amouroux a intitulé l'un des chapitres du livre qu'il a consacré à la France sous l'occupation : *La délation est une maladie française*. Sans point d'interrogation [1].

Et cela dans un pays que l'on dit jacobin, libertaire, frondeur, où la tradition veut que l'on n'aime ni la police ni les gendarmes !

Dans l'Allemagne nazie, où la délation était source d'avantages, par exemple parce qu'elle prouvait le patriotisme du délateur, celle-ci fleurissait. Aujourd'hui, en République fédérale allemande, l'individu est protégé à un degré extraordinaire contre la curiosité des autorités. Par contre dans la RDA voisine, même pays et même peuple, le système hitlérien a encore été perfectionné.

La peur, me direz-vous ? Naturellement, mais dans un sens très large du terme.

De l'avis de l'écrivain tchèque Vaclav Havel [2], cette peur est presque dépourvue de coloration émotionnelle.

Voici ce que Havel écrit :

« Il s'agit de la peur dans le sens *éthique* le plus profond du terme, de l'influence plus ou moins consciente d'une

---

1. H. Amouroux : *Quarante millions de pétainistes*, Paris, Robert Laffont, 1977, p. 547 (*NdA*).

2. *Lettre à G. Husak*, dans : *L'opposition socialiste en Tchécoslovaquie*, recueil composé par Jan Kavan et S. Daniel, traduit par I. Henkina, Overseas Publications interchange ltd., London, 1976 (*NdA*). Retraduit du russe (*NdT*).

menace constante et omniprésente sur le sentiment collectif ;
d'un sentiment d'inquiétude pour ce qui a été menacé ou peut
être menacé ; d'une accoutumance progressive à cette menace
comme à une partie constitutive, originellement donnée, du
monde naturel ; du fait que l'acceptation généralisée et de
plus en plus évidemment perçue des formes du conformisme
extérieur, devient le seul mode efficace d'autodéfense. »

Havel souligne dans son article que la pression à laquelle
l'homme vivant dans un système socialiste est soumis signifie
moins, de nos jours, la crainte des répressions directes qu'une
pression exercée sur les conditions de vie.

Une telle pression constante, qui s'exerce sur la société en
général et sur chacun des citoyens en particulier, ne peut,
selon l'opinion de Havel, se réaliser que si elle peut s'appuyer
sur une police d'État omniprésente et omnipotente.

« Cette araignée monstrueuse, écrit-il, a pris toute la
société dans sa toile invisible ; elle constitue le point
infiniment éloigné où se rejoignent en fin de compte tous les
parallèles de la peur, la preuve définitive et irrémédiable de la
vanité des tentatives de chaque citoyen pris en particulier
pour s'opposer au pouvoir de la société. Et quoique la
majorité des hommes ne voient jamais cette toile d'araignée
de leurs propres yeux, qu'ils ne la touchent pas, ne la sentent
pas, même l'homme le plus ordinaire connaît parfaitement
son existence, sait qu'il doit à chaque instant et en tout lieu
tenir compte de sa présence feutrée et, précisément pour cette
raison, se conduit d'une manière plutôt que d'une autre. Il
s'efforce en toutes circonstances de réussir son examen
d'honorabilité devant des yeux et des oreilles que l'on ne voit
jamais. Il sait parfaitement pourquoi il est dans son intérêt de
le réussir car il n'est nullement besoin que vous tombiez au
centre de la toile pour que l'araignée s'intéresse à votre vie ; il
n'est nullement nécessaire pour cela d'être interrogé, accusé,
jugé ou condamné. Et ceux qui sont placés au-dessus d'eux
sont eux aussi pris dans cette toile. Chacune des instances

décidant de votre sort collabore d'une façon ou d'une autre avec la police politique, est obligée de collaborer avec elle. De la sorte, le fait même que la police politique peut à n'importe quel moment se mêler de la vie de l'homme (et l'on ne peut pas s'opposer à cette ingérence), ce fait même suffit pour que la vie de l'homme perde la plus grande partie de son naturel et de son authenticité et se transforme en une hypocrisie constante. »

Or la délation ne constitue que la manifestation la plus active de cette peur éthique dont parle Havel. Et lorsque naît cette atmosphère de constante dépendance du pouvoir, les hommes commencent aussitôt à se dénoncer, sans même qu'il y ait à cela une stricte nécessité.

Près de la côte atlantique, dans l'ouest de la France, juste en face de La Rochelle, se trouve la charmante île d'Oléron. J'y passais mes vacances lorsque j'étais enfant ; aujourd'hui nous y allons parfois avec ma femme pour nous reposer. Un climat divin (le second en France pour l'ensoleillement), une population aimable, pacifique et laborieuse. Principale source actuelle de revenus : le tourisme. Pendant la guerre, il n'y avait naturellement pas de touristes et la population pouvait largement se contenter de ce que la terre et la mer leur offraient : vins, huîtres, poisson, volaille. On pouvait très bien vivre l'occupation allemande sans trop souffrir de cette dernière.

J'ai bavardé avec d'anciens habitants de l'île. Nombreux sont ceux qui m'ont dit que, s'ils ont survécu pendant la guerre, ce fut grâce au traducteur du commandant militaire allemand. C'était un pasteur âgé, rappelé de la réserve. Il détruisait presque toutes les dénonciations qui affluaient en direction des autorités allemandes. Car tout le monde dénonçait tout le monde.

Plus tard, en avril 1945, lorsque les Alliés débarquèrent enfin dans l'île, les patriotes prirent les armes. Dans la ville de Saint-Pierre, sur la place Gambetta, ils tuèrent le maire, qui avait collaboré. Ils prirent sa chevalière en or et son stylo à plume d'or.

Puis il y eut un temps où affluèrent des dénonciations à l'encontre de ceux qui, selon leurs voisins, avaient été de mauvais Français pendant la guerre. Mais il n'y avait plus de pasteur pour jeter ces dénonciations au feu.

Ensuite, les passions se calmèrent. Aujourd'hui, les Oléronais, qu'un viaduc de trois kilomètres a réunis au continent, passent leur temps à pêcher, à cultiver les huîtres, à fabriquer du vin, du cognac ou du pineau et rançonnent quelque peu les touristes.

Mais ils n'écrivent pas de dénonciations : qui dénoncer, et pour quoi faire ?

Voilà ce qui s'est passé en France, pays épris de liberté, aux vieilles traditions démocratiques.

.

J'ai décrit passablement en détail dans mon précédent livre comment on essaya, à l'été 1949, de me recruter pour la Seconde direction du NKVD, c'est-à-dire de faire de moi un informateur [1].

J'étais déjà un vieux routier : ancien émigré russe (donc un homme qui, presque automatiquement, se trouvait dans le champ magnétique des services secrets soviétiques), ancien combattant de la guerre d'Espagne, ancien soldat d'une unité spéciale du NKVD, puis d'une école de transmissions et, enfin, ancien élève du « colonel Abel », qui me préparait à effectuer un travail clandestin en dehors des frontières. Mais partout « ancien » : au début de 1944, j'avais été renvoyé des services.

La conversation que j'eus en 1949 avec l'officier du KGB chargé de me recruter, est restée pour moi un des souvenirs

1. Voir C. Henkine, *op. cit.*, p. 97-100 (*NdT*).

les plus pénibles de ma vie. Il était à l'époque assez terrifiant, en vérité, de refuser de collaborer. Aujourd'hui, le refus de faire le mouchard n'expose plus personne à la prison ou à la déportation, mais seulement... Au reste, ce « seulement » peut, pour certains, signifier énormément.

Tout en comparant involontairement avec mon expérience personnelle, j'ai lu récemment avec le plus vif intérêt dans le nº 32 de *Continent* un document remarquable intitulé *Une organisation très puissante.*

Pour des raisons bien compréhensibles, l'auteur ne donne pas son nom. Il habite l'URSS et raconte le duel qu'il a livré au KGB. Voici en bref cette histoire.

Au cours des dernières années de guerre, alors que l'auteur (que nous appellerons « le chercheur », puisque la science est sa vocation) était encore un petit garçon en classe de « septième » soviétique, donc âgé de quatorze ou quinze ans, lorsqu'il fut convoqué au bureau de recrutement où, dans une pièce séparée, un « homme en civil » entama avec lui la conversation, en appelant à son patriotisme et à « ses sentiments de Soviétique » : il y avait, disait-il, dans les établissements d'enseignement, des états d'esprit antipatrio-tiques... On avait enregistré dans une école un cas de suicide, avec une lettre d'un contenu hostile que l'on avait retrouvée près du corps, il y avait des états d'esprit défaitistes, les écoliers devaient veiller... »

L'enfant partit après avoir laissé à l' « homme en civil » un engagement de ne rien révéler de leur conversation ainsi que ce qu'il appelle une « promesse écrite ». Quoique l'auteur du document ait semblé avoir oublié le contenu de cette promesse, on peut aisément se douter de son caractère.

L'enfant était patriote, ne nourrissait aucun sentiment antisoviétique, mais ne se sentait pas attiré par la délation et fut heureux , en changeant d'école, de ne plus rencontrer de représentants des « organes ».

Cependant, à dix-sept ans, alors qu'il était maintenant en

dixième (terminale française), on lui rappela soudain que la chose n'était pas terminée pour autant. On le convoqua, le sermonna pour avoir de lui-même mis fin aux dénonciations et on lui ordonna de reprendre le travail. Après avoir obstinément affirmé à son nouvel ange gardien qu'il ne lui arrivait jamais d'entendre autour de lui de propos antisoviétiques, il obtint finalement que l'on interrompît les relations avec lui, après lui avoir demandé un nouvel engagement de non-divulgation.

Le jeune homme rayonnait. Un pavé venait de tomber de sa poitrine. Il pouvait maintenant penser tranquillement à la science.

A la fin des années cinquante, notre « chercheur » avait achevé des études supérieures, s'était marié et travaillait comme assistant chez un académicien lorsqu'il fut à nouveau convoqué par les « organes », qui donnèrent à entendre qu'ils pouvaient améliorer sa situation matérielle et lui donner un meilleur appartement s'il acceptait de surveiller son patron. Le jeune chercheur refusa et en fit aussitôt part à l'académicien, lequel n'y prêta pas une attention particulière et lui dit que c'était là chose courante et qui ne devait pas l'inquiéter.

Après cela, notre « chercheur » fit une carrière brillante et se rendit à de nombreuses reprises à l'étranger, à des congrès et conférences scientifiques. Il s'écoula environ quatorze ans. Un membre du KGB qui veillait, à l'institut où il travaillait, au strict respect des règles de secret lui proposa un jour de rencontrer son chef, un haut gradé du KGB. Le « chercheur » refusa d'abord, puis accepta une rencontre secrète.

La haut gradé lui proposa une collaboration active avec les « organes » : « Vous qui êtes un bon Soviétique », lui dit-il, vous devez nous aider à déterminer lesquels, parmi vos collègues occidentaux, sont de vrais savants et lesquels des espions ». « Vous savez combien il est important pour nous d'avoir de vrais liens avec le monde de la science », etc. Pour finir, le « haut gradé » se mit à évoquer des possibilités de travail à l'étranger, des « missions spéciales », des « lieux de rendez-vous », des « mots de passe »...

L'accord ne fut pas conclu et le grand chef s'en alla en emportant un engagement écrit de non-divulgation, mais non sans avoir menacé le chercheur : la « puissante organisation » qu'il représentait saurait lui faire payer son entêtement.

Le « chercheur » s'indigne, semble même s'étonner qu'en réponse à son refus les « organes » aient fait échouer son voyage à l'étranger, où il devait assister à une importante conférence scientifique, bloqué son élection à l'Académie et la présentation des travaux de son institut pour l'obtention du prix d'État.

Le « chercheur » pense qu'une telle immixtion de la police de l'État nuit aux intérêts mêmes de l'État, qu'il s'efforce lui, honnêtement, de servir. Il est en particulier stupéfait que les « organes » ne lui aient pas permis de participer à cette conférence internationale et qu'ils ne se préoccupent pas davantage du prestige de leur pays et de la science soviétique.

On aurait envie de poser à l'auteur la question suivante : s'imagine-t-il sérieusement que c'est lui, et non les organes de sécurité (ou le parti, ce qui revient au même), qui représente les intérêts de l'État soviétique ? A moins qu'il ne pense, à l'instar de certains soviétologues occidentaux du dimanche, qu'il y a en URSS, d'une part, le méchant KGB et le parti stupide et, de l'autre, l'État, des établissements scientifiques, des peintres libres et des écrivains détachés des choses de ce monde ? Pense-t-il vraiment qu'il existe dans le système soviétique des foyers, indépendants du parti et du KGB, où se développe une activité légale et rétribuée d'un ordre quelconque ? Que l'on peut, en URSS, faire carrière en restant en dehors de la machine de l'État ? Étrange regard sur la réalité, pour un homme de science !

La « puissante organisation » a refusé au « chercheur » un voyage à l'étranger. Eh bien, c'est là son droit, sa fonction.

Oui, mais elle a aussi fait échouer la candidature du « chercheur » à l'Académie. Comment cela ? Eh bien, les académiciens qui l'avaient proposé la veille même comme membre correspondant ont soudain changé d'avis et considèrent maintenant qu'il est indigne d'un tel honneur. Les travaux effectués sous sa direction n'ont pas été présentés pour l'obtention du prix d'État. Comment cela ? Eh bien, les plus grands savants du pays, qui la veille encore déclaraient par écrit que les travaux proposés pour l'obtention du prix représentaient un apport important pour la science se sont soudain repris et ont refait leurs conclusions : c'est là un travail banal, qui répète de vieilles vérités.

Or cela, ce ne sont pas des petits gratte-papier qui en sont responsables, mais des savants en renom.

Quelles conclusions en tirerons-nous ?

« Ils ont besoin, écrit l'auteur à propos du KGB, d'un savant travaillant activement pour eux, et ce pour un certain nombre de raisons. Tout d'abord, cela leur donne un contrôle certain de la conduite de cet homme ; ensuite cela permet de se l'assujettir complètement, de l'intérieur, de le détruire comme personnalité individuelle, de le priver de sa dignité personnelle. Ils savent que, sans dignité, il n'y a pas d'individualité véritable, avec sa conduite échappant à la norme et au contrôle, conduite en tous points peu souhaitable ».

Et un peu plus loin :

« Un tel homme (et seulement un tel homme) peut être sans inconvénient admis à des positions-clés dans la société et tranquillement envoyé à l'étranger pour des contacts professionnels » (...)

« Les organes montrent un intérêt tout particulier pour les sommités reconnues et les jeunes qui montent (...). Mais je n'ai trouvé personne, de mon rang ou d'un rang supérieur au mien, qui ne m'ait avoué, lorsque je leur ai posé la question, qu'ils (le KGB) avaient eu affaire à eux... »

A l'exception naturellement de ceux à qui l'auteur n'a pas eu l'occasion de parler, ou qui n'ont pas estimé nécessaire de lui confier le contenu de leurs conversations secrètes, et ont ouvert des yeux ronds comme des soucoupes : « De quoi me parlez-vous là, mon cher ? Est-ce que cela serait possible dans notre monde scientifique ? » Et... qui se hâtent d'aller prendre leur avion pour l'étranger.

Le document publié dans *Continent* confirme ce que nous avions déjà deviné : sur toutes les voies menant aux carrières, des pièges sont tendus. Si tu veux croître, faire carrière, progresser, voir le monde et vivre dans des conditions meilleures que celles de ton voisin, sois bien gentil, mon mignon ! Sinon, c'est ton affaire, mais ne t'en prends qu'à toi !

On dit que les gens haut placés sont dispensés de l'obligation du mouchardage et qu'ils sont reliés directement au Comité central ou au Présidium de l'Académie des sciences. J'avoue personnellement ne pas y voir de grande différence.

Il est temps d'ailleurs de reconnaître que le service que l'on peut rendre aux sciences exactes ou humaines de la patrie soviétique, l'accroissement de gloire qui en résulte pour celle-ci sont évalués par les autorités en fonction d'un critère totalement subjectif : il faut que cela leur soit utile.

Le « chercheur » termine sa lettre sur ces mots :

« Je le sais maintenant : celui qui tombe un jour sous les yeux des " organes " ne pourra jamais ensuite échapper à leur attention maudite. Quoi que je fasse, quelques efforts que je déploie pour me libérer de leurs rets, je suis condamné. »

L'auteur, à mon sens, n'a raison qu'en partie. Il peut conserver sa dignité d'homme, mais à la condition de renoncer à toute ambition professionnelle, de faire une croix sur son occupation favorite ou de se contenter d'une situation médiocre.

Mon expérience me dit qu'en URSS, éviter les rets des

« organes » est toute une affaire : cela nécessite des efforts considérables, de tous les instants, de la ruse, de la force de caractère, de la dissimulation et la volonté, si cela est nécessaire, de renoncer à tout. Y compris à sa propre vie.

Encore une condition : vivre à la limite inférieure de ses possibilités. Comme on dit en russe : « ne pas montrer son nez, ne pas gazouiller ». A chaque marche de l'escalier qui risquerait de vous mener vers le haut, un piège vous guette...

D'ailleurs, l'auteur du document et le journaliste Marc Popovski, qui l'a fait publier dans *Continent,* ont l'un comme l'autre fait preuve d'un grand courage.

Le premier, parce que malgré le camouflage et la réécriture du texte, les autorités intéressées ne seront pas longues à découvrir son auteur.

Le second, parce qu'il peut attirer sur lui des accusations de paranoïa, ou simplement susciter des injures hystériques. Qui ose parler de la délation, ce sujet indécent ! ?

Or cette publication montre éloquemment que la pratique de la délation, ou la manipulation des hommes par les organes de sécurité, ce qui revient au même, est devenue en URSS un phénomène généralisé, qui a pénétré en particulier le monde de la science.

Vous ne voudriez quand même pas dire que... Vous n'oseriez pas lever la plume sur le grand académicien Untel, qui parcourt tranquillement le vaste monde ? Vous n'allez quand même pas affirmer que, si l'on ne chasse pas l'un de vos amis d'un institut, ou si on l'élève à la dignité de membre-correspondant, cela signifierait que...

Il peut fort bien se trouver un gaillard qui écrive à l'encontre de Popovski ce qu'écrivit un de ses collègues en réponse à ma publication, dans *Continent,* d'un article où je citais le fait, bien connu de moi, du recrutement massif d'agents effectué par le KGB au sein de la masse des émigrés en partance :

« Même un homme particulièrement vaniteux, s'efforçant

par tous les moyens d'obtenir une gloire littéraire à base de scandale, devrait quand même réfléchir avant de déverser un seau d'ordures sur des centaines de milliers de ses compatriotes. »

Or, ici, l'auteur s'en prend à tout le monde scientifique de l'Union soviétique ! Voilà qui n'est pas joli, en vérité.

Souhaitons-lui de ne pas y laisser de plumes.

37

CONCLUSIONS

— Allez-vous enfin préciser vos conceptions ?

— Je n'en ai pas. J'ai une attitude, un point de vue. Les desseins secrets nous demeurent inconnus ; nous ne pouvons même pas prouver leur existence. Mais en se réalisant, ces desseins prennent la forme d'actes et de faits que nous pouvons voir, juger, confronter. C'est cela qu'à mon avis il nous convient de faire.

Une comparaison entre l'émigration actuelle et les Juifs qui partaient avec résignation vers les chambres à gaz d'Auschwitz et de Treblinka ne présage nullement (Dieu me préserve d'une telle pensée !) d'une fin tragique de la « troisième vague ». Bien au contraire, la troisième émigration connaît un sort exceptionnellement enviable ; elle a quitté l'URSS dans sa quête de bonheur et il lui arrive souvent de rencontrer la réussite dans ce domaine.

S'il y a un trait commun, il réside dans l'aveuglement psychologique. Comme alors, nous voyons une masse humaine entraînée dans un processus dont le sens reste inconnu, incompréhensible. Un torrent d'êtres humains accomplissant la volonté d'autrui, mais persuadés qu'ils mettent à exécution des décisions qui leur sont entièrement personnelles.

Et comme alors, on trouve des observateurs étrangers,

incapables de comprendre ce qui se passe et qui en tirent des conclusions erronées. N'allez surtout pas discuter avec eux ! « Cela ne peut pas être, parce que cela n'est pas possible. »

Bel argument !

En parlant dans le détail de la pratique de la délation, je n'ai peut-être pas souligné avec assez de force qu'elle n'est que la conséquence de la pleine dépendance où se trouve l'homme face à la machine omnivore du pouvoir, la manifestation extrême d'une systématisation du conformisme ou, comme dit Havel, « le seul mode efficace d'autodéfense ».

Dans les conditions extrêmes où est placée l'émigration, les citoyens soviétiques d'hier conservent encore pendant un certain temps des réflexes conditionnés et recourent involontairement à leurs moyens habituels de lutte pour l'existence. Mais les dénonciations, dont ils sont prodigues au cours des premiers mois, se tarissent dès que les nouveaux arrivants retombent sur leurs pieds. Il y a cependant une exception, et le mouchardage continue tout naturellement à fleurir dans les institutions où la valeur professionnelle n'est qu'un concept abstrait et où le seul critère demeure la faveur de la direction [1].

Dans l'ensemble, donc, le mouchardage disparaît rapidement ; mais il reste dans les consciences un profond conformisme.

On entend souvent dans les milieux émigrés une expression, qui vaut aussi comme une accusation : « C'est un Soviétique à l'envers. » Une telle marque d'infamie est généralement accolée, par ceux qui font l'opinion publique en Occident, au nom de ceux qui crient sur les toits, sans se démonter, que les Soviets constituent une menace, qui

1. Par exemple à *Radio Liberty*. J'y ai travaillé sept ans, je connais (NdA).

mettent en garde l'Occident contre ses faiblesses et l'invitent à être vigilant. Il est habituel de penser et de dire que de tels énergumènes portent la marque indélébile de la mentalité soviétique.

Je concède volontiers que le « Soviétique à l'envers » n'est pas une vue de l'esprit. Ce type d'individus existe, ce n'est pas un fruit de l'imagination. Mais c'est avant tout, à mon avis, un conformiste, un homme qui a l'art de s'adapter à toutes les circonstances. Une fois sorti d'URSS, il réalise rapidement que des cris concernant la menace soviétique ne lui attireront la tendresse de personne et ne lui apporteront pas d'argent. Le « Soviétique à l'envers » ne devient nullement un ennemi juré des Soviets, mais au premier chef un ami dévoué de ses nouveaux maîtres. Le « Soviétique à l'envers » s'affligera hypocritement de l'absence de sens de la démocratie chez ses compatriotes, de leur incompréhension des valeurs impérissables de la société occidentale et de l'excellence de la protection que celle-ci possède contre la « menace soviétique », une expression qu'il ne cite qu'entre parenthèses dans la mesure où ce thème ne mérite pas d'examen particulier. De grâce, l'URSS est complètement pourrie, tout y va à vau-l'eau, aucune fichue bombe atomique ne pourra la sauver de l'état où elle se trouve !

Auprès d'un tel « Soviétique à l'envers », le spécialiste occidental demandera avidement des conseils. Notre homme aura toujours dans sa poche un plan des plus sûrs et des plus aisés à réaliser : il lui expliquera aussitôt comment obtenir de l'URSS une évolution interne favorable à l'Occident. Dans le calme, le profit, le confort !

C'est ainsi que le conformisme, sucé à la mamelle, conduit le « Soviétique à l'envers », sans mauvaise intention d'ailleurs de sa part, à dire sur la vie de l'URSS non pas ce qu'il sait d'expérience, mais ce qu'attendent de lui les hommes qui, en Occident, vont le subventionner, lui trouver un travail, le publier.

Certains dissidents souffrent eux aussi de cette infirmité et cela n'a rien d'étonnant. L'*hétérodoxe* n'a parfois rien rapporté d'URSS, à part le mécontentement très virulent mais plutôt flou que lui suggère la révoltante réalité soviétique. Ce n'est qu'en Occident qu'il donne une forme à sa protestation, forme qu'il choisit en toute indépendance car il n'est lié pratiquement à rien. Ou bien il représente un groupuscule, ou bien même il ne représente que lui. Il ne possède ordinairement aucune théorie bien dessinée et tombe aisément sous le charme des conceptions harmonieuses des soviétologues occidentaux, conceptions qui n'ont souvent que bien peu de rapport avec la réalité mais ont une résonance convaincante pour les oreilles d'un non-initié. On y a fait entrer une telle masse d'érudition, de travail, de scolastique habile ! Et le néophyte qui vient d'arriver, habitué qu'il est depuis son plus jeune âge aux constructions bien carrées du marxisme-léninisme, prend volontiers pour siennes les pensées des soviétologues occidentaux, lesquels ont de leur côté rarement échappé à l'influence de la propagande soviétique.

C'est ainsi qu'il acceptera, souvent sans réfléchir, le postulat suivant lequel la société soviétique serait semblable à n'importe quelle autre société industrialisée. On peut faire à partir de là des déductions particulières euphorisantes.

L'économie soviétique stagne. Exact ! Nous savons quelles conséquences cela peut avoir dans la société industrielle moderne. Ces conséquences vont mettre l'URSS à genoux !

En URSS, la corruption a atteint un niveau jamais vu. Exact ! Et un émigré récent, directeur d'un institut pour l'étude de l'URSS, homme qui a visiblement compris l'esprit de son temps et l'atmosphère qui l'entourait, propose le plus sérieusement du monde : réunissons la somme nécessaire et achetons tout le Politburo ! On croirait une anecdote. Cela n'en est pas une, hélas.

En URSS, le manque de produits de première nécessité a entraîné l'existence d'un énorme marché noir. Hourra ! Le marché noir, devenu « contre-économie », évincera bientôt l'économie officielle et les managers renverront ces chefs politiques qui ont gaspillé leur capital de confiance !

La corruption a même pénétré les forces armées soviétiques ! Les officiers et les soldats boivent comme des éponges ; la discipline, le moral, et avec eux l'aptitude au combat, tombent en chute libre (ou tomberont bientôt, il n'est que d'attendre) ! Le désordre général est tel que le matériel ne vaut rien, les armes sont médiocres, les tanks sont incapables de bouger, les canons ne tirent pas, les fusées sont en contreplaqué !

Les résultats ? Les voici. Dans un article du *Monde*, Claude Bourdet, dont les jugements font autorité, écrit [1] :

« Les chars soviétiques sont tout juste bons à occuper, en cas de guerre, les villes révoltées d'Europe de l'Est. » Et :

« L'affirmation de la suprématie militaire soviétique (...) est un mensonge pur et simple. »

Phrases se référant à l'opinion de militaires qui s'appuient à leur tour sur des experts qui citent de leur côté des hommes revenus de derrière le rideau de fer et qui en ont rapporté, le plus souvent pour faire plaisir à d'autres experts, ce que l'on voulait leur faire rapporter. Résultat : on accrédite l'idée que l'armée soviétique n'est qu'un colosse aux pieds d'argile. Aucune raison d'en avoir peur ni de faire ses quatre volontés. L'essentiel, c'est de ne pas laisser les Américains déployer en Europe un nouveau type d'armement.

Et de fonder tous leurs espoirs sur la débilité de l'armée soviétique et sur d'autres facteurs tels que la corruption et l'anarchie économique. Autre erreur, d'ailleurs. Car *tant que subsistera en URSS un appareil répressif parfait, toutes les formes de la « contre-économie », de la vénalité, du vol et même de l'ivrognerie peuvent être déracinées en une heure de temps, ou presque.*

---

1. Claude Bourdet : *Contre Reagan avec l'Amérique lucide*, dans *Le Monde*, vendredi 4 juin 1982 (*NdA*).

Parmi les désinformateurs, volontaires ou involontaires, qui sont arrivés en Occident, on n'en trouvera pratiquement pas qui se réfèrent à des positions ouvertement promoscovites. On commence presque toujours par une critique du système soviétique et une dénonciation de ses tares. Mais l'essentiel, ce sont les conclusions, directement ou indirectement suggérées.

Il y a une école de pensée, également représentée dans les milieux hétérodoxes soviétiques et dans sa version d'exportation, qui commence elle aussi par l'affirmation qu'en URSS « cela ne peut plus durer », que l'économie est à terre, qu'on ne respecte guère les droits de l'homme. Mais, ajoute-t-on, si nous étudions attentivement l'histoire et relisons tous les ouvrages du camarade Lénine (et les notes qui vont avec), force nous sera de conclure que le coupable n'est pas le système créé par ledit Lénine, mais les déviations dont ses successeurs se sont rendus coupables. D'autre part, personne ne peut nier que l'ordre soviétique soit un ordre socialiste. Or le socialisme, c'est le rêve de l'humanité. S'opposer au socialisme, c'est être un rétrograde et un obscurantiste. Par conséquent, critiquons impartialement les erreurs du passé, ainsi que les bévues de l'actuelle direction, et revenons à Lénine. Et tout ira bien.

Cela permet de ne pas poser la question de la lutte contre le système.

Autre position, variante de la précédente, à base essentiellement « culturelle ». Comme chacun sait, la culture soviétique était florissante dans les années vingt. Bien sûr, on fusilla Goumiliov ; un peu plus tard, on fera mourir Mandelstam. Mais si l'on oublie ces déviations atypiques, et quelques petites autres du même ordre, on ne peut nier que l'on imprimait alors de bons écrivains, que l'on cherchait de nouvelles formes en peinture, au théâtre. Zochtchenko, Babel, Rodtchenko, Meyerhold, Taïrov, Eisenstein ! Si l'on ressuscite les traditions de liberté de la création, tout ira bien.

Surtout si l'on y ajoute une bonne compréhension des valeurs culturelles de l'Occident, grand dispensateur de sagesse. Une fois de plus, la question du maintien ou de l'élimination du système a été éludée !

Cette position de compromis ne donne cependant pas de réponse synthétique à toutes les questions susceptibles de surgir. Car si l'on y réfléchit, l'essentiel, ce pour quoi on peut et doit lutter contre le système soviétique, et l'expansion soviétique dans le monde, c'est l'esprit humain, la dignité de l'homme. Cet homme que le système soviétique réduit à un matériau pour l'édification de son appareil de pouvoir. Aussi a-t-on vu apparaître une théorie fondée sur une base logique et philosophique, dont je vais essayer de résumer les positions essentielles.

« Le système soviétique est un concentré de tout ce qu'il peut y avoir au monde de plus révoltant, de plus répugnant, de plus hideux. La société soviétique est immorale, l'*homo sovieticus* une personnalité en pleine décomposition... »

Bon. Une fois cela dit, on avance la pièce essentielle. On pourrait en effet croire que l'homme soviétique, répugnant sous toutes ses faces, n'est autre que le produit d'un système criminel mettant à jour chez l'homme les instincts les plus bas, un système fondé sur la hiérarchie des vices. Non, ce serait trop simple et la conclusion est tout autre. Tout d'abord, l'*homo sovieticus* est parfaitement adéquat au système, comme le système est adéquat à cet être. D'ailleurs, l'homme en général, tout homme quel qu'il soit, n'est qu'un rat, un pou, une abomination. Il est si vil et si répugnant de par sa nature propre que, si l'on considère les lois de la vie en communauté, c'est-à-dire de la cohabitation d'individus tels que lui, seule une société fondée sur l'utilisation et la coordination des traits les plus répugnants du caractère humain peut être reconnue comme socialement et historiquement rationnelle, donc historiquement justifiée et inévitable.

Peut-on changer une telle société ? Non, impossible. Le

processus qui a conduit à l'édification de la société soviétique est irréversible. Peut-on et doit-on lutter contre l'ensauvagement moral ? Cela n'aurait pas de sens. Les conversations sur la moralité, typiques de la mentalité petite-bourgeoise, sont dépourvues de toute base scientifique. L'impossibilité d'une telle lutte peut se démontrer à l'aide d'un manuel de logique pour enfants. Quant à la lutte contre le retour à l'état sauvage, non seulement elle n'a aucune chance de succès, mais elle n'est pas nécessaire. Puisque l'homme est une abjection, un répugnant insecte, l'abject, le répugnant système soviétique est approprié à sa vile nature.

Et l'Occident ? Eh bien, c'est un ramassis d'êtres sans volonté et sans caractère, qui a pleinement mérité le sort que lui prépare l'empire soviétique victorieux. Mais ici nous quittons le domaine de la désinformation pour aborder celui de la démoralisation, c'est-à-dire de la « décomposition de l'adversaire potentiel ».

Comme nous le voyons, il y a différents points de vue, différentes écoles de pensée. Elles ont toutes en commun, d'abord, de déclarer, pour des raisons diverses, que la lutte avec le système soviétique est, soit inutile, soit absurde ; ensuite, les représentants de toutes ces écoles sont prêts, si on leur allonge la somme appropriée en devises convertibles, à enseigner à l'Occident comment lutter contre l'expansion soviétique.

Pendant que j'écrivais ce livre, et que des extraits (remaniés par la suite) étaient publiés dans *Continent*, il me fut fait oralement ou par écrit un certain nombre de remarques critiques auxquelles je désire répondre ici.

Certains de mes amis juifs estiment que je ne devrais pas, en tant que Juif, mettre en doute le caractère sioniste et héroïque de l'actuelle émigration et lui porter de l'ombre. Or il me semble que j'ai cité suffisamment de faits permettant de ne pas considérer cette émigration comme sioniste ; quant à l'héroïsme, il me semble excessif de le mesurer à l'aune de la peur que nous ressentons au moment de remettre nos documents à l'OVIR.

D'autres disent que ce n'est pas la masse amorphe et grise qui définit le caractère de cette émigration, mais les dissidents qui ont quitté le pays en même temps qu'elle et qui en constituent l'intelligence, l'honneur et la conscience. En critiquant l'émigration, tout se passe comme si je critiquais la libre-pensée soviétique.

Je concède que le rôle des dissidents émigrés est important, quoique leur pourcentage ne soit pas considérable. Il ne faut cependant pas oublier qu'en laissant sortir les dissidents, les autorités soviétiques, *primo*, affaiblissent en fonction d'un choix bien précis telle ou telle tendance de la libre-pensée et, *secundo*, donnent à tel ou tel groupe un écho à l'étranger en s'assurant de riches possibilités de pression tant sur la fermentation des esprits, à l'intérieur, que sur la formation de l'opinion publique, à l'extérieur.

Ce sont en effet les autorités soviétiques qui décident qui sera placé à la tête des différents groupes de pensée, qui les représentera, quelle voix résonnera un peu plus fort dans le monde, quelle autre sera assourdie et quelle voix on n'entendra pas du tout.

Dernier argument qui m'a été opposé : « Votre conception est entièrement négative. Nous croyons volontiers que vous êtes un adversaire du système soviétique. Mais même en dissipant les illusions, il faut proposer quelque chose à la place. Où est l'alternative ? Votre livre laisse l'impression que, *même* en étant dans l'émigration, il est impossible de lutter contre les Soviets ! »

Je ne suis pas sûr qu'il soit nécessaire, à peine débarrassé d'une illusion, d'en proposer d'urgence une autre. Je suppose qu'on taxait de même de scepticisme ceux qui, autrefois, prévenaient leurs compatriotes des dangers du *Trust* et que l'on exigeait d'eux qu'ils proposassent une alternative du même ordre : « Si l'on ne peut pas miser sur les monarchistes, alors sur qui ? » Quand donc l'émigration a-t-elle réussi à remporter des succès contre le pouvoir soviétique ? S'il y en avait eu, ça se saurait...

Malgré le peu d'amour que je porte au système soviétique et ma profonde conviction qu'il faut le combattre, je ne possède pas de réponse toute faite, de proposition concrète. Surtout pour l'émigration. Je désire seulement rappeler les erreurs du passé et indiquer certaines singularités du présent.

Il est clair qu'un rôle a été réservé, dans les plans d'expansion soviétique mondiale, à la troisième émigration. Toute tentative pour déterminer précisément ce rôle serait à mon avis vaine. Il est probablement plus vaste et plus modeste que nous ne le pensons. Mais certaines choses sautent aux yeux.

Dans le passé, les relations des autorités soviétiques et de l'émigration ont toujours été construites selon le schéma du *Trust*. Et comme l'actuelle direction de l'URSS, même si elle a une expérience et un flair politique remarquables, peut difficilement être appelée une équipe de hardis novateurs, comme d'autre part dans les sociétés bureaucratiques le poids des schémas déjà éprouvés est particulièrement lourd, on peut supposer que le schéma est encore vivant et qu'il fonctionne, avec quelques correctifs dus à l'expérience.

En tant que force politique, l'émigration est aujourd'hui, depuis longtemps et solidement, paralysée. Le système soviétique a tenu le coup, il est maintenant solide. Personne en Occident ne croit qu'un coup d'État ayant des chances de succès puisse se produire en URSS. Tout d'abord, cela est peu vraisemblable dans un pays sur lequel le rouleau compresseur de la terreur préventive est passé à plusieurs reprises, un pays où la délation est une affaire d'honneur, de courage, d'héroïsme. Ensuite, et cela compte encore plus, parce que tout simplement personne ne voudra y croire. De plus la perspective de bouleversements à l'intérieur de l'URSS, susceptibles de détruire l'équilibre mondial, n'arrange personne en Occident. Avec nos clameurs d'avertissement et nos mises en garde, notre affirmation que l'URSS est une menace pour l'ensemble du monde non communiste et que cette menace persistera tant que le régime soviétique ne sera pas renversé, nous ne sommes pas précisément reçus à bras ouverts. Nous mettons mal à l'aise, nous dérangeons. Nous ne proposons pas de solutions aisées et pour cette raison on ne veut pas nous écouter...

Dans le schéma du nouveau *Trust,* le rôle des anciens conspirateurs (monarchistes, populistes, cheminots, militaires, Allemands de la Volga, socialistes authentiques) est joué, pour l'essentiel, par des groupes mythiques qui seraient censés s'opposer à l'intérieur du Politburo et dans l'appareil du parti : dogmatiques et pragmatiques, représentants de l'armée et de l'industrie, partisans et adversaires du KGB, nationalistes russes et allogènes, etc. On place des espoirs particulièrement enthousiastes dans le rôle que les militaires pourraient être appelés à jouer, encore que d'autres préfèrent parier sur les nationaux-bolcheviques du genre Glazounov [1], ou au contraire sur les « libéraux prooccidentaux » du type Arbatov-Simès [2].

Les émissaires officiels, officieux ou privés qui s'expriment au nom de ces groupes ou courants, supposés s'entre-déchirer,

1. Ilya Glazounov, peintre moscovite, portraitiste des rois et des secrétaires généraux, représentant d'un courant extrémiste, nationaliste et antisémite (*NdA*).
2. Guéorgui Arbatov, membre du Comité central du PCUS, directeur de l'Institut des États-Unis et du Canada, se présente comme un libéral, un cosmopolite favorable à l'Occident. Lorsqu'il se rend à Washington, il loge chez le « docteur Simes » (Dmitri Simès)... (*NdA*).

donnent curieusement tous les mêmes conseils : vous voulez soutenir les libéraux contre les dogmatiques ? Hâtez-vous de céder pendant qu'il en est encore temps ! Si vous voulez demain, lorsque les ultra-nationalistes auront pris le pouvoir, disposer d'un interlocuteur et partenaire bienveillant, faites-lui rapidement les concessions qu'il réclame aujourd'hui. Ne perdez pas de temps, misez sur les militaires ! Cela renforcera la position de ceux qui sont appelés à diriger le pays. Ils vous en seront reconnaissants. Etc.

Le flot de la troisième émigration a effacé toutes traces et repères, tous critères de vraisemblance et l'on ne peut plus aujourd'hui, en soulignant simplement l'étrangeté des cir-constances accompagnant l'arrivée ou le départ d'un « émis-saire », attirer sur lui la suspicion. Tout est devenu également absurde et, pour cette raison, également vraisemblable.

D'ailleurs sur quels points attirer la suspicion ? Laisser entendre qu'Untel est un agent soviétique ? Qu'entendez-vous par là ? Qu'il remplit une mission ? Tant mieux, nous allons pouvoir établir par son intermédiaire des relations non officielles avec l'appareil soviétique !

Les émissaires ! Émigrés, demi-émigrés, pseudo-émigrés ou pas émigrés du tout, ils s'agitent, conseillent, suggèrent, pontifient, font la leçon, étudient, dirigent des chaires et des instituts de soviétologie...

Tout cela, sur le fond du chœur discordant des représen-tants de la « troisième vague »...

Soit. Mais les milliers, les dizaines de milliers d'émigrés honnêtes et travailleurs, les médecins, les coiffeurs, les mécaniciens et les musiciens qui se sont paisiblement intégrés dans la vie laborieuse de tous les jours, dans les pays qui les ont accueillis ? La plupart d'entre eux travaille dans le domaine qui était autrefois le sien. Sans parler d'Israël, voyons ce qui se passe par exemple aux États-Unis. Les ingénieurs aéronautiques de Kiev assemblent des Boeings à Seattle, les médecins passent peu à peu les examens de recyclage et se mettent à exercer, les professeurs enseignent dans les universités, les chercheurs ont trouvé des laboratoires où ils peuvent, dans une pleine mesure, faire la preuve de leurs capacités. De jeunes chercheurs récemment sortis d'URSS ont ainsi réussi à se faire une belle réputation.

Et les noms étincelants des étoiles de l'émigration, la crème du ballet soviétique, les solistes éblouissants aujourd'hui fixés en Occident ?

A la différence des deux précédentes (la première surtout), la nouvelle émigration n'est pas une masse misérable et la société ne la rejette pas. Les nouveaux émigrés sont des colons généralement heureux de leur sort, parfois même plus favorisés que d'autres.

Non seulement ils ont fait leur trou, mais ils ont enrichi le monde spirituel qui les entourait. Grâce à eux, les Occidentaux connaissent mieux l'URSS et se laissent moins prendre par la propagande soviétique.

N'y aurait-il donc qu'à se réjouir ?

Un sentiment d'inquiétude, profondément ancré, demeure pourtant en nous. Rappelez-vous les paroles de Lénine, à la veille d'Octobre :

« Le but du coup d'État est de se rendre maître du pouvoir ; le sens politique de cette prise de pouvoir apparaîtra plus tard. »

Comment prévoir la taille future du greffon ?

Ayant quitté la Russie pour la seconde fois de mon existence, j'observe les enfants des émigrés, qui sont le plus souvent en fait les petits-enfants de mes amis de jeunesse.

Ils parlent le russe avec un accent, mais le parlent. Leur russité, souvent accrue par le passeport d'apatride que leur famille a conservé en dépit du bon sens, les distingue de leurs camarades d'école ou d'université et les décharge de toute responsabilité dans le destin du pays où ils sont nés et ont vécu, et donc de l'Occident. Ils ne pensent qu'au destin d'une Russie de pacotille, imaginaire, qu'on leur a appris à aimer.

Ils disent « à nous » en parlant de tout ce qui est soviétique, défendent les couleurs de « leurs » équipes de football ou de hockey, celles de l'URSS. Partir pour cette patrie inconnue, où les jurons orduriers et les hoquets avinés résonnent à leurs oreilles comme un divin carillon, tel est leur rêve le plus cher. Comme on dit, il n'y a plus qu'à se baisser pour les cueillir.

Les enfants d'émigrés ayant choisi Israël éviteront le plus souvent un tel sort. Mais dans la diaspora...

Dans quel but, pour quel auditoire la station « La Voix de la patrie » émet-elle, pourquoi publie-t-on des journaux et des revues destinés aux émigrés, à quelle finalité répond l'apparition un peu partout de « sociétés d'amitié », d'unions d'hommes désireux d'aimer leur ancienne patrie de manière organisée ? Les Soviétiques, on le sait, sont prêts à répondre aux sentiments d'amitié et d'amour de n'importe quel pays du globe !

En paraphrasant le bon tonton Lénine, on peut dire que *l'essentiel est d'assurer partout la présence russe. Le sens politique de cette présence apparaîtra plus tard.*

L'émigration actuelle est une parcelle de la société soviétique, une création de ses dirigeants, une arme entre leurs mains, un élément du plan d'expansion général. C'est un fait incontestable.

Il est très difficile, lorsqu'on participe à un phénomène de masse, d'en comprendre les mécanismes. Or un flux, ce ne sont pas des particules passives, mais des hommes capables d'observer, de réfléchir et qui comparent, tirent des conclusions.

Sans illusions mais aussi sans peur, nous devons nous poser une question naïve : « Dans quel but m'a-t-on, personnellement, laissé sortir ? Sur quoi comptait-on alors ? »

S'imaginait-on qu'après être passé par des épreuves prédéterminées par Moscou, je me trouverais désemparé et effrayé dans un monde étranger et plein de préventions ? Que je m'enfermerais dans un ghetto linguistique et culturel, que je m'étoufferais au contact de cette liberté inusitée et m'embourberais dans la manie des projets propre au monde de l'émigration ? Qu'ayant dégringolé l'échelle sociale, je serais saisi par le désespoir, que je sombrerais dans l'alcool ? Sait-on jamais ?

Pauvres émigrés, que soudain point la nostalgie de la paresse rétribuée, comme en Union soviétique, des ronchonnements inoffensifs dans les cuisines, de la grisaille quotidienne et assurée !

Tout serait-il programmé ?

Non, pas tout. Même si cela paraît un peu primitif, n'importe quel destin d'émigré qui a réussi, n'importe quel épanouissement indépendant d'une source soviétique porte un coup sérieux aux desseins du Kremlin. Mais l'espoir le plus grand, c'est encore *que l'émigré comprenne.*

On voit mieux le destin général lorsqu'on a compris sa propre voie, que l'on a considéré tous ses méandres bien tranquillement, sans peur mais aussi sans illusions.

Les grandes impostures sont faites d'une multitude de petites. En désamorçant les parcelles du Grand Dessein qui nous sont accessibles, nous pouvons peu à peu mettre hors d'usage tout le réseau visqueux d'un nouveau Trust encore perfectionné.

Ce récit sur l'étrange pays que constitue l'émigration peut aussi ne pas être inutile pour les hôtes qui nous ont cordialement accueillis dans les différentes parties du globe. Il y a, dans l'histoire de ce pays sans frontières, des pages instructives pour tous. En les lisant attentivement, sans préventions, peut-être comprendront-ils mieux la nouvelle « vague » émigrée et le monde d'où elle vient.

Je voudrais conclure ces réflexions sur le destin des trois émigrations russes, que j'ai partagé pour la première et la

troisième d'entre elles, sur une nouvelle citation de Senancour :

« L'homme sincère vous dit : j'ai senti comme cela, je sens
comme ceci ; voilà mes matériaux, bâtissez vous-même
l'édifice de votre pensée [1]. »

1. *Oberman*, t. I, p. XVIII (*NdA*).

TABLE

Les Russes partiront-ils ? par Vladimir Maximov 7

Avant-Propos : POURQUOI L'ÉMIGRATION 13

PREMIÈRE PARTIE

LA PÉNÉTRATION SOVIÉTIQUE

  1. Précurseurs (Azef) 41
  2. Précurseurs (suite) 50
  3. L'héritage de l'ancien régime 60
  4. Les réfugiés 66
  5. Le *Trust* et l'affaire Savinkov 72
  6. L'affaire Choulguine 80
  7. Les généraux 84
  8. Le *Trust* est mort, vive le *Trust !* 88
  9. Un avertissement bien perfide 96
 10. La confusion des sentiments 109
 11. « Changement d'orientation » 117
 12. La « Cité future » (les Eurasiens) 124
 13. Les « Jeunes-Russes » 130
 14. Yalta 141

15. Alger Hiss et autres taupes 152
16. Potiomkine toujours vivant ! 160
17. Qu'est-ce que le bon sens ? 169
18. ... Scripta manent (l' « expédition d'Harvard ») 174
19. Le portrait psychologique 189
20. *J'ai choisi la liberté* 205

DEUXIÈME PARTIE

LA TROISIÈME ÉMIGRATION

21. Une vague suit l'autre 223
22. Les raisons du choix des Juifs................. 228
23. Israël or not Israël ? 243
24. Le Système 254
25. Le dossier 267
26. Les salons, les femmes, les maris 280
27. Notre grande Mission 297
28. La propagande............................ 309
29. La Lutte pour la paix 318
30. Désinformation ou éducation 326
31. Le Conseil de défense de l'URSS 334
32. L'information à dissimuler 345
33. Revenons à nos moutons ! 353
34. Le monde où nous vivons (Fédora) 356
35. La drogue et la pègre 375
36. La délation 384
37. Conclusions.............................. 406

Achevé d'imprimer en octobre 1984
sur presse CAMERON
dans les ateliers de la S.E.P.C.
à Saint-Amand-Montrond (Cher)

Nº d'Édition : 36. Nº d'Impression : 2178-1500.
Dépôt légal : octobre 1984.

Imprimé en France